www.tredition.de

Hinter einer „Legende" verbirgt sich im allgemeinen Verständnis eine von „Ruhm" und „Ehre" berichtende Geschichte. Das Wort „Legende" leitet sich von „legenda" (das Vorzulesende) ab und ist somit in seiner Überlieferung an eine schriftliche Vorlage gebunden.

Doch wo sollte im schriftunkundigen Barbaricum eine solche Legende niedergeschrieben worden sein?

Die Herkunft der „Legende vom Hermunduren" kann deshalb nicht auf eine konkrete Quelle oder ein Schriftstück bezogen werden. Dennoch schildert sie in ihrer Form ein Geschehen, dem eine historische Wahrheit zugebilligt werden könnte …

Die eingebundenen historischen Ereignisse sind überliefert, wenn auch manches dieser Ereignisse in schöpferischer Freiheit vom Autor abgewandelt oder ausgeschmückt wurde. Der Roman erzählt eine Geschichte, die so oder auch so ähnlich und bestimmt auch ganz anders abgelaufen sein könnte …

Ein historischer Roman bedarf umfangreicher Datenermittlungen in historischen Quellen, die mühevoll und zumeist nicht ohne Hilfe erfolgreich zu gestalten sind. Der Autor kämpfte immer auch mit der Tatsache, dass er gemachte Fehler selbst schwer erkennen kann.

Deshalb gilt sein Dank allen Helfern und Kritikern und damit all denen die, in gleich welcher Form, am Roman mitgewirkt haben!

Die Erkenntnisse historischer Forschungen zu den ‚Barbaren' sind nicht allumfassend und können keinesfalls als ‚lückenlos' beschrieben werden. Schriftliche Aufzeichnungen aus dem ‚Barbaricum' dieser Zeit existieren nicht und die Schilderungen der Herren Tacitus, Strabon, Velleius und Plinius, des Älteren, oder auch anderer Zeitzeugen, schließen eine ‚gefärbte' Darstellung im römischen Sinne nicht gänzlich aus. Und nur deren Dokumente blieben, zumindest zu Teilen, erhalten.

Unter Nutzung bekannter historischer Daten, Personen, Überlieferungen und Zusammenhänge unternimmt der Autor den Versuch der Darstellung des Lebens der Hermunduren und ihres Kampfes gegen römische Interessen.

Der Roman „**Die Legende vom Hermunduren**" ist ein Fortsetzungsroman, dessen bisher erschienene Titel

        Teil 1   „**Botschaft des Unheils**"
        Teil 2   „**Zorn der Sippen**"
        Teil 3   „**Schatten des Hunno**"
        Teil 4   „**Pakt der Huntare**"
        Teil 5   „**Dolch der Vergeltung**"

überarbeitet und in dieser Form neu verlegt wurden.

Angelehnt an historische Ereignisse dieses Zeitabschnittes, begleitet die Handlung die Anfänge des Verfalls Roms, dessen Imperium im Jahr 69 n. Chr. auf eine erste Krise zusteuerte.

G. K. Grasse

Die Legende vom Hermunduren

Botschaft des Unheils

www.tredition.de

© 2017 G. K. Grasse
Umschlaggestaltung, Illustration: G. K. Grasse
Verlag: tredition GmbH, Hamburg
ISBN:
978-3-7439-3440-5 (Paperback)
978-3-7439-3441-2 (Hardcover)
978-3-7439-3442-9 (e-Book)
Printed in Germany

Das Werk, einschließlich seiner Teile, ist urheberrechtlich geschützt. Jede Verwertung ist ohne Zustimmung des Verlages und des Autors unzulässig. Dies gilt insbesondere für die elektronische oder sonstige Vervielfältigung, Übersetzung, Verbreitung und öffentliche Zugänglichmachung.

Bibliografische Information der Deutschen Nationalbibliothek:
Die Deutsche Nationalbibliothek verzeichnet diese Publikation in der Deutschen Nationalbibliografie; detaillierte bibliografische Daten sind im Internet über http://dnb.d-nb.de abrufbar.

Covergestaltung:
Von Rabax63 (Diskussion) - Eigenes Werk (Originaltext: Eigene Aufnahme), CC BY-SA 3.0,
https://commons.wikimedia.org/w/index.php?curid=31309606

Inhaltsverzeichnis

Was die Historie über den Stamm der Hermunduren berichten kann *9*
1. Der Überfall *11*
2. Der Römer *18*
3. Die Nacht *30*
4. Die Überlebenden *33*
5. Der Auftrag *39*
6. Das Dorf *47*
7. Der Morgen danach *60*
8. Thing *66*
9. Die Beratung *78*
10. Hass *90*
11. Die Rückkehr *95*
12. Die Jäger *102*
13. Genesung *116*
14. Viator und Paratus *130*
15. Der Streit *145*
16. Im Dorf der Talwassersippe *161*
17. Wölfe *179*
18. Fragen und Antworten *195*
19. Julia *218*
20. Lust und Frust *247*
21. Die Herausforderung *251*
22. Die Furt *259*
23. Gastrecht *265*

24. Der Kontakt 269
25. Das Mädchen 281
26. Geheimnisse 292
27. Die Framensippe 310
28. Der Zweikampf 322
PERSONENREGISTER 336
WORTERKLÄRUNGEN 340

Vorbemerkung des Autors

Eine Kritik veranlasste mich von der bisher in den ersten fünf Teilen des Romanzyklus verwendeten Form abzuweichen. Bisher nutzte ich vor jedem neuen Kapitel von mir als ‚Kopftexte' bezeichnete Einleitungen, die mit historischen Erkenntnissen, bekannten und belegten Ereignissen oder auch aus dem Studium der Geschichte gewonnenen Schlussfolgerungen einen verständlichen Rahmen meiner Erzählung abbilden sollten.

In der Neuauflage der Teile 1 bis 5 und der Fortsetzung ab Teil 6 der
„**Legende vom Hermunduren**"
verzichte ich auf diese ‚Kopftexte'.

Damit der geneigte Leser nicht auf wichtige Informationen verzichten muss, sind alle diese bisherigen Informationen und auch darüber hinausgehend Wissenswertes in der Form eines eigenständigen
‚**Kompendium'**
mit dem Titel
„**Was sich noch zu Wissen lohnt ...** "
zusammengefasst.

Worterklärungen und ein Personenregister befinden sich am Ende des Romans.
Die erstmalige Erwähnung von Personen und von erklärungsbedürftigen Begriffen sind im Text mittels Kursiv- und Fettdruck hervorgehoben.
Die Register sind seitenbezogen gestaltet, d. h., dass Erklärungen nach der Seitenzahl geordnet sind an der im Text die erstmalige Erwähnung auftritt.
Aus dem Lateinischen übernommene Bezeichnungen wurden der deutschen Schreibweise angepasst.

Dem Romanzyklus liegen die Kriterien der versuchten Einhaltung der historischen Wahrheit und der möglichst verständlichen Darstellung zugrunde.
Historiker, die sich mit dieser Zeit auseinandersetzen, sind sich aufgrund dürftiger Quellenlagen, widersprüchlicher Erkenntnisse und auch abweichender Interpretationen nicht immer in der Publikation zu einzelnen Sachverhalten einig.
Ich möchte vorausschickend erklären, dass diese meine Darstellung weder alle derzeitigen wissenschaftlichen Erkenntnisse in sich vereinigt, noch den Anspruch auf Vollkommenheit und detailgetreue Richtigkeit erhebt.
Als Autor steht mir dichterische Freiheit zu, die ich im breiten Spektrum wissenschaftlicher Widersprüchlichkeit und natürlich auch mit der Darstellung meines Verständnisses der historischen Situation ausnutze.
Sicher ist ein ‚Autor' nur ein Beobachter aller Veröffentlichungen, die sich mit dem Zeitraum, dem Ort und auch mit sonstigen Themen wie Gesellschaft, Politik, Wirtschaft, Militär, Kultur und Religion befassen.
Natürlich verfolgt er auch die Erkenntnisse der historischen Forschungen.
Trotzdem ist er kein Wissenschaftler und somit nicht in der Lage, das breite Spektrum der Erkenntnisse vollständig richtig zu erfassen, zu bewerten und in Vollkommenheit richtig wiederzugeben.
Einer Behauptung, der Autor könnte weder die Komplexität noch die detailgetreue Tiefe erreichen, um die Zusammenhänge darzustellen, könnte hier nicht widersprochen werden.
Trotzdem benötigt der Autor für die Absicht, einen historischen Roman zu verfassen, zumindest eine Arbeitsgrundlage bzw. eine Hypothese.
Diese vereinfachte Form historischer Grundlagen könnte ein Historiker fordern, nicht zu veröffentlichen, weil diese zu banal wären.
Was der Historiker zu verurteilen veranlasst sein könnte, wird der Leser möglicherweise freudig zur Kenntnis nehmen. Er wird des Autors vereinfachtes Verständnis historischer Zusammenhänge aufnehmen, um sich ein eigenes Bild dieser Zeit und der im Roman geschilderten Ereignisse zu erstellen.
Mit anderen Worten ausgedrückt, wird der Leser und nicht der Historiker, den Stab über dem Autor brechen …

Ich wünsche Ihnen viel Vergnügen beim Lesen …

Was die Historie über den Stamm der Hermunduren berichten kann ...

Der Roman zeichnet das Leben einer Stammesabspaltung der Hermunduren, beginnend um 64 n. Chr. im Territorium am Main, nach.

Die Hermunduren erschlossen sich den neuen Lebensraum auf Wunsch Roms. Zunächst, so ist es überliefert, prägte Freundschaft die Beziehungen.

Doch zu keiner Zeit der Existenz des Römischen Imperiums blieben Beziehungen zu den Nachbarn friedlicher Natur.

Zwischen der römischen Eroberungspolitik und dem Freiheits- und Unabhängigkeitsdrang der Bevölkerung im Barbaricum existierten ein großer Zusammenhang mit Wechselbeziehungen unterschiedlichster Art und ein fundamentaler Widerspruch mit Hass und Feindschaft, der im Kontext zur historischen Zeit und dem Territorium stand.

Die Römer, unbestritten zur Weltmacht gelangt, und die Barbaren, mit ihren zahlreichen Stämmen und Sippen, trafen am Rhein aufeinander. Weder Rom noch die Barbaren des freien Germaniens erkannten diese natürliche Grenze als von den Göttern gegeben an.

Die segensreiche Botschaft der Zivilisation in die Wälder des Nordens getragen zu haben, wird zumeist den Römern zugeordnet.

Für den Barbar dagegen fällt die Rolle des beutegierigen, mordenden und plündernden Kriegers ab.

Doch stimmt diese Pauschalisierung?

Besaßen die germanischen Stämme nicht auch Lebensbedürfnisse? Bildete der Schutz des Lebens eigener Kinder und Familien gegen jeden Feind, ob Mensch oder Natur, nicht doch den Kernpunkt jeder kriegerischen Handlung germanischer Sippen.

Selbst dann, wenn die Germanen auszogen, neuen Lebensraum zu erringen ...

Karte Teile Germanien um 60 n. Chr.

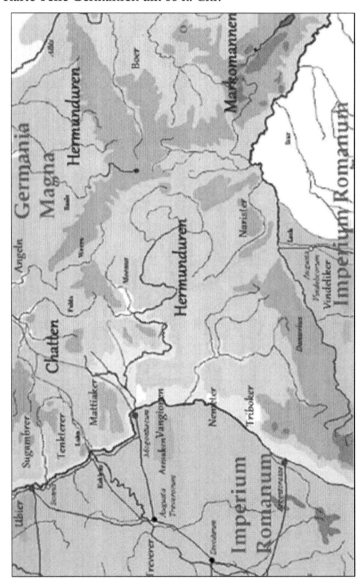

Grundlage von Cristiano64 - Eigenes Werk, CC BY-SA 3.0,
https://commons.wikimedia.org/w/index.php?curid=2749288
Modifiziert durch Autor

1. Der Überfall

*64 nach Christus - nach **Mittsommer***
Barbaricum** - Im Land der **Hermunduren** zwischen dem Fluss **Moenus** und dem **Herzynischen Wald

*M*it Schmerz explodierte sein Bewusstsein! Gebannt und unfähig sich zu bewegen, verharrte er auf dem Pfad.

Seine Augen nahmen auf, was vor ihm geschah und brannten die Ereignisse in seinen Kopf.

„Mutter" war sein einziges Wort und er schrie es heraus, so glaubte er, aber es war nur ein Flüstern.

Männer mit Schwertern und Lanzen in den Händen rannten hinter den Dorfbewohnern her und töteten oder schlugen nieder, wen sie erreichen konnten.

Einige der Hütten brannten. Die Dorfbewohner flohen durcheinander, jeder im Willen, sich verkriechen zu können, um aus der Reichweite des Feindes zu gelangen und das eigene Dasein zu retten.

Unbarmherzig und geordnet gingen die Angreifer in Trupps von Hütte zu Hütte. Zuerst drangen sie ein, schleiften Frauen und Kinder auf den Platz. Sich wehrende Männer und Jünglinge wurden ohne Rücksicht erschlagen, wenn sie sich nicht sofort zu Boden warfen und die Hände weit von sich streckten.

Nur wenige verstanden die Forderungen und keiner die Worte der Krieger. In jedem Stock wurde eine Waffe vermutet und sein Träger gnadenlos zu Boden geschlagen oder auch gleich getötet.

Fliehende wurden verfolgt, eingeholt und niedergeworfen, nicht Erreichbare mit Lanzen oder Pfeilen hingestreckt.

So starben vor seinen Augen andere Kinder, seine Freunde, Frauen, Greise, Jünglinge und Männer.

Die, die dem Tod entgingen, wurden mit Lanzenstößen, Peitschenhieben und mittels Schlägen der Flachseiten der Schwerter auf dem Platz zusammengetrieben.

Steif vor Schmerz und Angst stand er, durch Büsche des Waldes geschützt, auf dem Pfad ins Dorf. Gerade eben waren sie aus dem Dickicht getreten und sahen den Angriff der fremden Krieger.

Nur am Rande seiner Erschütterung bemerkte er, wie sein Vater seine Axt von der Schulter nahm und los stürmte. Alles ging so schnell, als wäre ein Pfeil von der Sehne geschnellt und doch lief es vor seinem Auge ab, als würden endlose Zeiträume vergehen.

Er verstand und er verstand nicht, warum sein Vater plötzlich ins Dorf rannte.

Aber er sah und behielt jedes sich ihm öffnende Bild mit allen seinen Einzelheiten in Erinnerung.

„Bleib im Dickicht!" hörte er aus weiter Ferne den Befehl und bevor ihm bewusst wurde, was er tun sollte, erreichte sein Vater den ersten feindlich Krieger und fällte diesen mit seiner Axt. Er drang in die feindliche Gruppe ein, tötete mit seinen Schlägen links und rechts angreifende Krieger, bis er von einem Lanzenschlag zu Boden gezwungen wurde.

Ein Schrei gellte aus der Traube zusammengetriebener Dorfbewohner und eine Frau löste sich, um zum Kampfplatz seines Vaters zu gelangen. Geschickt wich sie zwei Kriegern aus und stürzte sich ins Kampfgetümmel, ohne Waffe und ohne Schutz.

Die Lanze, die sie im Rücken traf und auf Grund der Wucht des Wurfes mit der Spitze aus ihrer Brust ragte, traf den Knaben mit geballtem Schmerz. Nie in seinem Leben würde er vergessen, wie seine Mutter starb.

Die entstandene Verwirrung nutzend, gelangte sein Vater wieder auf die Beine und schlug wie ein *Berserker* um sich. Weitere Krieger fielen seiner Streitaxt zum Opfer.

Der Lärm aller Handlungen drang erst jetzt in das erwachte Bewusstsein des Knaben.

Er hörte laute Schreie, den Schmerz der Sterbenden, die Verzweiflung der Geschlagenen und Zusammengetriebenen.

Um seinen noch immer kämpfenden Vater sammelten sich mehr als eine Hand voll Krieger und kreisten ihn ein. Sein Vater stand bei seinem am Boden liegenden Weib und hielt sich die Feinde mit seiner Axt vom Leib. Mal prellte er in die eine und mal in die andere Richtung vor, drehte sich ständig um sich selbst und behielt so alle Kämpfer seiner Umzingelung gleichzeitig im Auge.

Keiner der Krieger wollte der Nächste sein, der seine Waffe spürte und so versuchte auch keiner einen ernsthaften Angriff.

Der Knabe, gebannt vom Mut und der Verzweiflung seines Vaters, begriff in seinem Innersten die Worte, die sein Vater gerufen hatte, als er in Richtung Dorf rannte.

„Dickicht" war der Befehl und der Knabe befolgte nun diesen. Ohne den Kopf abzuwenden, drängte er seitwärts zurück in dichtes Unterholz und Büsche.

Er sah wie ein Anführer durch eine sich öffnende Gasse zum Kampfplatz schritt und sich vor seinem Vater aufbaute.

Des Knaben Entfernung bis zum Kampfplatz mochte nicht größer als zwei Baumlängen betragen. Sein Vorteil, noch nicht gesehen worden zu sein, bestand darin, dass die Krieger sich durch den Angriff seines Vaters und die Wucht von dessen Schlägen abgelenkt, auf diesen einzelnen Feind konzentrierten.

Sein Vater erhielt durch den Auftritt des fremden Anführers eine Atempause. Zur Besinnung gekommen, neben seinem toten Weib verharrend, richtete er sich, die Lage überblickend, auf. In seiner Haltung war keine Angst erkennbar. Ruhig, tief atmend nahm er seine Axt wieder in beide Hände und wartete.

„Wer bist Du?" fragte der Befehlshaber in der Sprache des Knaben. Zuerst schwieg der Vater.

Zwischen den feindlichen Kriegern der Einkreisung hindurch konnte der Knabe seinen Vater sehen und verstand die Worte.

„Wer bist Du?" wiederholte der Befehlshaber, ungeduldiger werdend, seine Frage.

„Ein Krieger!" antwortete der Angesprochene, noch immer von der körperlichen Anstrengung des bisherigen Kampfes gezeichnet und nach Luft ringend.

Der Befehlshaber drehte sich leicht zu seinen eigenen Leuten um und sprach in einer fremden Sprache, bis diese lachten. Dann wandte er sich wieder seinem Vater zu.

„Warum greift ihr unser Dorf an?" hörte der Knabe die Frage seines Vaters.

Die Antwort verstand der Knabe nicht, aber er hörte wieder das Lachen der Krieger.

„Du wirst sterben!" Der fremde Anführer sprach die Feststellung in der Sprache des Knaben.

„Ich weiß! Doch nicht so leicht wie du denkst!" Sein Vater zögerte mit der weiteren Antwort. „Sieh dich um und zähle deine Krieger! Du siehst, wie viele Hunde im Dreck liegen! Seid ihr nur stark gegen Frauen, Alte und Kinder? Hast du den Mut, dich mir zu nähern?" reizte sein Vater den Feind.

„Warum sollte ich? Wir sind in der Übermacht!" Der Fremde zeigte mit einer Hand in die Runde. Damit verwies er auf die zahlenmäßige Überlegenheit und verdeutlichte auch, dass er noch mehr Männer hinzu rufen konnte, um den einzig kämpfenden Krieger des Dorfes zu vernichten.

„Du siehst, wie viele Krieger bereit sind, dich zu töten! Du aber bist allein! Was glaubst du, wie lange du bestehen kannst? Glaubst du an deinen Sieg oder denkst du nur daran, dein erbärmliches Leben zu retten?" fragte der Anführer der Feinde.

Sein Vater schüttelte den Kopf. „Ich bin schon tot! Das hier, *Römer*, ..." er zeigte auf die tote Frau zu seinen Füßen „...war mein Weib. Mit ihr starb ich schon! Jetzt will ich nur noch Rache!"

Sein Vater nahm seine linke Hand von der Axt und machte eine weit ausholende Bewegung, als würde er alle Krieger auffordern, den Mut des Befehlshabers zu bewundern.

„Seht, hört und wenn ihr versteht, erkennt den Mut eures Anführers. Er hat euch alle, um mich zu töten. Bevor er eingreift, dürft ihr meine Axt kennenlernen. Nun, wer zeigt als erster Mut. Seid ihr Krieger oder ... Weiber?" fügte er nach kurzem zögern hinzu.

Keiner der Krieger verstand offensichtlich diese Worte, denn keiner handelte, alle warteten.

Wieder sprach der Anführer in fremder Sprache und die Krieger lachten. Der Knabe sah, wie sie ihre Schwerter fester fassten und die Lanzen hoben.

Plötzlich stürmte sein Vater auf den Anführer zu und schwang seine Axt. Der Fremde drehte sich seitwärts und der Hieb ging, vom Brustharnisch abgelenkt, am Körper vorbei. Sofort drangen die hinter seinem Vater befindlichen Angreifer nach und bedrängten diesen mit ihren Lanzen.

Den Schwung des ersten Hiebes nutzend, schlug der *Germane* von oben auf den Anführer ein.

Der Schlag wurde durch das Schwert des Kriegers gebunden. Die Finne der Axt rutschte am Schwert des Mannes ab, glitt über die *Parierstange* und hinterließ im Oberarm des Anführers eine klaffende, breite und tiefe Wunde.

Der Römer ging in die Knie und das rettete sein Leben. Der Schwung des nächsten Schlages, von unten kommend, ging knapp am Kopf des

Mannes vorbei. Der Helm flog in weitem Bogen durch die Luft und der Knabe sah eine sich bildende blutige Wunde.

„Mein Auge!" schrie der Anführer und bedeckte mit dem waffenlosen Arm seinen Kopf.

Das war seines Vaters letzter Angriff! Nur auf den Anführer gerichtet, erfolgte der Angriff zwar blitzschnell, aber sein ungeschützter Rücken bot sich den nachdrängenden Feinden. Zwei Lanzen bohrten sich in seines Vaters Körper. Dieser stürzte und landete auf dem Bauch. Dort blieb er mit der Axt, in seiner zum Schlag erhobenen rechten Hand, liegen.

Versteinert, unfähig zu einer Bewegung, stand der Knabe im Dickicht. Kein Gedanke, keine Reaktion, nur Schmerz!

Als ihn die Gegenwart wieder einholte, sah er den Anführer der Krieger am Boden liegen. Männer kümmerten sich um ihn. Der Mann brüllte vor Schmerz in einer fremden, für den Knaben unverständlichen Sprache. Ein anderer Anführer kam auf die Gruppe zu. Es wurde gesprochen.

Der Knabe erkannte, dass alle Bewohner des Dorfes entweder Tod oder zusammengetrieben waren. Er begriff die Armbewegung des hinzugekommenen Anführers.

‚Sucht den Wald ab' entnahm er der Geste dieses Fremden.

Sein Unterbewusstsein verkündete Gefahr. Langsam schob er sich weiter rückwärts ins Dickicht. Die Angst überrollte sein Empfinden. Fast zwang ihn die drohende Gefahr zur Flucht. Doch noch im Umwenden, um das Weite zu suchen, drang eine innere Stimme in sein Bewusstsein.

Er erkannte die Stimme. ‚Mein Junge, auf der Flucht ist der, der sich bewegt, leichter zu fangen! Man kann einen Fliehenden sehen und hören. Auch kann man seiner Spur folgen. Der Unsichtbare ist der gefährlichere Gegner. Solange du diesen Feind nicht siehst oder hörst, sei vorbereitet. Denke daran, wenn du einmal fliehen musst!'

„Vater?" Geflüstert wurde ihm bewusst, in welcher Gefahr er sich befand. Einst hatte er einen Vater, der ihn liebte, lehrte und beschützte.

‚Als zukünftiger Mann muss man kämpfen können.' hatte Vater vor einiger Zeit zu ihm gesagt. ‚Angst und Verzweiflung lähmen den Körper und den Geist. Bist du darauf vorbereitet, wirst du erkennen, wie du dich der Angst erwehren kannst. Angst ist normal! Auch große Krieger haben Angst! Tu was du tun musst. Doch überlege und prüfe, welche Möglichkeiten sich für dich ergeben!'

In diesem Sinne begann sein Vater ihn vor dem letzten Sommer zu einem tapferen Jungen zu erziehen. Nicht der Kampf mit der Axt oder dem Messer gehörten zu den ersten Übungen. Sich lautlos bewegen, anschleichen und jagen von Wild, geduldig zu warten und flach zu atmen, prägten sein Verhalten im Wald. So hatte er es gelernt und konnte sich bei der Jagd und beim Fischen im Bach am Felsen erproben. Geduld hieß diese erste Lektion.

Ohne sich großartig zu bewegen, sah er sich nach einem guten Versteck um und erkannte, dass die Mulde, vor der er stand, dicht mit Büschen und Farn bewachsen war.

Im Umkreis von einer Baumlänge gab es kein besseres Versteck und weiter würde er nicht kommen, ohne gesehen oder gehört zu werden.

Er sank zu Boden, rollte sich in die Kuhle und zog Zweige des Busches dicht über sich. Der Knabe presste sich an den Erdboden und verschmolz mit dem Wald und den ihn umgebenden Dickicht.

Die Mulde, in die er sich zurück gezogen hatte, befand sich auf einer kleinen Anhöhe und war dicht mit dornigem Gestrüpp bewachsen. Überhängende Zweige und deren Blätter verwehrten den Blick in die Kuhle, in die sich der Knabe zwängte. Ein fremder Krieger müsste schon sehr nah an ihm vorbeikommen, um ihn wahrzunehmen.

Der Knabe blieb, wo er war. Die Mulde hatte noch einen weiteren kleinen Vorteil. Sie lag etwas erhöht und im Rücken befand sich ein riesiger Felsblock.

Er kannte die Stelle. Gewählt hatte er sie wohl im Unterbewusstsein. In der Vergangenheit hatte er oft mit Freunden an der anderen Seite des Felsens gespielt.

Von seiner Mulde aus konnte er einen kleinen Bereich in Richtung Dorf, genau zum Dorfplatz hin, einsehen. Er sah wie die Krieger auf dieser Seite des Dorfes am Waldrand entlang liefen, mit ihren Schwertern und Lanzen ins Unterholz stocherten und miteinander sprechend in seine Richtung vordrangen.

Plötzlich sprang ein Wesen auf und versuchte tiefer in den Wald hinein zu fliehen. Es war ein Mädchen. Er erkannte sie. Im Zickzack laufend, suchte sie hinter den Bäumen Schutz.

Eine Handvoll Krieger nahm lachend die Verfolgung auf. Die Männer waren sich ihrer Sache sicher, johlten und lachten, während sie dem Mädchen folgten.

Der Knabe erkannte ihre Laufrichtung. Sie versuchte zur Schlucht am kleinen Bach zu entkommen. Der Lärm der Männer nahm ab und er musste seine Aufmerksamkeit auf die Gefahr in seiner Nähe richten.

Andere Krieger durchkämmten den Waldrand und kamen immer näher zu ihm heran. Sie stocherten mit ihren Lanzen ins Dickicht, schlugen mit dem Schwert Zweige und Äste von den Bäumen. Einige Krieger steuerten genau auf sein Versteck zu und waren bis auf wenige Schritte an ihn herangekommen.

Unter dem dichten Farn hindurch, konnte er sie sehen. Wenn sie so weiter gehen, dachte er, gehen sie an den Seiten des Hügels vorbei. Aber plötzlich schwenkte einer der Krieger genau auf seine Mulde zu. Mit Schrecken wurde ihm bewusst, dass er nicht schreien durfte, falls der Bewaffnete mit der Lanze nach ihm stocherte und in verletzen würde.

Er glaubte, sein Herzschlag würde ihn verraten. Es dröhnte in seinem Kopf. Die Angst drohte mit Ohnmacht. Und wieder erreichte ihn die Stimme seines Vaters ‚Ganz ruhig mein Junge. Nicht jeder Gegner hat das Gespür für eine Falle. Du hast einen Vorteil, gefährde ihn nicht durch deine Angst.'

Der Knabe verlangsamte seine Atmung und presste sich an den Erdboden. Der Krieger kam auf seine Stelle zu, blieb vor der Mulde stehen, schob mit dem Schwert in der einen Hand einen Teil des Gebüschs zur Seite und stocherte mit der Lanze in der anderen Hand unmittelbar vor dem Kopf des Knaben in die Mulde. Im Weitergehen schleifte er die Lanze über den Waldboden und den Körper des Verborgenen.

Der Knabe atmete nicht mehr und gab keinen Laut von sich.

Die Aufmerksamkeit des Kriegers wurde durch einen seiner Gefährten abgelenkt, als dieser etwas rief. Der Krieger nahm seine Lanze wieder hoch und drehte sich in Richtung seines Begleiters um. Beide gingen, ohne den Knaben zu bemerken, weiter.

Erst als ein ausreichender Abstand zwischen ihm und den Bewaffneten lag, getraute sich der junge *Barbar*, wieder zu atmen. Angstschweiß brach aus und er zitterte am ganzen Körper. Vor Erschöpfung schlief er ein.

2. Der Römer

64 nach Christus - nach Mittsommer;
Barbaricum - Im Land der Hermunduren zwischen dem Fluss Moenus und dem Herzynischen Wald

Titus Suetonius, der Römer, erwachte aus seiner Ohnmacht. Schmerzen überschwemmten seinen Kopf.

Dass er keinen Helm trug, konnte er deutlich fühlen und trotzdem schien sein Kopf aus allen Richtungen von hunderten Fäusten gepresst zu werden. Der Schmerz lief in Wellen vom Kopf über seine Schulter bis in seinen rechten Arm.

Langsam klarte sich das Bild seiner Erinnerungen.

‚Der Germane…, erinnerte er sich schemenhaft, ‚… mit der Axt!

Von der Übermacht seiner eigenen *Miles* gestellt, fand der Barbar Zeit zur Erholung. Mit Fragen und spöttischen Bemerkungen entlockte er seinen Männern ein Lachen. Verkannte er die eigene Gefahr?

Schließlich erfolgte der unvermittelte Angriff des Germanen. Warum nur war er in den Kreis der *Legionäre* getreten? Was hatte ihn dazu bewegt, den Gegner zu unterschätzen? Warum verspottete er den Krieger, statt ihn zu töten? Die Situation des Barbaren war doch aussichtslos!

Dieser Übermacht war ein einzelner Kämpfer nicht gewachsen!

Für ihn als *Tribun* gab es keine Notwendigkeit in die letzten Handlungen zur Vernichtung eines Feindes einzugreifen. War es die Standhaftigkeit des Germanen, der sich ohne Furcht in den Kampf stürzte oder war es die blutige Spur durch die Reihen der Miles, die ihn beeindruckt hatte? Sein Eintreten in den Kreis seiner Soldaten und die direkte Konfrontation mit dem Germanen war weder notwendig noch von besonderer Weitsicht des kommandierenden Tribuns geprägt …'

Die Bewegungen, die seinen Wachzustand hervorriefen, erkannte Titus als ein Schwanken. ‚Schwebte er etwa? War er schon auf dem Weg über den *Styx* und sein Wesen körperlos? Wer hatte *Charon, den Fährmann*, bezahlt? Lagen die Münzen auf seinen Augen, so dass er diese nicht öffnen konnte? Warum gelang es ihm nicht, den Kopf zu drehen? Was löste diesen Schmerz aus? Wo befand er sich? Diese Dunkelheit war dumpf und unwirklich.'

Über den Schmerz hinaus begriff er, dass etwas nicht stimmte.

Er öffnete die Augen und blinzelte. ‚Warum konnte er mit dem rechten Auge nicht sehen? Diese Dunkelheit war bizarr, schmerzhaft und eigentlich ein Nichts!' Der Schmerz im Kopf wurde immer nachdrücklicher und so verließ, für ihn unbewusst, ein Stöhnen seine Lippen.

Dies führte dazu, dass ein in der Nähe befindlicher Legionär aufmerksam wurde und etwas sagte, was Titus aber nicht verstand. Soweit war sein Bewusstsein noch nicht vorgedrungen.

Kurze Zeit darauf wurde die Bewegung beendet und er fühlte, dass man ihn anhob, ohne ihn anzufassen. Behutsames Ablegen auf dem Erdboden war seine nächste Wahrnehmung.

Ein Mann trat vor ihn und beugte sich herab.

„Herr, kannst du mich hören?" fragte der Fremde.

Mühsam formte er die Antwort und hauchte mehr als er sprach: „Ja."

„Kannst du mich auch sehen?" lautete die nächste Frage und Titus schien diese zögerlich zu kommen. Bruchstückhaft kam ihm der Gedanke, ob dies etwas mit dem Schmerz zu tun hatte.

Er antwortete ebenso und sah wie sich ein leichtes Lächeln, das aber sofort wieder verschwand, um die Lippen des Legionärs kräuselte. Mit jedem Moment nahm sein Bewusstsein und Erkennen zu.

„Weißt du auch, wer du bist? Nenne mir deinen Namen!" forderte die Stimme.

Eine Weile überlegte der Römer, war sich erst nicht sicher, dann aber durchschoss ihn sein Name und das Bewusstsein explodierte mit einer neuen Welle des Schmerzes.

„Titus Suetonius ... Tribun!"

„Herr, erkennst du mich?" fragte der sich über ihn beugende Legionär.

„Du bist Aulus, *Aulus Licinius Metellus*." Er war sich sicher, dass dieser Name richtig war, so sicher, wie der Schmerz in seinem Kopf pochte.

„Kannst du dich erinnern?"

Die Frage kam Titus komisch vor, sollte doch Metellus nicht um den heißen Brei reden und direkt Fragen, was er wissen wollte.

„Warum schmerzt mein Kopf? Wo ist mein Helm?"

„Eine Frage, eine Antwort!" erwiderte Metellus und setzte seine bisherige Antwort fort. „Du bist verletzt Tribun, am Kopf." Die Feststellung kam ebenso zögerlich.

„Warum am Kopf?" fragte Titus.

„Der Barbar hat dich getroffen…" und blitzartig sah der Römer die Axt auf sich zu fliegen und fühlte den Schlag, den Schmerz und nun schrie er, endgültig zu vollem Bewusstsein gekommen „… mein Auge!"

Es war der gleiche schmerzhafte Schrei in der Sprache der Barbaren, der mit dem Schmerz des Schlages verbunden, noch immer in seinem Kopf nachhallte und auf die Erlösung wartend, sich jetzt mit aller Qual über seine Lippen zwang.

Der Befehlshaber der **Kohorte** zuckte zurück und sah die Hand des Tribuns nach seinem Auge fassen.

„Tribun nicht!" schrie er, wehrte die Hand ab und zwang Titus Arm wieder zurück auf den Boden.

Mit diesem Schmerz traf den Römer noch eine andere Erkenntnis. Mit beiden Händen zum Kopf und zum Auge greifend, gehorchte nur der linke Arm dem Befehl. Der rechte Arm ließ sich nicht bewegen.

Der Römer sank zurück und kurzzeitig versank er in Dunkelheit. Ein leichtes rütteln an der Schulter holte ihn zurück.

„Tribun, bleib ruhig. Du bist am Kopf schwer verletzt und dein Auge…"

Er hörte die Worte und als Begreifen ihn erleuchtete, fragte er: „Was ist mit dem Auge…?"

Der **Pilus Prior** der 9. Kohorte der **Legio XXII Primigenia**, Aulus Licinius Metellus, stand langsam auf.

„Es gibt kein Auge mehr!" sagte er.

„Der Germane hat dich von hier bis hier aufgerissen" und während er an seinem Kopf zeigte, wie die Wunde verläuft, ergänzte er „…der Schlag hat den Helm vom Kopf gerissen und dabei dass Auge mit getroffen!"

Der Pilus Prior zögerte mit der Fortsetzung seiner Erklärung.

„Herr, der Schlag war nicht so tief, dass er das Auge hätte verletzt dürfen. Der Schädelknochen ist nicht geschädigt. Der Riss in der Haut wird wieder zuwachsen. Eine Narbe wird bleiben. Doch warum das Auge verloren ging, wissen wir nicht."

Nach einiger Zeit ergänzte er: „Wir bringen dich zum Basislager. Der **Medicus** muss sich die Verletzungen ansehen und bestimmt kann er dich heilen. Du hast noch eine tiefe Fleischwunde im Muskel des rechten Oberarmes. Hier hattest du mehr Glück. Der Knochen blieb heil. Auch die Wunde wird heilen."

Der Schmerz im Kopf und jetzt auch im Arm des Römers löste eine neue Kaskade von Empfindungen aus und Titus Geist trat in die Schwärze des Vergessens ein.

Der Pilus Prior wies die Fortsetzung des Marsches an und hoffte, der Tribun könnte bis zum Ziel bewusstlos bleiben. Die Schmerzen mussten furchtbar sein und je länger die Bewusstlosigkeit anhielt, desto geringer wäre die Schmerzempfindung. Immerhin dauerte es sehr lange, bis der Tribun zum ersten Mal erwacht war.

In wenigen Stunden würden sie im Basislager sein und die Hilfe des Medikus beanspruchen können. Wie sich Titus dabei fühlen würde und die Konsequenzen dieses Verlustes, wollte sich der Kohortenführer nicht vorstellen.

Die Verletzung des Tribuns war ein unsinniges Ereignis und er fragte sich wiederholt, wie es hätte verhindert werden können? Der Angriff auf das Dorf war erfolgreich verlaufen und er selbst war weit vom Ort dieses einzelnen Kampfes entfernt.

Ein Melder hatte ihm von der Auseinandersetzung mit dem Barbaren berichtet und sofort war er zu dieser Stelle geeilt.

Der Germane lag, von zwei *Pilum* durchbohrt, auf dem Boden. In seiner rechten Hand befand sich dessen Streitaxt, schon zum nächsten Schlag erhoben. Wäre dieser Schlag zum Kopf des Römers vollendet worden, gäbe es keinen Tribun Titus Suetonius mehr.

Doch warum war erst der Tribun verletzt worden? Warum wurde der Germane nicht sofort getötet?

Metellus wusste es nicht und er wollte es nicht wissen. Wüsste er es, müsste er die anwesenden Legionäre, die ihren Tribun nicht ausreichend zu schützen verstanden, bestrafen! Nur wenn der Tribun darauf bestand, fühlte sich der Pilus Prior dazu berufen. Also würde er auf dessen Entscheidung warten und nur einem Befehl gehorchen.

Der weitere Marsch verlief ohne bedeutende Ereignisse und mit Einbruch der Dunkelheit traf die Kolonne, mit den Gefangenen und dem Verletzten, im *Marschlager* ein.

Unmittelbar nach dem Aufbetten im *Praetorium* forderte Metellus den Medikus an.

Ein *Grieche*, alt und kahlköpfig, mit üppigem Kinnbart, betrat das aus Holz gebaute Gebäude. Sein Name lautete *Flavius*.

„Herr, du hast nach mir gerufen?" meldete sich der Arzt etwas weniger militärisch.

„Der Tribun ist verletzt. Wende deine Heilkunst an!" Metellus rief einen Diener, trug ihm auf, dem Medikus zur Hand zu gehen und zog sich zurück.

In seinem Zelt angekommen, erstatteten ihm der **Pilus Posterior** der 9. Kohorte, **Marco Canuleius Ovinus** und der **Präfekt** der **Auxiliarkohorte**, **Servius Mallius**, Bericht.

Die Verletzung des Tribuns ging wie ein Lauffeuer durchs Lager und somit war Metellus als ranghöchster **Centurio** zur Entgegennahme der Meldung verpflichtet. Der Bericht war kurz und enthielt, außer einer Bestrafung für Nachlässigkeiten im Wachdienst, keine weiteren akuten Ereignisse.

Centurio und Präfekt sahen sich nach ihrer Meldung kurz an und dann den Pilus Prior. Dieser erkannte in den Blicken das Interesse, weitere Neuigkeiten zur Verletzung des Tribuns zu erfahren.

Metellus legte seine Rüstung ab und wusch sich. Dann nahm er am inzwischen gedeckten Tisch platz und lud beide Offiziere ein, ihm Gesellschaft zu leisten.

Bevor er nähere Erläuterungen preis gab, langte er ordentlich zu und ließ sich noch mal vom Wein einschenken. Mit einer Handbewegung schickte er den bedienenden Sklaven aus dem Zelt.

„Der Tribun wurde von einem kampfwütigen Barbaren schwer verletzt. Seine Wunden werden heilen, aber das Auge gibt ihm keiner zurück!"

Sofort wurde seinen Zuhörern klar, dass mit einer Augenverletzung ein weiterer militärischer Dienst für den Tribun fragwürdig ist. Die Befehlsgewalt über die **Vexillation** ging mit der Verletzung des Tribuns auf den Pilus Prior Metellus über. Der Verletzte würde nur noch so lange in der **Legion** verbleiben, wie es für seine Gesundung erforderlich ist. Nach seiner Genesung hatte der Tribun den Befehl zur Rückkehr nach **Rom** zu erwarten.

Für alle weiteren Aktionen zur Erfüllung des erhaltenen Auftrages zeichnete ab diesem Zeitpunkt der Pilus Prior verantwortlich und war aufgefordert, somit auch eine Entscheidung zur Fortsetzung des Auftrages zu treffen.

Doch Metellus zeigte sich nicht gewillt, die Verantwortung für den bisherigen Verlauf der Vexillation zu übernehmen. Dies schloss ein, dass er auch für zukünftige Handlungen keine Verantwortung übernehmen wollte. Zumindest nicht, so lange der Tribun dies nicht von ihm forderte.

Einen schwer verletzten Tribun zum Basislager zurück bringen zu müssen, konnte schon so unangenehm werden. Schrieb man ihm einen Misserfolg der gesamten Vexillation zu, könnte dies seine Militärlaufbahn nachhaltig beeinflussen.

„Ich werde warten, bis der Tribun fähig ist, meinen Bericht entgegenzunehmen und dann die notwendigen Konsequenzen ergreifen."

Metellus stützte den Kopf in beide Hände und sah seine Nachgeordneten abwechselnd an. Nach einer Weile setzte er seine bisherige Erklärung fort: „Der Auftrag ist erfüllt! Die Zahl eingebrachter Sklaven ist erträglich. Den Verlust von sieben Legionären können wir verschmerzen. Nur, dass alle von einem Barbaren getötet wurden, sollten wir so nicht hinnehmen! Die Überraschung war auf unserer Seite. Bevor die Germanen zu den Waffen greifen konnten, waren wir über ihnen."

Metellus zögerte mit der Fortsetzung und mehr für sich selbst, als für seine Zuhörer, brummte er verwundert: „Nur dieser Barbar, der aus dem Wald kam, setzte sich zur Wehr. Ich weiß nicht, warum der Befehl zum Töten des Germanen hinauszögert wurde?"

Er richtete sich auf und schüttelte mit seinem Kopf, dann setzte er entschlossener fort: „Der Melder berichtete mir, der Tribun hätte sich erst einige Scherze zur Erheiterung unserer Männer erlaubt … Der Angriff des Barbaren sei blitzartig erfolgt. Keiner unserer Legionäre war darauf vorbereitet. Der Tribun war wohl auch überrascht?"

Wieder zögerte Metellus. Es wäre verhängnisvoll, würde er den Beiden zu viel erzählen. Gesundet der Tribun, bleibt in der Legion und wird später sein Vorgesetzter, könnten zu viele falsche Worte seine *Dignitas* beeinflussen. Auch ihm war die Absicht des Tribuns zu Ohren gekommen, die Nachfolge des älteren Bruders anzustreben.

„Warten wir, was der Tribun befiehlt. Wir sollten bereit sein, sofort zum Legionärslager nach *Mogontiacum* zurückzukehren. Trefft die Vorbereitungen. Ich werde noch mal zum Tribun gehen."

Damit entließ er die Offiziere, legte seine Rüstung an und schritt zum Praetorium.

Der Medikus war gerade dabei, Titus Arm zu schienen und zu verbinden. Um den Kopf hatte der Tribun einen frischen Verband. Nur sein gesundes Auge, Nase und Mund waren frei.

Der Tribun sah zu Metellus auf und bedeutete ihm mit seiner gesunden Hand, Platz zu nehmen. Danach schickte er den Medikus mit einer weiteren Handbewegung aus dem Praetorium.

„Wie geht es dir, Tribun?"

„Ich werde meinen Dienst in der Legion quittieren müssen …" bekundete der Verletzte. Metellus glaubte Resignation und Verzweiflung in der Stimme des Vorgesetzten zu erkennen.

„Was ist der Schmerz im Verhältnis zur Aufgabe der Laufbahn? Ich kenne keinen Offizier, der nur ein Auge hat …"

Titus dachte daran, dass sein Bruder Ende des nächsten Sommers als *Tribunus Laticlavius* in der Legion ausscheiden würde und er dessen frei werdende Stellung anstrebte.

Seine persönlichen Empfindungen weit von sich schiebend, fügte er nach einer kurzen Pause hinzu „Was geschah im Lager? Berichte!"

Metellus hörte Festigkeit in der Stimme und erkannte seinen Vorgesetzten wieder. Der Tribun schien sich nicht aufzugeben und trotz Schmerz und Verlust, seinen Führungsanspruch erhalten zu wollen. Erfreut nahm der Pilus Prior den zurück erlangten Willen des Vorgesetzten zur Kenntnis.

„Keine Besonderheiten, nur eine Bestrafung." Dies interessierte den Tribun nicht sonderlich.

„Was wird über meine Verletzung gesprochen?"

„Mir sind keine Gerüchte zu Ohren gekommen. Bisher war auch keine Zeit, mit anderen Legionären zu sprechen." wich Metellus aus und fragte danach vorsichtig:

„Tribun, was möchtest du, soll ich tun?"

Obwohl Schmerz im sichtbaren Minenspiel des Tribuns Einzug hielt, versuchte der sich auf mögliche Handlungsweisen zu konzentrieren.

„Der Auftrag scheint erfüllt und darüber hinaus haben wir eine Vielzahl von Sklaven. Wie viele Legionäre haben wir verloren?"

„Insgesamt sieben im Dorf der Germanen, durch diesen einen Barbaren. Ein Legionär wird vermisst! Das Dorf ist zerstört und keiner hat überlebt, den wir nicht eingefangen haben." berichtete Metellus erleichtert weiter, als er glaubte Zufriedenheit wahrzunehmen.

„Genau können wir das nicht wissen!" wies der Tribun seinen Centurio zurecht. „Es könnten zum Zeitpunkt des Angriffs einige Barbaren nicht im Dorf gewesen sein. Haben wir das Dorf abgebrannt?"

„Ja!" bestätigte Metellus die Vermutung und die damit verbundene Frage.

Titus Suetonius schien tatsächlich mit dieser Antwort zufrieden.

„Lass mich jetzt allein! Ich werde etwas essen und schlafen, wenn der Schmerz mir eine Pause vergönnt. Dann werde ich dich rufen lassen. Befiehl dem Sklaven, mir Speisen und einen guten Wein zu bringen. Geh!"

Titus blieb allein, mit seinen Schmerzen, seinem Verlust und einer ungewissen Zukunft.

Würde er zu sich selbst ehrlich sein, müsste er zugeben, dass er seine Verletzung selbst verschuldete. Mit einem kurzen Befehl wäre die Übermacht der Legionäre über den Barbaren hergefallen. In dem er seine Scherze trieb, schläferte er die Aufmerksamkeit seiner Männer ein und schuf dem Barbaren Zeit zur Erholung. Mit der Gewissheit des eigenen Todes blieb dem Mann nur ein Angriff.

Und diese Möglichkeit hatte er ihm geschaffen. Sein Eintreten in den Ring kampfbereiter Legionäre zwang den Barbaren, den Angriff zuerst auf ihn zu lenken. Im Bewusstsein, selbst den entscheidenden Fehler gemacht zu haben, wuchs der Zorn auf sich und die Wut auf seinen Feind.

Als Römer und Tribun war er von seiner Überlegenheit, begründet mit seiner Herkunft aus dem großen Rom, überzeugt und es war nach seinem Empfinden, eine barbarische Tat, ihn derart zu verletzen. Nur mit etwas Glück war dies nicht der letzte Tag seines Lebens gewesen!

Titus erinnerte sich an seine Kindheit und Jugend. Dass Bild seiner Mutter entstand vor seinem inneren Auge. Jugendstreiche mit dem älteren Bruder drängten nach vorn.

Eine junge Sklavin dominierte die Zeit, als er zum Mann reifte. In die körperliche Liebe eingeführt und ihm so manchen Genuss bereitend, lernte er von dieser Frau die Kunst der Verführung, des Rausches der Sehnsüchte und des Verlangens. Bald hatte er jede junge Sklavin, und deren gab es Einige, auf sein Lager geworfen. Er nahm sich, was er wollte. Bis sein Vater dem Treiben ein Ende setzte.

Dann starb sein Vater, plötzlich und unerwartet, in **Britannien**. Er vollendete damit das Los des Soldaten. Sein Onkel, der Bruder des Vaters, übernahm die Vormundschaft über beide Jünglinge.

Das ungestüme Treiben Beider fand ein Ende, als sein Bruder in die Legion eintrat. Auf sich allein gestellt wurde Titus etwas ruhiger und ausgeglichener. Mit der Mutter lebend, dem Onkel, der zwar oft sehr weit entfernt weilte, zu Gehorsam verpflichtet, war er gezwungen, seinen Übermut zu bezähmen.

Es dauerte nicht sehr lange, bis ihm sein Onkel in einem Schreiben mitteilte, er würde auch von ihm den Eintritt in die Legion erwarten. Titus verließ die Mutter, die den damit verbundenen Schmerz nicht sehr lange ertrug. Sie erkrankte und starb.

Zuerst trauerte er lange um seinen Verlust, zumal ihm die römische Legion nicht zu sehr zusagte. Disziplin und Gehorsam waren in der Vergangenheit nicht seine Stärken und so wehrte er sich gegen den Einfluss Vorgesetzter.

Ein Gespräch mit seinem älteren Bruder veränderte nicht nur seine Einstellung, sondern auch sein Verhalten. Bald in die Legio XXII Primigenia berufen, hatte der ältere Bruder unmittelbaren Einfluss auf seinen zukünftigen Werdegang.

Um nicht vom Älteren gemaßregelt zu werden, legte Titus einige seiner Eigenheiten ab und wurde ein guter Legionär.

Seine Dienstzeit mündete in die Laufbahn eines Militärtribuns. Sein Vorteil war, dass sein Bruder genau zu diesem Zeitpunkt zum Stellvertreter des *Legatus Legionis* ernannt wurde. Als Tribunus Laticlavius war sein Bruder jetzt auch sein Vorgesetzter und vertrat den Legat bei dessen Abwesenheit.

Der Bruder profitierte in der Vergangenheit von der Rolle des Onkels *Gaius Suetonius Paulinus*, der seit 58 n. Chr. *Statthalter* in Britannien war. Dieser nahm nicht unwesentlichen Einfluss auf *Quintus Suetonius* militärische und politische Entwicklung.

Die Berufung des Bruders zum Tribunus Laticlavius war ungewöhnlich. Sicher verdankte er diese Ernennung dem Einfluss des Onkels und dem Interesse des Legaten der *Primigenia*.

Quintus war zu einem zuverlässigen, klugen und beherrschten Mann herangewachsen, der seine Jugendstreiche zu Gunsten einer frühreifen Stabilität und Zuverlässigkeit opferte. Dies verschaffte ihm Ansehen in den Augen des Legatus.

Als die Entscheidung bevorstand, einen Römer aus dem Senatorenstand zum Tribunus Laticlavius in der Legio XXII Primigenia zu berufen, fanden der Legat der Primigenia und der Statthalter in Britannien eine gemeinsame Sprache und schoben, mit vereinten Kräften, Quintus auf diesen Posten. Der Legat bedauerte diese Einflussnahme zu keinem Zeitpunkt.

Quintus militärische Laufbahn neigte sich ihrem Ende zu und seine Karriere sollte im politischen Leben fortgesetzt werden.

Zu diesem Zeitpunkt begann sich der Legat für den jüngeren Bruder zu interessieren. Quintus förderte dieses Interesse. Der inzwischen aus Britannien zurückgekehrte Onkel machte als **Konsul** des Jahres 62 n. Chr. seinen politischen Einfluss geltend und so erhielt Titus dann den Auftrag über eine Vexillation ins Barbaricum. Es war seine Chance, sich zu bewähren.

Das Recht Roms, wo auch immer Tribut zu fordern und Sklaven zu nehmen, gehörte zu Titus Überzeugungen. Niemals bisher hatte er dieses Recht in Frage gestellt. Aus dem Gefühl der Einheit seines Seins mit den Zielen des großen Roms leitete er seine Überzeugung ab, das Recht zur Erteilung des Angriffsbefehls zu haben. Ohne zu bedenken, welches Unglück er auf diese Dorfbewohner zu bringen befohlen hatte, sprach er diesen jedoch das Recht zur Abwehr ab.

Er war bereit, Verluste seiner Miles anzuerkennen, aber niemals billigte er einem Barbaren zu, ihn verletzen oder vernichten zu dürfen. Er empfand die Tat des Germanen als barbarisch und ungerecht.

Barbaren waren in seinen Augen keine Menschen mit gleicher Wertigkeit. Wohl wusste er, dass **Roms Imperium** viele Völker umfasste und erkannte die Rechte eines römischen Bürgers, unabhängig seiner Herkunft, an.

Ein Barbar jedoch, besaß dieses Recht nicht!

Geschult und gedrillt über viele Jahre für den Kampf im Barbaricum, fehlte ihm jedes Verständnis und ein Ehrbegriff für den Mut und die Verzweiflung seines Gegners. Die römische Ordnung, von Göttern gewollt, gab ihm das Recht, das Dorf zu überfallen. Wie konnte der Germane ihn dann ausgerechnet bei diesem Einsatz verletzen? Warum ließen die Götter dies zu?

Zu keinem Zeitpunkt seiner Überlegungen bereute er den Befehl zum Angriff auf das Dorf. Schuldzuweisungen, aus seinem Leichtsinn heraus geboren und schemenhaft sein Gedächtnis streifend, wurden bewusst unterdrückt und so die Basis für Zorn, Wut und Hass auf die Barbaren geschaffen. Ja, allein die Germanen trugen die Schuld an seiner Misere! Ein Erfolg, der durch die eigene Verletzung geschmälert wäre, kann nicht als endgültiges Ergebnis der Vexillation verbleiben!

Indem Titus diesen Gedankengängen folgte, sich diese immer wieder wiederholend einprägte und keinerlei Zweifel an deren Richtigkeit zuließ, verfestigte sich seine Gewissheit, der Mission noch einen weiteren Erfolg über die Germanen hinzufügen zu müssen.

Dabei spielte Rache eine vorrangige Rolle. Doch nie würde er Diskussionen darüber zulassen. Somit musste ein anderer Grund gefunden werden, der einen weiteren Angriffsbefehl auf die Barbaren rechtfertigte.

Er rief seinen Sklaven und beauftragte ihn, den Pilus Prior zu rufen.

„Tribun, du wolltest mich sehen!" begrüßte ihn der Centurio.

„Du sagtest, wir haben viele Sklaven hierher bringen können?"

„Ja Tribun, es sind 40 Männer und Burschen, ebenso viele Weiber und fast 30 Kinder unterschiedlichem Alters!"

„Wie viele sind auf dem Weg hierher gestorben oder mussten getötet werden?" begehrte der Tribun weiter zu wissen.

„Eine Handvoll, meistens Kinder! Wir können morgen vor dem Abmarsch noch mal zählen!" schlug der Pilus Prior vor.

„Wie viele von den Sklaven werden wir bis zum Lager Mogontiacum noch verlieren?" wollte daraufhin der Tribun wissen.

Titus blieb beharrlich, bisher hatte der Centurio ihm noch keinen für einen weiteren Überfall ausreichenden Grund genannt. Die bisherige Antwort bot keine Handhabe für eine Fortsetzung der Sklavenjagd und seine Rache an möglichst vielen Germanen.

„Der Weg ist weit und Einige von denen, die verletzt wurden, werden wir unterwegs töten müssen oder werden noch sterben!" vermutete der Centurio und dachte an weitere mögliche Marscheinflüsse, schwieg dazu aber.

„Wie viele?" Titus Forderung blieb eisern.

„Ich weiß nicht, zehn vielleicht? Dann kommt noch der Rückmarsch und ob der so friedlich wird wie unser Herkommen ..."

Titus unterbrach den Centurio. Das reichte als Grund!

„Dann werden wir in der Frühe nicht aufbrechen. Wir sollten die Mission mit einem weiteren Erfolg beenden. Erinnerst du dich an das Germanendorf in den Bergen?"

Metellus stutzte. Ein weiterer Überfall und ohne des Tribuns Führung? Was hatte der Tribun nur ausgebrütet? Doch er wagte nicht, gegen diesen Befehl zu sprechen. Eigentlich waren die bisherigen Verluste unbedeutend, so dass einem weiteren Überfall nichts im Wege stand. Er musste sich eben fügen. Befehl ist nun mal Befehl! Als ranghöchster Centurio würde jetzt er den Angriff führen und vielleicht könnte er so seine Dignitas erweitern...

„Von hier aus waren wir auf dem Weg am kleineren Fluss nordwärts gezogen. Dort werden wir zum zweiten Mal angreifen und weitere Sklaven holen! Bereite alles vor! Ihr brecht, in gleicher Stärke, in aller Frühe auf und bildet wieder ein Ausgangslager. Greift in der Abenddämmerung an, dann erwischt ihr das ganze Dorf! Geh, ich will einen Erfolg mit viel mehr Sklaven!"

Mit dem Schlagen der rechten Faust, in Höhe des Herzens, gegen den Brustpanzer, quittierte Mettelus den Auftrag und verließ das Praetorium.

Der Befehl zum Überfall auf ein weiteres Dorf der Germanen war erteilt und ihm oblag es, den erwünschten Erfolg einzubringen.

3. Die Nacht

64 nach Christus - nach Mittsommer
Barbaricum - Im Land der Hermunduren zwischen dem Fluss Moenus und dem Herzynischen Wald

Der Knabe erwachte, als es dunkelte. Hunger meldete sich. Um ihn herum gab es außer Vogelzwitschern keinen Laut. Vorsichtig schob er sich an den Rand der Mulde und spähte zum Dorfplatz. Es gab keine Fremden und keine Bewohner mehr. Der Platz lag ruhig. Die Mehrzahl der Hütten war nieder gebrannt, aber die eigene Hütte stand noch und sah unberührt aus.

Sollte er es wagen ins Dorf zu schleichen oder sollte er noch warten? Er musste Essen und Trinken. Wenn ihre Hütte noch stand, könnte er Beides finden.

‚Mutter', ein liebevoller Begriff drängte sich zwischen Hunger und Durst. Mit der Erinnerung wurde ihm bewusst, dass es keine Mutter mehr für ihn gab. Vor seinem inneren Auge sah er die Lanzenspitze aus dem Körper seiner Mutter ragen.

Der Knabe erhob sich auf ein Knie und hörte in seinem Kopf die Stimme seines Vaters ‚Bei Gefahr warten und beobachten. Erst handeln, wenn du weißt, was zu tun ist …' und so erstarrte er wieder und beobachtete das Dorf. Nichts bewegte sich. Es gab auch keine Geräusche.

Er erhob sich und bewegte sich geduckt in Richtung Waldrand. An diesem entlang schlich er, geschützt durch das Dickicht, bis zum eigenen Vaterhaus. Er hatte Angst. Um sicher zu gehen, dass ihn keine Überraschung erwartete, umkreiste er erst einmal das gesamte Dorf. Es dauerte, bis er wieder an seiner Mulde angelangt war.

Am Dorfausgang, in Richtung Mittagssonne, stellte er tiefe Spuren von Wagen und Pferden fest. Von hier mussten die Krieger gekommen sein und in diese Richtung sind sie wieder abgezogen. Es gab nur diese Spuren. Das Dorf lag immer noch unscheinbar und still vor ihm.

Inzwischen war die Dämmerung herein gebrochen. Waren die Krieger abgezogen oder lagerten sie noch in der Nähe des Dorfes? Der Knabe überlegte. Nein, das konnte nicht sein! Wären die Krieger mit den Gefangenen noch hier, würde man zumindest die Gefangenen hören. Dafür war es zu ruhig.

War er der einzig Überlebende?

Nein, vielleicht nicht! Das Mädchen, erinnerte er sich. Hatte sie es geschafft? Obwohl er ihr Verhalten als falsch empfand, hoffte er auf ihr Entkommen? War ihr Verhalten denn wirklich falsch? Was war mit der Flüchtenden? War das Mädchen verletzt? Konnten die Fremden sie ergreifen oder gelang ihre Flucht? Gibt es andere Überlebende und wo sollte er sie suchen?

Um die Flüchtende und ihr Schicksal würde er sich später kümmern. Erst einmal war es wichtiger, das eigene Leben zu sichern.

Wieder überrollte ihn die Angst. Was hätte er getan, traf die Lanze seinen Körper unvorbereitet? War er vorbereitet? Er spürte noch immer das Gleiten der Waffe auf seinem Rücken. Zweige und Farn schufen ein Polster. So bemerkte er nur den Druck, nicht aber deren scharfe Spitze.

Auf die Dunkelheit wartend, überdachte er, wie Vater es ihn gelehrt hatte, seine Lage. Er entschloss sich ins Dorf zu schleichen. Zuerst brauchte er seinen Jagdbogen und Vaters Waffen. Dann benötigte er dringend Nahrung, egal ob in der eigenen oder einer anderen Hütte gefunden. Ein neues Lager wäre gewiss auch nicht schlecht. Im Dorf zu schlafen schied jedoch aus. Die Krieger könnten zurückkommen...

In der Zeit seiner Überlegungen legte sich der Mantel des nächtlichen Dunkel über die Ansammlung der Hütten. Also schlich er los. Der Knabe bevorzugte einen Weg am Waldrand entlang. Am Eingang des Dorfes lag ihre Hütte.

Groß war ihr Dorf nicht, vielleicht gab es so viele Hütten wie Vater, Mutter und er selbst Finger an den Händen hatten. Er kam in die Nähe der eigenen Hütte und duckte sich zum Beobachten in einen nahestehenden Busch. Nichts bewegte sich. Es gab auch kein Gezwitscher mehr. Ruhig lag das Dorf vor ihm.

Er wusste genau, wo sein Jagdbogen und die Pfeile hingen. In der Dunkelheit umhertastend, fand er, was er suchte. Auch Vaters Messer steckte am Pfahl neben der Tür. Auf seinem Lager ertastete er seine Decke und rollte sie zusammen. Zweige und Gras würde er im Wald finden. Doch wohin sollte er sich wenden? Wo gab es einen Unterschlupf zum geschützten Schlafen?

Da fiel ihm die alte Höhle am Ufer des Baches, in der Felsenschlucht, ein. Dort wo er mit Vater beim Fischen gewesen war. Schon vor einiger Zeit hatte er diese Höhle entdeckt und sie Vater gezeigt. ‚Merke dir, eine Höhle hat immer auch Bewohner und nicht jeder ist dir wohlgesinnt! Deshalb prüfe erst, ob du sie betreten kannst. Manchmal stinken Höhlen, dann verschwinde. Diese Höhle ist sehr alt. Hier sollte kein großes Tier mehr leben. Aber versichere dich erst und beobachte.' erinnerte er sich an Vaters Worte.

Der Weg war ziemlich weit und im Dunkeln nicht leicht zu verfolgen.

Das war also nicht die Lösung! Besser er prüfte die Höhle am Tage. Also blieb ihm nur die Mulde, in der er schon einmal geschlafen hatte. Diese würde er auch in der Dunkelheit finden. Er schlich zurück zum Felsen, aß etwas und legte sich zusammengerollt unter seine Decke. Der Schlaf wollte nicht kommen. Immer wieder kreisten seine Gedanken um die vergangenen Ereignisse.

Vater, Mutter und viele Bewohner waren tot, die Anderen verschleppt. Das Dorf existierte nicht mehr. Wo waren seine Freunde? Vielleicht gab es außer ihm und dem Mädchen keine Überlebenden? Er musste das Mädchen finden! Doch wo sollte er mit der Suche beginnen? Gab es noch Andere, die sich im Wald verstecken konnten? Über seinem Grübeln fand ihn der Schlaf.

4. Die Überlebenden

64 nach Christus, nach Mittsommer
Barbaricum - Im Land der Hermunduren zwischen dem Fluss Moenus und dem Herzynischen Wald

*D*er Knabe erwachte durch einen lauten Ruf. Es war weniger der Ruf, als ein beunruhigendes Gefühl der Gefahr, was ihn in den Tag zwang.

Er schob sich an den Rand seiner Mulde und spähte zum Dorfplatz. Zuerst sah er einen Mann, der sich über den Platz bewegte. Offensichtlich betrachtete er die dort liegenden Toten. Dann erkannte er, dass dieser Mann sein linkes Bein nachzog und die Erkenntnis traf ihn. Er kannte den Mann.

Der alte **Degenar**, der Erzähler, schlurfte von Leiche zu Leiche.

Während der Knabe beobachtete, kam vom gegenüberliegenden Waldrand ein anderer Knabe auf den Alten zugelaufen. Dieser rief: „Es kommen Fremde. Wir müssen hier weg!" Degenar drehte sich zum Rufenden um. „Was für Fremde? Römer?"

„Ich weiß nicht!" antwortete der Knabe und drängte sich ängstlich an den Alten. „Wie viele sind es?" fragte Degenar und lies sich in der weiteren Musterung der Toten nicht beirren. „Ich weiß nicht!" erwiderte der Knabe und sah sich hilflos um.

„Was bist du nur für ein Wächter, weißt nicht wer kommt, wie viele und ob es Römer sind? Rennst schreiend durch dem Wald! Hast du solche Angst, das du denkst, du könntest einen Feind mit deinem Gebrüll vertreiben?" Der Alte schüttelte mit dem Kopf und schlurfte zum nächsten Toten.

Degenar blieb unbeeindruckt, dann drehte er sich zu dem Knaben um und befahl ihn zu sich. Der Junge kam beschämt näher. Verstohlen wischte er sich mit dem linken Unterarm über die Augen. „Geh in die Hütte dort und warte, bis ich dich rufe!" Der Alte wies auf die am Nächsten stehende, nicht vollständig abgebrannte Hütte.

Degenar wandte sich in Richtung der Neuankömmlinge um, die soeben aus der Richtung der Mittagssonne das Dorf betraten. Gestützt auf seinen Eichenstab, den er immer bei sich führte und den er zum Gehen benötigte, wartete er auf das kümmerliche Häuflein, das sich auf ihn zu bewegte.

Der Beobachter dieser Vorgänge, der schon auf den alten Degenar zu laufen wollte, verblieb in seiner Mulde und spähte weiter. Er sah eine alte Frau, ein Mädchen, älter als er selbst, zwei Knaben in seinem Alter und drei weitere kleinere Kinder, zwei Mädchen und einen Jungen.

Gerade als er sich wiederholt erheben wollte, trat hinter der Gruppe eine weitere Frau aus dem Wald. Diese Frau war im mittleren Alter. Sie schritt ruhig und zielstrebig in Richtung des Alten. Der Knabe erkannte auch diese Frau und die Alte, sowie das Mädchen bei der Alten. Ebenso waren ihm die beiden Knaben bei der Alten und der Angsthase bei Degenar bekannt. Es waren drei Gleichaltrige und darunter befand sich sein Freund *Notker*. Nur an die Kleineren konnte er sich nicht mehr erinnern.

So erhob auch er sich, nahm seinen Bogen und lief langsam auf Degenar zu. Dieser sah sie alle kommen und drehte sich zu jedem Neuankömmling um, seine neue Streitmacht musternd. Es gab keinen erwachsenen Mann, der aus dem umliegenden Wald zu ihnen stieß.

Als alle bei Degenar eingetroffen waren, rief dieser den Knaben, den er in die Hütte verwiesen hatte.

Er musterte alle einzeln und als Letzten den Knaben. Er sah dessen Messer am Gürtel, dessen Bogen über der Schulter und stellte fest: „Einen Krieger haben wir auch! Du bist *Geralds* Sohn, dein Name ist *Gerwin*?" Der Knabe nickte nur.

Dann drehte sich der Alte um und ging in Richtung einer der nicht abgebrannten Hütten. „Folgt mir …" brummte er und alle gehorchten.

In der Hütte angekommen, sah der alte Degenar die Älteste an und dann die erwachsene Frau.

„Nicht eben ein stolzer Rest, der uns bleibt … Diese verdammten Römer! Wie konnten wir nur so leichtsinnig sein und uns sicher glauben? Wer von euch weiß, wie viele verschleppt wurden?"

Die alte *Eila* schüttelte den Kopf. *Bertrun*, die erwachsene Frau, nannte eine Zahl und Degenar wiederholte diese, mit dem Kopf schüttelnd. „Genau so viele liegen auf dem Dorfplatz. Und alle wollten nur fliehen. Nur einer ist im Kampf gestorben." Er drehte sich langsam zu Gerwin um und musterte ihn.

„Dein Vater hat so viele Römer mit seiner Axt erschlagen." Der Alte hob beide Hände und spreizte die Finger. Der Knabe sah, dass drei Finger fehlten. „Und den Anführer der Römer hat er auch verletzt!" vollendete Degenar seine Bemerkung.

Tränen traten in die Augen des Knaben und er flüsterte „Auch Mutter …"

„Wir leben!" bestimmte der Alte. Die Kleinen greinten leise und die alte Eila streichelte den beiden Jüngsten über das Haar.

„Wir brauchen einen neuen Unterschlupf!" verkündete Degenar und damit ihn alle verstehen konnten, fügte er an „Hier können wir nicht lange bleiben. Hierher kommen die Römer noch einmal zurück! Wir brauchen ein besseres Versteck für unsere neue Hütte. Doch zuerst müssen wir die Toten verbrennen. Also sammelt Holz und dann tragen wir alle Toten auf den Platz."

Degenar kratzte sich eine Weile am Hinterkopf. Als er seine Überlegungen abschloss, verkündete er: „Wir brauchen Wachposten am Weg ins Dorf! Am Besten wären noch Posten am Pfad hinter dem Felsen und zur Bachschlucht. Die Römer dürfen uns nie wieder überraschen!"

Der Knabe kannte eine Stelle, von der alle zum Dorf führenden Pfade einzusehen sind. „Vom **Mondstein** aus können wir alle Pfade sehen. Ich kenne den Weg nach oben! Vater hat ihn mir gezeigt." meldete er sich deshalb zu Wort.

Blitzartig drehte sich der Alte ihm zu, nickte dann verstehend mit dem Kopf und entschied: „Dann gehst du auf den Mondstein. Wie kannst du uns warnen?"

„Mit einem Feuerpfeil. Ich mache mir ein Feuer und wenn Gefahr droht, schieße ich den Feuerpfeil."

„Gut!" Degenar musterte die anderen Knaben und das Mädchen. „Wer hat Mut und bewacht den Weg ins Dorf?"

„Ich!" sagte das Mädchen. Sie stand auf und verließ die Hütte. Kurz darauf kam auch sie mit einem Bogen und Pfeilen in der Hand zurück. „Es ist der Bogen meines Bruders. Er hat mir zur Flucht verholfen. Ihn haben sie verschleppt."

Alle senkten den Kopf und fast hätten sie sich der Trauer um verlorene Angehörige ergeben.

Dies ließ der Alte aber nicht zu. „Damit sind die Wachen klar." Er drehte sich zur alten Eila um. „Du bleibst mit den Kleinen hier an der Hütte!"

Den ernannten Wächtern befahl er: „Eure Pfeile müssen von Eila gesehen werden!" Schließlich forderte er die Alte auf, ihm bei Gefahr den jüngeren Knaben zu schicken.

Die Alte nickte mit dem Kopf und brummelte vor sich hin: „Aber erst werde ich alle Essenvorräte im Dorf sammeln. Wir müssen überleben."

„Ihr Anderen kommt mit." bestimmte Degenar und erhob sich. „Zuerst brauchen wir Holz, trockenes Holz, morsches Holz. Sonst sieht man unser Feuer zu weit. Dann werden wir die Toten zusammentragen." Er wollte die Hütte verlassen, als der Knabe ihn noch einmal ansprach.

„Was glaubst du, wann werden die Krieger zurückkehren?"

„Vielleicht nie! Aber wenn, in sieben oder acht Tagen ..." überrascht musterte Degenar den jungen Burschen. „Sie haben einen Lagerplatz am großen Fluss **Maa**. Von dort können sie das Dorf der **Bergesippe** erreichen, wenn sie das noch nicht geplündert haben ..."

Der Alte dachte nach. „Vielleicht kommen sie über den Weg vom Fluss her noch einmal zu uns? Waren sie jedoch schon im Bergedorf, werden sie nicht noch einmal zu uns zurückkehren!" schloss Degenar seine Überlegungen ab.

„Wie weit ist es bis zum Dorf der Sippe?" fragte der Knabe.

„Könnte ich schneller laufen, reichte mir ein Tag. So aber brauche ich mindestens zwei Tage." antwortete der Alte.

„Was wird mit dem Dorf? Können wir sie warnen?" fragte Gerwin.

Der Alte stutzte. „Nein, ich brauche mehr Zeit als die Römer, selbst wenn diese erst ihr Lager am Maa aufsuchen! Wir haben keine Pferde mehr und alle übrigen Tiere trieben die Römer auch weg. Müsste ich laufen, würde ich zu spät kommen ... Außerdem kann ich nicht weg!" fügte er nach einem kurzen Zögern hinzu.

„Ich könnte doch gehen? Kannst Du mir den Weg beschreiben?" verwundert drehte sich der Alte zum Knaben um. Er musterte ihn und was er sah, schien ihn nicht gerade zu erfreuen. Ein Knabe von vielleicht erlebten vierzehn oder bestenfalls fünfzehn Wintern, ein Kind, erbot sich zwei Tage allein in ein unbekanntes Dorf zu laufen und vor feindlichen Kriegern zu warnen. Konnte er das zulassen? Der Knabe könnte sich verlaufen, er wäre Wildtieren ausgesetzt und würde man ihm im Dorf auch glauben?

Degenar zweifelte am Erfolg einer solchen Aktion. Aber anderseits, wenn der Knabe Erfolg hätte, würde dieses Dorf ihnen helfen können. Es wäre wichtig für das eigene Überleben. Ein alter Krüppel und zwei Weiber können nicht für acht Kinder sorgen. „Traust du dir das zu?"

Der Knabe nickte mit dem Kopf und sagte: „Beschreibe mir den Weg. Ich kann in soviel Tagen zurück sein. Wenn ich nicht zurück komme, dann ist es eben so." Er zeigte die fünf Finger seiner Hand.

„Du wirst von Wildtieren und vielleicht auch von Römern gejagt werden…" brachte der Alte seine Bedenken zum Ausdruck.

„Vater hat so viele Krieger getötet". Der Knabe zeigte die entsprechenden Finger beider Hände. Du hast es selbst gesagt."

Der Alte sah die alte Eila und Bertrun an. Beide nickten mit dem Kopf.

„Komm mit!". Der Alte trat aus der Hütte und begab sich zu einem sandigen Flecken des Dorfplatzes. Mit seinem Stock zeichnete er Linien und weitere Kreuze in den Sand und beschrieb die Lage. „Hier ist unser Dorf. Du musst durch die Schlucht am Bach und weiter am Bach entlang bis zum Zusammenfluss mit einem anderen Bach."

„Ich kenne die Stelle. Vater war schon mit mir dort!" unterbrach der Knabe des Alten Redefluss.

„Folge dem Bach weiter bis zum Zusammenfluss mit einem Nächsten. Siehst du hier!" Degenar zeichnete mit seinem Stock den zufließenden Bachverlauf. „Folge diesem Bach bis zu seiner Quelle. Doch achte darauf, dich in Richtung der untergehenden Sonne zu halten, bis der nächste Bach zufließt." Der Alte machte eine Pause, damit der Knabe sich bisher Gesagtes und in den Sand Gezeichnetes einprägen konnte.

„Dann kommst du an kleine Seen. Bleibe im Tal und laufe in Richtung Mitternacht, bis du in ein breites Tal mit einem Fluss kommst. Dem Flussufer folge!" Der Sand bekam weitere Formen, die seinen Weg darstellen sollten.

„Wenn du dem Fluss in seiner Strömungsrichtung folgst, kommst du nach zwei Tagen zum Römerlager. Dein Weg jedoch geht in die entgegengesetzte Richtung! Bleibe im Tal und auf dieser Uferseite!"

Degenar sah den Knaben an. Er wartete, bis dieser den Blick erwiderte. Erst nachdem der Knabe wieder aufmerksam seinen Anweisungen zu folgen gewillt war, setzte er fort.

„Ab hier musst du sehr vorsichtig sein! Die Römer könnten vor dir hier sein oder dicht nach dir kommen! Den weiteren Weg im Tal müssen auch die Römer nehmen. Sie könnten dich entdecken und dann weißt du, was geschieht."

Jeden Abschnitt zeichnete Degenar mit seinem Stock in den Boden. Der Talverlauf schwenkte in Richtung Morgensonne.

„Wenn das Tal sich wieder in Richtung Mitternacht wendet, achte auf zwei höhere Berge. Vom Tal aus siehst du beide dicht beieinander in Richtung Morgensonne liegen. Einen der Beiden musst du besteigen. Von der Kuppe sind in Richtung Mitternacht zwei weitere, höhere Gipfel zu erkennen. Auf dem Gipfel zur Morgensonne hin, liegt das Dorf der Bergesippe."

Er ließ dem Knaben Zeit, sich auch diesen Teil seiner Skizze einzuprägen.

„Wenn du über Bäche musst, sei vorsichtig. Einige sind tückisch. Suche dir sichere Übergänge. Der Pfad vom breiten Tal geht vom Fluss aus zwischen beide Berge und teilt sich dort. Wenn du ihn findest, folge in Richtung Morgensonne und der Pfad führt dich zum Dorf. Gehe zum Ältesten und gib ihm das!"

Degenar holte eine lange Kette von seiner Brust und schob sie in einer Doppelschleife über den Kopf des Knaben.

„Der Rotbart wird die Kette erkennen. Dann wird er dir glauben! Wenn du zum Fluss kommst, bedenke, dies ist auch der Weg der Römer. Sie könnten vor dir sein und dir auch folgen. Sei also vorsichtig. Wenn du vor den Römern ankommst, kannst du das Dorf retten. Die Römer könnten schneller sein. Sie haben Pferde. Laufe ihnen nicht in die Arme. Kannst du schwimmen?"

„Vater hat es mich gelehrt."

„Dann nutze den Fluss, wenn es sein muss. Der Fluss führt öfter Zweige oder Stämme mit sich. Halte dich daran fest und lasse dich treiben. Und lasse deinen Halt nur los, wenn du in Ufernähe bist…"

Der Alte wandte sich vom Knaben ab und steuerte wieder die zuvor genutzte Hütte an. Der Knabe folgte ihm.

„Bertrun, gib ihm Verpflegung auf seinen Weg. Nimm deinen Bogen mit, aber vertraue ihm nicht zu sehr. Deine Schnelligkeit und sich zu verbergen, sind bessere Mittel. Fliehe wenn du musst und kehre dann vorsichtig zurück. Du musst wissen, was dein Feind macht. Die Götter sind mit dir!"

Der Knabe holte seine Decke aus seiner Nachtkuhle und band sie auf dem Rücken fest, nachdem er seine Verpflegung darin eingerollt hatte. Dann drehte er sich um und folgte dem Pfad, auf dem er am Vortag mit seinem Vater vom Fischen gekommen war.

5. Der Auftrag

64 nach Christus - nach Mittsommer
Barbaricum - Im Land der Hermunduren zwischen dem Fluss Moenus und dem Herzynischen Wald

𝒜ls der Knabe am Waldrand ankam, erschien vor seinem inneren Auge der Fluchtweg des Mädchens. Er fragte sich zum wiederholten Mal, ob sie den Römern entkommen war.

Vorsichtig folgte er dem schmalen und steinigen Pfad. Es war noch früh am Tag und die Sonne stand in seinem Rücken. Am Eingang zur Schlucht schien sie ihm genau über die Schulter. Auf dem Grund der Schlucht sah er ein kurzes aufblitzen.

Der Knabe sprang vom Pfad und duckte sich. Aufmerksam beobachtete er den Grund der Schlucht. Es gab keine Bewegungen. Mit den Augen suchte er den Schluchtgrund, wo er glaubte das Blinken gesehen zu haben, ab. Genau da sah er etwas. Ein nicht grüner Fleck warf die Strahlen der Sonne zurück. Dieser Gegenstand bewegte sich nicht. Der Knabe wechselte seinen Standort und beobachtete weiter. Nichts veränderte sich!

Also entschloss er sich, seinen Weg fortzusetzen. Vorsichtig stieg er in die Schlucht ab und folgte dem Pfad. Die Schlucht wies dichtes Unterholz und Gestrüpp auf. Nur der Pfad ermöglichte ein Durchdringen. Am Felsblock, der Pfad machte an dieser Stelle einen Bogen, vermutete er den blinkenden Gegenstand.

Er bog vom Pfad ab und zwängte sich durchs Gebüsch. Erschrocken blieb er stehen. Ein fremder Krieger lag, in unnatürlicher Haltung, auf dem Boden. Der Knabe musterte die Felswand der Schlucht. Der Krieger musste von der Felskante abgestürzt sein. Zeit für eine genauere Prüfung hatte er nicht. Aber um den Krieger weiter ins Unterholz zu ziehen und mit Zweigen abzudecken, sollte diese reichen.

Er nahm die Lanze des Römers auf, die nur wenige Schritte vom Toten entfernt lag. Sie war ihm zu schwer. Dann holte er das Schwert aus der Scheide des Fremden. Wieder stellte er fest, keine zusätzliche Last gebrauchen zu können. Immerhin lagen noch zwei Tagesmärsche vor ihm. Jede zusätzliche Last würde seine Schnelligkeit verringern und Kraft kosten.

„Warum tust du das?" Von hinten angesprochen, war er nur kurz erschrocken. Im Drehen hatte er einen schussbereiten Pfeil im Bogen.

Vor ihm stand das Mädchen. „Du bist Gerwin!" stellte sie fest.

„Du hast auch überlebt? Ich habe dich fliehen sehen. Sie waren dir gefolgt. Wie bist du entkommen?"

„Na eben so… Erst waren es viele. Sie lachten. Dann wurden es weniger. Der Letzte war dicht hinter mir und wollte mich greifen. Als ich mich duckte, verlor er sein Gleichgewicht und stürzte ab! Er hatte also etwas Pech." verkündete sie schnippisch und zeigte auf den Toten.

„Hattest du keine Angst? Wo waren die anderen Krieger?" fragte der Knabe überrascht.

„Die waren nicht so mutig und kehrten wohl um. Ich hatte zu tun. Ich habe sie wohl aus den Augen verloren!" behauptete das Mädchen und lächelte ihn an.

„Sie hätten dich einkreisen können?" gab der Knabe zu bedenken.

„Pah, dazu hätten sie sich auskennen müssen. Es gibt hier die alte Wolfshöhle. Ich musste nur noch wenige Schritte machen und hätte mich verbergen können. Weißt du, wo die Höhle ist?"

„An der Kannte der Schlucht, es gibt einen schmalen Pfad. Vater hatte ihn mir gezeigt. Aber ich war noch nie dort!" antwortete Gerwin auf des Mädchens Frage.

„Sind sie alle tot?" fragte sie leise und Tränen schimmerten in ihren Augen.

„Viele! Viele sind verschleppt worden! Ich glaube Deine Eltern sind auch tot."

„Mein Bruder?" fragte sie vorsichtig und leise.

„Ich weiß es nicht!" Der Knabe senkte seinen Bogen und sie schaute versonnen darauf.

„Wolltest du mich töten?" fragte sie verunsichert. „Du kamst von hinten. Ich muss mich wehren können!" Nach einer kurzen Pause fügte er hinzu: „Dich nicht, aber jeden Feind." Der Knabe drehte sich ab, barg den Pfeil in seiner Pfeiltasche und schob sich den Bogen über Kopf und Schulter.

„Du hast meine Frage noch nicht beantwortet?" blieb das Mädchen beharrlich. Der Knabe erinnerte sich an ihre Frage.

„Ich habe den Krieger vom Schluchteingang gesehen. Wenn andere kommen, werden sie ihn ebenfalls sehen und erschrecken. Deshalb muss er weg. Später können wir ihn begraben."

„Warum nicht jetzt?" fragte das Mädchen.

„Womit? Außerdem habe ich dazu keine Zeit! Ich habe einen Auftrag!" erwiderte Gerwin.

„Von wem? Lebt noch jemand? Wo ist er? Wie komme ich hin?" sprudelte es aus ihr heraus und Hoffnung nistete sich in ihre Augen.

Er zeigte ihr die Finger seiner Hände und sagte: „So viele haben überlebt und sind im Dorf. Der alte Degenar ist bei ihnen. Es sind fast nur Kinder."

„Du bist auch noch ein Kind!" stellte sie sachlich fest.

„Trotzdem habe ich einen Auftrag." verkündete er daraufhin voller verletztem Stolz. In dem er sich abwandte und seinen Weg fortzusetzen begann, sagte er ihr über die Schulter: „Gehe ins Dorf, Sie werden dich brauchen!"

Das Mädchen blieb unschlüssig, aber auch neugierig: „Wohin führt dich dein Weg?" begehrte sie zu wissen.

„Ich habe wenig Zeit, wenn ich die Bergesippe des **Rotbarts** warnen soll." Es war eine schlichte, sachliche Feststellung, die er mit dem Stolz eines Knaben, der sich seines kriegerischen Auftrages bewusst war, verkündete.

„Die Bergesippe… Wer ist das?" kam prompt ihre Frage.

„Du weißt auch gar nichts!" Seine Position war die eines Wissenden und es war ihm ein Bedürfnis mit seinem Auftrag, seinem Wissen und mit seiner aufkeimenden kriegerischen Männlichkeit zu protzen.

Ihr Haar war dunkel, aber nicht schwarz, das Gesicht schmal mit großen Augen. Ihre Gestalt war größer als seine Eigene und sie war schlank. Versonnen nahm er wahr, auch wenn es für ihn noch keinerlei Bedeutung hatte, dass ihre Brüste zu keimen begannen. Er hatte sie schon früher als ein schönes Mädchen wahrgenommen.

Sie war älter und nach kleineren Jungen sah sich ein solches Mädchen nicht um. Jetzt war die Situation anders. Er hatte einen Auftrag.

„Entscheide dich! Gehe ins Dorf und stelle Degenar deine Fragen oder folge mir!" erklärte er ihr mit dem Nachdruck, den ein Mann beanspruchte, wenn er unbegründbar aber energisch seine Forderung verdeutlicht.

„Wohin?" bekundete sie ihre erwachte Neugier.

„Zur Bergesippe!" lautete seine brüske Antwort. Schließlich hatte er schon von der Sippe und seinem Auftrag gesprochen.

Er vermutete, dass sie diese Sippe nicht kannte, ja noch nie von dieser Sippe habe sprechen hören. Um Zeit zum Überlegen zu gewinnen, bedurfte es weiterer Fragen. Sein Angebot stand, gehe ins Dorf zu Degenar oder folge mir?

„Warte ..." rief sie ihm nach „... wie weit ist das?" Was sollte der Knabe darauf antworten? Er wusste es selbst nicht.

„Zwei Tage und Nächte. Ich kenne den Weg." Es war Stolz, was ihn zu dieser Behauptung trieb, die auf Degenars Worten über die Dauer eines schnellen Laufens begründet lag.

„Oh, du warst schon einmal dort?" fragte sie überrascht.

„Frage nicht so viel und entscheide dich! Ich habe wenig Zeit. Römer lauern, sagt Degenar. Sie haben den gleichen Weg. Ich muss vor ihnen im Dorf der Sippe sein. Mein Weg ist gefährlich."

Als hätte die letzte Bemerkung sie geweckt und der knabenhafte Stolz sie herausgefordert.

„Ich begleite dich! Von meiner Familie ist ja keiner mehr im Dorf. Also was soll ich dort? Mit den Anderen greinen?"

„Keiner greint!" fuhr er sie an. „Sie sammeln die Toten und verbrennen sie. Auch unsere Eltern. Dann wird Degenar einen neuen Platz für ein Dorf suchen. Er sagt, die Römer kommen wieder. Also hilf dort!" Er drehte sich ab und setzte seinen Weg aus der Schlucht fort.

Erst zögerte sie, offensichtlich hatte sie beide Möglichkeiten gegeneinander abgewogen. Ins Dorf und den Tod verbrennen oder Gerwin folgen und Leben retten. Es ist gefährlich und Römer könnten ihn verfolgen ... Mit einem blitzartigen Gedanken begriff sie, dass dieser Knabe keine Angst hatte. War es besser dem Knaben zu folgen oder ins Dorf zu laufen? Bot der Knabe ausreichend Schutz für sie? Ein Knabe mit dunkelblondem Haar, sehnigem Körperbau und großen blauen Augen. Was hat er am Tag des Überfalls gesehen, was für Schmerz wahrgenommen? Wodurch ist er zu diesem Verhalten gebracht worden? Sie wusste es nicht, aber sie wollte es wissen. So stürmte sie ihm nach. Am Ausgang der Schlucht holte sie ihn ein.

„Ich bestimme und es gibt keine Pausen. Wenn du nicht mehr kannst, musst du dich verbergen, bis ich dich holen komme." Sie lief neben ihm und nickte.

„Du bist **Gertrud**." Es war nur eine Feststellung und so nickte sie abermals.

„Es ist gut, dass du mich begleitest!" stellte er fest und sie musste lächeln. Sie hätte nie vermutet, dass er nach seiner groben Art und barschen Sprechweise zu einem solchen Eingeständnis kommen könnte.

„Wichtig ist die Warnung der Sippe, egal was es kostet! Du musst den Weg kennen. Wenn einer von uns das Ziel erreicht, kann die Sippe fliehen."

Sie liefen nebeneinander und das Mädchen passte sich dem Rhythmus des Knaben an.

„Um meinen Hals befindet sich eine Kette, die der Älteste der Bergesippe kennt. Rotbart ist sein Name. Degenar befürchtet, die Römer waren schon vorher bei der Sippe. Dann wäre unser Weg umsonst."

Aufmerksam lauschte sie seinen Worten und da ihr gemeinsames Tempo nicht gering war, bemerkte sie, dass er Sprechpausen zum atmen benötigte. So lange er erklärte, brauchte sie nicht zu fragen.

„Degenar glaubt aber, dass die Römer zuerst bei uns waren. Dann können wir die Sippe retten. Wenn mir etwas passiert, nimm die Kette und bringe Rotbart die Warnung vor den fremden Kriegern!"

Der Knabe schwieg längere Zeit und konzentrierte sich auf den Weg.

„Gestern fand der Überfall unseres Dorfes statt. Die Römer zogen zurück zu ihrem Lager, an der Mündung des Flusses *Salu* in den Maa. Dafür brauchen sie zwei Tage. Mit den Gefangenen kommen sie nur langsam vorwärts." Gerwin unterbrach sich, um wieder zu Atem zu kommen.

„Aber die Römer haben Pferde, also könnte nur ein Tag für deren Weg ausreichen. Dann sind sie heute mit dem Dunkelwerden im Lager. Morgen brechen sie dann zum Dorf der Bergesippe auf."

Es strengte sie an, sein Tempo zu halten. Doch eine Blöße wollte sie sich nicht geben. Immerhin war sie älter als er. Warum sollte sie seine Geschwindigkeit nicht halten können?

Als er sich wieder vom Sprechen erholt hatte, setzte er seine Erklärung fort.

„Die Römer folgen dem Fluss. Sie brauchen Zeit, um bis zu der Stelle zu gelangen, zu der wir ebenfalls laufen. Uns bleiben höchstens zwei Tage und eine Nacht. Wir müssen vor den Kriegern bleiben. Das ist alles!"

Sie schwiegen Beide. Während des Laufens war es nicht gut, miteinander zu Sprechen. Er hatte es gespürt und sie seinen Atem und die Sprechpausen wahrgenommen.

Der Knabe hing seinen Gedanken nach. Schmerz machte sich in seinem Kopf breit und hämmerte ihm ins Bewusstsein, dass er keinen Vater und keine Mutter mehr hatte. Er würde von nun an allein sein. Er wusste nicht, wie sich sein Leben fortsetzen ließ, ohne die Geborgenheit, die ihm die Eltern bisher gaben. Wie sollte er zum Krieger werden, ohne die Lehren des Vaters? Die Ungewissheit krallte sich in seinen Gedanken fest und nur der Auftrag vermittelte eine Bindung. Sein gesamtes Sein richtete sich auf den Auftrag. Nichts anderes existierte und Hass auf die Römer breitete sich immer mehr in seinem Bewusstsein aus. Römer sind meine Feinde! Im Willen, dem verhassten Feind eine Niederlage zu bereiten, sich zu rächen, spornte er sich selbst an: ‚Ich muss es schaffen. Vater wäre stolz!'

Unversehens war er zu einem schnelleren Laufen übergegangen. Mit Vater hatte er das öfter gemacht und über längere Zeit ausgehalten. Gertrud hielt sich an seiner Seite.

Die Sonne stand inzwischen auf ihrem höchsten Punkt und spendete Wärme.

Nach einem längeren Zeitraum verlangsamte er, außer Atem gekommen, das Tempo und ging zum Schritt über. Sie befanden sich noch immer auf dem Pfad am Bach entlang und würden noch einige Zeit brauchen, um bis zum Bachzusammenfluss zu gelangen. Als sie dieses Tal erreichten, verkündete er: „Wir machen eine Pause!"

Der Bach machte eine Biegung. Eine Weide stand am Ufer und es begann eine Strecke mit offenem Feld und Buschbestand. Er setzte sich auf eine Wurzel und rollte seine Decke aus. Sie sah das Essen und griff gierig zu.

„Langsam, das muss für uns beide reichen, bis wir das Dorf gefunden haben."

„Ich habe Hunger!" verkündete sie unmissverständlich. „Ich auch!" Er teilte die Vorräte und den Apfel und gab ihr je eine Hälfte.

Während des Essens beobachtete der Knabe die vor ihnen liegende freie Fläche. Sie saßen gedeckt von der Weide und konnten jede Bewegung auf dem freien Feld wahrnehmen. Als er mit seiner kleinen Mahlzeit fertig war, nahm er das Gespräch wieder auf.

„Wir folgen dem Bachlauf bis zur Quelle an den kleinen Seen!" und beschrieb ihr den folgenden Weg. Mit einem Stock den Erdboden ritzend, erklärte er ihr die Bäche, denen sie folgen sollten und beschrieb die Hügel, nach denen sie sich richten konnten. Er beschrieb ihr auch, wie sie das Römerlager finden könnte, nicht dass sie diesen Weg kennen musste!

Es erschien ihm von Bedeutung, dass sie wusste, die Römer würden ihnen auf dem gleichen Weg folgen. Kenntnis von einer Gefahr half Angst zu mindern. Die Römer waren eine Gefahr. Wichtig schien ihm auch die

Beschreibung des Flusses und wie lange sie diesem, im Falle der alleinigen Fortsetzung des Weges, folgen sollte.

„Wie lange müssen wir laufen?" fragte sie.

„Ich weiß es nicht. Degenar sagt, es wäre in zwei Tagen zu schaffen." Nach einer Weile bemerkte er: „Wenn wir bis zum Dunkelwerden den Fluss im Tal erreichen, haben wir einen Tag Vorsprung. Die Römer haben den gleichen Weg und sind mit ihren Pferden aber schneller als wir. Wir könnten gleichzeitig bei der Sippe eintreffen. Das wäre schlecht für die Sippe und uns!"

„Dann können wir am Fluss eingeholt werden?" Ihre Frage klang beunruhigt.

„Ich weiß es nicht. Wahrscheinlich! Vielleicht auch erst im Dorf der Sippe! Degenar sagte, im Tal am Fluss gäbe es einen Pfad. Wir sollten nicht unmittelbar auf dem Pfad am Fluss bleiben. Für uns ist es besser im Wald zu laufen".

Sie schwiegen, bevor er seine Erklärung des Weges abschloss.

„Merke dir vor allem, wie du die Berge findest. Auf dem einem Gipfel liegt das Dorf der Sippe!" machte ihr der Knabe deutlich.

„Das Tal windet sich. Wichtig sind zwei dicht beieinander liegende höhere Gipfel auf unserer Seite des Tals. Einen sollen wir ersteigen und sehen dann von der Kuppe aus zwei weitere, höhere Berge. Der Gipfel in Richtung Morgensonne ist unser Ziel! Auf diesem Berg ist das Dorf der Bergesippe. Der Pfad vom Fluss führt zum Kamm, bevor er sich in Richtung beider Bergkuppen teilt. Wir müssen dem Pfad in Richtung Morgensonne folgen."

Sie schwieg wieder und er vermutete, dass sie sich diese Beschreibung genau einprägte.

„Wir werden in Zukunft hintereinander laufen. Ich gehe voran. Du bleibst mit dem Abstand einer großen Baumlänge hinter mir. Wir gehen dadurch nicht beide in die gleiche Falle, falls die Römer vor uns sein sollten. Am Fluss könnten wir auf die Römer treffen. Sei vorsichtig!"

Er nahm das Messer seines Vaters und reichte es ihr. „Für alle Fälle!" Sie nickte und er lief los.

Der Knabe vergewisserte sich, dass sie ihm mit Abstand folgte. Die Sonne hatte ihren Höchststand schon längere Zeit überwunden, als er sein Tempo verlangsamte und vorsichtiger weiter lief. Sie zögerte ebenfalls und verbarg sich neben dem Pfad im Gebüsch. Der Bach machte eine Biegung in Richtung Abendsonne.

Der Knabe nahm seine Laufrichtung wieder auf und lief wieder schneller. Nach einiger Zeit kamen sie zu den Seen.

Statt dem Tal zu folgen, entschloss er sich bergwärts, durch den Hochwald, zu laufen. Sie folgte ihm. Vom höchsten Punkt aus konnten sie in ein Tal sehen und dahinter einen höheren Berg erkennen. Es ging weiter durch Hochwald. Auf einer Anhöhe hielt er an und gab ihr zu verstehen, dass sie aufschließen sollte.

„Siehst du das Tal?" er zeigte mit dem ausgestreckten Arm in Richtung Mitternacht. „Dort muss der Fluss sein. Wir werden in dieser Richtung bis zum Fluss weiter laufen. Damit haben wir ein Stück des Weges eingespart, wenn meine Vermutung richtig ist."

Er wies ihr die Richtung und begann wieder zu laufen. Sie folgte ihm im vorgegebenen Abstand. Langsam dämmerte es und bis zur Nacht würde nicht mehr viel Zeit verstreichen. Das Wagnis, den Weg zum Fluss im Dunkeln fortzusetzen, wollte er nicht eingehen. Alles deutete darauf hin, dass sie das richtige Tal erreicht hatten. Deshalb wandte er sich wieder bergauf.

Die Dunkelheit im Wald war noch unergründlicher als dies im Tal, mit weniger Bäumen, der Fall war. Somit stellte die Fortsetzung ihres Marsches ein zweiseitiges Risiko dar. Die Dunkelheit machte es schwer, jeden Zweig und jede Wurzel rechtzeitig zu erkennen. Ein möglicher Sturz mit Verletzung gefährdete den Auftrag. Auch war nicht auszuschließen, dass er die Richtung verfehlte und sie dadurch unnötige Zeit verlieren könnten. Außerdem war er müde und Gertrud sicher auch.

Gerwin glaubte in seiner Berechnung einen Tag Vorsprung ausgemacht zu haben. Wenn die Römer sich an seinen Zeitplan hielten, hätten Gertrud und er jetzt ausreichend Zeit für eine längere Pause. Nur ohne Pausen könnten sie das Ziel gar nicht erreichen.

So suchte er auf dem Gipfel dieses Hügels die zur Rast geeignete Stelle. Eine mit Moos bewachsene Kuhle schien ihm richtig zu sein. Gertrud war zu ihm aufgeschlossen und setzte sich schwer atmend auf das Moos.

Nach einer Stärkung durch einen Teil ihrer Vorräte, gab er Gertrud seine Decke und rollte sich zusammen. Das Mädchen warf die Decke über ihn und kuschelte sich an seinen Rücken. Gemeinsam schliefen sie ein. Der Lauf hatte Kraft gekostet und die Müdigkeit trug sie beide fast augenblicklich in ihre so unterschiedlichen Träume davon.

6. Das Dorf

64 nach Christus - nach Mittsommer
Barbaricum - Im Land der Hermunduren zwischen dem Fluss Moenus und dem Herzynischen Wald

*D*er Knabe Gerwin schreckte auf, als die ersten spärlichen Sonnenstrahlen durch die dichte Baumkrone drangen und sein Gesicht erreichten. Mit blinzelnden Augen sah er die Sonne und es schien, als ob der erste Strahl seine Nase berührt hätte. Er stupste Gertrud leicht an, sie drehte und streckte sich.

„Oh, es ist schon hell? Wo sind die Römer?" Gerwin stand auf und spähte in Richtung Fluss. Trotz Morgennebel konnte er dessen Verlauf erkennen. Das Tal lag ruhig vor ihm.

„Keine zu sehen!" antwortete er, sah sich weiter um und betrachtete die ihm in der Nacht verborgen gebliebene Umgebung. Vom Fluss bis zum Sonnenaufgang sah er sanfte Hügel und Wald. Irgendwo aus dieser Richtung waren sie gekommen. Es gab keine Merkmale zur Orientierung und so konnte er auch nicht erkennen, wo ihr Dorf lag. Sein Blick folgte dem Verlauf des Tales.

Nach einem kurzen Mahl der restlichen Vorräte stand er auf, klopfte sich Nadeln und Blätter von der Kleidung und begann in Richtung des Flusses zu laufen. Gertrud folgte ihm.

Je näher er zum Fluss kam, desto langsamer und vorsichtiger wurde der Knabe.

Das Tal war unbewaldet. Entlang des Flussufers jedoch befanden sich einzelne Bäume und Büsche, die den Verlauf zum Teil uneinsehbar machten. Einen Pfad konnte er nicht erkennen.

Er musste den Weg, den Degenar beschrieben hatte, finden. Spuren von Pferden, von Füßen oder auch Fuhrwerken wären ein untrügliches Zeichen dafür, dass die Römer das Dorf der Bergesippe bereits heimgesucht hätten. Das Auffinden solcher Spuren führte zwangsläufig zum Schluss, dass seine Mission unnütz wäre. Eine Fortsetzung brächte möglicherweise Gewissheit zum Überfall auch der Bergesippe, doch die Warnung käme zu spät.

Am Waldrand verharrte er und Gertrud schloss zu ihm auf.

Zwischen seinem Standort und dem Fluss befand sich eine weitgestreckte Wiesen- und Sumpflandschaft. Er empfand es als ein Risiko darüber zum Fluss zu laufen. Die offene Sicht und nicht zu unterschätzende Sumpflöcher könnten sich als gefährlich erweisen. Der gesuchte Weg konnte sich auch jenseits des Strauchwerks, am gegenüberliegenden Ufer, befinden.

Das Risiko durch den Fluss scheute er. Die dafür erforderliche Zeit wäre verloren. Er entschloss sich zur Fortsetzung Ihres Marsches am Waldrand entlang. So konnte er das Tal einsehen und Bewegungen am Fluss erkennen, blieb selbst aber für fremde Augen verborgen.

Der Knabe drehte sich nach dem ihn begleitenden Mädchen um. „Wir sind am Fluss. Über die Sumpfwiese können wir nicht. Das Flussufer können wir nicht einsehen. Deshalb werden wir im Wald bleiben und dem Tal folgen. Ich gehe vor und du folgst mit Abstand. Schau dich öfters um, ob hinter uns jemand folgt. Beobachte mich. Wenn du meine beiden Arme seitwärts von mir siehst, komm zu mir. Beide Arme über dem Kopf heißt bleib! Ein Arm über dem Kopf heißt Vorsicht!"

Er zog Degenars Kette über den Kopf. Mit einem Schnitt des Messers trennte er die Kette zwischen den Bärenklauen in zwei Teile, band die Teile zusammen und schob ihr einen, somit kürzeren Kettenteil über den Kopf. Er selbst behielt den zweiten kürzeren Kettenteil.

„Wenn du zu Rotbart kommst, sage ihm, dass wir Degenars Kette in zwei Teile trennen mussten. Er wird es verstehen."

Sie setzten ihren Weg im Wald fort. Beide beobachteten den Flussverlauf und sahen sich auch öfters nach Hinten um. So ging es im weiten Bogen in Richtung Morgensonne.

Die Zeit verrann. Ihr Tempo zwang sie zum Verschnaufen. Das Atmen fiel schwer, die Beine fühlten sich schwerer an und Schweiß stand in ihren Gesichtern. Der Weg am Rande des Waldes entlang zwang zur Aufmerksamkeit. Ein neuer Seitenarm des Tals öffnete sich und der Fluss änderte kurz darauf seine Richtung.

Gerwin sah eine Furt und die Fortsetzung des Pfades auf ihrer Uferseite. Er breitete beide Arme seitwärts aus, so dass das Mädchen erkannte, dass sie aufschließen sollte.

„Dort ist ein Flussübergang und der Weg wechselt auf unsere Seite. Ich werde hinunter schleichen und sehen, ob Spuren im Boden sind. Du bleibst an dieser Stelle. Beobachte das Tal in alle Richtungen. Wenn du Bewegungen bemerkst, quake laut wie ein Frosch."

Sie wusste zwar nicht, ob sie es könnte, nickte aber. Es dauerte einige Minuten, bis er das Ufer des Flusses erreichte. Aufmerksam suchte er Spuren von Pferden und Rädern. Dabei entdeckte er den Pfad, der auf ihrer Uferseite am Fluss entlang führte. Der Pfad war sehr schmal und unbenutzt. Nirgendwo gab es Spuren, die auf fremde Krieger hindeuteten. Froh darüber, erschien er kurze Zeit später wieder in Gertruds Blickfeld.

Als er sie erreichte, erklärte er ihr: „Es sind keine frischen Spuren vorhanden. Hier kann keine größere Gruppe durch den Fluss gekommen sein. Der Pfad auf unserer Seite des Ufers ist ebenfalls unbenutzt. Trotzdem sollten wir vorsichtig sein. Laufen wir weiter."

In dem sie dem Fluss folgten, sahen sie vor sich einen bewaldeten Hügel. Gerwin erinnerte sich an die Worte von Degenar, dass sie einen Berg hoch müssten, wenn sich der Flusslauf in Richtung Mitternacht veränderte und dass dann zwei nahezu gleich große Berge zu sehen wären. Also verließ er den Flusslauf und stieg in Richtung der höchsten Erhebung aufwärts. Das Mädchen folgte ihm.

Oben angelangt, dem Flusslauf in Richtung Mitternacht folgend, sah er sanfte Hügelketten, aus denen zwei Berge hervor stachen. Eng beieinander liegend, miteinander verbunden, erkannte er in beiden Gipfeln die Berge aus Degenars Beschreibung. Auf dem ihm Zugewandten sollte sich das Dorf der Bergesippe befinden.

Mit seinem ausgestreckten Arm zeigte der Knabe in Richtung des rechten Berggipfels. „Dort muss das Dorf liegen!" Von ihrem Standort aus konnte er den Verlauf des Tales in beide Richtungen einsehen.

Alles schien still zu liegen und auch auf große Entfernung konnte er keine Bewegungen erblicken.

Er war im Begriff sich abzuwenden, als er in größerer Entfernung ein leichtes Kräuseln von Qualmwolken feststellte. Es schien, als ob dort ein Feuer brannte. Er spähte noch einmal besonders in diese Richtung und fand seine erste Vermutung bestätigt.

‚Wer macht am Tag Feuer?' überlegte der Knabe. ‚Junge denke daran, nicht immer gibt es eine Erklärung für Erscheinungen. Siehst du etwas, dann glaube und handle!' sprach die Stimme seines Vaters in seinem Kopf. ‚Das Feuer ist da, ob es in einem Lager ist oder etwas abgebrannt wird, ist ohne Bedeutung. Feuer heißt Feind. Ein Germane entzündet kein solches Feuer. Weiter, noch haben wir Vorsprung', waren des Knaben Gedanken.

„Ein Römerlager flussab. Wir müssen uns beeilen!" verkündete er der Gefährtin und nach einer Pause fügte er hinzu: „Was denkst du? Der Weg führt uns und die Römer am Fluss entlang. Die Römer haben Pferde. Werden sie uns einholen?"

Sie zögerte mit einer Antwort. „Nicht wenn wir vom Weg abweichen!"

„Wie meinst du das?" fragte er zurück. „Lass uns direkt von hier aus auf den Berg zu laufen. Warum sollen wir dem Tal folgen. Das Ziel liegt vor unseren Augen." Gerwin fand den Vorschlag gut. Damit war das Gespräch beendet.

Er hoffte, dass sie von diesem Gipfel aus das Ziel der beiden Hügel richtig erkennen konnten und noch wichtiger, einen Weg dorthin finden würden.

Gerwin war dankbar, dass sein Vater begonnen hatte, ihm wichtige Lehren für die Jagd zu vermitteln. Dank seiner Erinnerungen daran, warnte ihn eine innere Stimme vor Gefahren. Immer noch rechtzeitig konnte er eine ursprüngliche Absicht ändern. Er fühlte sich wie ein Krieger.

Ein einzelner Fehler könnte zum Scheitern des Auftrags führen. Sein Misserfolg würde vielen Menschen das Leben kosten. Er dachte an Vater und Mutter. Eine Lawine des Schmerzes überrollte ihn und fast wäre er gestürzt. Der Schmerz zog vorüber und er konzentrierte sich wieder aufs Laufen.

Gertrud hielt mit ihm Schritt. Schließlich war sie älter und größer. Aber sie klagte nicht, wie andere Mädchen, die sie als Knaben manchmal geärgert hatten. Sie lief, seinem Tempo angepasst und atmete gleichmäßig.

Der alte Degenar hatte gesagt, zwei Tagesreisen sei das Dorf entfernt. Eine Tagesreise dauert es allein am Ufer des Flusses entlang. Wenn die Römer beritten waren, konnten sie größere Abschnitte schneller zurücklegen. Würde er dem Pfad am Ufer des Flusses folgen, könnten sie eingeholt werden. Die Entscheidung, den direkten Weg zu wählen, war richtig.

Auf ihrem neuen Weg zum Berg wellte sich das Land sanft abwärts und ermöglichte ihnen, entlang eines anderen Baches einen möglichen Pfad auszumachen. Anfangs recht mühevoll, stellten sich bald zwei Vorteile ein. Der Weg war wesentlich kürzer. Die Römer kannten diesen Weg nicht und könnten ihn auch nicht wählen. Es ging über Stock und Stein. Als sie das Gestrüpp überwunden hatten, kamen sie in einen Hochwald, der sich über eine große Strecke hinzog. Immer noch ging es bergab.

Der Wald um sie herum ließ auf Grund seines hohen Wuchses nur wenig Licht durch und so war es schwierig, den Stand der Sonne auszumachen. *Sunna* musste längst ihren Höchststand überwunden haben und so wurde der Knabe langsam unruhig.

Auf einer Lichtung konnten sie endlich den Sonnenstand ermitteln. Sie waren zu weit zur Morgensonne abgekommen und hatten Zeit verloren.

Er wechselte die Richtung und bemühte sich, die Sonne im Rücken zu halten. Sanft ging es im Hochwald wieder bergan. Beide Läufer waren unmerklich schneller geworden und so kam eine Ermüdungsphase. „Gerwin, ich brauche eine Pause" rief Gertrud ihm nach.

Es war ein Eingeständnis ihrer Schwäche, dass sie ihm nicht geben wollte, aber ihm zu folgen, bereitete ihr Mühe. Er verlangsamte sein Tempo und blieb dann auch tief atmend stehen.

„Du hast recht. Es nützt nichts, wenn wir schnell sind, aber unsere Kraft verbrauchen. Und es nützt alles nichts, wenn wir zu spät kommen."

Auch er konnte nur in Absätzen sprechen, so sehr hatte er Luftmangel. Sie gingen im Schritt nebeneinander her. Nach einiger Zeit hatte sich beider Atmung erholt. „Wir haben nicht mehr viel Zeit. Die Römer sind mit ihren Pferden schneller. Deshalb müssen wir uns wieder mehr anstrengen. Wenn du zurückbleiben musst, werde ich dich später holen."

Und er trabte wieder an, zwangsläufig folgte sie. Zuerst gelang es ihr, sein Tempo zu halten. Sie hatte keinen Blick mehr für den Weg und die Umgebung, aber sie folgte ihm.

Er hörte sie hinter sich keuchen und auch ihm fiel es immer schwerer, weiter zu laufen. Aber jetzt kam es darauf an. Sie konnten nicht mehr weit vom Dorf entfernt sein. Wenn er sich nicht irrte, dürfte der Bergkamm bald erreicht sein. Er hörte Gertrud nicht mehr schnaufen, sah sich um und bemerkte, wie sie an einen Baum gelehnt stehen blieb und mühsam atmete. Sie war ausgepumpt, so wie er.

‚Weiter' rief eine innere Stimme und so zwang er sich vorwärts den Kamm hinauf. Plötzlich stolperte er auf einen Pfad. In welche Richtung jetzt, beides konnte verkehrt sein?

Die Römer kommen aus der Richtung des Flusses, also von links. Das ist der wichtigere Weg. Wenn das Dorf dort lag, hatten die Römer den kürzeren Weg. Er musste in diese Richtung. Gertrud kam noch immer nicht. Was sollte er tun?'

Schnell brach er Zweige von einem Busch und formte einen Richtungspfeil. Er legte ihn so aus, dass er dem Pfad folgend, weg vom

Fluss zeigte. Es war gleich, ob das Dorf in dieser Richtung lag. Wenn ja, würde Gertrud vor ihm dort sein und warnen können. Falls er den Römern nicht in die Arme lief, könnte er nachfolgen. Aber wenn das Dorf in seiner Richtung lag, lief Gertrud vor den Römern weg und wäre in Sicherheit.

Er zögerte nicht und folgte dem Pfad in Richtung des zweiten Gipfels.

Bald ermöglichte ihm eine freie Lichtung einen weiten Blick. Er sah den zweiten Hügel und Teile des Pfades. Dann erkannte er eine Staubwolke im Tal. Das müssen die Römer sein! Wie konnten sie so schnell aufgeschlossen haben?

Mit großer Geschwindigkeit näherte sich die Staubwolke der Kammhöhe. Die Formation konnte bei der Geschwindigkeit nur aus Reitern bestehen.

Mit einem weiteren Blick erfasste er, dass zwischen ihm und der Staubwolke kein Dorf zu sehen war. Wo liegt es nur? Abseits vom Pfad und verborgen im Wald? Nein, dann gäbe es Rauchsäulen. Können die Germanen die Römer sehen? Bestimmt nicht, wenn sie im Wald leben. Wo ist das Dorf?

Er bemerkte, dass sich das Tempo der Staubwolke verringerte und dann löste sich die Wolke auf. Er sah die Pferde und Rüstungen der Krieger auf der Kammhöhe. Sie zögerten. Dann wandten sie ihm den Rücken zu und die Truppe folgte dem Weg in Richtung des zweiten Berges.

Noch einmal überzeugte er sich davon, dass in seinem Umfeld kein Dorf liegen konnte. Also musste, wenn Degenars Beschreibung stimmte, das Dorf am Ende des Pfades zu finden sein.

Er drehte um und lief den Weg zurück. Längst müsste er an der Stelle mit den ausgelegten Zweigen vorüber sein, aber auf dem Weg gab es keine Zweige. Dann sah er die Schnittstellen und im Gebüsch die weggeworfenen Äste. Gertrud hatte sein Zeichen verstanden.

Es ging leicht bergab und der Pfad machte eine Biegung. Dann sah er, dass der Weg auf eine Lichtung führte. Noch mal alle Kräfte mobilisierend, stürmte er den Weg hinab.

Gerwin erkannte die Hütten des Dorfes, aufgeregt hin und her laufende Menschen und Männer mit Waffen. Auf dem Dorfplatz sammelten sich die Bewohner und mitten unter allen stand Gertrud, von zwei Kriegern an den Armen gehalten.

Vor der Gefährtin stand ein riesiger Mann.

Niemand achtete auf den Knaben, der mit aller Gewalt in die Gruppe hinein rannte und einen der Krieger von Gertrud weg stieß. Im selben Moment hatte er sein eigenes Messer in der Hand. Er trat den anderen Krieger der Rotbartsippe gegen dessen Knie und der Mann stürzte zu Boden.

„Rotbart, die Römer dicht hinter mir!" schrie er. „Ich komme vom alten Degenar" und mit Schwung holte er sich die Kette vom Hals und warf sie Rotbart zu.

Der Älteste fing sie auf und wurde kalkweiß, soweit dies auf Grund seines roten Bartes noch möglich war. Inzwischen stand der Knabe mit gezücktem Messer vor dem Mädchen.

„Wer sich ihr nähert, stirbt!" schrie er und diese Situation war überraschend, verblüffend, überwältigend und hätte wohl in einem anderen Moment alle Krieger der Sippe zum Lachen herausgefordert. Ein Knabe will sich mit Kriegern messen?

Doch diese Überraschung, so ungeplant und lächerlich, reichte aus, den Ältesten zur Besinnung zu bringen. Seine Stimme donnerte „Wo? Ruhe ihr Schwachköpfe!"

Augenblicklich herrschte Stille. Der Ruf von Rotbarts Stimme hatte alle Geräusche übertönt. Die Menschen erstarrten und der Knabe nahm zur Kenntnis, welche Macht der Älteste genoss.

Gerwin zwang sich, zwischen seinem Schnaufen zu antworten. Sein Brustkorb, so klein und schmal, hob und senkte sich und schien zu bersten. Hatte er doch alles aus seinem Körper heraus geholt und sich total übernommen. „Vom Fluss rauf kommen sie. Zu Pferde!"

„Gleich werden sie über euch sein, wie in unserem Dorf! Wollt ihr sie erst zählen und dann entscheiden?" schrie Gertrud und stemmte beide freien Arme in ihre Hüften. Feuerrot war sie im Kopf und wütend. Wenn der Rotbart sich nicht bald bewegte würde sie ihn mit ihrer Wut überrollen.

Die vorher schon eingetretene Stille wurde noch einen Grad eisiger. Aber jetzt besann sich Rotbart endgültig.

„Die Krieger zu mir" dröhnte seine tiefe Stimme. Der mit dem verletzten Knie erhielt den Befehl Kinder und Weiber zu sammeln und in eine Felsenschlucht zu führen.

Alles was Waffen tragen konnte, sammelte sich. Und während Rotbart seine Krieger auf dem Pfad aus dem Dorf führte, kam der Knabe langsam zu Atem.

„Du bist zur rechten Zeit gekommen!" stöhnte Gertrud auf. „Dachten die Dummköpfe, ich wäre der Feind! Wie sie mich gepackt hatten, schleiften sie mich zum Dorfplatz und dann musste erst der Rotbart geholt werden. Zuhören wollte von den Dummköpfen keiner. Na ja, Bergesippe!" Ihre Augen glänzten und es war ihr deutlich anzusehen, dass sie für einen Moment sicher mehr Angst vor den Germanen, als vor den Römern hatte.

Sie standen mittlerweile allein auf dem Dorfplatz. Die Krieger waren verschwunden und der letzte Rest der Sippe verließ, in entgegengesetzte Richtung, das Dorf.

„Was tun wir jetzt? Die Grobiane haben nicht mal Danke gesagt. Gastfreundlich scheinen sie auch nicht zu sein. Ich habe Hunger und Durst!" Noch immer hatte Gertrud ihre Arme in die Seite gestemmt.

„Komm!" sagte der Knabe und folgte den Dorfbewohnern. Weit kamen beide nicht. Es war keine Spur und kein Mensch zu sehen! Überrascht sahen sich beide an. Man hatte sie einfach vergessen. „Wir müssen raus aus dem Dorf" rief Gerwin und lief los. Und wieder half ihm eine innere Stimme.

‚Laufe dem Wolf entgegen. Das verwirrt ihn und er wird dich umkreisen'. Gertrud an der Hand fassend, stürmte er in Richtung des Pfades, verließ diesen aber bald, um in ein Dickicht einzudringen.

Als sie es erreichten und sich fallen ließen, galoppierten Römer auf den Dorfplatz. Fackeln flogen durch die Luft und Hütten fingen Feuer. Inzwischen war die Dämmerung gekommen. Die Pferde der Krieger wieherten, die Reiter rissen an den Trensen und einige Gäule stiegen. Sich um die eigene Achse drehend, suchten die Römer die Dorfbewohner. Aber auch aus den brennenden Hütten kam niemand. Der Anführer gab Befehle und nach dem Absitzen stürmten die Römer in Gruppen in die Hütten. Es verging einige Zeit, bis sich alle wieder beim Anführer einfanden.

Gerwin und Gertrud konnten dies alles sehen und hören, aber nicht verstehen. Die Sprache war ihnen fremd. Sie hörten Rufe und schienen ein Fluchen und Schimpfen zu erkennen.

Die Römer führten ihre Pferde am Zügel durch das Dorf und am Rande der Lichtung vorbei, offensichtlich bemüht, Spuren zu finden. Wenn es noch Spuren gegeben hatte, jetzt waren sie zertreten und unbrauchbar. Und wieder sammelten sich alle beim Befehlshaber.

Noch immer führten sie ihre Pferde am Zügel und so gingen sie langsam in Richtung Dorfausgang. Als sie den Beginn des Pfades erreichten, schwirrten Pfeile durch die Luft. Römer und auch Pferde brachen zusammen. Unter den Kriegern entstand Verwirrung. Eine zweite Pfeilsalve richtete weiteren Schaden an. Dann kamen die Germanen mit Schwertern, *Framen* und Äxten und hielten blutige Ernte.

So schnell die Germanen kamen, so schnell waren sie wieder verschwunden.

Nach den Pfeilen und dem Angriff kämpfte noch etwa die Hälfte der Reitergruppe. Die Legionäre wandten sich in die Richtung des Pfades, auf dem sie zur Siedlung gelangt waren. Auf ein Kommando versuchten alle in die Sättel zu springen. Eine weitere Pfeilsalve verhinderte das.

Nur ein kümmerlicher Rest der Reiter schaffte es, das Dorf auf dem Pfad zu verlassen. Doch kurz darauf entstand dort weiterer Lärm.

Noch immer lagen Gertrud und Gerwin in einer Mulde im Dickicht und versuchten mit ihren Blicken zu erfassen, was auf dem Pfad und im Dorf geschah. Die Ereignisse auf dem Weg konnten sie nicht mehr klar erkennen. Zu viele Bäume und Büsche versperrten die Sicht und die Dämmerung nahm immer mehr zu.

Dann sahen sie, wie Rotbart mit etwas in der Hand seelenruhig ins Dorf zurückkehrte. Hinter ihm kamen seine Krieger. Jeder am Boden liegende Römer wurde kontrolliert und Verletzte ohne Erbarmen getötet. Noch immer brannten die Hütten und die Szenerie war hell erleuchtet. Gespenstig flackerte das Licht unruhiger Flammen. Die Pferde der Römer wurden zusammengetrieben und eingefangen.

Germanische Krieger schleiften die Leichen der Römer auf den Dorfplatz. Während sie die Römer achtlos in einer der Ecken des Platzes auf einen Haufen warfen, betteten sie eigene tote Krieger sorgsam am anderen Ende der Freifläche.

Den toten Römern nahm man die Waffen, vor allem Schwerter, Messer und die Rüstungen ab. Nur wenige Römer waren mit Pfeil und Bogen bewaffnet, hatten diese aber beim Angriff auf das Dorf nicht zur Anwendung gebracht. Pfeil und Bogen und auch die Lanzen wurden gesammelt.

Kein Römer war auf Gegenwehr gefasst gewesen und schon gar nicht, auf ein kampfbereites Dorf.

Die Warnung gab den Kriegern der Bergesippe Zeit zur Organisation der Abwehr. Frauen, Kindern und den Alten wurde die Möglichkeit zur Flucht gegeben.

Jeder im Dorf wusste, was zu tun war und mit nur wenigen Befehlen konnte der **Eldermann** Ordnung in das Durcheinander bringen. Das Dorf überlebte!

Es gab so manchen Germanen, der Schnittwunden an Beinen und Armen vorzuweisen hatte, aber nur wenige Verletzte nahmen Pflege in Anspruch. Inzwischen waren einige Weiber aufgetaucht, die sich um Verletzte kümmerten und die eigenen Toten wuschen. Alles ging geordnet zu. Es herrschte Ruhe im Dorf. Kein Wehklagen erschütterte die Luft. Der Knabe registrierte das Alles. Letztlich erhob er sich aus seiner Mulde und ging auf Rotbart zu.

Vom Versteck bis zur Dorfmitte, wo Rotbart stand, dauerte es einige Zeit.

Rotbart stand mit dem Rücken zu ihm, als er zwei seiner Krieger anwies, den Knaben und das Mädchen zu suchen. „Ich bin hier!" sagte der Knabe hinter ihm. Rotbart fuhr herum und musterte erst den Knaben mehrfach von oben bis unten und dann das Mädchen hinter diesem.

Auch der Knabe betrachtete den Ältesten mit Interesse.

Ein Mann von ungewöhnlich hohem Wuchs mit der Figur und den Muskeln eines Schmiedes stand vor ihm. Die Muskeln in den Oberarmen des Mannes waren umfangreicher als seine eigenen Oberschenkel. Die Schultern des Mannes schienen ihm breiter als eine Hüttentür zu sein. Das ungewöhnlichste des Ältesten war sein feuerroter Kopf. Nicht nur des Haares wegen, auch sein Bart leuchtete in dieser ungewöhnlichen Farbe. Der Kopf war groß, die Augen von dunkler Farbe lagen unter feuerroten Augenbrauen. Was ohne Bart vom Gesicht zu sehen war, schien ebenmäßig zu sein. Doch Bart und Kopfhaar dominierten mit Locken und Kräuseln das Antlitz des Mannes.

Wäre sein Schopf und Bart schwarz gewesen, hätte ein Betrachter ihn als finstern Burschen empfunden, der Angst und Schrecken vermitteln konnte. Sein Schopf wies aber eine intensive Rotfärbung auf und zeigte deshalb ein eher freundliches, aber umso ungewöhnlicheres Antlitz. Die Augen des Mannes sandten einen von Ruhe und Ausgeglichenheit beherrschten Blick. Seine Stimme dann, war geeignet, Tote zu erwecken.

Baldur Rotbart jedoch sah einen Knaben von vielleicht vierzehn oder fünfzehn Wintern.

Dem Alter angepasst schien dessen Größe. Blaue, erstaunte Augen betrachteten den Eldermann aus einem jungenhaften Gesicht mit dunkelblondem, über die Ohren gleichmäßig abfallendem Haar. Der Knabe war von schlanker, sehniger Figur. Die Armmuskeln des Knaben zeigten erste Ansätze, waren jedoch noch nicht über das Knabenstadium hinaus gewachsen. Der Blick des Knaben war offen, zeigte Neugier und Verständnis. Seine Nase war gerade und nicht sehr groß. Sein Mund war weder klein noch zu breit geraten, eben ein normaler Bursche seines Alters.

Rotbart erkannte nichts Ungewöhnliches und so erging es ihm auch bei der Betrachtung des Mädchens. Sie erschien ihm Älter und reifer. Das Mädchen war in ihrer Entwicklung auf dem Weg zur Frau. Dies bewiesen ihre knospenden Brüste und ihre etwas schnippische Art in der Sprechweise.

Das Mädchen hatte mandelbraune Augen, langes braunes bis zur Schulter wallendes Haar, war einen halben Kopf größer als der Knabe und von schlanker Figur.

„Wer sagtest du, hat dich zu mir geschickt und woher wusstest du vom Römerangriff?" donnerte des Eldermanns Stimme. Normalerweise zuckten alle unter seinem machtgewohnten Organ zusammen. Der Knabe nicht! Er sah Rotbart ins Gesicht und sagte: „Herr, wir haben Hunger und Durst!"

„Was?" dröhnte Rotbart, „Schaut euch den Jüngling an, der weiß, was er will!" Dann lachte er laut und dröhnend. Es klang wie **Donars Donner**. Er rief eines der Weiber und trug ihr auf, für Speisen zu sorgen. Seine Gäste wären etwas ausgezehrt und brauchten dringend Stärkung. Ihm selbst solle sie **Met** mitbringen.

Die Frau verschwand und kam kurz darauf wieder, breitete auf einem inzwischen herbeigebrachten Tisch Speisen und Getränke aus. Der Knabe ging zum Tisch, Trank aus einem Becher Wasser und nahm sich vom Fladen und Fleisch. Die Ruhe und Selbstsicherheit beeindruckte den Rotbärtigen offensichtlich und deshalb wartete er geduldig auf seine Antwort.

Es war ihm noch nie zuvor widerfahren, dass ein Knabe ihn warten ließ. Baldur Rotbart nahm es hin. Wenn das Wenige, was er bisher wusste, zutraf, mussten das Mädchen und der Knabe Außerordentliches geleistet haben, um sein Dorf zu retten. Und so war er der Überzeugung, verdiente sein Wissensdurst etwas Geduld.

Der Knabe wischte sich den Mund ab, drehte sich zu dem Mädchen um und sagte: „Gib mir die Kette von Degenar!" Das Mädchen öffnete ihr Obergewand und löste vorsichtig die Kette mit der zweiten Bärenklaue vom Hals und reichte sie dem Knaben.

„Vor zwei Tagen wurde unser Dorf überfallen. Viele sind tot. Mutter, Vater, Freunde! Viele sind Gefangene!" Er hatte zwei Finger seiner rechten Hand abgespreizt um die Zahl der Tage anzuzeigen. Traurig sah er zu Rotbart auf.

„Nur der alte Degenar, die alte Eila und Bertrun leben noch! Und die Kinder. Aber nur die, die fliehen und sich verstecken konnten. Vater und ich kamen gerade aus dem Wald. Die Römer hatten alle Frauen, Alten und Kinder auf dem Platz zusammengetrieben und alle unsere Krieger getötet. Ich habe es gesehen." Er schwieg einen Moment und Rotbart wartete.

„Vater hat sich sofort in den Kampf gestürzt. Degenar sagt, er hat so viele Krieger getötet" Gerwin zeigte bis auf drei alle Finger beider Hände.

„Ich habe es gesehen! Er hat auch den Befehlshaber verletzt. Sein Auge ist weg und im rechten Oberarm wird er eine tiefe Verletzung von Vaters Axt haben. Ich werde ihn finden und mich rächen!" Der Knabe zögerte in seinem Bericht.

„Sie haben Vater von hinten mit Lanzen erstochen, auch Mutter." fügte er nach einem Augenblick hinzu. Rotbart sah in feuchte Augen. Alle im Hörbereich schwiegen und senkten die Köpfe. Es war Trauer und ein Ehrenzeugnis.

Ein Knabe erlebt den Tod der Eltern und geht in fremdes Land, um ein anderes Dorf zu retten.

„Ja, es ist Degenars Kette!" dröhnte wieder die Stimme des Rotbarts. „Er hat den Bären getötet, der mich erwischte. Deshalb ist sein Fuß zerfleischt worden und ich kam mit dem Schrecken davon. Ich stehe wieder in seiner Schuld. Und auch in eurer!" Er drehte sich um und ging aus dem Feuerschein. Nach ein paar Weisungen an zwei Krieger kam er wieder zurück.

„Welchen Weg seid ihr gekommen?" fragte Rotbart den Knaben.

„Kennst du unser Dorf?" erwiderte dieser und Rotbart nickte. Also erklärte der Knabe den von Degenar beschriebenen Weg, der ihn ins Dorf der Sippe führte.

„Von unserem Dorf am Bach durch die Schlucht in Richtung zum Fluss und dann nach Mitternacht. Wir waren dem Tal gefolgt. Weit hinter uns am Fluss hatte ich Rauch ausgemacht. Nach dem Gertrud nicht mehr konnte, traf ich auf den Pfad zu eurem Dorf. Kurz danach, habe ich die Reiterschar der Römer den Pfad vom Fluss heraufkommen sehen. Dann sind sie in Richtung des Nachbarberges."

„Als ich auf den Pfad kam, hatte Gerwin mit Zweigen einen Pfeil in Richtung eures Dorfes gelegt. Ich warf die Zweige weg und lief zu Euch." ergänzte Gertrud.

„Ich wusste nicht, in welcher Richtung euer Dorf liegt." setzte der Knabe fort „… aber ich wusste aus welcher Richtung die Römer kommen. Ich sah sie dann auch und hatte Glück. Sie ritten erst auf den anderen Berg. Nur deshalb kam ich noch vor ihnen hierher."

Der Knabe schwieg und auch Rotbart, beeindruckt vom Mut und von der Klugheit des Knaben, wartete vorerst ab. Dann nahm er seine große Pranke und strich dem Knaben über den Kopf.

„Dein Vater kann stolz auf dich sein, und auch auf dich Mädchen! Ich danke euch im Namen aller! Seid unsere Gäste! Nach einer Weile ergänzte er: „Meine Krieger bewachen jetzt das Dorf. Kein Römer konnte entkommen. Dort liegt der Kopf des Anführers." Gerwin drehte sich um und betrachtete den Kopf. „Ich kenne den! Er war auch in unserem Dorf dabei!"

Nach einer Weile ausgedehnten Schweigens drehte sich Rotbart zu seinem Weib um und sagte: „Sorge für sie, wie für deine Eigenen!" und zeigte auf den Knaben und das Mädchen. Und so geschah es.

Der Knabe und das Mädchen wurden in ein Gebüsch und weiter durch eine Schlucht in eine Berghöhle geführt, erhielten Felle und legten sich schlafen. Augenblicklich fiel der Knabe in einen tiefen, traumlosen Schlaf.

7. Der Morgen danach

64 nach Christus - nach Mittsommer
Barbaricum - Im Land der Hermunduren zwischen dem Fluss Moenus und dem Herzynischen Wald

*E*s war schon längst Tag, als Gerwin erwachte. Er streckte sich, erinnerte sich an das Ende des Tages und musterte die im Dämmerlicht liegende Höhle.

Nur wenige Schritte von ihm entfernt brannte ein Feuer, über dem ein großer Kessel hing. Die Frau, die ihnen am Vortage zu essen gegeben hatte, rührte in dem Kessel. Sie stand mit dem Rücken zu ihm und so konnte sie sein Erwachen nicht bemerken. Als sie sich jedoch zum neben dem Feuer stehenden Tisch umdrehte, sah sie, wie er sich zum wiederholten male streckte und wartete, bis er fertig war.

„Ich bin Rotbarts Weib **Kunrada**. Am Höhlenausgang gibt es einen Bach. Dort kannst du dich waschen."

Der Knabe stand auf und ging auf den Höhlenausgang zu. Er sah, dass diese Höhle von großem Ausmaß war und der Platz seiner Ruhe in einer kleineren Nebenhöhle lag. Im Hauptteil befanden sich noch viele andere Dorfbewohner, vor allem Frauen, Alte und Kinder. Krieger sah er keine.

Auch Gertrud konnte er nicht entdecken. Also ging er vor die Höhle, fand den Bach, der aus den Felsen hervor schoss und einen kleinen Teich bildete, bevor er in einer Rinne weiter talwärts floss. Gerwin wusch sich und seine Kleidung. Die Gelegenheit war günstig, denn der Bach ergab vor dem Teich einen kleinen Wasserfall. Mit freiem Oberkörper, so wie er es vom Vater gelernt hatte, beugte er sich unter das Wasser und prustete. Anschließend rieb er seinen Oberkörper mit Sand ab und strecke sich noch mal unter das Wasser. Sein nasses hemdartiges Oberteil legte er auf dem Felsen in die Sonne. Es war Sommer, zwar nicht sehr warm, aber die Sonne würde seine Kleidung schnell wieder trocknen. Dann ging er zurück in die Höhle und setzte sich an den Tisch. Kunrada stellte eine Schüssel voll Suppe vor seine Nase und forderte ihn zum Essen auf. Als er seine Schüssel gelehrt hatte, fragte sie ihn, ob er noch mehr möchte. Der Knabe schüttelte den Kopf.

„Wo finde ich den Ältesten? Wir müssen zurück in unser Dorf!" fragte er die Gastgeberin.

„Warte hier, ich lasse ihm eine Nachricht zukommen!" Sie wechselte in die Haupthöhle und kurz darauf lief ein Knabe seines Alters aus dem Höhleneingang.

Dafür schlenderte Gertrud in die Höhle, sah sich um und als sie Gerwin am Tisch erkannte, setzte sie sich zu ihm.

„Wo warst du?" wollte er wissen. „Hier und dort! Muss ich dir alles berichten?" antwortete sie ein wenig beleidigt. Er sah sie einfach an und wartete.

„Was hast du als Erstes nach dem Aufwachen getan?" fragte sie. „Ich war im Wald und am Bach!" „Na siehst du, ich auch!" und damit war die Sache für sie erledigt. Sie erhielt ebenso eine Schale mit Brei und begann zu löffeln.

Ein Mann betrat die Höhle und steuerte auf den Knaben zu. „Mutter, hat er bereits gegessen?" Er deutete zum Knaben hin und als sie nickte, wandte er sich an Gerwin: „Rotbart wartet auf dich. Ich bringe dich zu ihm!" Sie warteten, bis Gertrud fertig war und gemeinsam verließen sie die Unterkunft. Gerwin nahm sein Hemd vom Felsen und zog es über. Dann folgte er dem Krieger.

Sie stiegen die Schlucht hinauf, durchquerten eine Buschgruppe und standen unvermittelt wieder im Dorf der Bergessippe. Der Krieger ging voran und so verließen sie das Dorf. Es ging bergauf durch den Hochwald und einige Büsche bis auf die Kuppe des Berges. Ein Pfad durch hohes Gras führte zu einer Spitze. Als sie oben angelangten, sahen sie unmittelbar vor ihren Füßen einen tiefen Abgrund. Auch der Abhang war von Bäumen und Büschen bewachsen. Der Pfad schlängelte sich am Rande des Abgrundes entlang. Dem Krieger folgend, gelangten sie an eine freie Fläche, die sie in Richtung Hochwald gleich wieder verließen. An einen Baum gelehnt, erwartete Rotbart den Knaben.

„Ich hoffe, ihr konntet gut schlafen und seid jetzt ausgeruht?"

Der Knabe sah den Riesen mit dem roten Bart von unten an und nickte. „Danke, Herr!"

„Nanu, so zurückhaltend bist du mir nicht in Erinnerung?" dröhnte Rotbarts Stimme und gab dann ein prustendes Lachen von sich.

„Was hat Degenar dir aufgetragen?" wollte der Rotbärtige wissen.

„Euch vor den Römern warnen, wenn es noch nicht zu spät ist! Er wusste nicht, ob die Römer zuerst bei uns oder bei euch waren." Der Älteste der Sippe kratzte sich in seinem roten Bart.

„Und sonst nichts?" fragte er noch einmal.

„Doch, ich soll sofort zurück kommen. Er befürchtet, die Römer kommen noch mal zu uns." erklärte der Knabe Degenars Vermutungen. „Wir haben keine Krieger mehr. Ich bin nach Degenar der älteste Mann." fügte er leiser hinzu.

„Ja, du bist ein tapferer Mann!" brummte Rotbart und wandte sich an den Mann, der Gerwin hergeführt hatte. „Was schlägst du vor, **Brandolf**?"

„Wir stehen in deren Schuld, Vater! Er hat uns gerettet und jetzt ist es an uns, ihnen zu helfen!" erhielt er die Antwort des jüngeren Mannes.

Es war nicht klar, ob er den Knaben Gerwin oder den alten Degenar meinte und es war auch ohne Bedeutung. Gerwin erkannte deutlich, die Beziehung zwischen Vater und Sohn.

Hatte doch auch der Jüngere das gleiche rote Haar des Vaters, die gleiche kräftige, stämmige Gestalt, nur der Bart fehlte. Einen halben Kopf kleiner als der Vater war der Mann noch immer eine beeindruckende Erscheinung. Seine buschigen, ebenfalls roten Augenbrauen und das lockige Kopfhaar umrahmten Augen mit braunem Farbton. Seine Gesichtszüge blickten freundlich und Gerwin erschien sein Blick etwas versonnen auf Zukünftiges gerichtet zu sein. Wenn der Mann sprach zeigten sich in seinen Mundwinkeln kleine Fältchen, die den freundlichen Ausdruck seines Blickes unterstrichen.

„Du hast richtig gesprochen!" bestätigte der Eldermann die Worte seines Sohnes und wandte sich wieder an Gerwin: „Was braucht Ihr, Knabe?"

„Ich weiß nicht? Wir haben keine Krieger mehr!" Wieder kratzte sich Rotbart an seinem Wangenbart.

„Nun gut..." dachte er laut. „... wir haben Römerpferde und wir können euch Waffen und Vorräte bringen. Ein paar Männer können wir auch zu euch senden, vielleicht auch einige Weiber, aber nur welche die auch wollen. Es gibt nur noch drei Erwachsene bei euch?" Er hielt die betreffende Zahl der Finger hoch und sah Gertrud an. „Ja Herr." lautete die Antwort des Knaben.

Es dauerte eine Weile, bis sich Rotbart über sein Vorgehen klar geworden war. „Gut, dann werden wir uns beraten."

„Herr..." wagte der Knabe zu fragen. „..., die Römer?" Rotbart ging auf den Klippenrand zu und zeigte mit seinem Arm zum Kamm zwischen beiden Hügeln.

„Dort war ihr Lager für das Fußvolk! Der Hauptteil der Reiter hatte uns überfallen!" Der rothaarige Bär sah den Knaben an. Was Gerwin erblickte waren Reste eines befestigten Lagers. Römer konnte er nicht erkennen. Sein fragender Blick traf den Eldermann.

„Am frühen Morgen kam ein weiterer Angriff. Wir hatten sie erwartet!" Es verwunderte den Knaben, dass es ein weiteres Gefecht gegeben hatte und er nichts davon bemerkte. „Wo sind die Römer jetzt, Herr?" wagte er zu fragen.

„Weg!" lautete die lakonische Antwort des Bärtigen. „Nach diesem Angriff entkamen nicht viele! Sie zogen sich mit großen Verlusten zurück und brachen dann auch das Lager ab!" knurrte der Eldermann und wünschte sich wohl, dass kein Römer entkommen wäre.

„Jetzt rennen sie am Fluss entlang in Richtung der Salu." Zorn sprach aus den Worten und Verachtung begleitete die Fliehenden.

„Warum habt ihr sie entkommen lassen?" wunderte sich Gerwin.

„Sie rannten zu schnell! Auch wir haben Verluste." Baldur Rotbart strich sich durch den Bart. „Es sind nicht viele! Alles was wir greifen konnten, machten wir nieder! Trotzdem gibt es immer Fliehende! Es sind die Feiglinge, denen der Tod der Ehre nichts bedeutet." Rotbart betrachtete versonnen das Römerlager und Gerwin wurde klar, dass der Eldermann auch gern alle Römer vernichtet hätte.

Er sah den Riesen an und sprach sehr leise, als er sagte: „Sie werden wieder kommen…"

Rotbart nickte! Jetzt verstand Gerwin des Eldermanns Sorge endgültig. Auch Baldur Rotbart fürchtete die Rückkehr der Legionäre. Ein einzelner Fliehender konnte die Botschaft der Niederlage überbringen und reichte aus, um eine Vergeltungsaktion auszulösen. Das wusste auch Rotbart.

„Die Römer wissen ohnehin, wo es die Niederlage gab!" fluchte der Älteste.

„Würden wir ihnen folgen, könnten wir nicht jeden Fliehenden ergreifen. Dann ist da noch der Vorsprung, den sie haben. Folgen wir ihnen bis zum Lager, bringt uns das auch keinen Vorteil."

Erschrocken sah der Knabe zum Eldermann auf und dieser verstand die unausgesprochene Frage.

„Im Lager sind noch so viele Römer, dass wir zu schwach für einen Angriff wären! Das Lager ist befestigt und kann von uns niemals überrannt werden. Deshalb sind nur *Späher* ihnen nach. Wir warten hier ab und bereiten uns vor."

Der Knabe überdachte die Lage. Wenn die Römer abzogen, werden sie mit Verstärkung zurückkommen, aber nicht zu ihnen. Ihr Dorf war zerstört. Sie würden erneut die Bergesippe angreifen. Also brauchte man hier jeden Kämpfer.

Die Erkenntnis, dass die Sippe ihnen nicht helfen konnte, traf ihn wie ein Keulenschlag. War seine Mühe umsonst? Kehrte er ohne Krieger zurück, wäre sein Auftrag dann gescheitert? Könnte er sein Degenar gegebenes Versprechen nicht einhalten? Gerwin fühlte sich enttäuscht! Andererseits, bedachte er sich, war ihr eigenes Dorf dadurch in Sicherheit ….

„Wir müssen uns wieder auf den Weg machen. Ihr könnt uns nicht helfen! Die Römer werden mit mehr Kriegern zu euch zurückkommen, Herr!" erklärte er dem Ältesten das Ergebnis seiner Überlegungen.

Baldur Rotbart bemerkte die Enttäuschung des Knaben, doch konnte er nicht einer Entscheidung der Sippe vorgreifen und versprechen, was nur der Rat freier Männer zu beschließen berechtigt war. Gemeinsam gingen sie den Pfad in Richtung des Dorfes.

„Wir haben zwei Möglichkeiten, wir können kämpfen oder uns verstecken. Ihr habt keine Jäger, keine Krieger, keine Weiber und bevor ihr Knaben und Mädchen alt genug seid, um für neue Kinder zu sorgen, vergeht viel Zeit. Wer ist wohl besser dran?" machte Rotbart eine Pause und ergänzte seinen Gedanken nach einiger Zeit: „…Nein, wir werden euch helfen!"

„Brandolf, sorge dafür, dass alle Männer zum Beratungsplatz kommen. Nur die Kundschafter bleiben!" Der Krieger beeilte sich ins Dorf zu laufen, während Rotbart und die beiden Gäste ihm langsam folgten. Kurz vor dem Dorf hielt Rotbart an und setzte sich ins Gras.

„Wir sind allein. Ihr seid jung und wisst noch nicht, wie ein *Thing* verläuft. Ihr kennt auch unsere Bräuche nicht. Deshalb will ich euch einiges erklären." Der Älteste legte eine Pause zur eigenen Besinnung ein.

„Als Ältester bestimme ich zwischen den Beratungen im Thing, was und wie es gemacht wird. Nur ich bestimme und alle haben sich zu fügen! Auf dem Thing sagt jeder freie Mann was er denkt und für richtig hält. Daraus erkennen wir, was unsere Sippe will. Wenn diese Entscheidung gefallen ist, bestimmt der Älteste, wie die getroffene Entscheidung erfüllt wird. Wenn ich als Ältester nicht mit der Mehrheit übereinstimme und somit den Willen der Sippe nur schlecht umsetzen würde, wird ein anderer Ältester gewählt!" Er schwieg einen Moment.

„Die Römer brauchen erst einmal Zeit. Der Weg zur Salu und zurück verschafft uns genügend Freiraum zur Beratung. Wir werden mehrere Entscheidungen treffen. Die erste wird sein, wie wir uns gegen die Römer wehren. Verstecken wir uns oder kämpfen wir? Wenn wir uns verstecken, dann wo? Was lassen wir vom Dorf zurück? Erst dann wird die Frage besprochen, ob wir und in welcher Form wir euch helfen."

Wieder zögerte Rotbart und überdachte seine weiteren Worte. „Bei allem was ihr hört bedenkt, wir treffen wichtige Entscheidungen für unsere Sippe. Wenn die Römer uns besiegen, weil wir falsch entschieden haben oder entzweit sind, kann sich das auch auf euch auswirken. Deshalb geduldet euch und verhaltet euch still!"

Zum Abschluss seiner Erklärung knurrte der Eldermann „Am Thing wird nur der Knabe teilnehmen. Das ist seinem Auftrag geschuldet. Der Wille des Things kann dich auch entfernen. So und nun lasst uns gehen!"

„Herr, als ich Degenar fragte, ob es Sinn macht, euch zu warnen, lehnte er ab. Er könne uns nicht allein lassen und würde es ohnehin nicht schaffen! Meine Frage, ob er mir den Weg beschreiben kann, hörte er und fragte, ob ich den Weg finden könnte? Ich habe genickt und dann gab es ein Thing der Erwachsenen."

Verwundert sah Rotbart den Knaben an und wartete. „Der Älteste sah erst die alte Eila und dann Bertrun an und beide haben mit dem Kopf genickt!"

8. Thing

64 nach Christus - nach Mittsommer
Barbaricum - Im Land der Hermunduren zwischen dem Fluss Moenus und dem Herzynischen Wald

Inzwischen war Sunna mit ihrem goldenen Wagen über den höchsten Punkt ihrer Bahn hinaus gelangt und die freien Männer trafen sich auf dem Thingplatz.

Im Zentrum, auf einem Felsbrocken, unter einem Eichenbaum, saß Rotbart. Um den Thingplatz waren hüfthohe Haselnusszweige in den Boden gesteckt, die den Thingplatz und damit den heiligen Boden begrenzten.

Zuvorderst lagerten die Unterführer der Sippe und dann alle übrigen Krieger. Gerwin hatte noch nie so viele Männer in einem Dorf gesehen. Er war angewiesen, außerhalb des heiligen Platzes, auf die Aufforderung zum Betreten zu warten.

Als Rotbart sich erhob, trat Stille ein. Er sprach nicht lauter als sonst und trotzdem verstand ihn jeder.

„Freie Männer unserer Sippe, haben wir an diesem Ort und zu diesem Zeitpunkt der Beratung die richtige Wahl getroffen?" lautete seine erste Frage an die Versammelten.

Die Männer antworteten mit dem Schlagen der Framen gegen ihre Schilde.

„Fragen wir Gott *Tyr* um Zustimmung zur Beratung und um Rat?" Die einhellige Antwort bezeugte den Wunsch der Krieger. Danach sprach Rotbart die heilige Formel, die die Aufmerksamkeit des Gottes bewirkt: „Gott, Allmächtiger, der Du Himmel und Erde erschaffen und gute Gaben uns reichtest, gib mir festen Glauben und guten Willen, Weisheit und Klugheit und Kraft, dem Bösen zu widerstehen und Deinen Willen zu verwirklichen. Sofern dir mein Wunsch widerstrebt, strafe mich hier am heiligen Ort und zu dieser heiligen Zeit!"

Die Versammlung harrte der göttlichen Antwort, die den Fragenden dann treffen wird, wenn sein Wunsch durch den Gott verweigert und mit dessen Bestrafung die göttliche Weisheit der Ablehnung bekundet wird. Schweigend warteten alle Anwesenden auf das Urteil ihres Gottes.

Doch Tyr schien gnädig gestimmt und dadurch, dass er kein Zeichen sendete, stimmte er dem Thing zu. Dies nach einer längeren Pause zur Kenntnis nehmend, sprach Rotbart die freien Männer an:

„Seid ihr gewillt und bereit, dem Knaben Gerwin aus der **Buchensippe**, das Recht zur Teilnahme an der Beratung zu erteilen?" Wieder hallte der Versammlungsplatz vom Schlagen der Waffen wieder. Rotbart forderte den Knaben mit einem Wink auf, den heiligen Ort zu betreten und sich einen Platz zu suchen.

„Gestern wurden wir von Römern überfallen. Sie waren auf Sklavenjagd. Wir konnten sie besiegen!" verkündete der Eldermann. Ein trommeln der Framen am Schild war die Antwort.

„Einige von uns sind im Kampf getötet worden, andere verletzt! Danken wir unseren Helden! **Walhall** sei ihnen gnädig und labe sie bis zum Tag der Wiederkehr! Keines unsere Kinder, kein Weib und auch keiner unserer Alten mussten sterben oder wurden in die Sklaverei verschleppt!" Wieder gab es das Aneinanderschlagen der Waffen.

„Die Buchensippe, unsere Brudersippe, hatte nicht das gleiche Glück! Dort kamen die Römer überraschend, töteten und verschleppten! Nur drei Alte und wenige Kinder überlebten!"

Diesmal schwiegen die Waffen. Rotbart machte eine Pause und sah über alle seine aufmerksamen Zuhörer hinweg bis zu Gerwin. Dort blieb sein Blick hängen.

„Ein Knabe, der den Weg zu uns noch nie gegangen war, brachte die Kunde und warnte uns. Der Weg war weit und zuletzt war es ein Wettlauf mit der römischen Horde. Wir waren gewarnt und vorbereitet. Es gelang uns ein Sieg. Wir konnten auch den zweiten Angriff der Römer am Morgen abwehren und sie zum Abzug zwingen." Wieder trommelten die Krieger gegen ihre Schilde.

„Aber ..." lauter als bisher donnerte Rotbarts Stimme „... sie werden zurückkommen!"

In die Pause hinein entrang sich den erzürnten Seelen ein Murren.

„Wir müssen entscheiden, was wir tun wollen! Uns bleiben fünf Tage zum Handeln!"

Er zeigte die fünf Finger seiner Hand und ballte sie danach zur Faust: „Kämpfen wir oder fliehen wir? Wenn wir uns verstecken, was lassen wir im Dorf zurück? Brennen wir alles nieder? Wo verstecken wir uns? Sprecht!" Schweigen senkte sich herab.

Es waren klare Worte. Jeder musste diese Fragen mit seinem Gewissen vereinbaren und sich seine Meinung bilden. Wer würde zuerst sprechen? Es wurde getuschelt und untereinander beraten und dann erhob sich ein junger Krieger:

„Wir werden sie wieder vernichten. Kämpfen wir für unser Dorf. Wir sind nicht feige!" Ein zweiter rief: „Ja, kämpfen wir!" Weitere begeisterte Zurufe für den Kampf machten sich frei.

Aus dem Kreis der Älteren gab es keinen Laut, aber einige ältere Krieger murrten. Und dann stand einer von den Älteren auf.

„Nein wir sind nicht feige, aber auch nicht dumm! Zählt eure Arme und zählt die Arme der Römer. Gestern war es eine Reiterschar, beim nächsten Mal werden es zwei sein und wir können wieder siegen. Was aber ist, wenn nicht nur Reiter, sondern auch Fußvolk anrückt? Was ist, wenn es soviel Mal mehr werden, die uns angreifen?"

Der Krieger zeigte die fünf Finger seiner rechten Hand und drehte sich in alle Richtungen, damit es alle sehen konnten. „Wie viele Krieger werden wir nach zwei Kämpfen noch haben, um diese Übermacht abzuwehren?" Wieder drehte er sich allen zu und wartete.

Die jungen Krieger murrten. Von „Denen werden wir es zeigen…" bis „Die Alten trauen sich nicht mehr!" waren mehrere Stimmen zu hören.

Dann stand ein Mann auf, den Gerwin noch nicht bemerkt hatte. Er war fast genauso groß wie Rotbart und auch er hatte einen roten Bart. Sein Bauch war im Gegensatz zur Figur von Rotbart sehr umfangreich und sein Gesicht wirkte im Feuerschein, des nahe bei ihm brennenden Ratsfeuers, fettglänzend. Mit seinen kurzen und auch recht fetten Armen ruderte er und versuchte von seinem Platz in die Nähe Rotbarts zu gelangen.

Als er angekommen war, stemmte er beide Arme in die Hüften und rief laut in die Versammlung hinein:

„Nicht kämpfen und nicht fliehen, verhandeln müssen wir!" Der Mann schöpfte Atem und drehte sich zu Baldur Rotbart um.

„Wir wissen doch gar nicht, ob die Römer uns versklaven wollten? Wir haben den beiden Fremden geglaubt und die Römer getötet und damit alles Unheil auf uns gezogen."

Er wandte sich wieder der Masse der Versammelten zu. Gerwin glaubte in den Augen des Mannes zuvor Angst erkannt zu haben. Gleichzeitig überraschte ihn das Aussehen des Sprechers. Eine Verwandtschaft zu Baldur Rotbart war nicht zu bestreiten.

Bestimmt wollten die Römer nur Tribut einfordern, wie sie es schon einmal gemacht haben. Es ist zwar schon lange her und Wenige wissen noch davon. Damals konnte unser Dorf auch in Frieden weiter leben!"

In schneller Folge hervor gepresste Worte, mit einer Stimme zum Vortrag gebracht, die mit dem kräftigen Organ Rotbarts nichts gemein hatte, bewirkten die Worte Murren und Ablehnung.

Missfallensrufe der jungen Krieger unterbrachen seine Rede. „Seht den Fettsack", „Der kommt nicht aus unserer Sippe!", „Werft ihn raus!"

Noch einmal verschaffte der Mann sich Gehör: „Verhandeln und Handel treiben ist besser als töten! Gehen wir zu den Römern an die Furt und bieten irgendetwas an!"

Ein anderer älterer Krieger erhob sich und stieß den Dicken zur Seite: „Verschwinde Krämer. Troll dich oder du bekommst meine Frame zu spüren!"

Der Mann war außerordentlich wütend. Er hob einen Arm als Zeichen für Ruhe und dann sprach er:

„Ihr wisst, dass ich nie zurückweiche und ich habe keine Angst. Ich scheue keinen Kampf!" Gerwin sah viele der Krieger mit dem Kopf nicken.

„Beim Angriff der Römer wurde mein Sohn getötet. Er erlebte noch nicht mal das Ende seines Reifesommers. Es war sein erster Kampf. Auf unserem letzten Thing erhielt er seine Waffen. Wie lange dauert es, bis ein Kind zum Knaben heran wächst, dann zum Burschen und bis er zum Mann, zum Krieger, wird? Wir haben nur uns!" Mit einer weit ausholenden Bewegung seines rechten Armes zeigte er über die Köpfe aller Anwesenden.

„Welche Zukunft bieten wir unseren Kindern, frage ich euch? Deshalb ist diese Entscheidung wichtig. Die Römer werden wieder kommen und nach jeder Niederlage mit noch mehr Kriegern und unsere Zahl wird mit jedem Kampf kleiner!" Der Sprecher sah zu den versammelten Kriegern und in manchem Verstand regte er die Liebe zu den Söhnen und das eigene Ehrgefühl an.

„Wir sind nicht feige und auch keine Krämer, wir sind Krieger! Sind wir deshalb dumme Krieger, die blind in das Unglück rennen? Nein! Dieser Sieg war wichtig und richtig! Aber jetzt sollten wir die Zeit nutzen und uns einen neuen Platz in den Wäldern suchen! Hier finden uns die Römer jedes Mal aufs Neue! Ob sie uns in die nördlichen Wälder folgen, kann ich nicht wissen. Bleiben wir in unseren Höhlen, dauert es auch nicht lange, bis die Römer uns finden. Wieder wird uns nur Kampf erwarten. Und wer weiß, ob wir dann solche Fallen haben werden, wie wir sie jetzt zum Schutz vor den Römern nutzen konnten?"

Er setzte sich wieder hin. Viele der älteren Krieger nickten anerkennend. Die Jungen aber rumorten weiter! Ein weiterer Krieger erhob sich und trat in die Mitte.

„Am vergangenen Tag habe ich die Fremde gefangen. Ich habe sie zum Dorfplatz geführt und gehalten, bis der Älteste kam. Das Mädchen war mir direkt in die Arme gelaufen. Es war keine Angst, was sie trieb. Das erkannte ich. Ich fand, dass sie froh war, bei uns zu sein. Ihr alle kennt unsere Bräuche. Fragen stellt nur der Älteste!"

Der Krieger legte eine Pause ein und zwang die gesamte Aufmerksamkeit der übrigen Männer auf seine Worte.

„Dazu kamen wir nicht, weil der Knabe heranstürmte! Zuerst trat er mir ins Knie und zog sein Messer. Welcher Mut, Verzweiflung und Wut trieb ihn, um uns herauszufordern? Warum trotzte er unserer Kraft und Übermacht? Wer von euch mutigen *Jungkriegern* hat soviel Kampfgeist wie der Knabe?" fragte der Krieger mit Spott in der Stimme und ein Lächeln umspielte seine Lippen. Dabei musterte er die Jungmänner die am lautesten nach Kampf krakelten.

„Oh ja, Knabe, dein Tritt war schmerzhaft und hätte ich dich zu greifen bekommen, wäre es dir nicht gut bekommen.... Der Älteste hat mich zur Besinnung gebracht! Erst danach erfuhren wir, was uns bevor stand! Wir hatten Glück und konnten siegen! Ohne die Warnung des Knaben wäre es uns vielleicht ergangen, wie den Kriegern seiner Sippe?" Ein Raunen ging durch die Massen, Unwillen und Protest äußerten sich auch in Flüchen und zornigen Verwünschungen.

„Deshalb rate ich denen, die nach Kampf lechzen, bedenkt die Folgen eures Wunsches nach Ruhm und Beute, wenn davon das Überleben der Sippe abhängt? Und ich rate euch noch etwas! Haltet euch zurück, wenn erfahrene Männer sprechen!" Der Krieger machte eine Pause, sah in die Runde der aufmerksam lauschenden freien Männer der Sippe und setzte danach seine Erklärung fort.

„Siegen konnten wir, weil uns der Feind nicht überraschte! Das verdanken wir nur dem Knaben und seiner Begleiterin! Unsere Fallen wurden rechtzeitig besetzt! Starke Kämpfer überraschten einen siegesgewissen Feind. Das geschieht den Römern nicht noch einmal. Ihr habt unser aller Leben gerettet! Wir sind in eurer und eures Dorfes Schuld! Brüder, ein Knabe und ein Mädchen brachten uns die Warnung! Zeigt mir den Knaben und das Mädchen unserer Sippe, die Gleiches getan hätten! Wir sollten die Leistung und den Mut achten! Wir sind dem Dorf der Buchensippe verpflichtet! Lasst uns mit Hilfe danken!"

Der Krieger gewann die Aufmerksamkeit aller freien Männer. Seine Gedanken und Worte waren klug gesetzt und beeindruckten auch die jüngeren, unbedachten Heißsporne.

„Kämpfen oder Verstecken, sind unsere Möglichkeiten …? Kämpfen sollten wir immer nur dann, wenn wir auch siegen können, denn Niederlage heißt Tod! Gegen die Römer können wir nicht siegen, zumindest nicht, wenn wir allein kämpfen müssen! Welcher Nachbar würde uns helfen?"

Der Krieger machte wieder eine Pause und betrachtete alle seine Gefährten, sich einmal um sich selbst drehend. Die Stille im Rund der Versammelten wäre ausreichend, ein vom Baum fallendes Blatt aufschlagen zu hören.

„Wir haben im Norden und Westen andere starke Sippen. Doch das sind **Chatten** und **Mattiaker**! Ihr alle wisst, wie oft wir uns gegen sie wehren mussten! Wohin also können wir gehen, ohne unsere Zukunft zu gefährden? Hier ist unser Land, es reicht vom Fluss bis zu den Hügeln jenseits unseres Waldes und weiter bis zur Buchensippe. Wir haben Felsen, Schluchten, Höhlen und Wälder! Die Römer werden uns niemals finden! Löschen wir unser Dorf aus, brennen es nieder und verbergen wir unsere Schlucht und die Höhlen. Ziehen wir erst in Richtung Sonnenaufgang bis zum Fluss mit dem Lehmwasser und dann am Fluss Richtung Mitternacht. Lassen wir Beobachter hier und kehren zurück, wenn uns hier keiner mehr vermuten wird!"

Der Krieger setzte sich hin und Rotbart erhob sich auf seinem Stein. „Wer will noch?" lautete seine Frage und sein Blick musterte die anwesenden Männer.

Ein weiterer Krieger stand auf und drängte nach vorn. „Tritt näher und sprich!" forderte Rotbart den Mann auf. Der Freie bewegte sich durch die Krieger hindurch zum Mittelpunkt. Auf dem Rücken trug er seinen Bogen, am Gürtel ein Messer.

Zuerst stellte er sich in Positur. Der Mann war bedeutend kleiner als Rotbart, sein Haar struppig und sehr kurz. Sein Oberkleid bestand aus Leder und fiel über eine Hose undefinierbarer Farbe. Der Mann trug einen Backenbart, dessen Fülle noch wachsen musste. Er war von kräftiger, gedrungener Gestalt und schien sich nicht so sehr wohl zu fühlen, als er in die Mitte der Beratung trat. Dann hob er den Kopf. Der

Blick seiner braunen Augen umfasste die Versammelten. Seine anfängliche Zurückhaltung fiel nach den ersten Worten von ihm ab.

„Ich habe bisher nie im Rat gesprochen und auch sonst nicht viel geredet. Aber meine Pfeile treffen!" Die Jungkrieger johlten.

„Wir sollten unser Dorf nicht verlassen. Wir alle sind hier geboren, hier gehören wir hin und hier kennen wir jeden Strauch, Baum und Hügel. Wir haben nicht nur die Höhlen hier in der Bachschlucht, auch in der Felsenschlucht am Felsenberg und noch andere. Schicken wir kleinere Gruppen in diese Verstecke und täuschen die Römer mit dem Abbrennen des Dorfes. Das Dorf können wir wieder Aufbauen. Hier oder auf einer anderen Lichtung."

Der Krieger sah sich zu Rotbart um. Vielleicht wollte er im Blick des Ältesten Zustimmung lesen, vielleicht war diesem Mann die Meinung des Eldermanns unwichtig? Es war nicht zu erkennen. Was er dachte, sprach er aus und dies war eine ehrliche Meinung.

„Nicht hier sollten wir den Römern den nächsten Kampf liefern, sondern dort, wo sie es nicht erwarten. Dort wo sie ihre Stärken nicht nutzen können. Kämpfen wir und überraschen wir die Römer auf ihren Wegen und verschwinden wir. Die Buchensippe gibt es fast nicht mehr und uns werden die Römer solche Angriffe nicht zutrauen. Lenken wir sie ab und richten deren Zorn auf unsere starken Nachbarn. Dabei will ich meinen Teil erbringen und wenn das nicht beschlossen wird, gehe ich zur Buchensippe und helfe dort." Schnell hatte er seinen Vorschlag vorgebracht und drängte sich wieder vom Sprechplatz weg zum früheren Sitzplatz.

Als keiner mehr zu Sprechen wünschte, setzte Rotbart selbst zur Rede an.

„Als Ältester steht mir zu, auch meine Meinung vorzutragen. Die Römer konnten wir nur besiegen, weil die Überraschung auf unserer Seite lag. Noch einmal gelingt das nicht! Auch dann, wenn der Gegner wieder nur in gleicher Zahl kommt!"

Rotbart machte eine Pause. Auch er forderte die Aufmerksamkeit der Versammelten. Sein Bass dröhnte, obwohl er die Stimme nur wenig anschwellen ließ. Ihm hörten alle zu, denn er war ihr Anführer.

„Auch die Römer haben keine unendliche Zahl von Kriegern, sind aber ein großes Volk. Sie werden wieder kommen und dann sollten wir nicht hier sein! Wir müssen das Dorf nicht niederbrennen. Die Bachschlucht und unsere Höhlen müssen verborgen werden. Die brauchen wir noch. Die Alten, Frauen und Kinder gehen in die anderen Höhlen. Verhandeln werden wir mit keinem Römer! Wenn mein Bruder denkt, er könnte Römern mit Verhandlungen beikommen, irrt er. Wer Sklaven sucht, der verhandelt nicht! Ich warne jeden, der dem Willen der Sippe zuwider handelt." Er sah seinen Männern in die Augen, zumindest denen, die ihn unmittelbar umgaben. Rotbart versuchte zu erkennen, wie seine Worte aufgenommen wurden.

„Wir können nicht in die nördlichen Berge ziehen. Dort erwartet uns Kampf, genauso wie in Richtung der Abendsonne. Dort überall finden wir unsere Feinde, die Chatten. In Richtung der Mittagssonne lauern die Römer. Also bliebe uns nur die Richtung der Morgensonne, das Territorium der Buchensippe. Es wäre ein schlechter Dank für die Warnungen. Ich bin für bleiben und verstecken!"

Rotbart wusste, die Besonderheiten ihres Verhältnisses zu ihren Nachbarn geschickt in seine Rede einzuflechten. Die Feindschaft zu den Chatten lag ihnen allen im Blut. Dort gab es kein Land für sie. Einen Kampf mit diesem Stamm zu wagen, waren sie entschieden zu schwach. Wohl konnten sie Einfälle der Chatten in ihr Gebiet bisher immer zurück schlagen. Doch es war etwas Anderes in ein Gebiet einzudringen, als eigenes Territorium zu verteidigen. Die Römer waren der Gefahr erste Faust. Was übrig blieb, waren ein *Dunkelwald,* ohne ausreichende Überlebensmöglichkeit in dessen Dickicht, und das Gebiet der Buchensippe.

„Nutzen wir unsere Höhlen! Wenn wir zur Buchensippe ziehen, werden die Römer uns beim nächsten Mal dort finden. Und wir müssen uns besser schützen und die Römer ständig beobachten, wenn sie am Fluss entlang marschieren. Die Römer angreifen und die Schuld dem Nachbarn zuzuschieben, hilft uns nicht. Wenn uns deren Zorn trifft, wäre das schlimmer als die Wut der Römer!"

Der Älteste schwieg einen Moment und setzte dann fort:

„Das war mein erster Vorschlag, nun folgt der zweite Vorschlag! Der Buchensippe schulden wir Dank und Hilfe. Wer geht aus freiem Willen zur Buchensippe? Wir haben die Pferde der Römer und deren Waffen. Senden wir der Buchensippe einen kleineren Teil davon und Vorräte. Helfen wir ihnen wieder, eine starke Sippe zu werden, so helfen wir auch uns für unsere Zukunft. Es gab schon einmal diese Notwendigkeit, dass Frauen und Männer unsere Sippe verließen. Damals gehörte Degenar zu den Mutigen. Jetzt braucht er unsere Hilfe!"

Er wartete wieder, ob noch Andere sprechen wollen. Doch keiner zeigte sich und so sprach er weiter:

„Alle Freien treffen ihre Entscheidung! Wer ist für Verhandlungen?" keiner der Männer rührte sich und damit erfolgte die Ablehnung dieses Vorschlages.

„Wer will unser Land nach Norden verlassen?" Es reagierten nur wenige Krieger und schlugen ihren Framen ans Schild.

„Wer von euch will, dass wir ins Gebiet der Buchensippe eindringen?" Die Zustimmung nur Weniger blieb unbeachtet.

Die Entscheidung bahnte sich zwischen dem Kampf, vorgetragen vor allem von Jungkriegern, denen nach Blut, Bewährung und Ruhm dürstete und Rotbarts Vorschlag des Rückzugs an.

Doch bevor Rotbart die Frage zur Entscheidung stellen konnte, verletzte eine Frau das Gesetz des Things. Sie blieb vor dem Eingang des Things, noch außerhalb der mittels Ruten geschaffenen Abgrenzung stehen und fragte laut, für alle deutlich hörbar: „Erlaubt das Thing einer Frau und Jägerin zu sprechen?"

„Männer, wollt ihr das unmündige Weib, das meine Tochter ist, im Rat der Freien hören?" donnerte sichtlich verärgert Rotbarts Stimme.

Die Antwort passte ihm überhaupt nicht. Der Älteste sah sich im Kreis der Freien um und registrierte das Aneinanderschlagen von Framen und Schild. Die Zustimmung war deutlich, wähnten sich die jungen Krieger ob ihres Kampfwunsches doch als Sieger. Sie hofften und nicht unbegründet, dass Rotbarts Tochter sich für den Kampf entscheiden und damit das bisherige Gleichgewicht zu ihren Gunsten beeinflussen würde.

So vermutete auch Rotbart, dass die eigene, störrische und unbedachte Tochter an falscher Stelle und zur falschen Zeit eingriff. Doch der Ratschluss der Götter musste auch diese Entwicklung vorausgesehen haben, hatten die Götter doch Ort und Zeit der Versammlung zugestimmt. Dies schloss auch unvorhergesehene Vorgänge mit ein.

Gerwin hatte noch nie eine Frau unter Waffen gesehen. Sie mochte vielleicht gerade zwanzig Winter erlebt haben. Die Frau wirkte schlank, hatte ein ebenmäßiges Gesicht und feuerrotes Haar. Er empfand ihre Erscheinung als schön. Über ihrem Rücken zeigte sich ein langer Bogen und an der Hüfte trug sie eine Tasche mit Pfeilen. Auf der linken Schulter sah er einen kleinen runden Holzschild und am Gürtel hing ein Dolch mit Scheide.

„*Ragna*, was willst du hier? Warum brichst du das Gesetz des Things. Den Frauen steht kein Rederecht zu!" donnerte ihr der Vater wortgewaltig entgegen.

„Aber Jagen darf ich und kämpfen konntest du mir auch nicht verbieten, Vater! Ihr wisst, wie viele Römer durch meine Pfeile starben?" wandte sie sich an die Versammelten. Wieder trommelten Framen und Schwerter gegen die Schilde und die Begeisterung der Jungmänner fand kaum Grenzen.

Vor allem die jungen Krieger nahmen Ragnas Bitte zum Sprechen begeistert auf. Glaubten sie doch, von der Frau Unterstützung für den Kampf mit den Römern zu erhalten. Immerhin sprach dort auch die Tochter des Ältesten.

Ältere Krieger, die sich zur Rede der Frau bekannten, erkannten vielleicht den Mut der jungen Frau im zurückliegenden Kampf an oder hofften auf eine Beeinflussung der Entscheidung zu Gunsten des Ältesten, ihres Vaters.

Rotbart knurrte irgendetwas zu den vor ihm sitzenden Unterführern, was nicht von allen übrigen Kriegern verstanden werden konnte und wartete auf weitere Reaktionen.

„Tritt näher, die Krieger haben zugestimmt, die Worte einer Frau im Thing zu hören!" Ragna trat in den Thing und stellte sich neben ihren Vater.

„Der Kampf mit den Römern hat bewiesen, dass keiner unserer Krieger ängstlich oder gar feige ist! Wir haben siegen können, weil wir vorbereitet waren. Die Römer rechneten nicht mit Gegenwehr, als sie ins Dorf eindrangen."

Ragna würdigte ihren Vater keines Blickes und als Gerwin der Blickrichtung ihrer Augen folgte, erkannte er im Zentrum ihres Blickes einen der vormaligen Sprecher. Die junge Frau setzte ihre Ansprache fort:

„Diesen Fehler haben die Römer schon im zweiten Angriff nicht wiederholt! Was wird sein, wenn sie beim nächsten Mal mit noch mehr Legionären angreifen? Jeder Sieg verringert die Zahl unserer Krieger. Deshalb müssen wir anders kämpfen. Angreifen und Verschwinden, dort, wo uns die Römer nicht erwarten. Hier im Dorf zu kämpfen ist nicht gut. Greifen wir die Römer in ihren Lagern oder auf dem Marsch an. Ziehen wir uns in Richtung unserer Nachbarn zurück und lenken wir den Zorn der Römer auf die Chatten. Deshalb müssen wir den Römern ausweichen und uns jetzt verstecken."

Unter den Jungkriegern entstand Bewegung, einige berieten sich leise. Rotbart erkannte die Gelegenheit.

Jetzt sich zu verstecken, wie er es vorgeschlagen hatte, schien eine Mehrheit zu erringen. Ragnas Rede hatte diese Veränderung bewirkt und ob es dann Angriffe auf die Römer geben würde, könnte er später entscheiden. Mit seiner gewaltigen Stimmkraft fragte er die Krieger:

„Wer ist für den Kampf gegen die Römer?"

Die Zahl der trommelnden Krieger war deutlich höher, als vorher bei den übrigen Fragen. Eine Mehrheit schien es jedoch nicht mehr zu sein. Und so fragte er sofort: „Wer ist für meinen Vorschlag sich zu verstecken und dem Kampf mit den Römern auszuweichen?"

Diesmal zeigte sich die deutliche Mehrheitsbekundung im Schlagen der Waffen. Das war die Entscheidung!

Hatte er doch in seiner Frage den Teil vermieden, der von Ragna vorgeschlagen, schnelle Überraschungsangriffe auf die Legionäre der Römer beinhaltete. Als auch Jungkrieger mit ihrem Aneinanderschlagen der Waffen zustimmten, glaubten Einige bestimmt, dass dieser Vorschlag Teil der Rückzugstaktik darstellte. Den Irrtum ausnutzend, donnerte Rotbart in die Runde:

„Hört und folgt! Wir verlassen das Dorf und werden drei Gruppen bilden, die in andere Verstecke ziehen. Die Bachschlucht wird verlassen und alle Spuren beseitigt. Die Höhlen sind zu schützen! Jeder erfährt, in welche Höhle er gehen wird. Familien bleiben zusammen, wenn darauf bestanden wird. Jede Gruppe wird von Kriegern begleitet und geschützt. Einen kleinen Teil unserer Hütten werden wir verbrennen um die Flucht deutlich zu machen! Die Unterführer bleiben zur Beratung. Es gilt das Kriegsrecht bis zum nächsten Thing!"

Der Widerspruch zwischen Ragnas Vorschlag und der Abstimmungsfrage des Ältesten blieb unerkannt und auch die verkündete Entscheidung gab keinen Anlass für Fragen. Die Versammlung entschied in Mehrheit. Auch die überstimmten Jungkrieger hatten sich zu fügen Das Kriegsrecht fordert Unterordnung in eine Befehlskette von Rotbart über die *Hunnos* bis zum letzten Krieger. Dem konnte sich keiner widersetzen.

„Ruhe!" donnerte Rotbart in das aufsteigende Gemurmel und Reden hinein.

„Wir haben noch eine Entscheidung zu treffen!" Langsam trat die gewünschte Aufmerksamkeit ein und so setzte er mit der Fragestellung zur zweiten Entscheidung fort: „Helfen wir der Buchensippe?

Wieder wurden die Waffen gegeneinander geschlagen und die sofortige Mehrheit erkannt.

Von seinem Standort aus konnte Gerwin keinen der freien Männer sehen, der nicht zustimmte. „Wer bereit ist, zur Buchensippe zu gehen, kommt in meine Höhle! Gibt es noch andere Dinge, die wir beraten müssen?" rief der Älteste in die zum Aufbruch drängenden Krieger. Keiner der Freien brachte einen weiteren Wunsch zum Ausdruck und so erhob sich Rotbart, um den Dank an die Götter zu verkünden.

„Gott, Allmächtiger, der Du Himmel und Erde erschaffen und gute Gaben uns reichtest! Sind unsere Worte und Taten in deinem Sinne? Haben wir im festen Glauben und guten Willens beraten? Sind unsere Entscheidungen von Weisheit, Klugheit und der Kraft, dem Bösen zu widerstehen, bestimmt? Erfüllt unser Ratsschluss deinen Willen? Sollten dir unsere Entscheidungen widerstreben, sende uns dein Zeichen, so dass wir in unserer Beratung am heiligen Ort und zu dieser heiligen Zeit fortfahren, bis wir deinen Willen erkennen! Dein Zeichen strafe mich, der ich dich in deiner Allmacht rief und für meine Sippe um Rat befragte!"

Angst und Stille senkte sich, in der Erwartung des göttlichen Zeichens der Ablehnung getroffener Entscheidungen, über den Beratungsplatz. Als die Verurteilung ausblieb, verkündete der Eldermann das Ende des Things.

„Gott, Allmächtiger, der Du Himmel und Erde erschaffen und gute Gaben uns reichtest! Wir danken dir!"

Damit schickte er die Krieger zurück zu ihren Familien. So bemerkte Gerwin, dass es offensichtlich noch andere Höhlen in der Schlucht gab.

Anschließend folgte der Knabe Rotbart. Während dieser am Tisch seiner Höhle auf die Hunnos und Freiwilligen wartete, sagte er Gerwin, dass dieser und seine Gefährtin am Morgen aufbrechen könnten. Der Weg den er ihm zeigen würde, wäre kürzer und ungefährlicher.

9. Die Beratung

64 nach Christus - nach Mittsommer
Barbaricum - Im Land der Hermunduren zwischen dem Fluss Moenus und dem Herzynischen Wald

Während Rotbart am Tisch saß, traten kurz nach Ragna mehrere Jungkrieger und auch einige etwas ältere Männer ein. Sie alle zeigten an, zur Buchensippe übersiedeln zu wollen. Darunter auch zwei der Krieger, die im Rat gesprochen hatten.

Der Eine, ein untersetzter und stämmiger Mann, der auf seine Pfeile, die immer ins Ziel gingen, verwiesen hatte, wurde von Rotbart als **Arnold** angesprochen.

Der Andere weckte Gerwins Interesse mehr. In ihm erkannte er den Mann, den er beim Sturm ins Dorf von Gertrud weggestoßen hatte. Der Krieger wollte ihn dafür töten, wurde von Rotbarts Einschreiten jedoch gehindert. Gerwin, beeindruckt von der Rede des Mannes auf dem Thing, musterte diesen Krieger.

Der Mann war groß und breitschultrig, aber nicht von so imposantem Körperbau wie Rotbart. Seine körperliche Größe entsprach eher der des Sohnes Rotbarts. Seine Arme zeugten von Kraft, waren sehniger und etwas länger, als die des Rotschopfes, wiesen jedoch trotz ihrer Festigkeit nicht die gleichen Muskelpakete auf. Der Mann hatte tiefblaue Augen, langes, glattes, dunkles, fast schwarzes Haar, das ihm bis auf die Schultern fiel. Nur vor seinem Gesicht war das Haar gekürzt, so dass sein Blick ungestört auf dem ruhen konnte, mit dem der Krieger sprach. Sein Gesicht zeugte durch ein starkes, ausgeprägtes Kinn und ausgebildete Wangenknochen von Härte und wurde nur dann, wenn er lächelte durch ein sich in beide Wangen eingrabendes kleines Grübchen abgemildert. Die Stimme des Mannes zeugte von Selbstsicherheit, war ruhig und volltönend.

Seine Überlegungen zur Verhaltensweise der Sippe, die er im Thing vortrug, bewiesen vorher durchdachte Gedanken und vermittelten dem Zuhörer Sicherheit, Willen und Zuversicht. Der Mann strahlte die Ruhe und Überlegenheit eines erfahrenen Kriegers aus. Seine Rede war kurz und von der Klarheit, die Krieger verstanden. An dem Mann war etwas, was Gerwin an seinen Vater erinnerte, ohne das der Knabe das Vermögen besaß, die Ursache dieser Gleichartigkeit näher zu ergründen. Er fühlte eine Kraft, die er nicht in Worte kleiden konnte und auch nicht in klare

Gedanken zu fassen vermochte. Etwas älter als Brandolf erscheinend, strahlte dieser Krieger eine Aura aus, die den Knaben in seinen Bann zwang.

Der Krieger wiederum schenkte dem Knaben nicht die geringste Aufmerksamkeit. Es ging dem Mann nicht darum, dem Knaben ein Lob für Tapferkeit auszusprechen. Das Besondere der Mission war, dass ein Knabe eine Aufgabe erfüllte, die einen Krieger hätte berühmt machen können. Der Krieger sah das Ergebnis sachlich und nüchtern als Hilfe in Not, die Dank erzwang. Es oblag ihm, diesen Dank auch anzuerkennen und die Bereitschaft zu dessen Erfüllung aufzubringen.

Gerwin sah einen Mann, der tat, was er sagte! Rotbart dankte dem Krieger für seine Bereitschaft und schien auch erfreut darüber, dass der Mann seiner Erklärung im Thing, Taten folgen ließ. Der Name des Mannes lautete *Gaidemar*.

Rotbart registrierte die ihm vorliegenden Anzeigen zur Übersiedlung. Er zählte zwei Hände voll Männer und nicht ganz eine Handvoll, noch zumeist junge Frauen. Alle ihre Bereitschaft anzeigenden Männer und Weiber schickte Rotbart umgehend wieder aus der Höhle.

Seine erste Sorge galt der eigenen Sippe. Um die Aufgaben des Rückzuges zu verteilen, forderte er seine Unterführer zur Beratung. Dieses Gespräch besaß für die aus dem Kreis der Hilfe Leistenden keine Bedeutung. Die einzige, in der Höhle verbleibende Person aus diesem Kreis war die Tochter des Eldermanns.

Gerwin hatte den Eindruck, dass einige Jungkrieger nur Augen für Ragna besaßen. Die junge Frau setzte sich ans Feuer, nahm einige Stöcke aus einem Korb und begann mit ihrem Messer neue Pfeile vorzubereiten. Sorgsam wählte sie die geeigneten Hölzer aus, löste die Rinde vom Holz und stellte die für eine Flugbahn so wichtige glatte Oberfläche her.

Inzwischen tauchten die Unterführer der Sippe auf. Zuerst setzte sich Brandolf an das untere Ende des Tisches. Brandolf hatte Gerwin zu seinem Vater geführt. Ragna, die Tochter Rotbarts, sprach im Thing. Die übrigen Krieger kannte der Knabe noch nicht.

Ein Krieger mit untersetzter, aber kräftiger Statur, auch mit feuerrotem lockigem Haar, aber ohne Bart, setzte sich neben Rotbart. Dieser Mann schien auch ein Sohn des Eldermanns zu sein. Der Mann war etwas älter als Brandolf und führte den Namen *Ratmar*. Weitere Männer unterschiedlichen Alters nahmen auf den Bänken um den Tisch platz.

„Hört also, wie wir vorgehen werden. Wir werden drei Gruppen bilden. Die erste Gruppe führt *Norman*. Es gibt zwischen Mitternacht und Morgensonne den hohen Berg mit den vielen Quellen und Bächen. Dort sucht einen neuen Platz." Der angesprochene Krieger nickte zustimmend mit dem Kopf und Rotbart wandte sich einem anderen Mann zu.

„Zur Abendsonne zu zieht eine etwas kleinere Gruppe mit mir. *Kunolf*, der Jäger, geht mit *Ottokar* und der dritten Gruppe zum Großen Berg in Richtung der Morgensonne. Ihr alle braucht Wasser und fruchtbaren Boden! Verbergt eure Spuren!" Rotbart schwieg und musterte seine Männer.

„Wissen wir, was die Römer unternehmen, erhaltet ihr Kunde. Es gibt mehrere Möglichkeiten. Einmal könnten die Römer einen sofortigen Rachezug beginnen ... Noch immer sind sie mächtig genug. Geschieht das, werden sie Spuren folgen, die wir zurücklassen. Weil meine Gruppe über den Fluss gehen wird, leiten wir sie in die Irre. Allerdings könnten sie eine Verfolgung aufgeben, wenn sie das Dorf leer vorfinden oder unsere Spuren übersehen ... Hinterlasst ihr aber Spuren und diese sind deutlicher, werden sie euch folgen. Deshalb achtet darauf!" Rotbarts Erklärungen fanden Zustimmung.

„Ich glaube nicht daran, dass die Römer das Lager am Maa sofort verlassen ... Sie werden erneut angreifen. Deshalb trennen wir uns jetzt besser, warten den Abzug der Legionäre ab und kehren dann alle hierher zurück. Ziehen die Römer aber jetzt sofort ab, kehren sie im Folgejahr zurück! Darauf müssen wir vorbereitet sein. Wir brauchen Bündnisse und die Hilfe Anderer. Stehen wir den Römern allein gegenüber, werden sie uns vernichten! Ich werde Boten zu unseren Brüdern hinter dem Dunkelwald senden und Hilfe erbitten. Es fällt mir schwer, dies zu tun ... Wir müssen damit rechnen, dass man uns nicht glaubt, dass auf die Freundschaft mit Rom verwiesen wird und genauso ist es auch möglich, dass unser Überleben für den großen Stamm ohne Bedeutung ist. Nur ohne Unterstützung gehen wir unter ... Wir werden also jede mögliche Hilfe suchen und annehmen, müssen aber am Ende wohl trotzdem bereit sein, die größten Opfer zu erbringen...."

Rotbarts Stimme senkte sich in die Tiefen seiner Trauer. Er wusste, was dies bedeutete. Sie waren die Sippe, die bisher die Chatten, ihre Feinde abwehrten. Das ging gut, solange es nur Sippen waren, die angriffen. Jetzt kamen die Römer, mit ihren furchtbaren Legionen. Er hatte schon von deren Kraft gehört und wusste, dass deshalb ihre

Vernichtung bevorstand. Rotbart gehörte nicht zu den Männern, die bei einer Bedrohung verzagten. Er war in der Schlacht um das Salz der Flüsse dabei gewesen. Er hatte Freunde und Gefährten sterben sehen ... Deshalb wusste er auch, dass dieser Kampf anders sein würde. Es würden nicht nur Männer sterben, auch Frauen und Kinder. Der Überfall auf die Brudersippe erbrachte ihm den Beweis." Rotbart hob seinen Blick und seine Stimme nahm Zuversicht an.

„Verzagt nicht! Noch nie gaben wir auf und das werden wir auch jetzt nicht tun. Ich brauche fünf mutige Männer, die zur *Albia* gehen und unserem *Fürst* Nachricht von der Bedrohung überbringen. Mit seiner Hilfe werden wir die Römer zurückschlagen." Der Eldermann erntete Zustimmung. Die Männer nickten und warteten, was er noch mitzuteilen hatte.

„Aber auch die Buchensippe braucht Hilfe, ... unsere Hilfe!" verbesserte er sich selbst. Dann blickte er Gerwin an. „Lasst uns dennoch erst über unsere Sorgen entscheiden ..." Rotbarts Blick schweifte über die Anwesenden. Er wartete auf Vorschläge und Fragen.

„Welche Familien gehen wohin?" fragte Kunolf, der Jäger.

„Das lassen wir die Oberhäupter der Familien entscheiden! Weil meine Gruppe am dichtesten an unserer Siedlung bleibt, nehme ich nur so viele Familien mit, wie ich für eine deutliche Spur brauche. Deshalb wird meine Gruppe die Kleinste sein! Eure Gruppen sollten gleich groß sein!" Die Männer verstanden.

„Ratmar und *Volkwin* bleiben mit einer Gruppe Krieger hier in der Bachschlucht und werden die Beobachtung der Römer übernehmen!"

An seinen Sohn gerichtet, setzte Rotbart fort: „Ihr werdet den Römern bis zur Furt folgen und mir Nachricht bringen! Nutzt erbeutete Pferde!"

Rotbart wandte sich danach wieder allen zu. Er brauchte nicht viele Worte zu machen. Die Männer verstanden ihn auch so und wussten, worauf ihre Aufmerksamkeit gerichtet sein sollte.

„*Elmar* sorgt inzwischen dafür, dass alle unsere Fallen geschlossen werden. Die Römer dürfen diese nicht finden, auch wenn wir einige abbauen müssen. Ihr brennt ebenso einen Teil des Dorfes nieder. Achtet aber darauf, dass der Aufbau, nach unserer Rückkehr, schnell wieder vollzogen werden kann." Der Eldermann schwieg und überdachte seine Entscheidungen.

Sich an seinen älteren Sohn wendend, forderte er diesen zum Abschluss auf, nach der Vollendung der Aufgaben mit allen zurückbleibenden Kriegern in sein Lager zu kommen. Rotbart schwieg und wartete auf Fragen des Sohnes, den er damit für fast alles verantwortlich machte.

„Was machen wir mit den übrigen Pferden der Römer?" fragte Ratmar.

„Jetzt nehmen wir sie zum Transport. Merkt euch, Pferdespuren sind leicht zu verfolgen. Beseitigt diese Spuren, egal wo ihr euch bewegt. Wählt Wege im Wasser oder über Felsen. Seid vorsichtig mit den Tieren, es sind Pferde für den Kampf, die manchmal ausschlagen und beißen. Außerdem brauchen wir auch Pferde für die Buchensippe." Rotbart legte eine Pause ein und musterte seine Getreuen.

„Wer geht zur Buchensippe?" fragte Brandolf, der jüngere Sohn.

Rotbart kratzte sich im Bart. Brandolf sollte nach seiner Vorstellung der Führer der Gruppe sein. Sein ältester Sohn Ratmar lässt dem jüngeren Brandolf keinen Raum zur Entfaltung. Es ist besser, wenn beide Brüder sich in seiner Nachfolge nicht in die Haare bekommen...

Dann sah er zu Ragna hinüber. Er schien zu überlegen, ob er sie gehen lassen sollte? Einerseits wollte sie den Römern auflauern, was nicht seinem Interesse entsprach und andererseits wollte sie helfen. Sie war die Erste, die sich angeboten hatte, zur Buchensippe zu wechseln. Sie würde ohnehin tun, was ihr behagte. Ihr gegenüber war er in der Vergangenheit zu nachsichtig gewesen. Also blieb ihm keine Wahl, seine Tochter würde ihn doch verlassen, wenn sie es wollte.

Andererseits würden sich die Burschen darum schlagen, ihr folgen zu dürfen. Damit hätte er zumindest für die andere Sippe die Wahl unter den jungen Burschen. Es wäre gut, wenn er auch ein oder zwei Paare dabei hätte. Aber nur *Ulf* und *Sigrid* erklärten ihre Bereitschaft, zur Buchensippe zu gehen, Wer kam noch in Frage? Er lies sich alle Namen durch den Kopf gehen und dann legte er seinen Hunnos dar, wie er sich das vorstellte:

„Brandolf wird die Gruppe führen. Ich denke, Gaidemar wird ihn begleiten. Ragna wird auch zur Buchensippe wechseln." Während er dies sagte, überdachte er die übrigen angezeigten Wechselabsichten.

Gaidemar und Brandolf waren Freunde und der Ältere erkannte Brandolfs Führung an und würde ihm immer zur Seite stehen. Außerdem war er von ruhigem und ausgeglichenem Charakter. Als Krieger verhielt er sich tapfer und besonnen. Wenn er sich nicht irrte, hatte Gaidemar ein Auge auf Ragna geworfen. Das schafft für Brandolf eine starke Position.

Dann hatten sich Ulf und Sigrid gemeldet. Sigrid war schwanger von Ulf, der als angehender Vater danach trachtete, eine eigene Familie zu gründen und sich aus den Abhängigkeitsverhältnissen des Vaters zu befreien. Ulf, als zweiter Sohn des Schmiedes, konnte nicht damit rechnen, Nachfolger des Vaters zu werden. Im Dorf der Buchensippe aber würde er ohne Zweifel durch sein Geschick im Umgang mit Feuer, Eisen, Holz und anderen Werkzeugen zu einer wichtigen Größe werden. Ulf ist zuverlässig und nicht streitsüchtig. Damit wäre auch Arnold, ein Mann von kleinerem Wuchs, eine Wahl. Ulf und Arnold verstanden und ergänzen sich gut. Was der eine nicht im Kopf hatte, glich er durch Muskeln aus. Dafür galt Arnold als heller Kopf. Wo der Draufgänger Arnold mit Streitlust immer mal einen Angriff auf Andere ausführte, glich Ulf dies mit seiner Ruhe aus. Nur Ulf durfte den Raufbold auch mal unter die Arme klemmen, ohne dessen Zorn zu wecken. So unterschiedlich beide waren, verhielten sie sich wie Brüder. Was auch nicht verwunderte, war doch Arnold gemeinsam mit Ulf aufgewachsen. Beide zu trennen, wäre wohl ein Grund zum Zögern für den Anderen, an seiner Absicht festzuhalten.

Das schien eine gute Lösung zu sein. Es hatten sich noch weitere fünf Jungkrieger und zwei junge Frauen gemeldet. Durfte er die Schwächung der eigenen Sippe durch den Abgang zu vieler junger Männer und Frauen erlauben? War doch unklar, ob jemals einer von diesen Übersiedlern zur Sippe zurückkehren würde? Als Baldur Rotbart zu dieser Erkenntnis gelangte, unterbrach ihn der barsche Kommentar eines seiner Unterführer: „Mein Sohn wird nicht zur Buchensippe gehen!" verkündete Norman.

„Der Bursche bleibt bei mir, sonst wird er übermütig! Ich möchte nicht, dass er in seinem Alter nur den Röcken nachrennt. Mir scheint, er hat es zu sehr auf Ragna abgesehen! Basta!" bekräftigte Norman seine Meinung mit einem Faustschlag auf den Tisch.

„Wegen Mutter wird meine Schwester auch bleiben!" verkündete Elmar. Er brauchte dies nicht näher zu erklären. Seine jüngere Schwester hatte im Wechsel zur Buchensippe wohl die Möglichkeit erkannt, der herrischen, aber gebrechlichen Alten zu entfliehen. Als aufblühende Schönheit lag ihr mehr an den Burschen, als an Verpflichtungen. Darüber hinaus neigte die junge Frau auch so schon zu einem flatterhaften Wesen und bedurfte der Aufmerksamkeit des älteren Bruders.

Damit blieb von den Frauen nur noch *Finia* übrig. Von den Kriegern meldete sich *Sven*. Dessen jüngerer Bruder *Irvin* musste ihn zwangsläufig begleiten. Sven und Irvin lebten allein in ihrer Hütte am Rande des Dorfes. Die Eltern waren seit Jahren schon tot. Sven sorgte für den Jüngeren. Lassen wir beide ziehen, wird der bedächtige, ruhige Sven auf seinen aufbrausenden und jähzornigen Bruder achten. Irvin war ein mutiger, wenn auch zumeist unbändiger und aufbrausender Bursche. Andererseits hört Irvin auf den älteren Bruder. Außerdem, so bedachte sich Rotbart, rennen beide, zumindest jetzt noch nicht, seiner Tochter Ragna nach. Normans und Elmars Einwände beachtend, hatte sich Baldur Rotbart entschlossen. Und teilte seinen Unterführern das Ergebnis seiner Überlegungen mit.

„Damit haben wir unsere Wahl abgeschlossen. Ich werde mit allen sprechen. Brandolf ruf sie hierher!" Der Sohn des Rotbarts erhob sich, um dem Befehl des Vaters Folge zu leisten.

Baldur, der Rotbärtige, dachte an seine Vergangenheit. Traurig darüber, in Kürze einen Sohn und die geliebte Tochter zu verlieren, erinnerte er sich daran, wie er zur Vorherrschaft in der Sippe gelangte.

Vormals hatte die Familie seines Vaters nördlich des Dunkelwald**es** gelebt. Er selbst und sein Zwillingsbruder, der nur wenige Augenblicke nach ihm geboren wurde, erfuhren zu ihrer Volljährigkeit die Geschichte seines Vaters. Das Leben war schwer, Hunger ein ständiger Begleiter der Jugend des Vaters. Als dritter Sohn eines Bauern, der kein Erbe zu erwarten hatte, gehörte sein Vater zu einer *Gefolgschaft* von Kriegern. Diese Gefolgschaft raubte und plünderte bei Beutezügen in anderen Sippen, wessen sie habhaft werden konnten.

Zwei Ereignisse bestimmten die Zukunft seines Vaters. Zuerst raubte er eine Frau und brachte diese auf den Hof seines eigenen Vaters. Das Mädchen wurde zur Sklavin der Familie und gehörte ab da in die *Munt* seines Vaters. Sie war schön, gut gewachsen und besaß außerordentlich rote Haare. Rotbarts Vater verliebte sich in die Rothaarige.

Als seine älteren Brüder dies bemerkten, begannen sie den Bruder zu necken. Bald verunglimpften sie ihn heimlich beim Vater. Offenen Widerspruch wagten die Brüder nicht, weil sie die Fähigkeiten des Gefolgsmanns als guten Waffengänger fürchteten. Die Schändlichkeit der Brüder offenbarte sich erst, als er die von ihm Geraubte von seinem Vater als Weib erbat.

Mit der Ablehnung des Vaters erfuhr er von dessen eigener Absicht und vom Hintergehen der Brüder. Zuerst lachte der Vater über den Wunsch des Sohnes. Als dieser nicht davon abließ, bekam sein Vater einen Tobsuchtsanfall. Später erst erfuhr er, dass sein eigener Vater selbst ein Auge auf die von ihm eingebrachte junge Sklavin geworfen hatte.

Das andere Ereignis war das Eindringen der Römer in ihr Gebiet. Auf Drängen der Römer verpflichtete sich das Thing des Stammes der Hermunduren, ein neues Siedlungsgebiet in Besitz zu nehmen. Die Römer warben Familien und ganze Sippen des neuen, befreundeten Volkes an und siedelten diese in ein weit südlicher gelegenes Gebiet um.

Sein Vater begab sich zu seinem Gefolgsherrn und ersuchte diesen um die Heiratserlaubnis mit der von ihm eingebrachten Sklavin. Aber auch der Gefolgsherr weigerte sich mit dem Verweis auf das Muntrecht.

Daraufhin meldete sich sein Vater bei den Römern. Nach dem er das Mädchen zum zweiten Mal raubte, diesmal aus der Munt seines Vaters, zog er unter dem Schutz der Römer in das neue Siedlungsgebiet. Mit anderen Männern und Frauen ihres Volkes wurde ihnen ein Landstrich zur Besiedlung angewiesen. Die vorhandene Bodenfruchtbarkeit ermöglichte reiche Ernten, begünstigte das Wachstum des Viehs und über viele Jahre des Friedens erstarkte der neue Sippenverband. Die Sippe war jung und brachte starke Familien hervor.

Sein Weib wurde erstmals schwanger und gebar ein Mädchen, das aber nicht überlebte. Dann kamen beide Zwillinge und die Frau starb bei der Geburt. Der Vater hatte beide Knaben erst selbst aufgezogen, dann sich ein neues Weib genommen. Beide Knaben erlebten die richtige Mutter nicht und der Vater sprach auch nie darüber. Baldur hatte bald weitere Geschwister, wurde mündig und blieb, wie sein Bruder, im Haus des Vaters. Als sein Vater dann von der Schönheit und dem roten Haar der Mutter berichtete, wusste Baldur auch, woher sein roter Schopf rührte.

Dann trennten sich Männer und Frauen vom Sippenverband, der zu groß geworden war und siedelten in einem neuen Gebiet. Die neue Sippe nannte sich bald Buchensippe.

Als reifer Mann und Krieger, mit außerordentlichen Kräften ausgestattet, war ihm die Nachfolge als Muntherr sicher, als sein Vater starb. Er nahm das Erbe und lies den Bruder im eigenen Haus leben.

Im Bruderdorf der Buchensippe fand er sein späteres Weib Kunrada. Als der *Herzog* der Hermunduren alle wehrfähigen Männer zu den

Waffen rief, hatte Baldur bereits zwei Söhne unterschiedlichen Alters und die Tochter. Er folgte dem Ruf des Krieges und kehrte aus den Kämpfen mit den Chatten als Anführer zurück. Der Krieger, der die Männer der Sippe zum Kampf führte, wurde getötet. Baldur, an seiner Seite fechtend, wurde dessen Nachfolger. Nach der Rückkehr ins Dorf zollten ihm seine Mitkämpfer größte Achtung und wählten ihn zum Eldermann.

Seinen Bruder, der sich in seiner Abwesenheit das zurückgelassene Weib nehmen wollte, verwies er des Hauses. Verstoßen ging dieser auf Reisen und kehrte nach Jahren als reicher Händler in seine Sippe zurück.

Als Eldermann genoss Baldur bald die Achtung der gesamten Sippe, die auch weiterhin wuchs und erstarkte. Baldur blieb das gewählte Oberhaupt. Er fühlte sich, auch aus der Kenntnis seiner und seines Vaters Herkunft, nicht als Herr über Andere, wie er dies wohl innerhalb seiner Familie auslebte.

Von seiner Sippe zum Anführer in Friedenszeiten gewählt, im Krieg mit den Chatten erfolgreich, schuf er eine wehrfähige Gemeinschaft.

Diese Vorausschau bewährte sich im Kampf gegen die Römer, die sie in keiner Weise herausgefordert hatten. Seine Position als Anführer der Sippe blieb unanfechtbar. Und jetzt entschied er sich dazu, zwei seiner geliebten und inzwischen mannbaren Kinder in eine fremde Gemeinschaft zu schicken. Dadurch jedoch schuf er alle Voraussetzungen dafür, dass sein ältester Sohn nach ihm die Macht in seiner Sippe übernehmen könnte. Eine Rivalität der Brüder war somit umgangen.

Baldur Rotbart war mit sich im Reinen, auch wenn zwei seiner Kinder in die stark dezimierte Brudersippe übersiedelten. Er wusste, früher oder später hätte er eine Lösung für die Brüder finden müssen.

„Am Morgen wird die Gruppe zur Buchensippe aufbrechen. Norman und der Jäger ziehen auch am frühen Morgen los. Meine Gruppe geht als Letzte am folgenden Tag! Volkwin teilt die Römerwaffen und Pferde auf. Gib der Buchensippe ausreichend Pferde und suche ruhige Tiere aus!"

Damit war der erste Teil der Beratung beendet und die Hunnos verließen die Höhle. Nach dem der Letzte gegangen war, schimpfte Kunrada mit ihrem Mann.

„Warum lässt du Ragna gehen? Denkst du, dass das richtig ist? Das Mädchen verdreht den Burschen den Kopf und ist für keine richtige Frauenarbeit zu gebrauchen. Degenar wird sich dafür bedanken!"

„Mutter, du denkst gar nicht gut von mir…" warf die mithörende Tochter ein.

„Bist doch außer für Jagen und Köpfe verdrehen zu nichts zu gebrauchen. Was soll nur aus dem Mädchen werden?" keifte Kunrada.

„Hör auf zu jammern! Kannst Ragna doch nicht festbinden!" knurrte ihr Mann sie barsch an.

Das Mädchen warf ihre angefangenen Pfeile zurück in den Korb und nahm die Fertigen in eine Hand, um die Höhle zu verlassen. Bevor sie das tat, gab sie Rotbart einen Kuss auf die Stirn und schlenderte Richtung Ausgang.

„Wenn du zur Buchensippe willst, bleibst du hier! Was ich zu sagen habe, gilt auch für dich, besonders für dich!"

Erschrocken drehte sie sich um. Der Kuss war wohl doch etwas verfrüht gewesen? Das Machtwort des Vaters war ungewohnt und es schien ihr besser, im Moment nachzugeben. Deshalb nahm sie ihre bisherige Tätigkeit mit den Pfeilen wieder auf.

Es dauerte einige Zeit, bis die ersten Freiwilligen eintrafen. Rotbart lud die Eintreffenden ein, sich an den Tisch zu setzen. Brandolf und Gaidemar kamen als die Letzten.

„Ihr seid von uns ausgewählt worden, der Buchensippe zu helfen. Einst lebten wir in einer Sippe. Als ich in eurem Alter war, gehörte Degenar zu meinen engsten Freunden. Gemeinsam jagten wir und stiegen den Mädchen nach. Dann kam die Bärenhatz und Degenar wurde schwer verletzt. Lange dauerte seine Heilung. Sein Bein sah schlimm aus und es brauchte einen ganzen Winter, bis die Wunden heilten. Noch länger dauerte es, bis sein Fuß wieder zum Gehen zu gebrauchen war. Es mag euch merkwürdig vorkommen, dass ich meine Schuld an seiner Verletzung zugebe. Die Kette mit den Bärenkrallen war das Geschenk meines Vaters an Degenar. Bald darauf trennten sich viele von uns und zogen in ein anderes Gebiet. Degenar ging mit ihnen. In diesen Jahren haben wir uns nur zweimal getroffen."

In dem er alle eingehend musterte, setzte er nach kurzer Pause fort. „Die erste Begegnung führte mich zur Buchensippe. Das war, bevor ich euer Ältester wurde. Ich hatte den Auftrag für ein Bündnis gegen einen Stamm der Chatten. Damals brachte ich Kunrada als mein Weib mit zurück. Ihr geht also alle zu unserer Brudersippe."

Aller Aufmerksamkeit war für einen Moment auf Kunrada gerichtet und diese meinte etwas irritiert: „Er war ein stattlicher Bursche, glaubt es mir und heute…." Diese Antwort ließ sie offen und mit spöttischer Miene sah sie den Ältesten an.

„Na, ja! Er ist etwas runder geworden…" und alle mussten Lachen, am lautesten Rotbart.

„Das zweite Mal besuchte uns Degenar, kurz nach dem die Römer wegen Tributzahlungen erstmals im Dorf auftauchten. Er braucht nicht nur eure Hände und Waffen, er braucht eure Herzen. Wir sind ihm dankbar und ihr wollt diesen Dank abtragen. Doch damit ist es nicht getan. Mit den Überlebenden müsst ihr zur neuen Buchensippe werden!" Baldur Rotbart schwieg und als er fortsetzte war seine Stimme etwas kratzig geworden.

„Ja, ich möchte euch alle wiedersehen, aber nicht so gleich! Schafft neues Leben! Helft bei der Suche nach einem neuen Platz für das Dorf, baut es euch auf und haltet zusammen!"

„Die Führung zum alten Dorf übernimmt Brandolf. Einen Teil des Weges kennst du. Ihr werdet einen anderen Weg gehen, als der, den der Knabe hierher zurücklegte. Euer Weg ist kürzer. Gaidemar kennt diesen Weg. Volkwin gibt euch Pferde und Waffen der Römer. Nehmt Vorräte in reichlicher Menge mit. Ein letztes Wort an Arnold und Irvin. Ihr geht dorthin um zu helfen, nicht um euren Übermut auszuleben. Euer Auftrag ist gefährlich. Ihr seid nur wenige Jäger und zu wenige Krieger. Es geht ums Überleben und nicht um Ruhm. Zähmt eure Ungeduld und Verwegenheit, handelt mit Bedacht. Keiner von der Gruppe kann ersetzt werden. Wir können nicht noch mehr Krieger oder Weiber aus unserer Sippe entbehren, denn unser Los besteht momentan in der Flucht. Noch wissen wir nicht, ob wir kämpfen müssen und wer unsere Feinde sein werden."

Er schwieg, um die Bedeutung seiner Worte zu unterstreichen.

„Bei der Buchensippe wird jede Hand gebraucht. Wenn Gefahr droht ist verstecken klüger als kämpfen. Vermeidet Hader und Zwist zwischen euch und den Überlebenden, denkt und handelt mit einem Kopf!"

Er wandte sich an Ragna. „Das gilt auch für dich! Schlag dir aus dem Kopf, die Römer zu ärgern. Jede unbedachte Tat wird deren Zorn reizen. Damit lenkst du deren Aufmerksamkeit auf uns und auf euch. Römer haben es noch mit anderen Stämmen zu tun und so lange sie dort aus eigenem Willen tätig sind, kommen sie nicht zu uns. Merke dir das!"

„Gaidemar und Brandolf bleiben noch hier. Ihr anderen macht euch bereit!"

Brandolf stand auf und zog Arnold und Sven zur Seite, um auf beide einzureden. Der Knabe hörte von Pferden, Waffen und Vorräten. Die

Krieger nickten zu Brandolfs Worten und verließen dann schnell die Höhle.

Ragna nahm ihre bearbeiteten Pfeile auf und verließ ebenfalls die Höhle. Kunrada war zwischendurch in die Haupthöhle verschwunden, so dass nur noch Rotbart, Brandolf, Gaidemar, Gerwin und das Mädchen Gertrud anwesend waren.

„Gaidemar, du kennst den Weg zur Buchensippe, du warst mit deinem Vater bereits als Knabe im Dorf am Mondstein. Ihr geht den gleichen Weg, meidet jede römische Gefahr. Bis zu den Felsen folgt dem Tierpfad, dann in Richtung Mittagssonne zur Felsenschlucht. Umgeht die Felsen und folgt weiter an der Sonnenaufgangsseite des hohen Berges entlang, bis ihr in ein Tal kommt. Im Tal fließen zwei Bäche in Richtung Sonnenaufgang. Nach dem zweiten Bach bleibt am Berg und geht im Tal in Richtung Abendsonne. Ihr seht einen einzelnen Gipfel in dieser Richtung. Dort gibt es Quellen, folgt einem dieser Abflüsse und dem entstehenden Bach in Richtung Mittagssonne. Ändert der Bach seine Richtung zur Abendsonne, folgt eurer Richtung weiter. Es kommen Sumpfwiesen. Umgeht diese am Berghang, auch die nachfolgenden Sumpfwiesen. Dem Bach, der dort fließt, müsst ihr folgen. Der Knabe kennt den Bach. Es gibt zwei kleine Seen. Von dort aus kann euch der Knabe führen."

Gerwin bekundete, welchen Bach der Rotbart meinte. „Diesen Weg von den Seen kenne ich."

„Hört beide noch mal zu! Achtet den Ältesten, er ist klug und auch besonnen! Wenn nötig, handelt er entschlossen und ist sehr mutig. Manchmal knurrt er etwas. Vermeidet Streit unter allen. Und nun bereitet euch vor. Mit den ersten Sonnenstrahlen beginnen den Weg, dann seid ihr bei Dämmerung im Dorf. Schickt den Knaben vor und erkundet die Lage, bevor ihr euch dem Dorf nähert. Man könnte in euch Feinde vermuten…Und achtet auf Ragna, nicht dass ihr Eigensinn sie in Gefahr bringt…!"

Damit war die Beratung endgültig abgeschlossen.

10. Hass

64 nach Christus - nach Mittsommer
Barbaricum - Im Land der Hermunduren zwischen dem Fluss Moenus und dem Herzynischen Wald

*D*er Tribun Titus Suetonius erholte sich langsam von seinen Verletzungen. Nicht das die Schmerzen gänzlich verschwunden wären? Für einen kampferprobten Römer waren sie erträglich. Schließlich hatte er schon andere Wunden davon tragen müssen. Der seelische Schmerz des Verlustes seines Auges nahm allerdings zu. Seine Wut stieg und beflügelte seinen Hass auf alle Barbaren.

So wartete er gespannt auf das Ergebnis der von ihm angeordneten Strafexpedition. Das Gerücht zur Rückkehr der Legionäre ging wie ein Lauffeuer durch das Lager. Die Meldung gelangte auch schnell zu ihm. Eine Wache riss die Tür des Raumes auf und erstattete Meldung.

Es verwunderte ihn, dass der Pilus Prior der 9. Kohorte, Aulus Licinius Metellus, ihn nicht sofort aufsuchte. Seine Verwunderung stieg, als lediglich Marco Canuleius Ovinus, Centurio Pilus Posterior dieser Kohorte, das Zimmer im **Valetudinarium**, in dem er seiner Genesung entgegenfieberte, betrat.

„Wo ist Metellus? Weil er jetzt die Führung inne hat, denkt er wohl, er könne Vertreter zu mir senden!" Die Wut in den Worten des Tribuns, der eine Missachtung seiner Person und seines Ranges vermutete, war unverkennbar. „Was glaubt er, dass mich solch geringfügige Verletzungen in meiner Befehlsgewalt behindern würden. Noch immer lebe ich und noch immer ist es mein Auftrag! Ich fordere ihn auf, sofort und persönlich hier zu erscheinen! Bewege deinen Arsch und bring ihn her, und wenn nötig mit Gewalt!" schimpfte der Tribun ungehalten.

Der Centurio ließ die Wut des Tribuns über sich ergehen. Was sollte er auch tun? Einen Centurio Aulus Licinius Metellus gab es nicht mehr! Auch der Präfekt Servius Mallius kann keinen Bericht abgeben, wurde er doch nach dem Morgengefecht so schwer verletzt aufgefunden, dass er wohl kaum den Tag noch überleben wird. Es hatte ihn ohnehin verwundert, dass der verletzte Präfekt den Marsch bis ins Lager überstand. Gegenwärtig versuchte der Medikus dessen Leben zu erhalten. Marco wartete, bis sich der tobende und fluchende Tribun beruhigte.

Als der Tribun sah, dass der Centurio keine Anstalten machte, seinen ‚Arsch' zu bewegen, hielt er inne. „Was wartest du?"

„Es gibt keinen Pilus Prior Metellus mehr, der hier berichten könnte! Legionäre sagten, dass sein Kopf den Eingang des Barbarendorfes bewacht!"

„Was?" fuhr der Tribun hoch und ein plötzlicher übersteigerter Schmerz durchzuckte wie ein Feuerbrand seine Augenhöhle und den Arm. Kraftlos sank er zurück auf sein Lager. Noch war er nicht so wiederhergestellt, dass eine derartige Kraftanstrengung spurlos an ihm vorüber ging. Es dauerte einige Zeit, bis der Tribun sich wieder in der Gewalt hatte. Seine folgenden Worte waren Beleg für das Verrauchen seiner Wut. „Was ist geschehen? Berichte!" forderte er den Centurio auf.

Dieser besann sich einen Moment und begann dann seine Schilderung des Verlaufes der Aktion, so wie er es selbst erlebt hatte. Er beschönigte nichts und verschwieg auch keine Einzelheiten.

„Während wir das befohlene Ausgangslager bezogen, griff Metellus entsprechend deines Befehls mit allen berittenen Kräften sofort das Dorf an. Trotzdem die Dunkelheit hereinbrach und es Nacht wurde, kam keiner unserer Reiter zurück." Ovinus beobachtete den Tribun, wie dieser die Meldung aufnahm.

„Mein Auftrag lautete, mit allen Fußtruppen das Lager zu errichten. Ich ließ Posten aufziehen. Wir sicherten in alle Richtungen und sandten Späher aus. Nur einer der Miles kehrte bis kurz vor Sonnenaufgang zurück und berichtete von einem Kampf. Der Mann war von einem Pfeil im Fuß verletzt worden, als er sich bis an den Waldrand nördlich des Dorfes heranwagte. Sein Begleiter hatte nicht so viel Glück. Er wurde in den Kopf getroffen!" Der Centurio machte eine Pause, bevor er seinen Bericht fortsetzte.

„Ich erteilte den Befehl zum Abmarsch der Kohorte. Wir ließen nur geringe Kräfte zur Sicherung des Lagers zurück. Weit vor dem Dorf gelangten wir, trotz an der Spitze und an den Flanken der Kolonne eingesetzter Späher, in einen Hinterhalt. Plötzlich wurden wir von allen Seiten mit Pfeilen eingedeckt. Aus dem undurchdringlichen Dickicht zu beiden Seiten dieses breiten Weges griffen die Barbaren an. Dem Pfeilhagel konnten wir nichts Gleichwertiges entgegensetzen. Der Angriff traf uns noch auf dem Marsch. Uns blieb nur der Übergang zur *Testudoformation*. Keiner der Späher hatte uns gewarnt. Als der Pfeilhagel abflaute, ließ ich Kampfformation einnehmen und in das Dickicht eindringen. Unsere Miles fanden keinen Feind. So schnell wie die Barbaren angriffen, waren sie auch wieder verschwunden. Wir formierten uns erneut und zogen weiter. Wieder sandte ich Späher voraus. Der zweite Pfeilhagel überraschte uns nicht so sehr, dafür kam er aus allen Richtungen. Schnell formierten wir Testudos und warteten das Ende des Hagels ab. Diesmal drangen wir nicht zu beiden Seiten des Weges ein. Wir blieben auf dem Weg. Als wir uns wieder in Bewegung setzten, griffen die Barbaren an. Sie waren so zahlreich und so schnell über uns, dass ich den Rückzugsbefehl erteilte. Aber auch aus dieser Richtung waren wir angegriffen worden. Wir mussten uns unseren Weg freikämpfen. Die Barbaren waren uns fünffach an Zahl überlegen! Nur mit wenigen Kriegern konnten wir aus der Umzingelung ausbrechen."

„Wie viele?" fauchte der Tribun.

„Ungefähr 20 Miles. Die Germanen verfolgten uns, den Göttern sei dank, nicht sehr weit!" Der Centurio zögerte, bevor er seinen Bericht ergänzte: „Sie waren gut organisiert, kämpften hart und griffen überraschend an! Im Lager sammelten sich bis Mittag über dreißig Legionäre, zum Teil verwundet. Mit den Restkräften waren wir den Germanen zahlenmäßig deutlich unterlegen. Ich befahl den Rückmarsch."

Der Tribun hüllte sich in Schweigen.

Nach einer Weile ergänzte der Pilus Posterior: „Eine kleinere Gruppe zurückkehrender Legionäre war auf den schwer verletzten Präfekt Servius Mallius getroffen. Sie brachten ihn mit. Noch lebt er, aber wenn der Medikus kein Wunder vollbringt, nicht mehr sehr lange!"

Titus war erschüttert, statt dem Erfolg im ersten Dorf einen ebenso leichten zweiten Sieg hinzufügen zu können, waren seine Kräfte arg dezimiert ins Lager zurückgekehrt. Titus brauchte Zeit, um diese Niederlage zu verdauen. Erst langsam erfasste er, dass aus seiner Absicht ein Fiasko entstanden war, das ihm Fragen nach dem Verbleib der Kohorte einbringen würde.

„Verlass mich jetzt. Kümmere dich um die Legionäre! Ich werde dich wieder rufen lassen! Dann bring mir unsere Verluste und die Kampfstärke mit! Geh!" befahl er.

Ernüchterung war beim Tribun eingezogen. Statt mit einer zweiten erfolgreichen Sklavenaktion, zog er jetzt mit einer wesentlich verminderten Einheit durch feindliches Territorium und führte noch zahlreiche Sklaven aus dem ersten Angriff mit. Mit dem Mannschaftsbestand der verbleibenden Kohorte und den Resten der übrigen zurückgekehrten Legionäre wird es schwer werden, bis zum Lager Mogontiacum durchzukommen.

Einesteils war die Mission erfolgreich verlaufen. Der Flussverlauf des Moenus, auch einiger Nebenflüsse war erkundet und Tribut in Naturalien eingetrieben worden. Er hatte die Dörfer der Germanen gesehen und in Karten registrieren können.

Bis zum Angriff auf das Germanendorf verlief alles erfolgreich. Mit seiner Verletzung und dem Befehl zum Angriff des zweiten Dorfes hatte sich das Blatt gewendet. Das Klügste wäre ein Rückzug an den *Rhenus*, ins Lager Mogontiacum.

Der Tribun begriff seine Lage. Ein Bote musste vorausgeschickt werden. Vielleicht könnte er Entsatz anfordern, zumindest entgegenkommende Truppen, die die sichere Rückkehr gewährleisteten. Er rief seinen Sklaven und forderte einen Schreiber an. Indem er sich vom Schreiber angefertigte Karten vorlegen ließ, überdachte er die Situation. Bis zum Lager Mogontiacum würde ein Berittener mindestens zwei Tage benötigen.

Der Tribun ließ vom Schreiber gleichartige Botschaften erstellen und adressierte diese an unterschiedliche Empfänger. Zuerst musste der Befehlshaber der Legion, *Lucius Verginius Rufus*, über den Verlauf der Vexillation und die entstandene Situation in Kenntnis gesetzt werden. Eine weitere Botschaft sollte seinen Bruder, Quintus Suetonius, erreichen. Die Dritte Botschaft ging an den *Praefectus Castrorum* von Mogontiacum. Alle diese Botschaften beinhalteten die Bitte um Entsatz. Der Bote nach Mogontiacum würde sein Ziel innerhalb von zwei bis drei Tagen erreichen und diese könnte er für seine Genesung noch nutzen.

Plötzlich hatte der Tribun eine Eingebung. Wenn Flussschiffe der *Classis Germanica* noch am Basislager ankerten, könnte er sich einen leichteren Transport gestatten. Seine Überführung auf einer *Liburne* wäre weniger schmerzhaft und wesentlich bequemer. Auch den schwereren Verletzten des letzten, misslungenen Angriffs bekäme ein Transport auf einer Liburne besser. Den Sklaventransport könnte eine *Prahm* übernehmen. Ovinus brauchte dann nur noch die kampffähigen und leichter verletzten Legionäre nach Mogontiacum führen.

Augenblicklich hellte sich seine Stimmung auf. Allerdings hegte Titus kein Interesse daran, gleichfalls auf dem Sklaventransporter zum Legionärslager transportiert zu werden. Sind die Liburnen bereits auf dem Rückweg nach Mogontiacum, würde er den Landmarsch im Schutz seiner Legionäre, auch wenn der Transport schmerzhafter wäre, vorziehen. Titus ließ Centurio Ovinus rufen.

„Schicke zwei berittene Boten auf unterschiedlichen Wegen nach Mogontiacum. Statte beide Boten mit den gleichen Berichten über den Erfolg unserer Mission aus. Der Schreiber kopiert die Schreiben. Der erste Bericht geht an den Legaten, der zweite an den Präfektus Castrorum und ein weiteres Schreiben ist für meinen Bruder bestimmt. Bereite den Abmarsch für den dritten Tag vor. Sind die Schiffe noch am Lagerplatz?"

„Ja, Herr, die Schiffsführer warten auf deine Befehle!"

„Die Kohorten marschieren unter deiner Führung auf direktem Weg auf Mogontiacum zu und werden den Rhenus überqueren! Ich werde per Schiff zum Legionärslager zurückkehren. Welche Mannschaftsstärke steht uns zur Verfügung?" Der Centurio gab entsprechende Auskunft.

„Wie sieht die Situation bei den Sklaven aus?" fragte Titus.

„Wir haben zwei Sklaven wegen Fluchtversuch und Angriff auf einen Legionär töten müssen. Daraufhin ließ ich die Bewachung verstärken!" meldete der Pilus Posterior.

Titus überdachte die erhaltene Meldung und befand, dass er das Wagnis des Transports per Schiff eingehen konnte. „Rufe den Schiffsführer und den Sklavenhändler zu mir!"

Damit war der Centurio entlassen.

Ovinus seinerseits war froh, dem Zimmer des Tribuns, den Rücken zukehren zu dürfen. Er hatte eine tiefe Verbitterung im Verhalten des Tribuns bemerkt. Die mit dem Schmerz verbundene Übellaunigkeit des Tribuns veranlasste ihn, Besuche tunlichst zu vermeiden oder zumindest so kurz wie möglich zu gestalten. Noch immer hatte der Tribun keine Silbe verlauten lassen, wen er für seine Verletzung verantwortlich machte.

Nach dem Überfall auf das zweite Dorf waren nur zwei der Legionäre zurück gekehrt, die beim Kampf des Tribuns mit dem Barbaren dabei waren. Ovinus befürchtete, genau wie der inzwischen tote Metellus, dass der Tribun diese noch beteiligten Legionäre bestrafen lassen würde. Das jedoch könnte durchaus Auswirkungen auf die Moral der übrigen Legionäre haben.

Der Centurio konnte nicht ahnen, dass der Tribun die Verantwortung für seine Verletzung sich selbst und nicht seinen Legionären zuschrieb. So viel Gerechtigkeit billigte der Verletzte seinen Unterstellten zu, nicht aber dem Barbaren.

Dem galt sein unerschütterlicher Hass, der von Tag zu Tag nur noch stärker loderte.

11. Die Rückkehr

64 nach Christus - nach Mittsommer
Barbaricum - Im Land der Hermunduren zwischen dem Fluss Moenus und dem Herzynischen Wald

Mit den ersten Strahlen der Sonne setzte sich, nach einer kurzen Verabschiedung mit nochmals mahnenden Worten seitens Rotbarts, die kleine Gruppe in Bewegung.

Schwer mit Waffen und Vorräten beladen, wurden die Pferde von den Männern und Frauen am Zügel geführt. Gaidemar hatte die Voraussicherung übernommen und Irvin bildete die Nachhut.

Nicht das auf diesem Weg Gefahr zu befürchten war, Römer auftauchen oder feindliche Stämme ihren Weg kreuzen könnten? Die Sicherung einer solchen Gruppe war den Kriegern eine normale Gewohnheit und so hatte Brandolf diese Einteilung vorgenommen. Gerwin und Gertrud erhielten keine Aufgabe und konnten sich so zu dem gesellen, zu dem sie die eigene Neugier zog.

Bald schritt Gertrud neben Ragna und versuchte mit ihr ins Gespräch zu kommen.

Gerwin gesellte sich zu Gaidemar und blieb in seiner unmittelbaren Nähe.

Vom Vater hatte er gelernt, dass das Laufen in der Wildnis stets mit Gefahren verbunden war. Nicht immer ging ein Marsch ohne besondere oder gefährliche Momente zu Ende.

Deshalb, so war ihm beigebracht worden, müssen seine Sinne auf die unmittelbare Umgebung ausgerichtet werden. Hören ist dabei besonders wichtig. So wäre auch jedes Gespräch eine Ablenkung.

Kein Jäger würde dies dulden. Im Wald kann man nicht alles sehen. Aber Geräusche konnte man vernehmen, wenn man selbst vorsichtig unterwegs war und seine Sinne auf die Wildnis gerichtet hielt.

Gaidemar lief voraus und im Abstand von wenigen Schritten folgte ihm Gerwin. Natürlich hegte der Knabe die Hoffnung mit dem Krieger ins Gespräch zu kommen, seine Aufmerksamkeit und vielleicht auch seine Freundschaft zu erringen. Beeindruckte ihn doch seit dem ersten Kontakt die Ruhe und Besonnenheit des Mannes. Es gab Momente, wo er gleiche Verhaltensweisen wahrnahm, die auch sein Vater gezeigt hatte.

Der gesamte Marsch verlief ereignislos und unter der zielsicheren Führung gelangten sie letztlich zu den kleinen Seen, die Rotbart beschrieben hatte und die auch der Knabe Gerwin kannte. Gaidemar ließ die gesamte Gruppe aufschließen und hielt mit Brandolf Rat.

„Wir sollten deines Vaters Hinweise beachten, bevor wir ins Dorf gehen. Wir haben Römerwaffen bei uns. Das könnte zu Verwechslungen führen..." legte der Krieger Gaidemar seinen Standpunkt dar und berief sich dabei auf Rotbarts Weisung.

„Schicken wir den Knaben voraus. Den erwarten die Überlebenden. Wir bleiben hier, bis ihr uns holt. Sichere den Jungen und nimm Sven für alle Fälle mit." entschied Brandolf.

So nahmen die drei Gewählten den Weg wieder auf und während sich Gerwin auf dem Pfad vorwärts bewegte, verblieben die beiden Krieger links und rechts im Wald. Inzwischen begann es zu dämmern.

Die Sonne neigte sich dem Walde zu und nur noch spärlich wurde der Waldboden erleuchtet. Deshalb sah der Knabe, als er in die Nähe des Mondsteins gelangte, einen Feuerpfeil zum Himmel aufsteigen. Sein Kommen wurde folglich bemerkt.

Er verlangsamte seine Schritte und folgte dem Pfad weiter zum Dorf. In der Mitte des Dorfplatzes stand, gestützt auf seinen Eichenstab, der alte Degenar und erwartete ihn. Von den übrigen Überlebenden konnte er keinen sehen. Wenige Schritte vor dem Alten blieb Gerwin stehen.

„Hast es geschafft!" war Degenars einzige Bemerkung und Stolz durchzog des Knaben Bewusstsein. Verbarg doch die Bemerkung einerseits die gehegte Hoffnung und andererseits eine Anerkennung für den erfolgreichen Ausgang des Auftrages.

„Wo sind die Anderen?" fragte der Alte und Gerwin war verwundert. Hatten sie die gesamte Gruppe oder Gaidemar und Sven ausgemacht? „Woher wisst ihr..." wollte er fragen, aber der Alte unterbrach ihn mit einer abrupten Handbewegung.

„Kommst aus der falschen Richtung!" knurrte er, „Kennst den Weg nicht, muss dir jemand gezeigt haben..." dann wandte er sich ab und rief etwas in Richtung Langhaus. Er sah, wie die Knaben mit ihren in Bögen eingelegten Pfeilen aus der Deckung traten.

„Zurück auf eure Posten am Dorfeingang! Ich gehe mit Gerwin." bestimmte er und wies dem Knaben an, ihn zu seinen Begleitern zu führen.

Als sie am Mondstein vorbei waren, trat Gaidemar vor ihnen auf den Pfad. Mit seiner Armhaltung zeigte er an, dass nicht Kampf in seinem Sinn lag und der Knabe beeilte sich, dem Alten den Namen des Kriegers zu nennen. Kurz darauf verhielt sich Sven ebenso. Degenar nahm die Namensnennungen gelassen zur Kenntnis und knurrte nur etwas vor sich hin, wie „… ich hoffe das ist nicht alles…" und setzte seinen Weg fort.

Kurz vor dem ersten See stand unvermittelt Brandolf vor ihnen auf dem Pfad. Der Alte musterte den Krieger von oben bis unten. Er schien zufrieden. „Bist Baldurs Sohn?" fragte er und setzte fort: „Wo ist der Rest oder seid ihr Alles?"

„Nein, komm!" forderte Brandolf ihn auf und so schwenkten sie seitwärts in den Wald.

Der Alte konnte ein zufriedenes Grinsen nicht vermeiden, als er die Größe der restlichen Gruppe und die Anzahl der Pferde feststellte. „Wer führt euch?" fragte er und Gaidemar antwortete, dass Rotbart Brandolf zum Führer bestimmt hatte.

Degenar besah sich beide Krieger und sofort schien ihm die Rangfolge der Angekommenen klar zu werden. Degenar aber bemerkte noch etwas, über dessen Wissen er sich in Schweigen hüllte.

„Folgt mir ins Dorf. Dann werden wir uns beraten!" bestimmte er und die Gruppe setzte sich ihm folgend in Bewegung.

Auf dem Dorfplatz brannte inzwischen ein Feuer und der Knabe erkannte alle Überlebenden, nur *Malte* schien zu fehlen. Die Pferde wurden angebunden, die Waffen und Vorräte entladen und verstaut. Anschließend sammelten sich alle am Feuer. Die alte Eila drehte einen Spieß mit einem größeren Frischling über dem Feuer. Die Jagd schien glücklich verlaufen zu sein und Gerwin betrachtete alle anwesenden Knaben und Mädchen in der Hoffnung, den erfolgreichen Jäger erkennen zu können, doch ohne Erfolg.

„Lasst uns erst essen und dann beraten!" schlug Degenar vor. Brandolf stimmte im Namen der Neuankömmlinge zu.

Es entstand eine Pause und während der Alte Fleisch vom Schwein schnitt und jedem seinen Teil reichte, begrüßte er alle Ankömmlinge einzeln. Es ergab sich, dass Gerwin dem Alten dabei jeden Mann und jedes Weib mit deren Namen nannte. Der Alte nickte dazu, betrachtete die Person, schien sich dabei zu jeder Erscheinung eine eigene Meinung zu bilden und sprach die Worte der Gastbegrüßung „Sei mein Gast, teile mein Wasser und meine Speise!"

Als Letzte tauchte Gertrud im Gesichtsfeld des Alten auf. Degenar stutzte, besann sich kurz und knurrte: „Hast es also doch geschafft!"

Die Bemerkung blieb ohne weitere Beachtung. Nur Gerwin zuckte kurz unmerklich zusammen. Woher wusste der Alte von Gertruds Flucht? Dass er davon wusste, war nach dieser überraschenden Bemerkung unbestritten. So wie der Alte richtig schlussfolgerte, dass Gerwin das junge Mädchen auf seinem Weg aufgegabelt haben musste, gewann der Knabe den Eindruck, dass dem Alten die Flucht des Mädchens vor den Römern nicht entgangen war. Abgelenkt durch die weiteren Ereignisse vergaß der Knabe nachzufragen, wo Degenar während des Römerüberfalls gewesen sei.

Nach dem er festgestellt hatte, dass alle mit ihrer Mahlzeit fertig waren, begann Degenar zu sprechen: „Lassen wir den Knaben berichten, wie er seinen Auftrag ausführte!"

Die Krieger nickten und so fasste Gerwin seine Erlebnisse zusammen. Er berichtete wie er Gertrud, die sich bisher im Hintergrund gehalten hatte, fand und wie sie zum Dorf der Bergesippe gelangten. Er schilderte die Erlebnisse des Things, der folgenden Beratung bei Rotbart und berichtete vom Marsch zum Mondstein.

Als er geendet hatte, lobte ihn der alte Degenar. Stolz schwellte sich die Brust des Knaben ob des Lobes und etwas verschämt sah er zu Gertrud. „Wir dürfen Gertruds Anteil nicht vergessen. Ohne sie hätte ich es vielleicht nicht geschafft."

Die Männer nickten anerkennend mit ihren Köpfen. Zweifellos war die Leistung des Mädchens auch jede Anerkennung wert. Der Ruhm jedoch kam lediglich der Leistung des Knaben zu. Inzwischen war es stockdunkel und nur das Feuer erhellte die Gesichter.

„Mein Vater hat mich beauftragt die Gruppe zu führen. Bis jetzt habt ihr euch selbst geschützt, jetzt haben wir Krieger, die das übernehmen. Kann einer deiner Knaben Irvin zum Posten führen, damit dieser jetzt die Sicherung übernehmen kann?"

„Wir haben zwei Posten, am Dorfeingang und auf dem Mondstein!" erwiderte Degenar.

„Dann werden Sven und Irvin gehen und wir beraten, wenn alle deine Krieger am Feuer sind!"

„Es sind keine Krieger, nur Knaben und Mädchen. Die alte Eila und Bertrun haben als Ältere überlebt, weil sie nicht im Dorf waren. Alles andere sind Kinder! Nur die Kinder konnten fliehen und wir hatten Glück, dass Eila die kleineren Mädchen und *Uwo* beim Beerensuchen dabei hatte." Alle schwiegen.

Gerwin überdachte die Zahl der Überlebenden, mit ihm und Gertrud vier Knaben und zwei Mädchen, neben den Älteren und den Kleinen. Das war wirklich nicht viel. Malte und *Frauke* erschienen am Feuer, erhielten Fleisch und begannen zu essen.

Degenar begann wieder zu sprechen.

„Nur drei Erwachsene und der Rest Kinder ... Es ist nicht viel was wir euch bieten können. Deshalb danke ich der Sippe und euch für das Kommen. Ich bin auch dankbar, dass ihr so viele seid und nicht nur Krieger. Bleibt ihr oder geht ihr wieder?" fragte er an Brandolf gewandt.

„Das liegt bei euch! Unser Auftrag bestimmt uns zum Bleiben, aber ihr müsst es wollen!" Brandolf sah den Alten und die überlebenden Frauen nacheinander an. Er wusste, dass ein Bleiben von der Bereitschaft zur Aufnahme abhing. An den Gesichtern der beiden Frauen konnte er keine Regung erkennen. Das Wenige, was er inzwischen mitbekommen hatte, veranlasste ihn zum Glauben, dass nur Degenar bestimmte.

„Die Römer, die uns angriffen, konnten zu einem großen Teil vernichtet werden. Der Rest floh in einer wilden Flucht. Die Sippe bereitet sich auf eine Rückkehr der Römer vor, aber Vater will nicht kämpfen! Er denkt, die Römer sind noch immer stark genug, um Rache zu fordern" Brandolf richtete seine Aufmerksamkeit ausschließlich auf den Alten.

„Vater hat die Sippe geteilt und in unterschiedliche Verstecke geschickt. Unsere Sippe ist groß und zählt viele Krieger. Deshalb konnten wir die Römer besiegen."

Brandolf erinnerte sich an seines Vaters Worte und setzte fort: „Dank euch wurden wir rechtzeitig gewarnt und waren vorbereitet. Den ersten Angriff überlebte kein Römer! Am Morgen erfolgte der zweite Angriff. Wir blieben wieder siegreich! Nur wenige unserer Krieger fanden den Weg nach Walhall .... Jetzt ist unser Dorf bestimmt schon verlassen." beendete Brandolf seinen Bericht.

„Wenn die Römer eure Sippe nicht finden, werden sie weiter suchen und vielleicht noch mal zu uns ins Dorf kommen. Deshalb müssen wir bedenken, ob wir im Dorf bleiben oder uns einen anderen Ort suchen?" gab Degenar zur Überlegung.

„Hierzubleiben wäre gefährlich, denn diesen Ort kennen die Römer. Der Fels verrät die Siedlung. Doch wohin können wir ziehen?" fragte Gaidemar zum Alten gewandt und deutete auf den riesigen Felsbrocken in seinem Rücken.

Der Alte dachte nach und begann zögerlich mit der Darlegung von ihm gesehener Möglichkeiten. „Wir könnten in Richtung Mittagssonne, zum Fluss Salu, ziehen. In einer halben Tagreise wären wir am Ziel. Wasser hätten wir dort und auch an anderen Orten. Es gibt auf dieser Seite des Ufers noch keine andere Sippe. Doch das Land bietet bei Gefahr keine verborgenen Orte, zu denen wir fliehen könnten. Wie wichtig eine solche Fluchtmöglichkeit ist, wisst ihr aus eigener Erfahrung. Es ist nicht so bergig und liegt auch dichter zu den Römern."

Auch Degenar wählte jedes seiner Worte sorgsam. „Der Fluss Salu hat sicher Vorteile, aber auch Nachteile, zumindest im Frühjahr. Nach der Schneeschmelze, überspülen seine Wasser weite Teile des Ufers und hinterlassen zum Sommer zu sumpfiges, zwar fruchtbares, aber gefährliches Land." Damit brachte der Alte seine Bedenken zur Wahl dieser ersten Richtung zum Ausdruck.

„In Richtung Mitternacht nimmt der Wald größere Gebiete ein und die Berge wachsen. Dort finden wir bessere Verstecke. Der Wald ist dicht, aber der Boden weniger ertragreich. Auch müssten wir dem Wald jeden Schritt des Bodens abringen. Feinde werden wir im Dunkelwald nicht finden! Das Überleben jedoch wird schwerer." Der Alte machte wieder eine Pause. Seine Zuhörer bemerkten, dass auch er sich noch keine endgültige Meinung gebildet hatte und jedes Für und Wieder sorgfältig prüfte.

Gaidemar sah Brandolf fragend an „Wenn wir zum Felsenberg gehen? Im Tal hatten wir mehrere Bäche zu queren. Dort gibt es zwei gleich hohe Gipfel und in Richtung Morgensonne Quellen und Bäche. Wir wären weiter von den Römern weg und dichter bei unserer Sippe."

„Du hast recht! Es gibt außer dem Pfad von unserem Dorf aus keinen anderen Weg zur Felsenschlucht. Ich kenne zumindest keinen, bis auf einige Tierpfade. Wildreich ist das Gebiet auch. Doch ist es klug, dicht bei unserem alten Dorf?" gab Brandolf zu bedenken.

Die erhaltene Antwort überdenkend, erfolgte des Kriegers Antwort in der ihm eigenen Bedächtigkeit.

„Einerseits hätten wir schnelle Hilfe, aber auch die Römer würden uns schneller finden. Deshalb denke ich nicht an die Felsenschlucht, sondern an die Berge in Richtung der Morgensonne!" Der Krieger schwieg, bevor er seinen Gedanken vor den Zuhörern offenbarte.

„Ich kenne dieses andere Gebiet. Einst war ich mit dem Jäger unserer Sippe dort. Von hier dürften wir in zwei Tagesreisen den Ort erreichen.

Der Wald ist sehr dicht und die Berge nicht so hoch. Aber es gibt nur Tierpfade. Weit und breit, wie der Jäger sagte, habe er dort noch nie Fremde gesehen." Gaidemar unterbreitete seine Gedanken zu einem Platz für ein neues Dorf.

Nach einer Pause des Überlegens fügte er an: „Wir können nicht in ein fremdes Territorium, dafür sind wir zu wenige Krieger. Deshalb können wir auch nicht aus unserem bisherigen Gebiet heraus. Bei den östlichen Bergen könnten wir uns eine geeignete Stelle suchen. Wir brauchen auch Fluchtmöglichkeiten und Verstecke, wie sie unsere Bachschlucht bot. Etwas Gleiches sollten wir suchen. Ich habe dort in der Nähe dieser Berge auch einen Fluss gesehen." schloss er seine Erklärungen ab.

Beide, Gaidemar und Brandolf, sahen den Älteren an und warteten auf dessen Entscheidung.

„Zu weit von unserem ursprünglichen Jagdgebiet entfernt zu siedeln, birgt auch ein Risiko und Gefahren. Wir sind nicht zahlreich genug, um kriegerische Nachbarn zu besiegen. Wir brauchen die Hilfe der Bergesippe und Kontakt mit den Römern müssen wir gleichfalls vermeiden! Wie weit ist es von dem Ort, der dir in der Erinnerung blieb, bis zum Dorf der Bergesippe?"

Die Frage ging an Gaidemar, der sie mit „einen Tag" beantwortete.

„Wer hat noch andere Vorschläge?" fragte der Ältere und sah in die Augen der Anwesenden. Als sich keiner meldete, schien die Beratung beendet.

„Geht schlafen, Morgen packen wir und ziehen los!" entschied der Alte und jeder suchte sich eine Schlafstelle.

12. Die Jäger

64 nach Christus - nach Mittsommer
Barbaricum - Im Land der Hermunduren zwischen dem Fluss Moenus und dem Herzynischen Wald

Die Tage des Sommers gingen endgültig vorüber. Häufig breitete sich Morgennebel in den Niederungen des Tals aus und die Nächte wurden kühler.

Das neue Dorf bestand aus einem einzigen Langhaus, in dem nicht nur die Menschen Unterkunft fanden. Im hinteren Teil waren das Vieh und die Pferde untergekommen.

Der Marsch und die Suche nach einer geeigneten Stelle für das Dorf forderte mehr Zeit, als Degenar dafür vorgesehen hatte. Musste der neue Ort doch fruchtbar sein, sich an einer Quelle oder einem Bach befinden und gut versteckt im Wald liegend, auch Fluchtmöglichkeiten bieten.

Degenar machte unter den jungen Kriegern seinen Einfluss geltend und letztlich wurde entschieden, wo das Dorf und wo zu bebauende Felder liegen sollten. Die Erfahrung, ein Feld unmittelbar am Haus zu bestellen, hatte sich im alten Dorf als nachteilig herausgestellt. Fast die gesamte Ernte war von den Römern abgefackelt worden. Hütten verbrannten und die Felder, die sich dabei auch entzündeten, trugen die Flammen zu den Zäunen und Hütten der Nachbarn.

Damit war nur ein geringer Teil der Ernte noch zu retten gewesen und würde im Frühjahr nicht mal als Saatgut reichen. Degenar wollte unbedingt, dass die Felder nicht unmittelbar am neuen Dorf liegen sollten. Erst als ein dafür geeigneter Ort gefunden war, entschloss sich die Sippe zur Auswahl des Platzes für ein Langhaus. Für den ersten Winter würde dieser Schutz genügen müssen.

Der Römerüberfall dezimierte die Sippe. Mit Ausnahme von Bertrun gab es keine weitere gebärfähige Frau unter den Überlebenden. Neben den drei Älteren konnten sich nur die Mädchen Frauke und Gertrud, sowie die Knaben Gerwin, Notker, Malte und *Goswin* vor den Römern verbergen. Letztlich blieben noch die Kinder Uwo, **Herline** und **Wunna** am Leben.

Die Hinzugekommenen aus der Bergesippe brachten mit Ulf und Sigrid nur ein einziges Paar in die vormalige Buchensippe ein.

Nur sechs Krieger bildeten, abgesehen von Degenar und den überlebenden Knaben, das Potential der Männer. Mit Brandolf, dem Sohn des Baldur Rotbart und dessen Freund Gaidemar, sowie den Brüdern Sven und Irvin waren erfahrene, mutige und entschlossene Krieger zu den Resten der Buchensippe gestoßen. Hinzu kamen Arnold und Ulf. Arnold, ein Raufbold und Draufgänger, fand als Bruder Ulfs Anerkennung, obwohl lediglich deren Zusammenleben im Schoß einer gemeinsamen Familie und der Bund der festen Freundschaft für diese Zusammengehörigkeit stand.

Sah man von der schwangeren Sigrid einmal ab, die als Eheweib Ulfs, ihren Mann begleitete, folgten nur zwei weitere Frauen Rotbarts Ruf, der von den Römern überfallenen Sippe zu helfen.

Zuerst war da Ragna, Baldur Rotbarts Tochter. Eine rothaarige Schönheit mit braunen Mandelaugen, langem rotem Haar, einer geraden, kleinen, anmutigen Nase, ausgeprägten roten Lippen und einigen wenigen kleineren Sommersprossen, die sich auf Wangen und Nase zeigten, wenn die Sonne die Haut der jungen Frau streichelte.

Von schlanker, anmutiger Figur mit mancher vollkommenen Rundung an Brust und Hintern, ohne dort zu ausschweifend zu wirken, hob sich der Charakter der jungen Frau deutlich von allen anderen Frauen ab. Eigenwillig, unbändig, der Jagd und dem Kampf zugeneigt, fühlte sich die Frau zu den Jungmännern und Kriegern hingezogen.

Dies wurde von vielen der Männer durchaus begrüßt. Doch nicht die Reize einer Frau waren es, mit denen Ragna nach Anerkennung suchte, sondern die Fähigkeiten eines Kriegers und ihre hervorragende Geschicklichkeit im Umgang mit Pfeil und Bogen sollten ihr die Achtung erzwingen.

Ragna befolgte den Ruf des Vaters zur Hilfe der Brudersippe aus mehreren Gründen.

Einmal war es ihr Hang zur Selbständigkeit und die Absicht, der ständigen Bevormundung durch die Mutter und deren Schimpfen, entgehen zu wollen. Ragna fühlte sich nicht veranlasst, weibliche Pflichten wahrzunehmen, was den Zorn der Mutter erregte. Zum Anderen konnte sie ihren sie über die Maßen liebenden Vater beliebig um den Finger wickeln. Oft, wenn Ragna tat, wonach ihr der Sinn stand und der Vater sie mahnen musste, merkte die junge Frau, dass Mutter und Vater zwar noch uneins, aber bald zur Einigkeit gelangt, sie auffordern könnten, einem Mann zu folgen.

Dafür fand sich Ragna nicht nur nicht reif genug, sondern es widerstrebte ihrem Drang nach Freiheit und Eigensinn. Also wählte sie den Wechsel zur Buchensippe. Als junge Frau, die bereits über zwanzig Winter erlebte, verweigerte ihr niemand diesen Schritt. Schon gar nicht der Vater, der sie hätte festbinden müssen, obwohl sie seinen Wünschen noch am Ehesten gefolgt wäre.

Ragna ging und zog einige der Jungmänner an, die auch gern der Schönheit in die andere Sippe gefolgt wären. Doch dies verhinderten Baldur Rotbart oder die Väter dieser Burschen.

Neben Ragna wechselte noch Finia, eine wenige Jahre ältere, aber ihr nichts desto weniger zugeneigte Freundin zur anderen Sippe.

Finias Gründe lagen sehr persönlich. Ihre Freundschaft zur jüngeren Ragna, die als Vorwand zum Wechsel der Sippen herhalten musste, war nicht der eigentliche Grund. Es war einer der Männer, der nur für die jüngere und schönere Frau Augen hatte, die Zuverlässigere und Beständigere aber übersah. Finia war weiblichen Pflichten weitaus zugeneigter als die jüngere Freundin. Hinsichtlich ihrer körperlichen Vorzüge konnte sie jedoch nicht mit der Freundin mithalten. Obwohl ihre Reize durchaus beachtenswert erschienen, es fehlte ihr eigentlich nur das Aufmerksamkeit fordernde gleiche feurige Haar, musste sich die junge Frau in Geduld fassen und wartete auf die Gelegenheit, den sie interessierenden Mann an sich binden zu können.

Wie es oftmals ist, denken die Männer in ihren Träumen an Schönheit und Figürlichkeit, übersehen aber Charakterfestigkeit, Beharrlichkeit, Zuverlässigkeit und Konstanz. Diese Eigenschaften, in einer weniger auffälligen Verpackung dargeboten, führten zum Übersehen dieser jungen Frau. Ohne der Schöneren die gleichen charakterlichen Eigenschaften absprechen zu wollen, überstrahlt das andere ‚tolle Weib' die Bescheidenere.

Finia, nicht zu Neid und Missgunst neigend, sich ihrer eigenen Fähigkeiten durchaus bewusst, übte sich in Geduld und wartete. Um aber im richtigen Moment anwesend zu sein, folgte sie der jüngeren Freundin und ließ den Mann ihrer Wünsche besser nicht aus den Augen. Kluge und bodenständige Frauen können sich so verhalten, Männer in ihrer Geltungssucht eher weniger. So übersah dieser Krieger vorerst sein Glück.

Finia musste zu Gute gehalten werden, dass sie, zwar von kleinerem Wuchs, trotzdem schlank und zierlich wirkte. Ihr schwarzes Haar im Nacken gebunden tragend, mit ebenmäßigen Gesichtszügen und einer kleinen Stupsnase ausgestattet, verfügte sie über ausreichende Rundungen an Brust und Hüfte, die Männer reizen konnten.

Ihre grauen Augen betrachteten die Welt zuweilen versonnen und träumerisch. Hinter der etwas unscheinbareren Schönheit verbargen sich Bescheidenheit, Fleiß und Aufrichtigkeit.

Unter den neuen Sippenmitgliedern hatten sich bisher noch keine neuen Paare gefunden, trotzdem es dafür ausreichende Voraussetzungen gab.

Das Überleben im Winter, in Kälte und Schnee, stand bevor.

Wichtig war deshalb zuerst eine winterfeste Hütte und so waren alle Anstrengungen auf den Aufbau gerichtet. Die Männer schlugen Holz im Wald. Aber nicht in unmittelbarer Nähe der neuen Siedlung, sondern dort, wo sie beabsichtigten, die Felder anzulegen. Mittels der Pferde konnten die Stämme zum neuen Dorf geschleift werden.

Vor allem Arnold stellte sich im Umgang mit den Pferden als geschickt heraus. Er übernahm die Transporte. Die Frauen schnitten Zweige und flochten diese zu Flächen in Manneslänge und gleicher Höhe und so entstanden Felder, die sie zwischen den in die Erde eingebrachten Stämmen befestigen konnten. Zweigfeld für Zweigfeld wurde errichtet und so wuchsen die Hüttenwände und wurden anschließend mit Lehm verdichtet.

Auf ihrem Weg zum neuen Platz hatte die Sippe kleinere Seen mit Schilf vorgefunden und so wurden die Knaben beauftragt, Schilf zu schneiden und zum Lagerplatz zu bringen. Dieses Material eignete sich sehr gut für das Dach.

Alle Hände wurden gerührt und keiner der kleinen Sippe schloss sich aus. Zwangsläufig kamen sich alle näher und anfängliche Scheu im Umgang miteinander wurde abgelegt.

Besonders schnell mussten sich die Knaben und Mädchen der Buchensippe anpassen und einfügen. Nicht jede Arbeitsleistung konnte von den Kriegern ausgeführt werden, oft mussten zwei oder drei der Knaben gemeinsam eine Männerarbeit verrichten.

Degenar bestand vom ersten Tag an darauf, dass jedem Krieger ein Knabe zugeordnet wurde, der ihm zur Hand zu gehen und den der Krieger im Gebrauch der Waffen zu unterrichten hatte.

Aus der Erfahrung des Überfalls der Römer war ein stets bei Tag und Nacht besetzter Wachposten eingerichtet worden. Immer waren dafür ein Krieger und ein Knabe eingeteilt, die vom gewählten Standort aus, mit Übersicht über das ganze Dorf, die Sicherheit der Anderen gewährleisteten.

Ragna wurde auch als Krieger anerkannt und so ergab sich auch ein weibliches Kriegerpaar. Das Mädchen Gertrud wich nicht mehr von Ragnas Seite.

Die alte Eila war für das Kochen und die Aufsicht über die Kleineren bestimmt. Nur Degenar und Brandolf mussten sich nicht speziell mit Jüngeren abgeben.

Zu Beginn der gemeinsamen Siedlungszeit gab es keine Abgrenzungen der Arbeiten, aber mit der Zeit stellten sich erste Spezialisierungen heraus. So war Arnolds Umgang mit den Pferden ein erster Hinweis auf besondere Fähigkeiten. Das führte auch dazu, dass Malte als sein Zögling, gleichartig für die Pferde zuständig wurde.

Jede Sippe braucht einen Jäger, war doch die Ernährung der Sippe auch auf eine erfolgreiche Jagd angewiesen. Zuerst betätigten sich Gaidemar und Gerwin als Jäger. Nach dem Ragna bei einer gemeinsamen Jagd mit ihrem Bogen einen größeren Bock zur Strecke gebracht hatte, beauftragte Degenar auch die junge Frau und ihren Zögling Gertrud mit der Jagd.

Ulf bewährte sich im Dorf in vielerlei Hinsicht. Seine enorme Muskelkraft und ein sich ausprägendes Geschick im Umgang mit der Axt und anderen Hilfsmitteln, sowie das vom Vater gelernte Handwerk des Schmiedes, machten seinen Einsatz bei der Errichtung des Langhauses erforderlich.

Er hatte sich einen behelfsmäßigen Schmiedeplatz errichtet. In dem er eine Feuerstelle mit gefundenen Steinen umschichtete und durch eine Blende mit Durchgang, den aus der häufigsten Windrichtung kommenden frischen Luftzug zur Steuerung des Feuers nutzte, konnte er Schmiedearbeiten verrichten.

Nur sein ständiger Begleiter Goswin war keine so wirksame Unterstützung! Obwohl für sein Alter groß, war er für den Einsatz von Kraft auf Grund seiner schmächtigen Figur kaum zu gebrauchen. Entweder schien Ulf dies einfach nicht zu bemerken oder er nahm mit Absicht keine Notiz davon.

Goswin hatte sichtliche Probleme seinen Arbeitsaufgaben gerecht zu werden. Er verhielt sich sehr schweigsam und sprach wenig. Nach vollzogenem Tagewerk war er zumeist der Erste, der im Schlaf versank.

Ein ideales Paar, Krieger und Knabe, ergab sich mit Irvin und Notker. Beide immer zu Streichen aufgelegt und mit allerlei Unsinn im Kopf, lachten sich durch die Arbeit. In ihrer Nähe gab es viel Lärm und wenn

Beide auf eines der Mädchen Frauke oder Gertrud stießen, bald richtige Raufereien. Die Mädchen erwehrten sich ihrer Haut.

Irvin hielt sich bei Handgreiflichkeiten sehr zurück und ließ dafür seine lockere Zunge tanzen. Deshalb zog Notker zwar zumeist den Kürzeren, konnte es aber doch nicht unterlassen, von vorn zu beginnen, wenn sich eine Möglichkeit ergab. Irvin mochte den Jungen ob seiner angriffslustigen und neckenden Art, war er doch von gleicher Seelenveranlagung.

Seit dem Verlassen des alten Dorfes der Buchensippe waren die Tage vorübergezogen, ohne dass den Anwohnern des neu errichteten Langhauses dies bewusst geworden war. Schlafen, Essen, Arbeit und Jagd bestimmten den Gleichlauf in der Sippe. Der Zusammenhalt entwickelte sich und prägte eine erste Harmonie.

Vielleicht fehlten durch die Alterszusammensetzung besondere Ansatzpunkte für Widerstände und Streit. Auch die Aufgabenteilung schien den Harmonieprozess günstig zu beeinflussen.

Doch wie immer im Leben traten Ereignisse ein, die jähe Wendungen in sich bargen und zur Veränderung im Zusammenleben der jungen Sippe führten.

Das erste Ereignis hieß Frost!

An diesem ersten Frosttag waren Irvin und Notker als Wachen bestimmt, als deren Ruf Fremde ankündigte.

Noch waren diese Fremden weit vom Dorf entfernt und es war nur deren Unvorsichtigkeit geschuldet, dass sie bemerkt wurden. Auch konnten die Fremden nicht wissen, dass hier eine neue Siedlung im Entstehen begriffen war.

Schnell ließen alle Angehörigen der Sippe ihre Arbeit fallen und griffen sich ihre Waffen. Brandolf teilte die Krieger und deren Knaben ein und in zwei Gruppen, links und rechts des Pfades, liefen diese talwärts den Fremden entgegen. Auf der Lichtung am vordersten kleinen See schwärmten sie im Unterholz aus und erwarteten die Fremden.

Es waren drei Jäger. Ihre Bögen waren geschultert und alle trugen einen wurfbereiten Framen.

Als die Fremden sich zwischen dem See und dem Waldrand befanden, somit kaum eine Deckung in Anspruch nehmen konnten, trat Brandolf auf den Pfad und wartete auf eine Reaktion.

Die Jäger erstarrten und sondierten die Lage. Sie sahen nur einen Krieger, der sich abwartend verhielt. Es war nicht zu deuten, ob sie auf

Feindschaft gestoßen waren? Des Kriegers Verhalten ließ die Vermutung zu, dass weitere Krieger im Dickicht verborgen lauerten.

Also senkten sie ihre Framen und näherten sich langsam.

Auch Brandolf erkannte nicht, ob er es mit Feinden zu tun hatte und so ging er den Fremden weiter entgegen, um sie so auf der freien Lichtung und für alle seine Sippenangehörigen sichtbar zu halten. Als sie sich in einer Wurfentfernung gegenüberstanden, sprach Brandolf die Männer an:

„Wer seid ihr?" Die drei sahen sich an, bevor der Mittlere und Ältere antwortete:

„Wir sind Jäger!"

„Eure Jagd scheint nicht sehr erfolgreich zu sein?" bemerkte Brandolf zur Antwort des Fremden und der Ältere stimmte ihm zu. „Wir sind noch nicht in unserem Jagdgebiet!"

Der Jäger drehte sich in Richtung des Waldes um und musterte den Waldrand. Dies erkennend, bestätigte Brandolf: „Du vermutest richtig! Meine Männer haben euch umzingelt!" und fügte nach einiger Zeit hinzu: „Woher kommt ihr und zu welcher Sippe gehört ihr?"

Der Ältere der Jäger entspannte sich etwas, stützte sich auf seinen Framen und erklärte: „Wir leben südlich des Flusses Salu, etwa eine Tagesreise von hier im *Maital*. Wer seid ihr?"

„Uns nennt man die Buchensippe! Wir siedeln hier in der Nähe!" beantwortete Brandolf die gestellte Frage.

„Die Buchensippe hat ihr Dorf am Mondstein, und nicht hier… und dort habe ich dich noch nie gesehen…." stutzte der Fremde „…und genauso gibt es hier keine andere Siedlung, zumindest habe ich hier noch nie eine Siedlung gesehen. Dann seid ihr noch nicht lange hier!" fügte er hinzu.

„Ist das euer Territorium, dass es euch etwas angeht, wo wir siedeln?" fragte Brandolf irritiert und verärgert.

„Wenn ihr unser Jagdgebiet meidet…" kam die Antwort des Fremden.

Brandolf hob seinen Arm und zeigte in die Runde: „Denkst du nicht, dass das Wild dieses Waldes für uns alle reicht? Außerdem solltest du dir deine Antwort noch mal überlegen, denn euer Anspruch ist unbegründet!"

Plötzlich tauchte aus dem Wald eine weitere Person auf. Der alte Degenar, dem das Alles zu lange gedauert hatte, kam gestützt auf seinen Eichenstab, vom Langhaus herunter und als er sah, wen Brandolf auf der Lichtung gestellt hatte, trat er aus dem Wald hervor auf die Lichtung.

„Der Jäger vom Fluss! Nun Bruderherz, warst lange nicht in unserem Dorf?" sprach er den Fremden vertraut an.

„Hinkefuss Degenar! Ich wusste nicht, dass ihr jetzt hier lebt!" erwiderte der so herzlich begrüßte.

„Sind noch nicht lange hier! Haben ein neues Lager gesucht." erklärte der Alte.

„Warum, der Buchenwald am Mondstein war doch ein guter Ort!"

Der Jäger verstand nicht, warum ein Dorf wie das der Buchensippe jetzt an einem neuen Ort stehen sollte. Außerdem kannte er die wichtigen Männer der Buchensippe und zu denen zählte Degenar, der Erzähler von Geschichten, keinesfalls. Eher unbedeutend in der Rangfolge, kam Degenar niemals das Recht zu, für die Buchensippe zu sprechen.

„Kommt mit, seid unsere Gäste!" forderte der Alte die Jäger auf.

Alle vorsichtigen Feindseligkeiten aufhebend, dem Misstrauen vorbeugend, drehte sich Degenar um und hinkte, gestützt auf seinen Stab, in die Richtung des Siedlungsplatzes.

„Sammle die Anderen ein. Den Jäger kenne ich. Er ist von unserem Volk. Die beiden sind seine Söhne. Sie kommen aus dem Maital vom *Talwasser*. War schon mal dort. Gehen wir und reden dann!" raunte er in Richtung Brandolf.

„Nun, wenn unser Ältester das bestimmt, seid unsere Gäste!" wiederholte der kriegerische Anführer die Einladung. Er pfiff durch die Finger und forderte damit alle Sippenmitglieder auf, zum Dorf zurückzukehren. Gemeinsam mit Degenar und den Fremden schritt er auf das Langhaus zu. Nach und nach traten die Krieger und Knaben aus dem Wald und folgten.

Als sie das lange Haus erreichten, hielt der fremde Jäger Ausschau. Er suchte und fand doch nichts …

Erstaunt wandte er sich an den Alten. „Ist das das ganze Dorf?"

„Habe Geduld, Jäger! Bald wirst du erfahren, was geschah!" war Degenars Antwort.

Es war später Nachmittag und mit dem Eintreffen der Fremden wurden Vorbereitungen für ein gemeinsames Mahl getroffen. Nach einigen Weisungen an die Frauen zur Herrichtung von Feuer und Speisen, bat der Alte die Fremden sich zu setzen. Umringt von den Kriegern und Knaben nahmen die Gäste in der Hütte Platz.

„Habt euch doch schon gut eingerichtet …" lautete der Kommentar des Jägers. „… nur war euer Dorf nicht größer? Ich sehe nur wenige Krieger und Weiber, auch sehe ich nur eine Hütte? Was ist geschehen?"

Degenar senkte den Kopf: „Alle Tot oder verschleppt. Die Römer …" Er kam nicht zum Weitersprechen.

„… waren auch bei uns!" vollendete der Jäger die begonnene Rede.

„Verfluchte Römer!" kommentierte Degenar.

„Das verstehe ich nicht! In unser Dorf kamen sie in friedlicher Absicht, zwar mit Forderungen nach Tribut, aber das gab es zu anderen Zeiten schon mit wesentlich höheren Ansprüchen. Am gleichen Tag zogen sie weiter. Das war wohl bei euch nicht so?"

„Beim ersten Mal kamen sie auch wegen des Tributs. Auch das verlief friedlich, doch Tage später fielen sie über unser Dorf her. Sie schlugen die Krieger nieder und entführten alles, dessen sie habhaft werden konnten, Menschen und Vieh! Dann brannten sie die Hütten und Felder nieder!"

Während Degenar schwieg, sah der Jäger ihn an und konnte die Worte kaum glauben.

„Nur Kinder konnten entkommen und wir drei Alten überlebten, weil wir nicht im Dorf waren." vollendete Degenar seine Erklärung.

„Und die Krieger hier sind doch auch Überlebende?" wunderte sich der Jäger.

Degenar schüttelte verneinend den Kopf. „Du kennst doch Rotbart von der Bergesippe?" fragte er seinen Gast.

Während der Jäger bestätigte, betrachtete dieser Brandolf und wandte sich dann an diesen: „Dich habe ich schon mal gesehen. Unverkennbar ein Rotbart! Damals warst du noch ein Knabe!" und er zeigte dem angesprochenen Krieger seine damalige Wuchshöhe. „Größer warst du nicht, nur was tust du beim Hinkefuss?" blickte er den Abkömmling Rotbarts an.

„Die Römer waren auch beim Rotbart!" warf Degenar zur Erläuterung ein.

„Und ihr seid der ganze Rest von zwei Sippen? Das ist grausam!" folgte die überraschte Gegenfrage des Gastes.

„Nein, dort haben sich die Römer blutige Köpfe geholt!" stellte Degenar mit einem Lächeln im Gesicht fest.

Der Jäger stöhnte auf und lächelte dann ebenfalls. Ein paar Zweifel nisteten sich jedoch in seine Überlegungen und so fragte er leicht verunsichert: „Dann war die Streitmacht der Römer wohl nicht sehr stark?"

Degenar und Brandolf sahen sich an, bevor der Jüngere zu einer Antwort ansetzte: „Ganz so war das nicht..."

„Wie, was? Ich verstehe nicht ..." stellte der Jäger verunsichert fest. „Ihr sprecht in Rätseln?!"

Wieder sahen sich der Alte und der Rothaarige an, bevor diesmal der Alte mit einer Erklärung begann.

„Ein Knabe von uns warnte die Sippe!" Degenar zeigte auf den Knaben Gerwin. „Er lief ins Dorf der Bergesippe und kam vor den Römern an! Rotbart und seine Krieger konnten sich wehren und die Römer zogen mit eingezogenem Schwanz davon!"

Bewundernd pfiff einer der jüngeren Begleiter des Jägers durch seine Zähne. „Das war mutig!" bemerkte der Jäger und maß den Knaben noch Mal von Kopf bis Fuß. „Aber du kanntest den Weg...?" Gerwin schüttelte verneinend den Kopf. Wieder besah sich der Jäger den Knaben: „Das kann ich nicht glauben... Das ist noch ein Kind..."

„Und doch stimmt es!" bestand Degenar auf seiner Mitteilung und fügte hinzu: „Ich hätte es in der notwendigen Zeit nie schaffen können und die Männer die du siehst, sind Rotbarts Männer!"

Erstaunt, verwundert, irritiert starrte der Jäger den Knaben an. Als er Degenars nächste Worte vernahm hellte sich seine Miene, die Zusammenhänge verstehend, auf.

„Was denkst du, wie Rotbart sonst von unserer Schande hätte erfahren können?"

„Ich weiß nicht..." ließ der Jäger verlauten „...und doch erscheint es mir unmöglich, ein Knabe, allein durch die Wildnis, kennt weder Weg noch Pfad, muss auf die Römer achten, auf Wölfe und Bären...Nein, ich glaube es dir nicht oder doch...?" Der Jäger schüttelte seinen Kopf. Offensichtlich lag ein Verstehen jenseits seiner Möglichkeiten und doch traf die Schilderung zu.

„Du kannst es ruhig glauben, Jäger!" griff nun der Krieger Gaidemar ins Gespräch zwischen den beiden Älteren ein.

„Aber der Knabe kam nicht ganz allein! Das Mädchen Gertrud war bei ihm. Als er die Römer suchte und vor ihnen fliehend, gerade noch so das Dorf erreichte, lief mir zuvor das Mädchen in die Arme. Noch bevor Rotbart das Mädchen befragen konnte, kam der Knabe, stieß mich vom Mädchen weg, zog sein Messer und schrie uns an!"

Der Jäger schüttelte ungläubig seinen Kopf und einer seiner Söhne pfiff wiederum überrascht durch die Zähne. Noch immer brauchte der Jäger Zeit, um das Unmögliche der Erzählung abzuwägen. „Dann hat euch der Knabe gerettet? Was geschah dann mit den Römern?"

„Wie Degenar schon sagte! Sie zogen mit eingezogenem Schwanz ab!" Gaidemar besann sich, bevor er seine Erklärung ergänzte: „Der erste Angriff erfolgte mit Einbruch der Dämmerung, nur durch Reiter. So wie im Buchendorf rechneten die Römer mit einem leichten Sieg. Keiner der Reiter entkam unseren Framen! In der Nacht fingen wir noch einige Späher. Am Morgen rückten die Fußsoldaten an. Sie zogen nur langsam voran. Rotbart sah das voraus, denn wenn keiner der Reiter zum Lager zurückkam, mussten auch Römer begreifen, dass etwas nicht stimmen konnte. Durch überraschende Angriffe und schnelles Zurückziehen verringerten wir erst die Zahl der Legionäre und schufen Verunsicherung. Dann überrollten wir den Feind und nur Wenige konnten entkommen!"

Schweigen breitete sich am Ende der Schilderung aus. Der Jäger schien nicht nur Zeit zum Begreifen zu benötigen, sondern auch über weitere Möglichkeiten nachzudenken. Degenar ließ ihm die Zeit.

„Wenn ich die Geschichte so richtig verstehe, hätten die Römer auch zu uns kommen können, statt euch aufzusuchen ..."

„Das ist wohl wahr…, nur Gerwin warnte uns! Warum euch keiner warnte, musst du ihn schon selbst fragen?" Brandolf zeigte auf den Knaben

Der Jäger wandte sich dem Knaben zu und sah diesen fragend an. „Kannst du mir den Grund nennen, Knabe?" Überrascht riss Gerwin seine Augen auf. Er rechnete nicht mit einer Frage des Gastes.

„Ich weiß nicht …. „ stotterte er. Der Fremde verharrte mit seinem Blick auf dem Knaben, so dass sich Gerwin berufen fühlte, sein Stottern zu überwinden und eine bessere Antwort zu geben.

„Degenar sprach von der Bergesippe und nannte sie seine Brüder. Euch kenne ich nicht!" Damit scheinbar zufrieden, wandte sich der Gast wieder den Kriegern zu.

Degenar sah sich gezwungen, den Knaben in Schutz zu nehmen. „Als der Knabe mich nach der Möglichkeit zur Warnung fragte, dachte ich zuerst an die Brudersippe Rotbarts. Es schien mir, dass die Römer den verletzten Anführer dringend in ihr Lager bringen mussten. Der Weg der Römer vom Lager aus zu Rotbart wäre kürzer! Aber du hast recht, eure beiden Sippen kamen für einen weiteren Überfall der Römer in Frage. Es war meine Entscheidung!" schloss der Alte und zeigte damit an, dass der Knabe zwar Bote war, aber nicht für die Wahl der zu warnenden Sippe verantwortlich zeichnete.

Verstehend nickte der Jäger mit dem Kopf. „Deine Wahl war glücklicherweise für uns alle richtig..."

Es blieb offen, was der Jäger weiter dachte. Verstand er, dass Degenars Entscheidung naheliegend war?

Der Jäger stellte keine weiteren Fragen und sagte auch zu seinen Erkenntnissen kein weiteres Wort. Seine Söhne verhielten sich ebenfalls still. Auch Degenar fragte nicht nach.

Das entstehende Schweigen unterbrechend, äußerte sich Brandolf noch einmal: „Dank Gerwins Warnung liefen die Römer in unsere Fallen. Den ersten Angriff konnten wir zerschlagen. Den Kopf des Anführers haben wir zur Abschreckung am Dorfeingang auf eine Lanze gesteckt. Am Morgen waren die Angreifer vorsichtiger und deshalb konnte ein Teil entkommen!"

Noch immer ungläubig, trotz dem so viel für die Richtigkeit der Aussagen sprach, schüttelte der Jäger den Kopf. Es fügte sich alles zueinander und klang trotz allem unwahrscheinlich. Warum sollte der Rest der Sippe an einem anderen Ort siedeln? Wo waren die Krieger der Sippe und deren Weiber? Warum waren Rotbarts Männer hier? Der Jäger brauchte Zeit, um den vollen Umfang der Mitteilungen zu erfassen und so beherrschte wieder ein langes Schweigen die Hütte.

„Und warum seid ihr dann hier, Krieger?" wandte sich der Jäger direkt an den Abkömmling Rotbarts.

„Die Römer kommen doch zu euch zurück! Römer kommen immer zurück, wenn sie einen Kampf verloren haben und nie mit weniger Kriegern.... Sie dulden keine Schmach! Warum sendet Rotbart seine Männer dann hierher? Jetzt braucht er doch jeden Mann..." verkündete der Jäger und konnte des Eldermanns Entscheidung nicht nachvollziehen.

Seine Zweifel richteten sich auf eine ihm falsch erscheinende Vorgehensweise, die er dem so klugen und erfahrenen Anführer der Bergesippe nicht zuordnen konnte. „Solche Fehler macht Baldur Rotbart nicht!" schloss der Jäger seine Überlegungen ab.

„Welche Fehler meinst du?" ließ sich Gaidemar vernehmen. „Ich sehe keinen Fehler darin, der Brudersippe in der Not zu helfen..." behauptete er und ergänzte seine Meinung mit der Feststellung: „Rotbart will nicht noch mal kämpfen! Die Römer haben im Lager am Fluss so viele Legionäre, wie wir an Kriegern allein nie aufbringen könnten! Warum sollte Rotbart das Leben unserer Frauen, Kinder und Alten gefährden? Der Rat beschloss, dass wir den Römern ausweichen!"

Des Jägers Mine hellte sich auf. Jetzt verstand er Rotbart und ohne seiner Bewunderung für eine so kluge Entscheidung Ausdruck zu verleihen, nickte er einfach mit dem Kopf. „Ja, wenn er nicht kämpfen will …" Alles fügte sich zueinander.

Mit Brandolfs letzter Bemerkung wichen auch die letzten Zweifel. „Wir tragen den Dank unserer Sippe hier ab und gehören jetzt alle zur Buchensippe!"

Der Jäger kratzte sich am Kopfhaar und lies verlauten: „Die Römer werden wieder kommen…Aber du…" er wandte sich an den Knaben Gerwin „… scheinst mir ein außergewöhnlicher Bursche zu sein. Wer ist dein Vater?"

Der Jäger, noch immer über die Rolle des Knaben verwundert, war schon mit einer weiteren Überlegung beschäftigt. Er besah sich den Burschen. ‚Ein Knabe also…'

„Hast Mut bewiesen! Hättest den Römern in die Hände fallen können…" und nach einer Weile fügte er hinzu „… wünschte mir solchen Burschen auch in unserem Dorf. Würdest du zu uns kommen und deine Geschichte erzählen?"

In dem er seine übrigen Gedanken vor sich hin murmelnd offenbarte, bezeugte er sein Verständnis für die Zusammenhänge, die zu diesem ungewöhnlichen Treffen führten. Im gleichen Atemzug legte er eigene Befürchtungen dar.

„Unsere Sippe hätte auch Ziel des Angriffs der Römer sein können … und wer kann voraussehen, wie es uns ergangen wäre? Wir müssen uns vor den Römern schützen und da sind solche Taten wichtig! Alle müssen die Geschichte hören und verstehen! Dies werde ich unserem Ältesten berichten!"

Der Jäger brach sein Murmeln ab und trotz Unverständnisses von Degenars und Brandolfs Seite, versäumten sie diese Gedanken ihres Gastes weiter zu ergründen.

Inzwischen brannte das Feuer und das Essen war bereitet. Alle Anwesenden verlegten ihre Aufmerksamkeit auf das Füllen des eigenen Magens, auch wenn das Mahl nicht gerade üppig ausfiel.

Viele Geschichten wurden erzählt und auch Gerwin musste seine Geschichte wiederholen. Wieder wurde ihm bewusst, wie sein Vater starb. Er sah das Gesicht des Römers und sah den wegfliegenden Helm und das Blut am Kopf. Er hörte wie der Römer im Schmerz nach seinem Auge rief. Und er sah den Axtschlag des Vaters in den Oberarm des Römers. Auch die Wurfspeere im Rücken seines Vaters brannten sich tiefer in seine Erinnerung. Er wusste, diesen Römer würde er finden! Die Narben würden ihn unverkennbar zeichnen!

Die Jäger verblieben über Nacht im Haus und zogen am Morgen, nicht ohne die Einladung an den Knaben zu erneuern, weiter.

13. Genesung

64 nach Christus - nach Mittsommer
Mogontiacum - Linksrheinisches, von Römern beherrschtes Gebiet

𝒜 m Morgen brachen die Römer ihr Lager ab. Titus Suetonius wurde mit anderen Verletzten auf eine der Flussliburnen gebracht und mit Fellen, zu Füßen des *Gubernator*, auf das Deck gebettet. Ein *Capsari*, der Gehilfe des Arztes, blieb bei ihm.

Marco Canuleius Ovinus, Pilus Posterior der 9. Kohorte, führte die Reste der Legionäre auf dem Landweg in Richtung Mogontiacum.

So begann der Rückmarsch zum Legionärslager, der noch immer ein Risiko darstellte. Immerhin ging es durch feindliches Gebiet. Zwar war das Territorium nur gering bevölkert und deshalb eine zur Vernichtung der Reste der Kohorten ausreichende Kriegerzahl der Barbaren unwahrscheinlich. Doch auch einzelne Überfälle könnten eine weitere Schwächung des Mannschaftsbestandes bewirken. Die verringerte Mannschaftsstärke der beiden Legionskohorten von etwa 1000 Mann auf nur noch 700 Legionäre und das Fehlen jedweden Flankenschutzes durch Berittene, bereiteten dem Tribun sorgen.

Meldereiter, berittene Kundschafter und berittene Legionäre der *Cohors Equitata*, der Auxiliareinheit, waren nach dem Angriff auf das zweite Dorf nicht mehr vorhanden. So gehörte unbedingt Marschdisziplin, ständige Kampfbereitschaft und Aufmerksamkeit zu den unabänderlichen Begleiterscheinungen des Rückmarsches und verringerten das Marschtempo.

In einer letzten Beratung hatte der Tribun dem Pilus Posterior Ovinus den Weg angewiesen, die einzuhaltenden Lagerplätze festgelegt und befohlen, wie bei feindlichen Angriffen vorzugehen sei.

Nach dem Fehlschlag im zweiten Dorf sollte die restliche Mannschaftsstärke sicher das *Legionslager* erreichen, sonst könnten Titus als Tribun und Verantwortlichen noch größere Unannehmlichkeiten entstehen, als ohnehin zu erwarten waren.

Es war seinerseits zu vermuten, dass der Pilus Posterior sich an erhaltene Befehle hielt und kein unnützes Risiko eingehen würde. Der vom Tribun zum Marsch erteilte Befehl wurde auf *Wachstafeln* schriftlich verzeichnet und dem Centurio übergeben.

Titus hatte sich in den vergangenen Tagen mit seiner Situation beschäftigt. Noch immer war er gezwungen das Lager zu hüten, da ihn beide Verletzungen arg schwächten.

Die Augenhöhle verheilte langsam, indem sich eine neue Haut herauszubilden begann, die sie im Inneren schützte. Der Medicus war zuversichtlich, dass sich diese innere Haut beim Eintreffen im Legionslager geschlossen haben würde und damit keine weitere Gefährdung am Kopf vorliegen sollte. Die Stirnverletzung verheilte langsam, würde sich jedoch zu einer zeichnenden Narbe herausbilden und so sein Erscheinungsbild beeinträchtigen. Titus beschloss zukünftig ein Stirnband zum Schutz der leeren Augenhöhle und zur Verdeckung dieser Narbe zu tragen.

Für seine Oberarmverletzung fiel die Aussage des Arztes nicht so günstig aus. Es fiel ihm schwer, der Erklärung des Arztes zu folgen. Letztlich hatte er verstanden, dass der Schlag des Germanen den rechten Oberarmmuskel bis auf den Knochen durchtrennte. Nach Aussage des Arztes rettete der Capsari, der ihn noch im Germanendorf verband, seinen Arm und vielleicht sogar sein Leben.

Die Verletzung am Oberarm soll eine der Blutbahnen zerstört haben. Er hätte einfach ausbluten können. Der Schlag traf jedoch nur den äußeren Teil des Armes. Mit einer Verletzung des Innenteils wäre seine Behinderung zwingender gewesen. Zum Glück war der Knochen beim Schlag des Barbaren unversehrt geblieben.

Die Auftrennung zwischen Muskel und Knochen, machte ein wieder Annähen deshalb unmöglich, weil zur Entzündungsvermeidung weiteres Muskelgewebe weggeschnitten werden musste. Sein Oberarm, so verkündete Flavius, würde in Zukunft ohne den größeren Teil des bisherigen Muskels auskommen müssen. Der fehlende Teil des Muskels entsprach der Breite seiner Handfläche.

Titus war von dieser Offenbarung nicht begeistert und hätte er seinen *Gladius* griffbereit gehabt, wohl auch den alten Griechen aufgeschlitzt. Der Tribun sollte, nach des Medicus Worten, sein Glück preisen, dass noch nicht jede Funktion des Armes verloren sei. Einerseits könnte der Oberarm, ohne den zum Beugen erforderlichen Muskel, eine zukünftige Belastung nicht mehr verkraften. Auch fehlt der erforderliche Halt in der Schulter. Der Medicus befürchtete zwar eine Einschränkung der Fähigkeiten zum Bewegen des rechten Armes, die bis zur Bewegungsunfähigkeit führen könnte. Anderseits aber, so verkündete er, könnten verschiene Funktionen des Unterarms und der Hand nach einem günstigen Heilungsprozess wieder erlernt werden.

Als der alte Grieche sich zu diesen Voraussagen veranlasst sah, beabsichtigte er den Verwundeten auf die ungünstigsten Folgen der Verletzung vorzubereiten. Titus hatte den Arzt aufgefordert, in klaren Worten zu sprechen und nicht irgendwelche Ausreden oder Beschönigungen von sich zu geben.

Daraufhin gab ihm der Arzt zu verstehen, dass der Muskel nie wieder zum Gebrauch als Kampfarm gebracht werden kann. Selbst einfachste Handlungen mit diesem Arm würden unmöglich werden. Kurz und knapp gab der Grieche dem Tribun zu verstehen, dass die Heilung längere Zeit beansprucht und dieser Arm verkrüppelt bliebe.

Mit dieser Erklärung verlies der Medicus das Schiff und den dort gebetteten Tribun, um sich der Marschkolonne der Legionäre anzuschließen. Seiner Capsari erteilte er zuvor noch Weisungen zur weiteren Behandlung aller Wunden des Tribuns. Von da ab hatte Titus klare Aussagen, mit denen er sich beschäftigen und einen Entschluss für sein zukünftiges Leben fassen konnte.

Natürlich schwelten die Wut und der Hass gegenüber dem Germanen weiter. Hinzu kam die Schmach der Niederlage am zweiten Dorf, die er zu verantworten hatte. Der Befehl zum Überfall stammte von ihm, auch wenn er nicht unmittelbar am Angriff beteiligt war.

Der Legat der XXII. Primigenia, Lucius Verginius Rufus, würde ihn sicher aus dem aktiven Dienst entfernen, wenn er nicht beweisen könnte, dass diese Verletzungen seine Kampffähigkeit nicht beeinträchtigten. Noch wusste er nicht, wie ihm dieser Beweis gelingen sollte. Deshalb grübelte er die gesamte Schiffsfahrt über seine Möglichkeiten nach.

Einesteils könnte sich sein älterer Bruder Quintus, Tribunus Laticlavius der Legion und damit Stellvertreter des Legatus, für seine weitere Laufbahn in der Legion einsetzen. Ob dies aber nach dem Fiasko am zweiten Dorf auch dazu führte, dass er als Nachfolger seines ausscheidenden Bruders zum Tribunus Laticlavius avancieren könnte, stand in den Sternen.

Titus gab sich keinen Wunschträumen hin. Mit der Erfahrung von über sechsundzwanzig Sommern galt er bisher in den Augen seiner Vorgesetzten als aufstrebendes militärisches Talent. Er wusste, dass seine Verletzungen nur dann keine Konsequenzen hatten, wenn er diese aus dem Sichtbereich von Vorgesetzten und Konkurrenten heraus halten konnte. Dazu aber bedurfte es der Wiederherstellung der Kampffähigkeit. Der Medicus raubte ihm hierzu alle Hoffnungen. Ohne Auge und ohne bisherigen Kampfarm schien das unmöglich! Und doch würde er es versuchen! Er musste lernen mit einem Auge genauso gut sehen zu können, wie mit beiden Augen. Das fehlende Auge dürfte ihm Behinderungen in der Beurteilung von Entfernungen einbringen und dies könnte sich fatal in Zweikämpfen auswirken. Also nahm er sich vor, dass verbliebene Auge zu schulen. Wenn der bisherige Kampfarm nicht mehr zur Verfügung stand, musste eben der andere Arm entsprechend ausgebildet werden...

Titus gelangte zu der Einsicht, dass dies seine bisherige Lebensweise, seine zuweilen äußerlich bekundete Leichtlebigkeit, seine zumeist lockere Überheblichkeit und vor allem seinen Hang zu schönen Frauen beeinträchtigen.

Er konnte nicht davon ausgehen, dass die schönen Frauen einen Einäugigen zukünftig Anderen gegenüber bevorzugen würden. An Stelle seiner Lockerheit und Überheblichkeit wollte er sich die Charaktereigenschaft der Zielstrebigkeit und Gewissenhaftigkeit, die auch seinen älteren Bruder auszeichneten, aneignen.

Wie aber könnten charakterliche Veränderungen und gleichzeitig eine körperliche Umstellung der Kampfweise zur Führung des Gladius oder der *Spatha* gelingen? Darüber grübelte der Römer die gesamte Zeit der Schiffsreise und gelangte in deren Verlauf zu keinem befriedigenden Ergebnis.

Nach dem Eintreffen der beiden Schiffe und des Sklaventransporters in Mogontiacum brachte man ihn ins Valetudinarium der Legion.

Dort suchte ihn am gleichen Tag noch sein älterer Bruder Quintus auf. Titus war, ob der vergangenen Anstrengungen beim Verbringen vom Schiff zum Lazarett, erschöpft eingeschlafen. Offensichtlich spürte er aber den intensiven Blick seines am Lager stehenden Bruders und öffnete sein gesundes Auge.

Der Verletzte reichte dem Bruder die unverletzte linke Hand zum römischen Gruß. Der Gast erfasste den ihm dargebotenen linken Unterarm mit der Hand und der Verletzte tat es mit seiner Hand am Unterarm des Bruders ebenso. Beide Männer sahen sich in die Augen und schwiegen.

Quintus beendete das Schweigen mit der Frage: „Warum?" Titus schwieg weiter und überlegte die Antwort.

„Ein falsches Verständnis von Sicherheit im Kreis zahlreicher Legionäre und Unachtsamkeit gegenüber einem gestellten Germanen!" brachte er seine Überlegungen kurz und knapp auf den Punkt, der sein Versagen verdeutlichte.

Seinem Bruder gegenüber waren Beschönigungen ungeeignet. Nur klare Worte konnten dessen Verständnis einbringen. Vom eigenen Bruder rechnete er mit der vollen Sympathie, doch als sein militärischer Vorgesetzter brauchte der Bruder klare Aussagen.

„Dann war es die Schuld deiner Legionäre, dass du verletzt wurdest?" folgerte der Bruder aus der erhaltenen Antwort.

„Nein, nur ich bin schuld…" erklärte der Verwundete und fügte nach einiger Zeit hinzu „…und der Germane!"

„Dann berichte mir den Hergang!" forderte der Ältere ihn auf. Titus berichtete vom erfolgreichen Überfall des ersten Dorfes, vom zur Verletzung führenden Ablauf und von seinem Entschluss, das zweite Dorf überfallen zu lassen.

Titus hielt sich an die Wahrheit. Dies war er dem älteren Bruder schuldig, zumal zwischen Beiden schon immer großes Vertrauen bestand und er seinerseits seinen älteren Bruder uneingeschränkt achtete. Aufmerksam hörte Quintus den Bericht an, merkte sich alles und korrigierte dann den Bruder.

„Wenn du nicht die Schuld an der Vernichtung einer halben Kohorte tragen willst, musst du dich klüger ausdrücken!" stellte der Ältere unzufrieden fest.

„Was meinst du?" kam die Rückfrage.

„Den Bericht zu deiner Verletzung mit der eigenen Unachtsamkeit zu begründen ist falsch! Ihr habt den Germanen gestellt und eingekreist, nachdem dieser auf seinem Weg schon andere erfahrene Legionäre getötet hatte? Damit war der Germane ein mutiger, erprobter und vor allem zäher Kämpfer, der Gefahr ausstrahlte!" korrigierte der Ältere den Inhalt des Berichtes.

„Also habt ihr gezögert, um eine deutliche Überlegenheit an Miles zu erzielen. Dem war deine Unterhaltung mit dem Germanen, die unsere Männer kaum verstanden haben werden, geschuldet.

Deine Kommentare sollten Zeit schinden und weitere Legionäre zum Kampfort führen, um eine Entwaffnung des Mannes, ohne dessen

Vernichtung, zu ermöglichen. Du sahst diesen tapferen Mann schon als erprobten Kämpfer in der *Arena*!" erklärte der Ältere eine weit günstigere Darstellungsweise. Titus erkannte, trotz der nur geringfügigen Änderung, wie eine gänzlich veränderte Sicht auf die unglücklichen Abläufe entstand.

„Nur entschloss sich der Germane zu schnell und du standest in vorderster Linie, so dass der erste Angriff dir galt!" schloss Quintus sein Verständnis vom Hergang ab.

„Und wenn der Befehlshaber andere Beteiligte befragt..." warf der verunsicherte Titus ein „...wird er keine Widersprüche entdecken können, denn was du gedacht und beabsichtigt hast, kann kein Legionär erahnen. Keiner der Männer spricht die Sprache der Barbaren so gut wie du! Selbst unter den Offizieren der *Hastatii* gibt es keinen, der sich außer dir, bisher diesen Mühen unterzog. Dieses besondere Prädikat ist nur dir Eigen.

Es sei denn, deine unangebrachten Scherze offenbaren deine Unschlüssigkeit und bewirkten Unaufmerksamkeit. Du hast jedoch keinen der Männer für dessen Nachlässigkeiten bestraft, oder?" unterbrach Quintus Titus Erklärung und fragte seinerseits.

„Nein, ich gab mir selbst die schuld!" lautete die Antwort des Verletzten.

„Nun, das ist gut so! ‚Keine Strafe' bedeutet ‚kein Vergehen'! Dies wieder zeigt, dass du die Situation überschaut hast und deinem Ziel, den Germanen durch eine Überlegenheit gefangen zu nehmen, Ausdruck verliehen hast."

Quintus Sicht auf den Kampf offenbarte eine zwingende Logik, der sich selbst Titus nicht verwehren konnte. Warum sollte, wenn der Stellvertreter des Legatus die Situation so betrachtete, er als jüngerer Tribun sich selbst beschuldigen?

„Dass der Germane dich dann todesmutig angriff, kann nur seiner ausweglosen Lage geschuldet sein. Er kam dir Augenblicke zuvor und das ist nicht strafbar, hätte aber tödlich enden können! Aber auch dabei warst du reaktionsschnell und konntest den Angriff ablenken ...." betonte der Ältere seines Bruders Glück. Er wendete, die durch die Unachtsamkeit der Worte verursachte Schuld des Tribuns, mittels der Hervorhebung eigener Kampffähigkeit, in eine schlimmere Folgen verhindernde ruhmreiche Handlung um.

„Pech nur, dass der Helm das Auge aushebelte. Für die Armverletzung muss keine Entschuldigung herhalten. Es geschah im Kampf! Für das verlorene Auge kann der Helm schuld sein ... Damit sieht die Situation, die zu deiner Verletzung führte, günstiger aus und die Schuld kann dem Germanen angelastet werden!"

Quintus sah den Bruder herausfordernd an. „Du wirst den Legaten damit nicht belügen, denn so unterschiedlich man den Hergang auslegen könnte, so gleichartig sind die einzelnen Handlungsweisen aller Beteiligten!"

Nach einiger Überlegung stimmte Titus der so korrigierten Tatabfolge zu. „Wenn du das so siehst, warum sollte ich dann etwas anderes berichten..." bemerkte er.

„Hast du mit anderen Unterführern über den Hergang gesprochen?" fragte Quintus nach.

„Nein, nach meiner Erinnerung nicht! Nach der Verletzung habe ich nur mit dem Pilus Posterior Ovinus und dabei nie über die Handlungsabfolge gesprochen.

Aulus Licinius Metellus und Servius Mallius, der Präfekt der Cohors Equitata, die zuvor mit mir sprachen, sind Tod. Dem Arzt und dem Capsari gegenüber äußerte ich keine Erklärungen zu meinen Handlungsabsichten." erklärte Titus und überdachte nochmals alle von ihm mit seinen Nachgeordneten geführten Gespräche.

„Dann werde ich Legat Verginius Rufus diese Version berichten und empfehlen, dass er deine Angaben mit denen von Ovinus prüft. Wann werden die Kohorten eintreffen?" wollte Quintus wissen.

Der Legat sollte sofort Kenntnis von der von Titus berichteten und von ihm korrigierten Version erhalten. War er der erste Berichterstatter, konnte er die Sicht der Dinge, im Sinne des Bruders, beeinflussen. Deshalb hegte Quintus nicht die Absicht, sich lange beim Verletzten aufzuhalten. Titus würde ihm nicht davonlaufen und zuerst sollte der Legat vom Hergang erfahren. Später blieb den Brüdern sicher noch viel Gelegenheit, um über weitere Umstände und Abläufe eine gemeinsame Sicht der Sachverhalte herauszufinden.

„Nach meinen Befehlen müsste Ovinus am morgigen Tag, gegen Abend, hier eintreffen. Eine Verzögerung wäre jedoch dann möglich, wenn er von Germanen angegriffen wurde." beantwortete der Tribun die Frage seines vorgesetzten Bruders.

„Was hat der Arzt zur Verletzung gesagt?" wollte der Bruder noch wissen.

„Der Arm bleibt verkrüppelt!" Titus Antwort brachte seine Wut und Verzweiflung zum Ausdruck.

„Was willst du dann tun, aus der Legion ausscheiden?" fragte der Ältere sofort.

„Nein!" fuhr Titus hoch und Zorn funkelte aus seinem gesunden Auge.

„Ich will die Barbaren züchtigen und meine Rache! Das Dorf muss brennen!"

„Ohne Auge und Kampfarm…?" quittierte der Bruder seelenruhig und verwies damit auf seinen gehegten Zweifel. Natürlich bedauerte Quintus des Bruders Verletzung. Beide Beeinträchtigungen der Kampffähigkeit waren geeignet, die Laufbahn in der Legion beenden zu müssen. Aber schon andere Offiziere hatten ohne ein Auge Erfolg und der erzwungene Wechsel des Kampfarmes war auch von Offizieren gemeistert worden, beides zusammen aber…? Von einer solchen Behinderung hatte Quintus noch nie erfahren.

„Es ist nun mal passiert! Ich werde nach der Zeit im Valetudinarium in die *Provinz* gehen und sehen, dass mein linker Arm zum Kampfarm wird!" verkündete Titus seine Absichten.

„Wie willst du das bewerkstelligen?" Wieder bewegten den Bruder Zweifel.

„Ich habe mir das genau überlegt! Aufgeben werde ich nicht, aber ich brauche deine Hilfe. Ich kenne einen römischen Händler, der unweit von hier eine abgelegene Villa besitzt und mir etwas schuldig ist. Bei ihm nehme ich Quartier.

Viator und *Paratus*, aus der 1. Kohorte *Triarii,* sind zwei erfahrene Legionäre, die ihr Können schon mehrfach beweisen konnten. Mit den beiden Legionären habe ich schon Kämpfe bestanden. Viator ist ein heller Kopf, verschwiegen, zuverlässig und ohne Skrupel. Paratus hat Kraft wie ein Stier, geistig ist er etwas beschränkt. Na ja, er ist etwas langsam beim Nachdenken. Beide sind befreundet, kämpfen schon über Jahre nebeneinander und sind erfahren, tapfer und verschwiegen. Wenn ich das Valetudinarium verlassen kann, brauche ich diese beiden Legionäre und etwa drei Monate Zeit. Dann bin ich bereit!" beantwortete der Verletzte des Bruders Frage und hatte sich damit festgelegt.

Titus würde alles tun, um seine Kariere fortsetzen zu können. Zumindest in diesem Punkt stimmten die Brüder überein, auch wenn das Vorhaben schwierig zu werden schien. Doch Aufgeben stünde einem Suetonius nicht zu und würde vom herrschenden Onkel ohnehin nicht anerkannt werden. Titus blieb im Grunde keine andere Möglichkeit. Würde der Legat seinen Bruder in die Heimat zurückschicken, wäre dies gleichbedeutend mit einer Schmach für die Familie, die Quintus zu verhindern hatte.

„Du meinst, deine Rivalen werden auf deine Rückkehr warten? *Publius Hortensius Lupinus* wird um des Legaten Gunst buhlen, was er schon jetzt nachhaltig ausführt. Zumindest fragte mich der Befehlshaber schon nach meiner Meinung." verkündete Quintus und beabsichtigte damit den Bruder zu reizen.

Doch dieser blieb völlig ruhig, als er dem älteren Bruder seine Absichten vermittelte:

„Dein Ausscheiden wird nicht vor Ende des folgenden Jahres vollzogen. Bis dahin werde ich meinen Nutzen beweisen. Um Lupinus werde ich mich nach meiner Rückkehr vom Landgut meines Freundes kümmern. Verhindere einfach, dass er hier auftaucht! Über die Villa bewahre stillschweigen." Quintus nickte sein Einverständnis.

„Ich werde ein Schreiben an den Händler erstellen. Der Mann ist mir was schuldig. Außerdem hat er eine willige Tochter, zwar keine Schönheit, aber durchaus nicht zu verachten. Sorge bitte für den Erhalt des Schreibens. Kannst du morgen wieder kommen?"

„Ja, aber ich werde erst die Rückkehr der Kohorten abwarten und mit dem Legaten sprechen. Also habe Geduld. Lupinus werde ich mit einem Auftrag nach *Bonna* schicken." merkte Quintus an.

Titus dankte dem Bruder und dieser verabschiedete sich. Anschließend prüfte der Verletzte noch einmal den in ihm gereiften Entschluss, sich den Konsequenzen des Misserfolges seiner Mission, seiner Verletzung und seinen Avancen auf die Stellung als Stellvertreter des Legatus zu stellen.

Nicht alle Unwägbarkeiten konnte er voraussehen und seinen Rivalen um die Stellvertreterposition hatte er in seinen bisherigen Überlegungen völlig vergessen. Umso wertvoller war der Hinweis seines Bruders, auf mögliche Konkurrenten und ganz besonders auf den Tribun Lupinus.

Über seine Überlegungen schlief er ein.

Als er erwachte saß Viator an seinem Lager.

„Tribun, du hast mich rufen lassen? Wie geht es dir, Herr?" fragte der Legionär.

Titus bedachte sich einen Moment, überraschte ihn doch die Anwesenheit des Legionärs.

„Im Prinzip ist das richtig. Mein Bruder hat dich geschickt? Hat er dir etwas aufgetragen?" fragte er dann vorsichtig.

Es stand ihm nicht der Sinn danach, alle seine Absichten vor dem zweifellos vertrauenswürdigen Legionär auszubreiten. Doch da er ihn brauchte, musste der Mann ein bestimmtes Wissen erhalten, damit der ihm zugedachte Auftrag erfüllt werden konnte.

„Ich soll einen Brief befördern, sagte dein Bruder, Herr!" antwortete der Triarii auf des Tribuns Frage.

„Welche Tageszeit haben wir jetzt?" Titus richtete sich auf seinem Lager auf.

„Es ist früher Morgen, die zweite Stunde!" erhielt er vom Legionär als Auskunft.

„Fein, bist du schon lange hier?" wollte Titus von Viator wissen und als dieser ihm sagte, er sei eben erst eingetreten, forderte er den Legionär auf: „Rufe mir mal einen der Capsari. Ich möchte frühstücken! Danach werde ich den Brief verfassen. Ich möchte das du wartest und alles was von dir verlangt wird, schweigsam gegenüber jedem Anderen, ausführst!"

„Ja, Tribun!" damit verschwand Viator aus Titus Sichtbereich und eine Dienerin brachte nach kurzer Zeit sein Frühstück. Er befahl ihr, eine Wachstafel mit Griffel herbeizuschaffen und schrieb dem Händler *Julius Versatius Amantius* seine Wünsche und forderte ihn zur Gewährung des Gastrechts auf. Nach dem siegeln des Schreibens, rief er Viator zu sich.

„Hat mein Bruder etwas über Paratus gesagt?"

„Nein, Tribun!" lautete die Antwort.

„Nimm den Brief, geh zu meinem Bruder und bitte ihn, dir Paratus als Begleitung mitzugeben! Lass dir Pferde für die Reise geben! Kennst du den Standort der Vexillation der **Legio XXI Rapax**, am Fluss **Nava**?" fragte Titus den Legionär.

„Nein, Tribun!" Während Titus auf einer zweiten Wachstafel den Verlauf des Flusses Rhenus aufzeichnete, erklärte er Viator dessen Weg entlang des Flusses bis zur Nordschleife und dem Zufluss der Nava. Er zeichnete den Verlauf der Nava bis zum Standort der Vexillation und von dort aus nordwärts bis zur Villa des Amantius auf.

„Werdet ihr Beide bereit sein, mir bei der Erlangung meiner Kampffähigkeit behilflich zu sein? Es wird euer Schaden nicht sein!" fragte er den Legionär und verwies auf den Vorteil.

„Wir werden einen Befehl erhalten?" wagte Viator leise nachzufragen.

„Euch gehen keine Anrechte verloren! Ihr erhaltet einen Befehl! Gelingt es mir, meine militärische Laufbahn fortzusetzen, werdet ihr meine Schutzengel" Titus lächelte den Legionär spöttisch an. Verbunden mit der Bereitschaft könnten beide Legionäre, als *Immunes* zu seiner persönlichen Verfügung, nicht nur besseren Sold erhalten, auch würde der Dienst erleichtert.

„Scheitere ich, kehrt ihr in eure *Centurie* zurück. Es ist euch angeraten, über eure persönliche Vexillation zu schweigen!" versicherte der Tribun.

Viator nickte mit dem Kopf zum Zeichen seines Einverständnisses. Titus wusste, dass Paratus ohne Widerrede machen würde, was Viator für Beide entschieden hatte.

„Ihr reitet zusammen zum Händler Amantius. Er wird euch Unterkunft und Verpflegung geben. Haltet euch kampfbereit und erwartet mich dort! Bis ich komme, habt ihr keine weiteren Pflichten, als über euren Aufenthaltsort, gegenüber Jedermann, auch meinem Bruder, zu schweigen! Wenn ihr eure Centurie verlasst, sprecht nicht über euer Ziel. Für Paratus wäre es günstiger vom Zielort erst zu erfahren, wenn ihr den Fluss Nava erreicht habt. Was er nicht weiß, kann er nicht verraten und auch im Suff nicht ausplaudern ..." Titus grinste seinen Legionär, durch den das Gesicht noch immer bedeckenden Verband, an. Das Verziehen der Mundwinkel bereitete Schmerz bis zum fehlenden Auge und doch konnte er seine Gemütsbewegung nicht verhindern.

„Ich werde hier meine Genesung abwarten und dann nachreisen. Es kann noch einige Tage dauern, bis der Medicus mich für reisefähig erklärt."

Titus überdachte seine Befehle und fügte abschließend hinzu: „Noch etwas! Wenn du bei meinem Bruder vorsprichst, bitte ihn, mir einen Sklaven zu schicken. Am besten einen, der die Landessprache nicht spricht!" forderte er den neuen Immunes auf.

„Tribun, dann soll ich euch nicht hier abholen und zur Villa begleiten? Paratus könnte bei der Villa bleiben und ich werde hierher zurückkehren." schlug Viator besorgt vor.

„Nein, dich kennen zu viele! Wenn du in meiner Nähe bleibst, tauchen Vermutungen auf. Fremde Ohren könnten etwas hören und weiter sagen, was meinen Interessen zuwider läuft. Bleibt Beide bei Amantius!"

Titus schwieg einen Augenblick und ergänzte dann: „Es gibt da noch etwas! Lasst mir die Tochter des Händlers in Ruhe! Das wird meine Arena!"

Mit einem Grinsen im Gesicht verschwand Viator.

Am nächsten Morgen stand der griechische Medicus Flavius an Titus Lager und erkundigte sich nach seinem Befinden. Er untersuchte Augenhöhle und Armverletzung. Anschließend erneuerte er die Verbände. Danach verkündete er mit Bestimmtheit, dass der Kopf und das Auge gut heilen und einem Verlassen des Valetudinarium in wenigen Tagen nichts entgegen steht.

Nach Sichtung des Heilungsprozesses der Oberarmwunde war sein Kommentar nicht so optimistisch. Hier hielt er eine noch längere Dauer für angebracht und es blieb Titus nichts anderes übrig, als sich in Geduld zu fassen.

Mit innerer Beunruhigung erwartete der Römer den Besuch des Legatus, würde er sich doch dann unangenehmen Fragen gegenüber sehen. Doch Lucius Verginius Rufus erschien nicht, dafür aber abermals sein eigener Bruder.

„Der Legat wünscht dir gute Genesung! Er wird nicht kommen, erwartet dich jedoch zum Sommeranfang gesund und kampffähig." lautete Quintus brüderliche Begrüßung.

Quintus zog sich einen Hocker ans Lager und grinste den Bruder an.

„Viator und Paratus haben einen Befehl von mir zum Standort der Vexillation der XXI Rapax, werden dort aber nie eintreffen. Wo die beiden hingehen, weiß ich nicht. Der Befehl enthält eine etwas undeutliche Anweisung zum Einsatzort und nur Viator weiß, wo er sich zu melden hat. Damit besteht auch kein Zusammenhang zwischen dem Verbleib der beiden Legionäre und dir. Dein Freund Lupinus befindet sich seit zwei Tagen in einer wichtigen Mission auf dem Weg zur *Legio I Germanica* in Bonna. Er wird erst zum *Pridie K Octobre* wieder auftauchen. Wenn du in diesen drei Wochen dein Lager verlassen kannst, wird jeder denken, du kehrtest nach Rom zurück." berichtete der Bruder über von ihm veranlasste Maßnahmen und lächelte.

„Was hat der Legat zu den Verlusten gesagt?" wollte Titus wissen.

Eigentlich rechnete Titus mit dem Besuch seines Legaten, aber bestimmt war es anders vom Bruder eingefädelt worden und sicher auch besser so, wenn der Legat seine derzeitige Hilflosigkeit nicht bemerken würde. Quintus erwies sich eben doch als ein schlauer Fuchs ...

„Zuerst hatte er einen Wutanfall. Nach meiner Erklärung beruhigte er sich etwas. Dann erfuhr er von der Zahl der Sklaven und deren Brauchbarkeit. Als einer der Sklavenjäger ihm seinen Gewinn brachte, stimmte ihn dies milder!" berichtete der Bruder mit einem Grinsen im Gesicht.

Titus empfand wie früher, in ihrer gemeinsamen Jugendzeit. Das Grinsen des Bruders sah gerade so aus, als hätten beide Brüder gemeinsam einen ihrer zahlreichen Jugendstreiche begangen und waren vom Vater gemaßregelt, gerade noch mal an einer Bestrafung vorbei geschrammt.

„Übrigens, der Sklavenhändler brachte mit dem Anteil der Truppe auch deinen Gewinn. Nach meinem Gefühl dürftest du kaum mit dieser Summe gerechnet haben. Ich habe das Säckchen mit deinen *Silberdenaren* in Verwahrung genommen. Dein Gewinn aus dem Verkauf der Sklaven war zwar beträchtlich, ich musste jedoch dem Legat einen Teil davon abtreten."

Der Bruder schwieg und wartete auf eine Reaktion. Als diese ausblieb, setzte er fort: „Er war schon wütend über den Verlust der Kohorte! Mit dem Geld beruhigte ich ihn etwas. Außerdem denkt er jetzt darüber nach, die Germanen zu züchtigen! Ich erhielt den Auftrag zur Beschaffung von Ersatz. Einer der jüngeren Tribune kümmert sich darum!

Den Befehl für Viator und Paratus unterzeichnete Rufus dann aber ohne weitere Fragen zu stellen. Deine Legionäre erhielten ihr Aufgeld auch schon." erzählte Quintus.

„Bruder, ich danke Dir! Das ging dann wohl deutlich angenehmer aus, als ich erwarten durfte! Zumindest bis jetzt!" Ein Lächeln glitt über Titus Gesicht und Zufriedenheit nistete sich in sein Minenspiel.

Mit stoischer Ruhe nahm dafür Quintus den Bericht über die Aussagen des griechischen Medicus zur Kenntnis. Mit keiner Silbe zeigte er an, was er vom Genesungsprozess des Bruders hielt.

Nach diesem Besuch vergingen die folgenden Tage im Gleichlauf. Die Genesung machte Fortschritte. Die Stirnwunde verheilte und bildete eine fingergliedlange Narbe auf der rechten Stirnseite. Flavius meinte, die Narbe auf der Stirn wäre ein zusätzlicher Schmuck für einen Krieger.

Die Ersatzhaut im Auge hatte sich geschlossen und im Gespräch mit dem Medicus gab dieser zu bedenken, dass er von Augen aus Glas gehört habe, die sich zwar nicht zum Sehen eigneten, deshalb aber trotzdem über ein fehlendes Auge hinwegtäuschen könnten.

Titus fragte den Griechen nach dem Preis für solch ein Auge und ob er selbiges beschaffen könnte. Daraufhin maß Flavius die Augenhöhle aus und versprach das Gewünschte zu besorgen. Er betonte aber dabei, dass sich Titus erst langsam an das Auge gewöhnen müsste. Erst wäre es sehr unangenehm, würde sich aber mit der Zeit geben.

Die Wunde am Oberarm schloss sich ebenfalls mit Bildung einer Narbe. Dort, wo ehemals ein nicht unbeträchtlicher Muskelteil des rechten Oberarms vorhanden war, hatten sich oberhalb und unterhalb der Narbe, die quer über den jetzt fehlenden Muskel verlief, zwei Muskelreste erhalten. Die zartrosafarbene Narbe mochte in ihrer Breite etwa die Länge des vorderen Daumengliedes aufweisen.

Erste Versuche des Verletzten, den gesamten Arm zu heben, scheiterten. Schulterbewegungen konnte er nur mit Vorsicht ausführen. Die Bewegung der Finger war möglich, nicht aber die der Hand und des Armes. Mit frischen Binden, Salben und Tinkturen bewaffnet, konnte Titus endlich, nach etwas über einem weiteren Monat, das Valetudinarium verlassen.

Am Vorabend hatte ihn sein Bruder letztmalig besucht, ihm einen Befehl für seinen weiteren Genesungsvorgang überreicht, seinen Goldanteil von der Sklavenjagd übergeben und die Brüder hatten sich vorerst voneinander verabschiedet.

14. Viator und Paratus

64 nach Christus - nach Mittsommer
Mogontiacum - Linksrheinisches, von Römern beherrschtes Gebiet

rei Tage später traf Titus Suetonius in der Villa des Julius Versatius Amantius ein.

Es war im Frühherbst vor genau zwei Wintern, als Titus mit einer **Turma** auf dem Weg vom *Castra Bonnensia* nach Mogontiacum, südlich des Zufluss der *Mosella* in den Rhenus, Lärm hörte und daraufhin mit seinen Reitern vom ursprünglichen Weg abweichend, in ein Waldstück galoppierte.

Er traf auf einen Rastplatz römischer Händler, die sich eines Überfalls von Germanen erwehrten.

Nur etwa zwanzig germanische Krieger attackierten die von den römischen Händlern aus sechs Wagen errichtete Wagenburg. Die Begleitknechte der Römer standen im Zweikampf mit den Angreifern. Auch einige der Händler wehrten sich verzweifelt gegen die Germanen, die in ihrer Wildheit ohne zögern jeden niederschlugen, der sich ihnen in den Weg stellte.

Die Römer waren in etwa gleicher Mannstärke, aber wesentlich ungeübter im Gebrauch ihrer Waffen und so hatte sich der Vorteil zu Gunsten der Germanen ergeben. Den Angegriffenen blieb nur noch wenig Zeit, bevor sie als Unterlegene am Boden liegen würden.

Titus und seiner Reiter Ankunft wendeten das Blatt zu Gunsten der noch kämpfenden Händler und ihrer Getreuen. Die Legionäre fielen aus dem Rückraum über die sich, ob ihres abzuzeichnenden Sieges euphorisch anfeuernden Germanen, her und schlugen im ersten Anritt etwa die Hälfte der Germanenkrieger nieder. Der nachfolgende Zweikampf einer Übermacht, von zwei zu eins zu Gunsten der Römer, brachte schnell das Ende des Kampfes und nur sehr wenigen Germanen gelang die Flucht. Wer nicht im Nahkampf getötet wurde und nicht mehr fliehen konnte, starb anschließend durch die Hand der Legionäre.

Von den sechs Händlern lebten nur noch zwei, einer war Julius Versatius Amantius. Nur drei der Begleitknechte des Wagenzuges waren Unverletzt und fünf weitere überlebten mit leichteren Verletzungen. Zwei der Knechte hatten schwere Verletzungen und würden den Tag oder den folgenden Weg kaum überstehen.

Als Titus absaß, kam der erste Händler auf ihn zu und bedankte sich für dessen beherztes Eingreifen.

Er versicherte dem Tribun seine ewige Dankbarkeit und bat ihn um weiteren Schutz, da sich die eigene Schutztruppe merklich verkleinert hatte. Auch galt seine Furcht einer möglichen germanischen Verstärkung, da doch einige der Angreifer hatten fliehen können.

Nach einer Verständigung beider Männer über das Ziel der Kolonne, entschloss sich Titus, den Wagenzug sicher zum Zielort zu geleiten.

Der Umweg nach Mogontiacum würde nur zwei zusätzliche Tage beanspruchen. Als er seine mögliche Verspätung unter Berücksichtigung der durch die Wagen hervorgerufenen geringeren Geschwindigkeit überdachte, fand er es gerechtfertigt, den römischen Händlern zu helfen.

So kam Titus zur Freundschaft mit Julius Versatius Amantius, die sich auf dem weiteren gemeinsamen Weg verfestigte.

Er lernte dessen Villa, seine Frau und die heranwachsende Tochter kennen, die damals am Beginn ihrer Fraulichkeit gestanden haben mochte. Das Mädchen versprach ein gut gewachsenes, wenn auch nicht unbedingt schönes Weib zu werden.

Diese Erinnerungen drängten sich in Titus Kopf, als er am Tor durch die Umfassungsmauer des Villengrundstückes ritt.

Auf dem Vorplatz vor dem Hauptgebäude stand Paratus mit einer langen Lederpeitsche in der Hand und einem schwarzen Hengst am verlängerten Halfter. Er ließ das Pferd im Kreis um sich traben. Mit schnalzen und zuweilen einem leichten Knall der Peitsche trieb er den Hengst vorwärts.

Als Paratus den Tribun sah, drehte er sich zum Haupthaus um und rief dem auf der Treppe zum Eingang sitzenden Viator zu: „Viator, der Tribun kommt!"

„Hab es schon gesehen! Bring den Hengst auf die Koppel, ich hole den Hausherrn!"

Während Titus vom Pferd stieg, trat Julius Versatius Amantius aus dem Hauptgebäude und schritt auf den Ankömmling zu.

„Tribun Titus Suetonius, sei herzlich willkommen! Mein Haus sei dein Haus, meine Speise soll dich laben und ich denke auch an den einen oder anderen guten Tropfen Wein!" Er lachte zur Begrüßung.

Dann stutzte der Hausherr und starrte auf Titus Stirnband und den verbundenen Arm. „Was ist dir geschehen mein Freund? Bei allen Göttern, wer hat dich so zugerichtet?" fragte er bestürzt.

„Das ist eine längere Geschichte, die ich dir erzähle, wenn meine Lippen mit dem versprochenen Wein befeuchtet sind und mein Magen mit einem Braten gefüllt ist!" antwortete der Tribun, hakte sich in den rechten Arm seines Gastgebers ein und setzte fort: „Doch bring mich erst zu deinem Weib, damit ich sie angemessen begrüßen kann und dann würde ich auch gern eurem Kleinod meine Aufwartung machen. Ich hoffe beide Frauen sind wohlauf und anwesend?"

„Wo sollte meine Alte sonst sein, wenn nicht irgendwo in der Küche oder in einem der Lager? Doch wo sich meine Tochter derzeit herum treibt, ist mir weniger bekannt!"

„Da könnte ich helfen!" lies sich Viators Stimme aus dem Rücken des Hausherrn vernehmen. Titus begrüßte seine beiden Legionäre und bat Viator die Tochter des Hauses zu suchen.

Von Julius geführt, betrat Titus das Portal zum Haupthaus und gelangte unter der Führung des Hausherrn in dessen *Atrium*, ohne zuvor zu versäumen, dem ihm folgenden Diener das Abladen der Pferde in Auftrag gegeben zu haben.

Er sah noch, dass Paratus Hand anlegte und seinem Diener zu den Gästezimmern voranschritt.

Die Hausfrau *Lucretia Versatius*, eine kräftige, gut gebaute Mittvierzigerin, mit vom braunen ins graue übergehenden Haar und schönen braunen, Wärme ausstrahlenden Augen, begrüßte den Gast in dem sie ihm beide Hände reichte. Als er nur mit der linken Hand zugriff, schaute sie verwundert auf den anderen Arm ihres Gastes: „Was bei allen Göttern ist dir widerfahren, Titus?"

Sie nutzte diese vertraute Anrede, weil sie sich in den militärischen Titeln nicht sicher auskannte, ohnehin nicht darum kümmerte und andererseits auch seit dem erstmaligen Besuch des Tribuns einen angenehmen und freundschaftlichen Eindruck vom Gast gewonnen hatte. Natürlich bedachte sie auch, dass sie Titus Dankbarkeit für den Erhalt des Lebens ihres Gatten schuldete.

Das wiederum beschäftigte Titus überhaupt nicht.

Er hatte mit seiner damaligen Unterstützung der Händler eine richtige Entscheidung getroffen. Dass er später einmal auch die Hilfe des Händlers beanspruchen könnte, hatte er nicht vermutet. Der Gedanke, Amantius Gastfreundschaft für seine vollkommene Genesung zu nutzen, kam ihm, als er auf seinem Krankenlager an dessen heranwachsende Tochter dachte.

Dieser mehr oder weniger aus dem Unterbewusstsein hervordrängende Gedanke begeisterte ihn nachhaltig. Deshalb fasste er den Entschluss, diese Freundschaft zu Amantius und dessen Unterstützung zum Gelingen seines Planes, als Gegenleistung der damaligen Rettung, einzufordern. Wie er jetzt feststellen konnte, war seine damalige Bemühung nicht vergessen worden und er konnte das Gastrecht nutzen, um in aller Abgeschiedenheit seine Kampffähigkeit neu zu erwerben.

Bei diesem Gedanken angekommen, blieb noch offen, wie ihn die Tochter des Hauses begrüßen würde. Letztlich war es ihrer Erscheinung zu verdanken, dass er diesen Plan fasste.

Sicher wäre ihm in seiner Vergangenheit kaum der Gedanke gekommen, nicht die schönste Gespielin für sein Lager zu finden. Zu den möglichen schönen Gespielinnen konnte man, nach seinen Erinnerungen, Amantius Tochter nicht unbedingt zählen. Trotzdem beherrschte ihn Neugier.

Mit der ihm neu auferlegten Zurückhaltung ob seiner Behinderung, ein fehlendes Auge konnte unmöglich als Zierde in Betracht kommen, mussten sich seine Wünsche und Bedürfnisse bescheiden. Da schien ihm Amantius Tochter wie ein Geschenk. Sein Trachten bestand nicht unbedingt darin, nur ein weiches frauliches Lager im Haus seines Gastgebers zu finden, sondern auch in der Erinnerung, dass die Tochter des Händlers ein aufgewecktes, praktisches und fröhliches Verhalten zeigte. Das heranwachsende Mädchen verstand es mit klugen Bemerkungen die damaligen kurzen Gespräche mit dem Gastgeber zu würzen.

Titus war neugierig, ob *Julia* halten würde, was sie dereinst versprach? Bei diesem Gedanken angekommen und sich im Atrium umsehend, erklärte er der Hausfrau, dass dies eine längere Geschichte sei, die er noch zu erzählen gedenke.

Ein Reiter preschte auf den Vorplatz der Villa, riss den gerittenen Hengst auf die Hinterhand hoch und glitt vom Rücken des Tieres. Das Pferd schien diese Behandlung schon zu kennen und trabte, als sich aus der Staubwolke eine junge Frau hervorschälte, zur Seite in Richtung Stallungen.

Beim genauen Hinsehen erkannte Titus in dieser jungen Frau Julia, die Tochter des Hausherrn. Diese Erscheinung überraschte ihn. Was war aus dem damaligen Mädchen geworden? Schulterlanges braunes Haar umrahmte schöne braune Mandelaugen in einem hübschen, ovalen Gesicht, mit leichten Grübchen beim Lächeln.

Mit diesem Lächeln schritt die schlanke, gut gewachsene junge Frau auf den Gast ihres Vaters zu, verbeugte sich leicht vor Titus und begrüßte ihn mit den Worten: „Tribun Titus, du bist weit geritten, um uns zu besuchen! Ich freue mich, dich zu sehen und hoffe, dass deine Reise angenehm verlaufen ist!"

„Julia, Dank für deine freundlichen Worte und für deine liebliche Erscheinung. Du bist ja eine wahre Schönheit geworden und da ich deine Klugheit und dein wortgewandtes Wesen schon kennenlernen durfte, sehe ich den Erfolg deiner Eltern in deiner Erziehung. Ich nehme den Stolz Beider zur Kenntnis, um mich vor einer solchen klugen und schönen jungen Frau zu verbeugen!"

Titus deutete die Verbeugung an und stellte für sich fest, dass Julias Erscheinung ihn weit mehr beeindruckte, als er erwartete. Andererseits nahm er die herzliche Begrüßung wahr, die trotz vergangener zweier Jahre offensichtlich nichts vom damaligen, in nur wenigen Stunden aufgebauten Einvernehmen verloren zu haben schien. Er fühlte sich wohl.

„Nun Tribun Titus, da die Begrüßung meiner holden Weiblichkeit abgeschlossen zu sein scheint, wirst du dich sicher gern einem Bad unterziehen, um den Reisestaub abzuwaschen. Anschließend wird es den von dir gewünschten Braten und einen köstlichen Tropfen Wein geben. Natürlich sind wir neugierig auf deine letzten Erlebnisse und auch auf das sicher für dich sehr schmerzliche Ereignis mit dem Arm.

Noch immer trug Titus seine Schärpe über dem rechten Auge. Keiner der Gastgeber hatte auf das Verdecken des Auges angespielt. Dies konnte damit zusammenhängen, dass Viator die Gastgeber vorbereitet hatte oder aber ihrem Takt geschuldet sein. Titus würde die Gründe noch erfahren. So nahm er das Angebot des Bades an und gewann dadurch Zeit, um mit beiden Legionären zu sprechen.

Obwohl Viator und Paratus auf Grund ihrer Herkunft zum Tribun Distanz hielten, pflegte er diesen beiden Männern gegenüber eine Vertrautheit, die im sonstigen Leben niemals zu sehen gewesen wäre, hier auf der Villa aber möglich war. Für diese Vertrautheit gab es Gründe.

Als Tribun, vor mehr als vier Jahren zur Primigenia gekommen, wurde Titus mit der 3. Kohorte 1. Centurie **Principes** in ein Gefecht verwickelt, in dem ein größerer Schwarm von Germanen über die marschierende Kolonne herfiel. Die Germanen kamen so unerwartet, dass es nicht mehr gelang, eine Kampfformation einzunehmen. Zweikampfsituationen bestimmten das Handeln der Legionäre. Auch Titus, der noch zu Pferd neben den Princeps ritt, wurde von einem Germanen vom Pferd gezerrt. Bevor er sich vom Boden erheben und seinen *Pugio* ziehen konnte, sah er das Schwert des Angreifers zum Schlag auf seinen Hals erhoben. Sein Gladius war beim Sturz im Dreck gelandet und befand sich nicht in seiner Reichweite. Er sah Charon, den Fährmann, schon grinsen.

Doch bevor das Schwert des Germanen auf ihn nieder sauste, trat aus dessen Brust die Spitze eines Gladius. Als der Germane zu Boden sank, grinste ihn ein Legionär an und meinte: „Da hast du noch mal Glück gehabt, junger Tribun! Denkt daran, der alte Viator war das! He, Paratus du alter Strauchdieb, warum bist du nicht in meinem Rücken? Hier zieht es gewaltig und es hängt verdammt viel Eisen in der Luft. Ich würde ungern so enden wollen, wie der Germane vor mir. Ist recht unangenehm, scharfes Eisen von hinten in die weichen Teile zu bekommen!"

„Bin schon da!" brüllte ein anderer Legionär und sprang zu Viator, um dessen Rücken zu sichern.

Titus, der inzwischen seinen Gladius gefunden hatte, drängte sich an die Seite der beiden Legionäre und so, sich gegenseitig deckend, zogen sie mit Paratus voran, eine blutige Schneise durch die Angreifer.

Da Viator sein Maul nicht einen einzigen Augenblick halten konnte, Witzeleien, Flüche, Anfeuerrungen und auch Aufforderungen an andere Legionäre, zum Einreihen in seine kleine Formation, seine Lippen verließen, wuchs der Keil vorwärts.

Als vorderster Krieger der Keilformation drang Paratus in die nachrückenden feindlichen Reihen vor. Was von Paratus zur Seite getrieben wurde, gelangte entweder unter Viators Gladius oder in die Reichweite von Titus, der sich an Paratus Seite standhaft hielt.

Der Nachschub feindlicher Krieger blieb letztlich aus und das Blatt, das den Germanen einen schnellen Sieg versprochen hatte, wendete sich vollends gegen die Angreifer. Germanen flohen in alle Richtungen und bald gab es nur noch tote Germanen und Römer oder auch nur verletzte Römer. Paratus, Viator und Titus waren unverletzt, von einigen kleineren Blessuren abgesehen.

Paratus atmete, auf seinen *Scutum* gestützt tief durch, sein Gladius steckte griffbereit vor ihm im Erdboden.

„Mann stinkst du heute wieder..." kommentierte Viator den unmittelbar Paratus umgebenden Geruch und schlug dem Legionär auf die Schulter, um dann fortzusetzen: „wir hatten wieder mal Glück, dass sich wegen deinem Gestank keiner an dich heran wagte. Die paar die mich belästigten, kosteten meine Spitze!" Er sah seinen Gladius, von dem noch immer Blut tropfte, an. Dann lehnte er sein Scutum an einen Baum und grinste wieder in Titus Richtung.

„Paratus, du sizilianischer Bauer, hat sich der Knabe neben dir nicht gut geschlagen?"

„Halts Maul, Viator, sonst lässt dir der Tribun deine vorlaute Zunge spalten und dann kannst du nicht mehr brüllen, sondern nur noch lispeln!"

„Wäre auch nicht schlecht, dann hätte ich zwischen den Schenkeln der Weiber doppeltes vergnügen!"

Viator lachte und wischte seinen Gladius an einem Grasbüschel ab. Plötzlich stand der Centurio hinter ihm. „Viator und der Eber Paratus? Habt ihr wieder mal Barbarenjagd getrieben?"

Dann bemerkte er den Tribun Titus. „Tribun, geht es dir gut? Wie bist ihr nur zu diesen beiden Wahnsinnigen gelangt? Bei denen klopft von jeder Seite der Tod an und hält reiche Ernte. Nur die Beiden haben immer nur Schrammen. Wie konntest du das nur überstehen?"

Viator drehte sich langsam zum Centurio um und antwortete, ohne dem Vorgesetzten die nötige Achtung zukommen zu lassen: „Centurio, hatte dich vermisst, als die Brut immer dichter wurde. Wo warst du denn? Hast dich wohl vor Paratus Gestank gefürchtet? Haben uns den jungen Tribun gegriffen. Hat sich gut gehalten! Scheint Paratus Gestank gar nicht bemerkt zu haben?"

Diese laut vorgebrachte Antwort quittierten die umstehenden Legionäre mit dem ersten befreienden Lachen.

Alle wussten, dass der Überfall der Germanen so schnell gekommen war, dass die Spitze ihrer Centurie diesmal ohne den Centurio fechten musste, der sonst immer die rechte Flanke von Paratus deckte. Centurio, Paratus und Viator waren der Pfeil der Centurie im Fleisch des Feindes und wenn Paratus vorwärts ging, walzte er in die gegnerischen Reihen hinein, so dass feindliche Krieger ihm ausweichend vor die Klingen der Flankengänger tanzten.

Das Lachen auf Viators großspurige Witzeleien befreite von ausgestandener Angst und die Legionäre sammelten sich langsam um ihren Centurio. Einer der Legionäre brachte das Pferd des Tribuns, so dass dieser aufsitzen konnte.

Doch bevor er dies tat, faste er Viators Unterarm zum römischen Gruß und flüsterte diesem zu: „Danke, Legionär! Du hast einen Freund in mir! Wie ist dein Name?"

„Viator aus Rom! Tribun!"

Von da ab förderte der junge Tribun die beiden Legionäre und deren Centurio. Aus den Principes wurden Triarii, aus der dritten Kohorte wurde die erste Kohorte.

Bei einem Geplänkel mit Germanen griff der Tod nach dem Centurio. Von da ab waren es nur noch Viator und Paratus, die sich seiner Aufmerksamkeit erfreuten.

Paratus war der fünfte Sohn eines sizilianischen Bauers, der dem Jüngsten das Soldatenleben schmackhaft machte, bis der sich bei einem Werber einschreiben ließ.

Anspruch auf Land könnte Paratus nie geltend machen. Als er seinen 17. Sommer erlebte, kamen die Werber. Der Vater drängte, die Werber lockten, aber er brauchte Zeit, denn seine Denkfähigkeit war durch eine gewisse Trägheit geprägt. Es war nicht so, dass Paratus gänzlich ohne Verstand war, aber er brauchte eben etwas länger um zu einer Entscheidung zu gelangen.

Paratus war nicht faul, aber etwas bequem und dem Vater einfach zu langsam. Land konnte er dem Jungen nicht geben. Da dieser auch noch ungewöhnlich groß war, mindestens einen Kopf größer als alle Brüder und Männer des Dorfes und deshalb viel gute Kost brauchte, war er dem Vater ein Fresser zu viel.

Schnell erkannten die Werber ihren Vorteil und nahmen den jungen Sizilianer mit. Natürlich gegen ein Werbegeld, das dem Vater zu Gute kam.

Paratus durchlief die Ausbildung und kam als Hastatii in die zehnte Kohorte der XXII. Primigenia. Das war vor fast vierundzwanzig Jahren.

Anfangs, als unerfahrener Hastatii, hatte er in seiner Centurie Glück. Er wurde mitgezogen. Nach zwei Jahren und beträchtlichem Gewichtszuwachs stellte er seine Kräfte in einem Geplänkel erstmals richtig unter Beweis.

Die Anerkennung für seine Kraft, das Draufgängertum und seine Entschlossenheit jedoch wurden ihm verweigert. Er stank so erbärmlich, das es keiner in seiner unmittelbaren Nähe aushielt.

Paratus hasste Wasser! Trinken konnte er das Zeug noch, aber vom Waschen hielt er gar nichts. Das störte seine Kameraden und so versuchten sie den ‚Stinker' abzuschieben. Dies gelang und da Paratus ein guter Kämpfer war, schob man ihn nach oben und vorn ab.

Alle die um ihn herum kämpften, warteten darauf, dass sie durch irgendeinen Germanen vom Gestank erlöst würden. Nichts dergleichen geschah!

Die größten Meckerer, denen der Gestank so in der Nase stach, waren oftmals die Unvorsichtigen oder Unaufmerksamen, die zuerst in gegnerische Waffen rannten.

Die Legionärskameraden, die sich an Paratus Gestank weniger störten, waren zumeist dankbar für dessen Kampffähigkeit und mancher der Männer verdankte dem ‚Eber' auch sein Leben. Und was war nun wichtiger, in einer Gestankwolke zu überleben oder in klarer Luft zu sterben?

So gelangte Paratus zur 5. Kohorte und zu den Prinzipes der 3. Centurie. Dort traf er auf den Römer Viator.

Viator war zwei Jahre Älter als Paratus und diente auch schon zwei Jahre länger als Legionär. Als Römer gelangte er sofort in die 5. Kohorte Hastatii, 6. Centurie. Mit der Zeit stolperte er in der Hierarchie nach oben. Als Kind eines römischen Gerbers, mit wachem Verstand, aber etwas schwächlichen Gliedern, war er als dritter Sohn keine große Hilfe für seinen Vater.

Obwohl die Mutter den Jüngsten bevorzugte, musste dieser zu häufig die Schelte und Schläge des Vaters auskosten und wurde oft auch von den älteren Brüdern verprügelt. Dann starb die Mutter an Hunger, der Vater wurde gebrechlich und der älteste Bruder übernahm die Gerberei.

Das Erste was dieser tat war, dass er seinen jüngeren Bruder mit 14 Jahren aus dem väterlichen Haus prügelte. Was sollte Viator tun? Er tauchte in der *Subura* unter. Dort lebte er von kleineren Diebstählen und vom Betteln.

Eines Tages kam er in eine Jagd der *Schergen* der Stadt. Diese befreiten den Teil Roms, in dem er als Hungerleider untergekrochen war und seine Diebstähle vornahm, vom streunenden Gesindel.

Bei der Flucht, die seiner Aufmerksamkeit geschuldet trotz einiger Fallen der Schergen erfolgreich verlief, folgten ihm einige andere kleinere Diebe. Hieraus ergab sich, dass die Gruppe in der Folgezeit zusammen blieb und gemeinsame Diebestouren unternahm. Viator heckte die Pläne aus und führte die Bande an.

Das ging lange Zeit gut, die Bande hatte Zulauf und der Erfolg der Diebestouren führte zu Rivalitäten innerhalb der Gruppe und auch mit anderen Banden. Letztlich musste er sich mit seinen Anhängern einer größeren und stärkeren Bande erwehren und tötete dabei zwei der anderen Anführer. Durch innere Streitigkeiten fielen Teile seiner eigenen Bande von ihm ab.

Dieses vergangene Leben war hart und unerbittlich und nur der stärkste Wolf gelangte an die Beute. Viator, anfangs zwar von Gliedern und Muskeln eher schwächlich, kompensierte diese Nachteile über seinen hellen Geist. Das harte Leben und die inneren Auseinandersetzungen stählten seine Glieder und Muskeln. Er wurde auf eine Art zäh und flexibel, die ihn befähigte, lange die Oberhand in der Bande zu behalten.

Erst der äußere Druck und auch der Zweikampf mit zwei Konkurrenten untergruben seine Position. Angst vor der stärkeren Bande spaltete seine Anhänger. Einige wechselten zum Konkurrenten. Er war jetzt 17 Sommer alt und musste ernsthaft um sein Leben fürchten. Als die Jagd auf ihn begann, stand er fast ohne Anhänger da und war veranlasst, einen Ausweg zu finden. Die Rivalen hatten ihm Rache geschworen und seine eigene Bande war im Begriff sich aufzulösen.

Da traf er auf die Werber der Legion. Kurzerhand ließ er sich einschreiben. Viator war mittelgroß, mit relativ breiten Schultern, schmalen aber zähen Gliedmaßen und befähigt flink zu handeln.

Seine Erfahrungen im Kampf mit dem Messer, dem Pugio des Legionärs, waren ihm anfangs in der Centurie von Nutzen. Da er sich zumeist ruhig im Hintergrund hielt, zuverlässig und bescheiden wirkte, nahmen ihn die Kameraden erst mit der Zeit wahr.

Nach seiner ersten Bewährungsprobe, bei der er dem *Signifer* das Leben bewahrte, fand er in diesem Träger des Feldzeichens einen Beschützer. Der übernahm nun aus Dankbarkeit und weil er den wachen Geist des jungen Legionärs zu schätzten wusste, dessen persönliche Ausbildung. Der Signifer wachte darüber, dass Viator nicht zum Spielball anderer und stärkerer Legionäre werden konnte und verbesserte die Ausbildung seines freiwillig übernommenen Zöglings. Viator hatte sich durch eine einzige mutige Tat eine, wenn auch bescheidene, Position erkämpft.

Weit wichtiger war die Unterstützung des Signifer, der immer als einer der besten Kämpfer der Centurie galt. Besser als in der Ausbildung lernte er von diesem wesentlich Älteren Kampfweisen, die nur wenige

Legionäre beherrschten. Der Signifer zeigte ihm Bewegungen und Finten mit dem Gladius, die Vielen unbekannt waren und die im Zweikampf entscheidende Vorteile brachten. Viator erlernte das Werfen des Pilum auf eine andere Art, die mit der Fähigkeit zum Überwinden größerer Entfernungen und auch einer größerer Treffsicherheit verbunden war. Letztlich bildete ihn der Signifer im Kampf mit dem Pugio aus.

Als der Signifer altersmäßig aus dem Dienst ausschied, war Viator einer der besten Kämpfer und wurde Principes.

Seine erste Begegnung mit Paratus, einem anderen Neuen, war für ihn nicht erfreulich.

Da er sich nie um andere gekümmert hatte, war ihm auch der Aufstieg dieses sizilianischen Bauers unbekannt. Auf Grund seiner Kampffähigkeit und der Erfahrung in der bisherigen Centurie glaubte er, dass ihm nicht gleich jeder würde Trotzen können und schon gar nicht dieser Bauer. Der Anlass für die Auseinandersetzung war banal.

Der Sizilianer verströmte den ihn so prägenden unangenehmen Geruch, der den Römer Viator beim Speisen störte. Eigentlich nahm der Gerbersohn den Geruch kaum wahr. Viator war Gestank durch die Verwendung von Urin im Gewerbe des Vaters gewöhnt.

In dieser Situation seiner Neuaufnahme in die Principes und des erstmaligen Zusammentreffens mit anderen Legionären galt es, die Hackordnung neu festzulegen. Dabei maß sich Viator mehr Bedeutung zu, als es seiner Jugend und seiner Statur zukam. Der Stinker gab ihm die Gelegenheit, den Anspruch den er hegte, durchzusetzen.

Zuerst ließ sich Paratus nicht irritieren und blieb abweisend und ruhig. Viator wurde in seiner Ausdrucksweise aggressiver und bedrängte den Stinkenden, bis diesem der Kragen platzte.

Mit einem einzigen Faustschlag schickte er den Provokateur zu Boden. Dessen Essschale flog im hohen Bogen durch den Wald und Viator glitt ins Traumland.

Paratus bemühte sich sofort um den Leblosen, fürchtete er doch, den Anderen mit einem einzigen Schlag getötet zu haben. Ein Eimer Wasser aber brachte den Leblosen zu sich und der sah als Erstes den über sich gebeugten Stinker mit seinem schuldbewussten Gesicht.

„Den Göttern sei dank! Du lebst!" entfuhr es Paratus und trotz eingeschränkter Wahrnehmung erkannte Viator seinen Vorteil. Sich am Kinn kratzend und einen Teil eines der vorderen Schneidezähne ausspuckend, sagte er:

„Denk in Zukunft immer daran, dass ich einen Schlag bei dir gut habe!"
Der Sizilianer nickte mit dem Kopf. „Ich bin froh, dass du lebst!" verkündete er sichtlich erleichtert, weil ihm zumindest eine Auspeitschung erspart blieb, die sonst als mildere Strafe für das Töten eines Legionärs zwangsläufig gefolgt wäre.
„Ich auch!" kam Viators lakonische Antwort. „Du stößt zu wie ein ‚Eber'!"
Von da ab hatte Paratus den Spitznamen ‚Eber', Viator einen abgebrochenen Schneidezahn und beide einen Freund.
Viator merkte bald, dass er dem Anderen geistig überlegen war. Damit war klar, dass er den zukünftigen Weg bestimmen würde. Paratus Kraft würde die Ramme sein, die alles andere einfach nieder walzt. Nur gegen Paratus körperlichen Gestank und dessen Wasser meidende Verhaltensweise halfen Viator nur Witz und Spott, den der Eber willig ertrug.
Die Zukunft brachte für Beide den Aufstieg in der Hierarchie der Legion, vom Principes zum Triarii, von der fünften bis zur ersten Kohorte. Die Vorgesetzten erkannten, dass der Eine ohne den Anderen an Wert verlöre.
Nur Paratus Gestank wurde mit zunehmendem Alter intensiver. Zumal nach einem Kampf oder nach kraftraubenden Manövern stank Paratus fürchterlich wie ein Iltis. Da er jedwedes Wasser mied, wurde der Gestank immer intensiver.
Noch als Principes beteiligten sich Beide Schulter an Schulter an einem ersten gemeinsamen Kampf. Sie hatten ein germanisches Dorf umstellt und begannen die Einwohner zusammenzutreiben. Da stürzten sich Krieger auf die Legionäre. Es kam zum Zweikampf, wobei sich Paratus und Viator gegenseitig den Rücken deckten. Die Germanen unterlagen.
Heiß vom Gefecht, töteten einige Legionäre weiter, auch Paratus. Im vorbeigehen schnitt er einer alten Vettel einfach die Gurgel durch. Er sah sich nicht mal um. Es interessierte ihn nicht, er war nicht im Fieber, wie Andere nach einem Kampf. Es war einfach eine brutale und sinnlose Handlung, da die Alte keine Gefahr darstellte.
Viator sah das, aber noch bevor er reagieren konnte, stürzte sich der Eber auf einen anderen Legionär. Dieser wollte gerade einem kleinen Germanenjungen den Hals durchschneiden. Paratus schmetterte den Miles mit einem Schlag zu Boden.

Viator fasste Paratus am Oberarm und fragte: „Was tust du? Der Alten, die niemanden gefährdet, schneidest du die Kehle durch und dem Germanenbalg, der mal ein Krieger wird, rettest du das Leben?"

„Die Alte ist zu nichts mehr nütze und stirbt sowieso bald …" kam Paratus lakonische Antwort und Viator fügte an: „…und der Knabe wird dir irgendwann selbst mal sein Messer an den Hals halten!"

Paratus zuckte mit den Schultern „Jetzt ist er noch ein Kind…!"

Damit war für ihn die Sache beendet. Obwohl Viator von der einerseits ausgeführten skrupellosen Handlung schockiert war, konnte er die Reaktion gegenüber dem Knaben nachvollziehen. Sie blieben zusammen, der Eber und sein ‚Schild'!

Sich an diese beiden Kämpfer erinnernd, kam Titus die Idee, beide zur Herstellung seiner Kampffähigkeit zu beanspruchen. Quintus zeigte sich gern bereit, dem Bruder diese Bitte zu gewähren.

Die Legionäre gingen ihrem Tribun voran zur Gastunterkunft.

Der Gastgeber hatte für den Tribun einen relativ großen Raum mit Lagerstatt, drei einzelnen **Klinen** und einer **Mensa** als **Triclinium**, sowie zwei Truhen bereitstellen lassen. Der Fußboden war mit Holz ausgelegt und strahlte Wärme aus. An der dem Fenster gegenüber liegenden Wand hing ein Teppich, reichhaltig mit einer Jagdszene bestickt. Auf einem Bord standen Krug und Schüssel und auf einem Anderen eine Karaffe mit Wein und einige Trinkbecher.

Als Paratus die Tür geschlossen hatte, fragte Viator: „Wie geht es dir, Tribun? Was machen Auge und Arm?"

Titus sah vom Fenster aus auf den Haupthof und wandte sich dann um. „Das Auge fehlt und der Arm ist hin!" kam seine lakonische Antwort und fragte dann seinerseits: „Wie seid ihr aufgenommen worden?"

„Gut!" antwortete Viator für Beide, wie es seine Gewohnheit war und Paratus nickte dazu. „Der Hausherr hat deinen Brief gelesen, den Frauen seinen Entschluss mitgeteilt und uns ein Zimmer zugewiesen. Wir wurden gut untergebracht und verpflegt …" Paratus nickte eifrig mit dem Kopf. „…nur hinsichtlich seiner Tochter verbot er uns jedwede Aktivität!"

„Nun, ich kann mich daran erinnern, Gleiches gefordert zu haben! Trotzdem bin ich überrascht, denn so schön hatte ich Julia nicht in Erinnerung."

Während der anwesende Sklave des Titus neue Kleider bereit legte, forderte dieser beide Legionäre zum Bad auf und erwartete Paratus Ausflüchte zu hören. Nichts dergleichen geschah.

Zunächst lediglich irritiert darüber, traf er auch im Bad auf beide Legionäre.

„Paratus, bist du krank?" fragte er verwundert.

„Nein Tribun, wieso?" konterte der Eber.

„Seit wann badest du?" folgte des Tribuns nächste Frage. In seiner Erinnerung gehörte die eigentümliche Duftwolke zu Paratus, wie die Luft zum Atmen.

Plötzlich begann Viator zu lachen. „Was lachst du? Hab ich was verpasst?"

„Unser Paratus hat ein Weib gefunden! Neben einigen Vorteilen hat diese Verbindung auch ihre Nachteile. Reichhaltigere Verpflegung und ein warmes Bett fordern Sauberkeit. Die Witwe ließ ihn mit Gestank weder zur Tafel noch ins Bett."

Viator schüttelte sich vor Lachen und der Tribun stimmte nach einem anfänglich überraschten Gesicht ein. „Was wir im Lager zu keinem Zeitpunkt hinbekamen, hat diese dralle Witwe einfach so geschafft." quetschte Viator, seine Lachsalven unterbrechend, zwischen den Zähnen hervor.

Inzwischen waren die Männer im *Piscina*, dem Badebecken, angekommen und sogleich stürzte sich Paratus auf Viator, um ihn unters Wasser zu drücken. Viator, der unter Paratus Händen wegtauchte, schoss prustend und lachend aus dem Wasser und wich dem Eber geschickt aus.

Paratus lies vom Freund ab und wandte sich an den Tribun: „Muss ich jetzt von dem Weibe lassen, Tribun?"

„Warum solltest du? Genieße es! Und was ist mit Viator?" interessierte sich der Tribun sogleich für den Gefährten des Ebers, von dem er doch wusste, dass dieser keine Gelegenheit ausließ, wenn es galt ein Weib auf den Rücken zu legen.

„Der hat ein paar von den Weibern bereits ausprobiert. Einmal erwischte er Eine, die einen Mann hatte und der wollte sich dann mit Viator messen! Das gab eine kleine Prügelei zwischen Viator, dem Ehemann und dessen zwei Brüdern. Hat mir riesig spaß gemacht!" grinste nun Paratus seinerseits und schien bereit, seine Häme über den Gefährten und Freund auszubreiten.

„Aber nur weil du grinsend auf der Hofmauer gesessen hast und zuschautest, statt mir beizustehen!" knurrte Viator zurück.

„Warum sollte ich, du warst doch im Vergnügen zwischen ihren Schenkeln, da wollte ich dich auch im zweiten Teil nicht stören!" Es war selten, dass Paratus herzhaft lachte. Er hielt sich seinen Bauch und sein Bass dröhnte durch das Bad.

„Wer hat gewonnen? Du wirst doch wohl mit drei Knechten fertig geworden sein?" fragte Titus, während Paratus weiter feixte.

Statt Viator antwortete aber Paratus unter Lachen: „Zuerst gab's die Prügelei, zwei hatte er geschafft. Der Dritte war etwas größer und verpasste ihm einen Hieb, so dass ich Viator dann hier im Wasser etwas abkühlen musste. Dann trafen sich alle bei der Hütte des Ehemanns.

Ich war auch dabei. Ein kleines Fass guten Weines vom Hausherrn reichte, um die *Aresaken* darin zu ersäufen. Die Kerle waren am Ende so besoffen und haben sich die Seele aus dem Leib gekotzt. Jetzt sind die Vier die dicksten Freunde!"

Grinsend ergänzte Viator: „Na, ja, die haben mir verziehen, aber seit dem sind mir die Flügel gestutzt! Die Weiber sind vorsichtiger, an die Töchter darf ich nicht rann und nur die Witwen schlagen sich um mich!"

„Na, dann ist doch alles im Reinen!" bemerkte Titus.

„Ihr kommt euch nicht in die Quere und die Männer passen auf, dass du's nicht treibst wie die Hasen. Außerdem kommst du bei denen, die es wollen, mal so zum Vergnügen ..."

„Ja schon, wenn die Witwe drall und noch jung ist. Die Meisten aber sind nicht mehr frisch, die Brüste hängen wie Lederbeutel, mancher Zahn fehlt und vor allem vermisse ich etwas Feuer in den Lenden." knurrte der Legionär. Tribun und Paratus grinsten einander an.

„Früher jagte ich und jetzt werde ich ..." Der Rest der Rede ging im Gelächter der beiden Anderen unter. Das Bad nahm nach Massage, Warm- und Kaltbad seinen Fortgang und bald darauf konnte sich Titus im Haupthaus beim Gastgeber einfinden.

15. Der Streit

64 nach Christus - Winteranfang
Barbaricum - Im Land der Hermunduren zwischen dem Fluss Moenus und dem Herzynischen Wald

*D*er Winter kam auf leisen Füßen.... Eines Morgens lag Schnee um das am neuen Ort der Siedlung errichtete einzige Langhaus. Unbeeinflussbar und ohne Vorankündigung schlugen Kälte, Schnee und heftige Stürme zu.

Der Winter barg Gefahren und brachte nicht selten den überraschenden Tod. Waren Ernten schlecht ausgefallen und blieb die Jagd unglücklich, dann nahm der Hunger die Menschen in sein Reich. Genügte der angelegte Wintervorrat der Verpflegung nicht und war die Kälte besonders streng, zehrte der Hunger die Menschen aus. Kinder und Alte starben zuerst. Deshalb fürchteten die Menschen die kälteste Jahreszeit.

Für die kleine Sippe sollte dieser erste Winter zu einer harten Bewährungsprobe werden und darüber entscheiden, ob sich die in einer Laune der Götter zusammengekommenen Menschen, zu einer überlebensfähigen Gruppierung entwickeln konnten. Die Unbilden der Natur waren dabei nur ein Teil der Schwierigkeiten, die vor der neuen Sippe lag. Kälte, Eis und Schnee bildeten den Rahmen einer Bewährung, die auch zur erneuten Trennung führen könnte...

Die dunkle Jahreszeit begann jedoch mit Ausgelassenheit.

Mit dem ersten Schnee stellte sich bei den Kindern Unbeschwertheit ein. Die Kleinen und Jüngeren freuten sich und stellten allerlei Unfug an. In Irvin fanden sie einen Älteren, der als Zielscheibe für Schneebälle und anderen Unsinn herhalten musste. Immer zu Späßen aufgelegt, ergab sich der Jungkrieger in seine Rolle und tobte mit den Jüngeren umher. Die Kleineren erfreuten sich an größeren Schneekugeln, die sie in Form gebracht und einen gewaltigen Umfang einnehmend, dann den Pfad am Haus hinabrollen ließen. Das Geschrei dabei und das Lachen der Kinder erfüllten die Herzen mit Wärme.

Die Jüngeren lockten Erwachsene oder gleichaltrige Gefährten unter Schnee tragende Bäume und Äste, um dann am Baum zu schütteln. Schneeballschlachten gehörten selbstverständlich auch zum unternommenen Zeitvertreib. Mancher daraus hervorgegangene Streit und dessen Schlichtung bewirkten einen besseren Zusammenhalt unter den Jüngeren und Kindern.

Einmal wirkte sich aus, dass sich diese Gruppierung der Jüngeren zum Teil schon von früherer Zeit her kannte. Auch Freundschaften spielten eine tragende Rolle. So waren Gerwin und Notker ein ständiges Paar wenn es darum ging, Irvin oder die älteren Mädchen, wie Gertrud und Frauke, zu necken. Was den Jüngeren und Kleineren als Spaß willkommen war, bildete auch anfangs unter den Älteren keine Sorgenfalten aus. Degenar war zufrieden. Das Haus stand und bot Schutz. Sie verfügten über Getreide, dass ihnen von Baldur Rotbart überlassen worden war. Genauso war durch den Erfolg der Jagd ausreichend Fleisch herangeschafft worden. Der Fleiß und das Glück der Jäger brachten Jagderfolge, die auf lange Zeit die Vorratsgruben füllten. Das war ein Glücksfall und nicht wenig Dank gebührte Ragna, die sich bei der Jagd als besonders geschickt erwies.

Die Versorgung blieb bei Weitem nicht die einzige Sorge Degenars. Zumal er bald Gewissheit erlangte, dass der abgelagerte Vorrat für einen normalen Winter ausreichen sollte. Die Vorratsgruben waren gut aufgefüllt, auch wenn jeder Vorrat einmal enden würde. So war er sich sicher, den Winter überstehen zu können und trotzdem erkannte der Alte die Notwendigkeit des sparsamen Umgangs mit den Vorräten. Wer konnte schon im Voraus wissen, wie lang der Winter diesmal anhalten würde?

Im Bewusstsein der Menschen gehörte der Winter zur Zeit des Todes. Die kältere Jahreszeit schlug für gewöhnlich unter den Älteren einer Sippe eher zu und brachte Gevatter Tod ins Spiel. Wie aber sollte dieser Gevatter unter ihnen ein Opfer finden, wenn nur zwei der Zugehörigen über ein höheres Alter verfügten, andererseits aber unverwüstlich am Leben hingen und keinesfalls die Absicht hegten, sich aus einer schwierigen Zeit davon stehlen zu wollen. Weder Degenar noch die ältere Eila gaben dem Gevatter die Möglichkeit, sich ihrer zu bemächtigen. Zu stark war ihre Einbindung in die zusammenwachsende Sippe, zu notwendig deren Wissen und die Erfahrung, als dass ein solcher Verlust wäre leicht hingenommen worden. Weil die beiden Älteren so gebraucht wurden, zog sich der von den Göttern gesandte Gevatter, ohne Schaden anzurichten, zurück.

Degenar wusste aus seiner Erfahrung, dass ihnen ein anderer Umstand weitaus mehr Sorgen bringen könnte. Die innere Gemeinschaft einer Gruppe wird im Winter immer dann auf eine Bewährungsprobe gestellt, wenn die Kälte und der Schnee Menschen eng zusammenpferchten.

Diesen Augenblick der Bewährung fürchtete der Alte. Sie verfügten für ihre gesamte Sippe nur über ein einziges Langhaus. Die Enge darin, lebten unter diesem Dach doch nicht nur die Menschen, forderte von jedem Einzelnen Rücksicht und Verständnis. Brachten alle diese Bereitschaft auf? Würde die lange Dauer ihrer Beschränkungen die Geduld Einzelner auszehren? Degenar wappnete sich für diesen Augenblick.

Der erste Schnee verging, Regen und Feuchtigkeit zogen ein und so bildete das Feuer im Langhaus als einziger Punkt der Wärme etwas Wohligkeit und wurde allein dadurch das Zentrum des Lebens. Nach dem Regen kam leichter Frost, dann viel Schnee und dann heftiger Frost. Das Langhaus trotzte allen Witterungseinflüssen. Ausreichend Fleisch und Fisch lagen in der Vorratsgrube. Auch reichlich Brennholz war gesammelt und aufgeschichtet worden, so dass die Sippe sich nicht mehr als erforderlich mit dem Frost und dem hohen Schnee auseinandersetzen musste. Nur die Quelle und der Bach wurden zu einer dauerhaften Sorge. Der Bach war tief gefroren. An jedem Morgen musste die Wasserstelle mit einer Axt vom Eis befreit werden.

Der Wille zum Überleben zwang zum Auskommen miteinander. Ein Leben außerhalb des Langhauses blieb ihnen auf längere Dauer verwehrt. War die Kälte nur unangenehm, bargen Eis und Glätte eine Gefahr, so war es der Schnee, der sie zwang, sich in einem zu gering ausfallenden Raum aufzuhalten. Es dauerte es nicht lange, bis erste Reibereien und Eifersüchteleien zwischen den Kriegern ausbrachen. Die Nähe zueinander zwang dazu, den Umgang miteinander zu erlernen. Der richtige Ausbruch von Zorn und Wut folgte aber erst zum Ausgang des Winters.

Für Ulf und Sigrid spielte sich deren Leben in einer der Hüttenecken, mitunter deutlich getrennt von den Übrigen, in Ruhe und Harmonie ab. Nur Goswin störte mitunter deren Zweisamkeit, ohne aber davon Notiz nehmen zu wollen oder die Absicht des Störens zu verfolgen. Zumeist suchte er die Nähe des Paares wegen der dort herrschenden Ruhe. Unter Fellen fand er oft die warme Stelle, die ihm zusätzlichen Schlaf verhieß. Nicht gänzlich unentdeckt blieb, dass Sigrid etwas rundlicher wurde. Bald gab es darüber erste Gespräche am Feuer. Wäre dies, wenn die Schwangerschaft erfolgreich blieb, der erste Nachkömmling in der Sippe.

Schon zur Zeit der Bergesippe stellte Ragna, die rothaarige Tochter Baldur Rotbarts, das Ziel so mancher männlichen Kraftdemonstration und der Balzgewohnheiten dar. Arnold, Irvin und Sven buhlten um Ragna.

Gaidemar hielt zumeist Abstand zu den Rivalen. Er beteiligte sich auch nicht an deren Rangeleien. Erschien dies anfangs nur Übermut und Schabernack zu sein, wurden daraus im Verlaufe der Zeit Wünsche und bald keimten feste Absichten. Gehegte Hoffnungen erfüllten sich jedoch nicht. Die junge Frau vermied jedes Zeichen der Zuneigung zu einem dieser Männer.

Der alte Degenar beobachtete die Situation und bemerkte, dass sich der Streit zwischen Arnold und Irvin zuspitzte. Noch immer reagierte Irvin zwar brünstig, wich aber letztendlich mit Scherzen und Gaukelei jeder Auseinandersetzung aus.

Bis er eines Tages sein Messer zog und sich vor Arnold aufbaute: „Du gehst zu weit, Pferdeknecht!" schrie er.

Arnold sprang gleichfalls auf, zog sein Messer und stellte sich in Positur. „Ist es ein Spaß, den du haben möchtest, Narr…"

Doch bevor es zu Handgreiflichkeiten kommen konnte, sauste der Eichenstab des Ältesten zwischen beide Krieger und seine Stimme fauchte: „Setzt euch hin! In der Hütte herrscht der Frieden des Feuers! Wenn ihr kämpfen wollt, dann geht vor die Hütte. Doch keiner von euch Beiden, wird diese Hütte jemals wieder betreten!"

Sven, der neben Irvin gesessen hatte und die Auseinandersetzung vorhersah, sprang auf und schlug seinem Bruder das Messer aus der Hand. „Dich jucken wohl deine ersten Barthaare?" rief er und setzte fort: „Kleiner Bruder, ich kann sie dir stutzen!"

Arnold stand allein, mit dem Messer in der Hand vor den Anderen. Er hatte nicht zuerst gezogen, aber seine vorangegangene Herausforderung des Jüngeren war von allen gehört worden. Er besann sich, steckte sein Messer wieder in den Gürtel und setzte sich. Schweigen breitete sich aus. Betreten senkten die Krieger ihre Köpfe. Auch Brandolf zog erschrocken und verlegen den Kopf zwischen die Schultern. Es war der Alte, der sich meldete. Er begann einfach zu erzählen.

„Als ich ein junger Bursche war, zählte unsere neue Sippe auch nur wenige Angehörige. Wir hatten keine kleineren Kinder, nur heranwachsende Knaben und Mädchen, Krieger und Frauen." Degenar, vom Wunsch beseelt, die Aufmerksamkeit aller auf sich zu ziehen, setzte seine Schilderung, nach einem Augenblick des Schweigens, fort.

„Um eine der jungen Frauen entbrannte ein heftiger Streit zwischen zwei Kriegern. Das Mädchen, es begann zu einer schönen Frau zu reifen, konnte sich nicht entscheiden. Die Rivalität zwischen den Kriegern wuchs und brachte einen Zweikampf hervor, der die gesamte Sippe zur Spaltung trieb. Keiner erkannte die Gefahr. Auch damals herrschte Winter und wir waren zur Nähe zueinander gezwungen. Als beide Krieger auf der Jagd waren, trafen sie im Streit um ein erlegtes Reh aufeinander. Beide waren unterschiedlicher, wie es kaum ging. Der Erste war groß und kräftig, hatte starke Arme und war sehr jähzornig. Der Andere, von der Figur her kleiner, flink und sehr schnell im Umgang mit dem Messer, trug den Sieg davon. Er durchbohrte dem Größeren die Halsader und der Krieger verblutete. Aber auch der Kleinere hatte Verletzungen. Mit Schnittwunden am Oberarm und an der Hüfte traf er im Lager ein. Der Älteste fragte ihn, wo sein Jagdgefährte sei und wie er zu seinen Verletzungen gekommen wäre. Der Krieger beschrieb den Ort und behauptete von seinem Gefährten angegriffen worden zu sein."

Der Alte hüllte sich für einen Augenblick in Schweigen.

„Der Älteste befahl die Versorgung seiner Wunden und stellte zwei Krieger zur Bewachung ab. Dann machte er sich mit anderen Kriegern zum Ort der Auseinandersetzung auf. Der Kampfplatz war vom Blut gezeichnet und der Krieger lag mit aufgeschnittenem Hals neben dem Reh. Der Älteste besah sich alles und forderte dazu auf, unsere Meinung zu sagen." Degenar räusperte sich, anschließend kratzte er sich am Hinterkopf und setzte seine Erzählung fort.

„Dabei stellte sich heraus, dass es unterschiedliche Sichtweisen zur Auseinandersetzung gab. Während die Einen, dem jähzornigen Krieger die Schuld am Beginn des Streits zuordneten, äußerten Andere die Meinung, dass der Angriff überraschend und von hinten erfolgt sein musste. Unser Ältester beendete die sich abzuzeichnende Gruppenbildung mit der Frage, ob wir einen Toten, zwei Tote oder den Tod der Sippe herbeiführen wollten?" Degenar unterbrach seine Schilderung und betrachtete die Streithähne, bevor er fortsetzte.

„Erstaunt musterten ihn alle Anderen, bis er seine Schlüsse erklärte. Den ersten Toten hätten wir und es sei egal, ob der Angriff von ihm oder vom anderen Krieger erfolgt sei. Schreiben wir diesem ersten Krieger die Schuld zu, bleibt sein Widersacher in unserer Sippe und nährt den Hass Anderssinniger. Dies führt zwangsläufig, ob mit oder ohne Kampf, zur Spaltung der Sippe. Damit sei unsere Überlebensfähigkeit bedroht. Also spiele es für uns keine Rolle, wer den Streit begann!" Degenar schwieg und lies seine Worte wirken. Als er die Blicke seiner Zuhörer und auch deren Schweigen gefangen hatte, setzte er fort.

„Der Tote könne sich nicht mehr verteidigen und der Lebende immer auf seiner Unschuld bestehen. Beide aber waren im Hass aufeinander losgegangen. Für den Hass zwischen ihnen sind deshalb Beide zu bestrafen. Auch der Lebende hat kein Recht mehr auf Sippenzugehörigkeit! Die Strafe kann der Tod oder die Vertreibung sein!"

Bevor Degenar zum Ende kam, stand er auf, ging zum Wasserbottich, schöpfte sich eine Kelle und trank. Er nahm sich Zeit. Es stand in seiner Absicht die Spannung noch zu steigern.

„So schloss unser Eldermann seine Begründung und wir hatten zu entscheiden. Sollte der Krieger von unserer Hand sterben oder lassen wir die Wildnis sprechen. Das Recht zur Zugehörigkeit der Sippe war verwirkt. Eine Beratung sollte die Entscheidung treffen. Wieder prallten die Meinungen aufeinander und die Sippe stand vor der Spaltung. Der Älteste befahl den Krieger vor die Versammlung zu bringen und fragte ihn, wer den Streit begann. Der Krieger sagte, er habe das Reh geschossen. Der Andere hätte es ihm streitig gemacht und zuerst sein Messer gezogen. Wie sei er dann hinter seinen Gefährten gekommen? Der tödliche Schnitt war von hinten erfolgt. Er wäre schneller gewesen, lautete die Antwort. Unser Eldermann wandte sich an die Anwesenden. Ist es nicht egal, wer den Streit begann? Der Hass zwischen Beiden war uns allen bekannt. Kein Angehöriger der Sippe sei bereit gewesen, den Streit zu beeinflussen oder abzumildern. Warum war das so? Alle empfanden den Streit als normale Rivalität und keiner vermutete einen derartigen Ausgang."

Degenar machte eine Pause in seiner Erzählung. Alle hingen mit ihren Augen an seinen Lippen. Spannung hatte sich aufgebaut und nicht nur Gaidemar fragte sich, wie dieser Konflikt gelöst werden konnte. Im Unterschied zu sonstigen Gesprächen war er diesmal mehr als aufmerksam.

„Es war keine normale Rivalität." setzte Degenar fort. „Ist eine Frau im Spiel gibt es kein Verständnis für einen Gegner. Aus Freunden können erbitterte Feinde werden. So war es auch damals. Doch wir waren dumm. Wir wussten es noch nicht und nur unser Eldermann kannte die Lösung."

Wieder ließ Degenar eine Pause zu. Dann kam er zum Schluss.

„Es ist der Hass gegenüber einem Sippenmitglied, der verurteilt werden muss, Hass aber kennzeichnete Beide! In diesem Sinne ließ er abstimmen und die Meinung der Sippe war einhellig. Ob Tod durch Sippenhand oder Wildnis blieb als zweite Entscheidung noch offen. Ein Vertriebener könnte durchaus auch im Winter überleben und wenn das geschieht, was wird er im Herzen tragen?" Degenar lauerte. Keiner der beiden Streithähne rührte sich und auch alle übrigen Männer verharrten in Erwartung einer Antwort.

„Den Hass wird er im Herzen tragen, aber nicht mehr nur gegen einen Krieger, sondern gegenüber der ganzen, ihn ausstoßenden Sippe! Überlebt er nicht und die Wildnis richtet ihn, tragen wir dann keine Schuld an seinem Tod? fragte der Älteste und schloss mit der Frage, warum wir uns als Sippe dem Hass aussetzen sollten …"

Degenar war sich ungeteilter Aufmerksamkeit bewusst, als er die Lösung preisgab. „Wieder war die Meinung der Sippe eindeutig und so starb der Krieger letztlich durch die Klinge eines Sippenmitgliedes!"

Degenar schloss seine Rede ab und wandte sich an Irvin und Arnold. „Jetzt könnt ihr beide aus der Hütte gehen und kämpfen. Wir werden den Kampf beobachten. Aber auch der Sieger wird sterben, denn das Recht in unserer Sippe zu leben, hat auch er verwirkt!" Das nachfolgende Schweigen wirkte beklemmend. Wieder senkten sich die Köpfe. Degenar sah jetzt den Augenblick gekommen, den Streit aufzulösen.

„Wir werden den Sieger nicht töten. Das wird die Wildnis besorgen! Oder ihr begrabt euren Zwist für immer und werdet Brüder… Bedenkt euren Verlust für die Sippe. Wir werden zwei Krieger weniger zum Überleben haben und unsere Zukunft liegt ohnehin in den Händen der Götter. Bedenkt noch, dass Rotbart euch zu uns schickte um unser Überleben zu sichern. Euer Streit hat, wie bei meiner Geschichte, die gleiche Ursache…"

Degenar schwieg um der Kraft seiner Worte Nachdruck zu verleihen und die beiden Kampfhähne zum Nachdenken zu zwingen.

„Habt ihr die Frau gefragt, wen sie von euch Beiden bevorzugen würde? Würde sie noch gar einen Anderen vor euch erwählen? Entscheidet euch!" fügte er nach einem weiteren Atemzug hinzu. Wieder breitete sich Schweigen aus.

Auch Ragna, die sich an dieser Stelle hätte für einen entscheiden können, verhielt sich still und so gewann Degenar den Eindruck, dass sie derzeit noch keine Wahl zwischen den Kriegern treffen möchte.

Irvin und Arnold maßen sich mit Blicken und erwarteten wohl beide eine Regung aus Ragnas Richtung.

Nach einiger Zeit unterbrach Brandolf die stumme Konfrontation.

„Es gibt noch eine andere Lösung. Ich bringe euch beide zu Vater zurück. Ich werde ihm berichten, wie seine Krieger im Hass aufeinander den erhaltenen Auftrag, den sie freiwillig übernahmen, gefährden. Wollt ihr euch dem Zorn Rotbarts aussetzen?" Nach einer kurzen Pause ergänzte er: „Wir haben noch eine letzte Möglichkeit!"

Aller Aufmerksamkeit hatte sich auch bisher schon auf ihn gerichtet. Nun schien es, als sei diese ins Unermessliche gestiegen. Unverständnis beherrschte die Blicke der Anwesenden.

„Sollen wir auch Ragna aus der Sippe ausschließen, weil sie die Ursache des Streits bildet? Wollt ihr das?" fragte er.

„Nein!" stieß Irvin gepresst hervor.

Wieder ergriff Degenar das Wort. „Ragna trifft keine Schuld am Balzverhalten! Es ist das Recht der Frau zu wählen, wenn es mehrere Bewerber gibt. Die Frau bestimmt, wann sie dies tut. Auch ist nicht zum Ausdruck gekommen, dass Einem von Beiden ihre Sympathie gehört. Es könnten auch andere Männer Interesse an ihr haben. Also begrabt euren Streit und schließt den Bruderbund, oder ihr werdet beide ausgestoßen. Das ist mein letztes Wort!" Der Alte war wütend und enttäuscht. Was weit schwerer wog und die Entscheidung zu beeinflussen schien, war seine eindeutige Forderung, bedeutete diese doch, dass jeder, der die Hütte zum Kampf verließ, diese Gemeinschaft verlor.

Zögerlich reichte Irvin dem Widersacher die Hand: „Ich will nicht schuld tragen und biete dir meine Bruderhand." Er nahm sein Messer und führte einen kleinen Schnitt über seinen rechten Unterarm. Sofort trat Blut aus der kleinen Wunde. Auch Arnold erhob sich, schnitt in den eigenen Arm und reichte dem neuen Bruder seine Hand. Das Blut mischte sich und der Streit war beigelegt.

Die Einigkeit der Sippe stand im Vordergrund. Nicht immer gelang es, Streithähne zu beschwichtigen. Oft führten Auseinandersetzungen um eine junge Frau zu Kämpfen. Ein kluger Ältester bedachte die Folgen einer schwelenden Feindschaft. Nur auf das eigene Wohl bedacht, handeln junge Krieger empfindlich, eigensinnig und engstirnig. An die alten Bräuche und an das gemeinsame Wohl erinnernd, war es gelungen den Konflikt beizulegen. Ob es bei diesem Stand blieb, ob neue Widersprüche ausbrechen könnten und wie sich beide Krieger zukünftig zueinander verhalten würden, könnten nur die verstreichende Zeit und bevorstehende Ereignisse zeigen.

Das Verhalten der Krieger untereinander, auch Ragna und Finia betreffend, veränderte sich nach diesem Ereignis. Markant veränderte sich

Sven, der noch ruhiger wurde und seine Aufmerksamkeit von Ragna auf Finia verlegte. Eines Nachts war es dann soweit, dass Beide sich fanden.

Mit Genugtuung nahm die Sippe wahr, dass das neue Paar in den folgenden Nächten beieinander lag. Auch am Tag suchten sie zueinander Kontakt und die restlichen Angehörigen der Sippe beobachteten diese Veränderung aufmerksam.

Die Paarung der Beiden im Umfeld der Sippe stellte keine Besonderheit dar. Lebten alle doch in einem Langhaus und so wie sich Sigrid und Ulf beschliefen, wurde auch die neue Vereinigung begrüßt.

Finia, die zwar eine ebenso hübsche Frau darstellte, besaß nicht die Ausstrahlung der roten Ragna, war dafür anpassungsfähig und weit weniger herrisch. Als sie sich entschloss, zur Buchensippe zu wechseln, spielten mehrere Gründe eine ausschlaggebende Rolle.

Einmal galt ihre Stellung in Rotbarts Sippe, als jüngste Tochter einer der ältesten Familien, als zu unbedeutend. Da Vater und Mutter bereits tot waren, lebte sie in der Munt des älteren Bruders, bei dessen Weib und Kindern. Der zweite Grund war ihre Freundschaft zu Ragna und deren Entschluss, zur Buchensippe zu wechseln. Auch hoffte sie, sich damit aus der Verpflichtung gegenüber der zahlreichen Kinderschar des älteren Bruders lösen zu können. War sie doch als Kinderfrau ausgenutzt und ihrer eigenen Interessen beraubt worden. Ausschlaggebend aber war Sven, dem sie schon seit langem zugetan war. Die Ursache ihrer Zuneigung resultierte eigentlich aus der gemeinsamen Kindheit und Jugend. Bisher aber hatte Sven nur Ablehnung bekundet.

Die Auseinandersetzung zwischen Irvin und Arnold, das bemerkte Interesses seines Bruders für Ragna, ließen wohl seine Sympathien für die gleiche Frau erkalten, wollte er doch nicht im Widerspruch zu den Absichten seines jüngeren Bruders stehen. Vielleicht erkannte er aber auch, bei der Rothaarigen niemals erfolgreich werden zu können? Es mag zahlreiche Gründe für Svens neue Ausrichtung gegeben haben. Vielleicht fielen ihm bestimmte Handlungen Finias auf, wurden von ihm erst jetzt zur Kenntnis genommen und in dessen Folge auch anders bewertet? Die Beiden fanden sich und fortan besaß die Sippe ein zweites Paar.

Damit war aber abgesehen von Bertrun, der alten Eila, Ragna und den noch nicht für ein eheliches Verhältnis geeigneten Mädchen Gertrud und Frauke, kein weiteres Weib für die übrigen ledigen Krieger vorhanden. Dieser Zustand spielte in der Folgezeit in den Gesprächen unter ihnen eine größere Rolle. Brandolf, Arnold und Irvin sprachen oft am Feuer darüber. Nur Gaidemar hielt sich dabei stets heraus. Die Knaben zeigten unterschiedliches Interesse. Goswin verschwand zumeist in seinen Fellen und nahm selten an Gesprächen teil. Notker brüstete sich mit seiner Kraft und Größe. Er würde ohnehin bald das Herz der schönen Ragna gewinnen … Das führte zum Necken des Jüngeren und entspannte die Situation zwischen den Rivalen. Warum solle sich die schöne Ragna einen Burschen erwählen, der gerade der Mutterbrust entwöhnt worden war? Ein anderer Scherz zielte darauf ab, wie er deren heißes Blut befriedigen wolle, wenn er doch noch so winzig sei. Dabei meinten die Älteren nicht nur Notkers geringe Körpergröße …

Ragna musste zuweilen in sich hinein lächeln, durfte sie doch nicht zu erkennen geben, dass sie das Eine oder Andere hörte. So lange Notkers Scherze die Spannungen abschwächten, konnte sie den gegenwärtigen Zustand in der Schwebe halten. Sie hatte nicht die Absicht sich zu erklären, weder für, noch gegen einen der Streithähne. Auch an Gaidemars Aufmerksamkeiten hegte sie noch kein Interesse, obwohl diese von ihr bemerkt wurden. Ihr war aufgefallen, dass sich Gaidemar nie an den Gesprächen der anderen Krieger beteiligte, wenn es um Frauen ging. Oft verließ er die Gesprächsrunde und wandte sich anderen Tätigkeiten zu. Außer Brandolf fiel dies keinem weiter auf. Dieser hütete sich, irgendeine Bemerkung fallen zu lassen.

Degenar erkannte, worüber die jungen Krieger sprachen. Dieses Problem musste bald gelöst werden. Sie brauchten Frauen, ob geraubt oder aus den Brudersippen, spielte dabei nur eine untergeordnete Rolle. Er erinnerte sich an die eigene Situation vor Jahren, als auch er letztlich zum Freien veranlasst und nicht nur für das Wohl der Sippe, eine Frau suchte. Auch seine Bedürfnisse waren gewachsen und seine Reizbarkeit nahm zu. Sein Hindernis, ein nicht gesunder Fuß, wirkte sich auf seine Bemühungen gegenüber den Frauen in der eigenen Sippe aus. Keine wollte ihn haben, obwohl doch alle Frauen wussten, wie seine Verletzung zu Stande gekomken war. Er war kräftig, ein guter Jäger, von offenem Wesen und mit einem gesunden Fuß auch einer guten Frau würdig.

Doch die Frauen entschieden sich anders. Nie gelang es ihm, deren Sympathie zu erlangen und die Einzige, die ihm Interesse bekundete, entschied sich am Ende doch für einen anderen Burschen.

Mit einigen wenigen Gefährten war er in Richtung Mitternacht gezogen. Er wollte, weit von der eigenen Sippe entfernt, durch Raub einer jungen Frau, Abhilfe schaffen. Zuerst schien es ein wenig erfolgreiches

Unterfangen zu werden. Fast zehn Tagesreisen waren sie auf versteckten Wegen unterwegs. Manches Dorf und deren Bewohner wurden beobachtet, aber nie sah Degenar ein Mädchen, das ihm zusagte. Dann fanden sie ein kleines Dorf eines fremden Stammes. Mit Geduld wurden die Bewohner beobachtet.

Degenar war ein Mädchen aufgefallen, dem die Dorfbewohner wenig Aufmerksamkeit schenkten. Obwohl die junge Frau ihre Reife erreicht zu haben schien, interessierte sich keiner der Männer der Sippe für sie. Die Frau war schlank, dunkelhaarig, hatte kräftige Arme und ein angenehmes Gesicht. Es vergingen Tage mit ihrer Beobachtung. Die Frau war fleißig, erfüllte umfassende Arbeiten vielschichtiger Art, doch entfernte sie sich nie vom Dorf. So waren die Möglichkeiten für einen überraschenden Zugriff nicht besonders günstig. Doch Degenar hatte sich entschieden.

Die Gefährten überlegten wie sie aus dem Umfeld des Dorfes fliehen sollten. Degenar besaß nicht die Fähigkeit lange und ausdauernd zu laufen. Ein Zugriff mit Gewalt schloss eine schnelle Verfolgung durch diese Sippe ein. Also legten sie eine falsche Fährte in Richtung Sonnenuntergang.

Die Entführung ging dann schnell. Die Frau war in einem Gebüsch nahe ihrem Dorf, als sie überrascht wurde. Schnell wurden ihre Füße und Arme gebunden, ein Tuch über den Mund und die Augen gezogen. Die junge Frau wurde verschnürt, von den zwei schnellsten Kriegern geschultert und in die Richtung des Sonnenaufgangs getragen. Degenar versuchte mit der Gruppe Schritt zu halten.

Ein Krieger war am Ort des Überfalls zurückgeblieben, um alle Spuren zu beseitigen und die Handlungen der Sippe zu beobachten. In der Nacht erreichte er die Gruppe an einem vereinbarten Ort. Fast eine ganze Tagesreise hatten die Gefährten im schnellen Lauf zwischen sich und das fremde Dorf gebracht. Der Bericht des Beobachters bezeugte, dass eine Verfolgung, aber in die falsche Richtung, begonnen worden war.

Die Gefährten entschlossen sich, das Mädchen von ihren Fesseln zu befreien. Bisher hatte Degenar deren Gesicht nicht aus der Nähe sehen können. Ihre Schönheit überraschte ihn. Braune Augen leuchteten aus einem hübschen Gesicht mit starken Lippen und gerader, kurzer Nase. Ein solches Mädchen musste, wenn sie keine Begehrlichkeiten bei den Burschen erweckte, einen nicht sichtbaren Makel tragen.

Also fragte er nach ihrem Namen und erklärte ihr, dass er sie sehr schön findet und deshalb möchte, dass sie mit ihm geht.

In der eigenen Sippe war es Brauch, die Aufmerksamkeit einer jungen Frau zu wecken und wenn gegenseitiges Interesse vorlag, den Kontakt zu erweitern. Letztlich ging man mit einem Brautgeschenk zum Vater des Mädchens und trug seinen Wunsch vor. Kein Vater zwingt sein Kind, mit dem Antragsteller zu gehen. Nimmt das Mädchen die Werbung an, folgt sie dem Erwählten.

Nicht selten kommt es unter den Burschen zur Rivalität. Kämpfe um die Sympathie einer besonders schönen oder auch fleißigen jungen Frau konnten so zur Entscheidung führen. Diese Entscheidung trafen die Burschen und nicht immer kann der Sieger eines Kampfes das Mädchen gewinnen. Letztlich wählt die Frau! Treffen mehrere Bewerber beim Vater des gleichen Mädchens ein, dann bleibt die Wahl ihr überlassen. Sie muss sich aber nicht bekennen und kann jeden Bewerber ablehnen.

So wie dies das normale Verhalten der Väter kennzeichnete, gab es auch dem widersprechende Verhaltensweisen. Manche junge Frau wurde wegen Besitz verhökert. Der Bewerber mit dem wertvollsten Brautgeschenk konnte die junge Frau heimführen. Zögerte eine junge Frau, hatten alle Bewerber das Recht die Werbung im Folgejahr zu erneuern. Wurden junge Männer abgelehnt oder war das junge Weib nicht gewillt, einen der angebotenen Bewerber anzunehmen, verzichteten die Betroffenen oft auf einen zweiten Versuch.

Seine Situation war eine ganz Andere. Für ihn kam nur Raub in Frage. Er brauchte keinen Vater zu Fragen, sich mit Verwandten gut stellen oder gar Brautgeschenke zu überreichen ... Die Gefahr für ihn und seine Gefährten bestand im möglichen Tod. Gelang der Raub nicht, würden sie verfolgt. Wäre der Feind in einer Übermacht könnte es Kampf und in dessen Folge den Tod geben. Die Schuld gegenüber den Gefährten und deren Angehörigen trug der, der den Raub wollte. Kehrt er ohne Gefährten zurück, war er zur Wiedergutmachung gezwungen, ob er eine Frau heimführt oder nicht. Er stand somit in der Anderen Schuld. Gelang der Raub und er führt eine Frau heim, gehen die Brautgeschenke an die am Raub beteiligten. Für diesen Fall hatte Degenar vorgesorgt.

Ihr Raub schien gelungen, wenn auch die Erkenntnis der Schönheit des jungen Weibes einen Makel vermuten ließen. Doch umso überraschter war Degenar, als das Mädchen von ihren Fesseln befreit, ihm auf Knien dankend, Gehorsam und Ehe schwor, da er sie aus der Sklaverei befreit habe. Ihr Dorf läge einige Tagesreisen weiter östlich und sie werde ihm gern folgen, wenn sie nur die Möglichkeit hätte, einen Besuch ihrer Eltern im eigenen Heimatdorf durchzuführen. Die Gefährten berieten und einigten sich auf deren Rückkehr. Degenar wollte seine junge Frau in ihr Dorf begleiten und dann mit ihr ins eigene Dorf zurückkehren. So trennten sich die Wege.

Nach drei Tagen trafen sie im Dorf der jungen Frau ein. Das Mädchen wurde freudig begrüßt, er mit Höflichkeit empfangen und so gingen einige Tage ins Land. An einem folgenden Tag fragte ihn der Vater der jungen Frau, welche Brautgeschenke er zu übergeben beabsichtige. Diese Frage schien Degenar ungerecht und so antwortete er mit „Keine!"

Degenar fügte an, die Befreiung aus der Sklaverei sei ausreichendes Brautgeschenk. Als Antwort erhielt er, dass dies so wäre, wenn er die Braut tatsächlich in sein Dorf geführt hätte. So habe er sie aber dem Vater zurückgebracht und wenn er sie jetzt wieder mitnehmen wolle, müsste er Brautgeschenke überreichen. Degenars Zorn und Wut halfen ihm nicht.

Weder der Älteste noch irgendein anderer Bewohner nahmen Partei für ihn. Von diesem Tage an wurde verhindert, dass er die Tochter des gierigen Mannes noch einmal Sehen, geschweige denn Sprechen konnte.

Letztlich kündigte man ihm das Gastrecht. Wollte er nicht vertrieben werden, so musste er von selbst gehen. Er zog sich, wegen des scheinbaren Betruges, mit Trauer im Herzen zurück.

Noch konnte er nicht mit Bestimmtheit wissen, ob das Mädchen ihn mit ihren Schwüren betrogen hatte oder der Vater aus Geiz sein Werben unterband.

Degenar blieb in der Nähe des Dorfes und beobachtete in der Folgezeit allein. Noch immer hegte er die Hoffnung, das Mädchen in sein Dorf heimführen zu können. Nach drei Tagen sah er sie zum ersten Mal wieder. Er erkannte, dass sie häuslichen Pflichten nachzugehen schien. Dazu gehörte das Waschen von Kleidung im nahen Bach. Sie nutzte eine Stelle, die nicht unmittelbar vom Dorf eingesehen werden konnte. Die junge Frau war die Einzige, die an dieser Stelle wusch.

Am folgenden Tag legte er ein aus Zweigen und mit Blumen durchsetztes Herz an ihrer Waschstelle aus. Er beobachtete ihre Handlungen. Würde sie die Zweige ins Wasser werfen, müsste er die Erwählte allein neu rauben oder immer auf sie verzichten...

Ein neuerlicher Raub, ohne Hilfe, war unmöglich. Ins eigene Dorf zu gehen, um Brautgeschenke oder Hilfe für einen neuerlichen Raub zu holen, schied auch aus. Es würde der Rest des Sommers vergehen und bei einer Rückkehr könnte die junge Frau schon einem Anderen angehören.

Ohne die Frau ins eigene Dorf zurückzukehren, schied wegen dem Hohn und Spott ebenfalls aus. Alles lief auf ihre Handlung hinaus. Warf sie die Zweige ins Wasser, war sie am Wortbruch beteiligt und sein Interesse schlagartig erloschen. Gleichzeitig hätte er sein Heimatdorf verloren. Ohne geraubte Braut konnte er nicht zur Sippe zurückkehren.

Sie nahm die Zweige auf, musterte die Umgebung, betrachtete danach das Herz und versteckte es in einem nahen Gebüsch. Die junge Frau nahm ihre gewaschene Kleidung auf und schlenderte ins Dorf.

Noch war sich Degenar nicht sicher, denn nach einer Mitteilung an ihren Vater könnte man ihm auflauern. Er fasste sich in Geduld und legte jeden Tag ein neues Herz aus. So ging das mehrere Tage. Immer nahm sie das Herz, betrachtete es und legte es zu den übrigen ins Gebüsch. Degenar hegte seine Hoffnung und so bereitete er eine Fluchtfährte in südlicher Richtung vor. Unvorsichtigerweise hatte er dem Vater des Mädchens erklärt, in welcher Richtung sein Dorf lag.

Er wartete. So kam der Tag, an dem sie das neue Herz aus Zweigen und Blumen betrachtete, die Übrigen aus dem Busch holte, deren welken Zustand erkannte, ein Kleiderbündel aus dem Bottich nahm und nachdem sie sich nochmals umgesehen hatte, auf den Rücken band. Anschließend nahm sie alle Herzen, legte diese in den Bottich und setzte diesen auf den Bach. Fröhlich trieben Bottich und Herzen den Bach abwärts.

Degenar trat aus seinem Beobachtungspunkt und zeigte sich ihr, dem Bach gegenüber, am Waldrand. Sie deutete in Richtung der Quelle und bewegte sich entlang eines Buschbereiches in diese Richtung. Degenar verschwand im Wald, um keine Aufmerksamkeit auf sich zu lenken und folgte am jenseitigen Bachufer in die gleiche Richtung. An einer breiten Stelle zog die junge Frau ihre Schuhe aus, durchlief den Bach und drang in den Wald ein. Degenar erwartete sie, nahm sie in die Arme und forderte sie auf, ihm zu folgen. Sie sprachen nicht miteinander. Sie folgte ihm den ganzen übrigen Tag und Degenar wählte die Richtung nach Norden, weit weg von seiner Irrfährte.

Am Abend des folgenden Tages wurde sie sein Weib und zum Ende des Sommers gelangten beide in Degenars Dorf. Nie erwähnten sie, was ihnen widerfahren war. Im Dorf nahmen alle an, Degenar wäre solange ein gern gesehener Gast des Brautvaters gewesen. Diesen Teil seines Brautraubes verschwieg Hinkefuss.

Einige Jahre lebten sie glücklich, bis zur Schwangerschaft und Geburt. Weder Mutter noch Kind überlebten. Degenar, wahnsinnig vor Trauer, zog sich vom Dorf und den Freunden zurück. Er vereinsamte und wurde kauzig, bis zum Überfall.

So schmerzhaft der Überfall für alle war, Eltern, Kinder, Freunde und Nachbarn zu verlieren, er hatte eine Familie gewonnen. In logischer Folge wurde er zum Ältesten und betrachtete alle Überlebenden als seine Kinder, ob Krieger oder Frau, ob Alte oder Kind. Jetzt war ihm das Leben zurück geschenkt worden und seine neuen Verpflichtungen zwangen ihn, den alten Schmerz zu überwinden.

Ein Mann war, wenn er alle Wechselfälle des Lebens zu meistern verstand, auch in der Lage den Segensreichtum oder die Verdammnis seiner Taten zu erkennen. Degenar erkannte, dass der Brautraub eine Notwendigkeit für ihn, der Besuch im Heimatdorf des Mädchens eine Gutmütigkeit und Dummheit, das nachfolgende kurze Glück seiner Beharrlichkeit und Zuneigung geschuldet und die lange Dauer der Trauer verdient war.

Die Römer, seine Feinde, hatten ihn ins Leben zurückgeholt!

Um dieses Leben, um die Zukunft seiner Sippe, wollte er bis zum letzten Atemzug kämpfen. Dies waren sein Vermächtnis und der Auftrag seiner so oft für ihn ungerechten Götter.

Brautraub barg ein großes Risiko. Wer wie er, eigentlich zweimal rauben musste, erkannte die tödliche Gefahr für die eigene Sippe. Raub schied aus!

Der Älteste erkannte noch eine andere Gefahr. Die Vorräte neigten sich dem Ende zu. Unwissend, ob Hilfe vom Rotbart möglich war, durfte er nicht auf ein Wunder hoffen. Es gab keine Zeit zum Warten! Wenn er jetzt Krieger zu Rotbart sendete und auch dem Wunsch von **Norbert**, dem Jäger, nachkam, würden die eigenen Vorräte länger reichen.

Noch war der Winter nicht vorüber. Frost konnte zurückkehren und auch Neuschnee fallen. Er glaubte zwar, dass der Winter seine letzten Frostzungen ausgerollt hatte und es täglich wärmer werden würde, aber genau wusste er es nicht. Auch Tauwetter barg Gefahren und in dem er mit Brandolf die Situation besprach, entstanden geeignete Vorschläge.

So entschlossen sie sich Kontakt mit Rotbart aufnehmen und der Einladung des Jägers der *Talwassersippe* zu folgen. Mit dem länger werdenden Tagen und einsetzendem Tauwetter brachte Degenar die Rede in der Hütte auf diese Absichten.

„Wir sollten Rotbart von unserem neuen Lager unterrichten und ihn um Saatgut bitten. Ich halte es für wichtig, dass Brandolf mit seinem Vater spricht. Auch können wir weitere Frauen brauchen. Unser Fortbestand hängt davon ab, wie viele Kinder wir zeugen können! Deshalb sollte Brandolf zum Lager der Bergesippe aufbrechen. Mit den Pferden könnte das in einer Tagesreise geschafft sein und es sollte vor Ende des Winters erfolgen. Im Frühjahr brauchen wir jede Hand, deshalb ist die Rückkehr schnell erforderlich. Wenn Gerwin zum Dorf des Jägers aufbricht, braucht er Begleitung. Er sollte von Gaidemar begleitet werden und zurück sein, bevor wir mit der Aussaat beginnen."

Es wurde hin und her überlegt, abgewogen und letztlich beschlossen, dass Brandolf und Arnold zu Rotbarts Sippe, sowie Gaidemar, Irvin, Notker und Gerwin zum Jäger aufbrechen.

Die Vorbereitungen waren schnell getroffen und als eine Wetterberuhigung, mit viel Sonne hereinbrach, setzten sich beide Gruppen in Bewegung.

Nach wenigen Tagen trafen Brandolf und Arnold wieder ein, vollgepackt mit Saatgut, Verpflegung, neuen Nachrichten, zwei weiteren Pferden und weiteren Übersiedlern von der Bergesippe.

Insgesamt zehn neue Sippenmitglieder begleiteten Brandolf bei seiner Rückkehr. Besonders wurden die Ankunft von drei jungen Frauen und zwei weiteren Kriegern im Dorf begrüßt.

Der Marsch der anderen Gruppe zum Maital sollte länger dauern, als beabsichtigt.

16. Im Dorf der Talwassersippe

*65 nach Christus - Winterende (1. **Aprilis**)*
Barbaricum - Im Land der Hermunduren zwischen dem Fluss Moenus und dem Herzynischen Wald

*A*n einem sonnigen Morgen des auslaufenden Winters begann die Gruppe um Gerwin und Gaidemar den Weg zum Maital und damit zum Dorf der Talwassersippe des Jägers Norbert. Geführt von Gaidemar erreichten sie gegen Mittag den Fluss Salu und folgten seinem Verlauf flussaufwärts.

Das einsetzende Tauwetter hatte zu einem Anstieg des Wassers der Salu geführt. Gaidemar wollte kein Risiko eingehen, deshalb suchten sie eine flache Stelle zur Überquerung. Mit Einbruch der Dämmerung gelangten sie in die Nähe des Dorfes der gesuchten Sippe.

So wie sie den Jägern mit Vorsicht entgegen getreten waren, war es auch bei ihrer Ankunft notwendig, jegliche Feindschaft von vornherein auszuschließen.

Gerwin bot sich an, ohne Waffen den anderen voran, vom Hügel zu steigen und auf das Dorf zuzugehen. Die Gefährten blieben im Dickicht und folgten ihm langsam nach.

Ein eintreffender einzelner Knabe stellte für ein germanisches Dorf mit vielen Kriegern keine Bedrohung dar und trotzdem ist immer Vorsicht geboten. Sie hatten eine Einladung vom Jäger. Würde dieser aber auch im Dorf weilen? Auf wen würde man treffen? War es überhaupt das Dorf des Jägers?

Langsam stieg Gerwin vom Hügel, zeigte seine Arme ohne Waffen abgespreizt vom Körper. Er war sich sicher so gesehen zu werden. Hin und wieder bemerkte er Bewegungen im Unterholz auf einer der Seiten. Er wusste jedoch nicht, ob es sich um seine Gefährten oder Krieger der anderen Sippe handelte.

Als er noch ein Stück des Weges bis zum Eingang des Dorfes hatte, blieb der Knabe stehen und wartete. Im Dorf konnte er Bewegungen erkennen. Deshalb nahm er an, man würde ihm entgegenkommen, seine friedliche Absicht erkennen. Doch es verging noch geraume Zeit, bis sich mehrere Männer in seine Richtung bewegten. Kurz vor dem Dorfeingang gab es das Zusammentreffen.

„Wer bist du? Woher kommst du?" waren die ersten Fragen der fünf vom Dorf kommenden Männer.

Der Sprecher, ein mittelgroßer, hagerer Mann im besten Mannesalter, mit einer zum Kreischen neigenden Fistelstimme, wirkte auf den Knaben nicht besonders vertrauensvoll.

Gerwin bemerkte Unschlüssigkeit und Misstrauen. Er sah die von drei Männern auf ihn gerichteten Framen und wusste nicht so recht, wie er diese feindlichen Gesten einordnen sollte.

„Seid ihr die Sippe des Jägers Norbert?" lautete seine Gegenfrage. Keiner der Männer reagierte auf seine Frage und so wartete der Knabe.

„Ich bin Gerwin von der Buchensippe und will zum Jäger Norbert!" Die Männer sahen sich an. Ein Jüngerer wandte sich nach kurzer Beratung ab und rannte in Richtung des Dorfes.

„Ihr habt meine Frage immer noch nicht beantwortet!" stellte der Knabe sachlich fest. Dies schien die Männer jedoch nicht zu interessieren und keiner bemühte sich um eine Antwort.

„Schweig und antworte uns! Bist du allein?" fragte einer der Männer.

„Was nun, Schweigen oder Antworten?" fragte der Knabe zurück.

„Werde nicht frech!" verkündete der Sprecher daraufhin und machte eine heftige Armbewegung zum Knaben hin, der erschrocken einen Schritt zurück wich.

„Was ist, ihr seht ich komme in friedlicher Absicht und ohne Waffen!" verwies der Knabe auf seine Begleitumstände.

„Antworte!" forderte einer der Männer.

„Entweder ihr seid die Sippe des Jägers oder ich gehe, wie ich gekommen bin, in Frieden!" erklärte der Knabe daraufhin. Ihm gefielen die Vorgehensweisen dieser Männer nicht. Er hatte seine friedliche Absicht bekundet und ihm begegnete man mit Misstrauen. Vorsichtig sah sich der Knabe nach einer Fluchtmöglichkeit um.

„Du gehst nicht!" bestimmte der Sprecher.

„In den Sippen, die ich bisher kenne und die die gleiche Sprache sprechen, verletzt keiner das Gastrecht! Ich beanspruche das Gastrecht! Ich komme ohne Waffen!" forderte der Knabe die Männer heraus.

Doch auch dies schien keinen der Männer zu interessieren. Untereinander tuschelnd, behielten sie den fremden Knaben zwar im Auge, waren darüber hinaus jedoch nur mit sich selbst beschäftigt.

Bis sich der bisherige Sprecher dem Knaben wieder eindeutig zuwandte und behauptete:

„Was ist, wenn du nicht allein kommst und dies nur eine List ist?"

„Dann wärt ihr alle hier schon im *Schattenreich* eurer Vorfahren! Euer Zögern zumindest, liefert euch jedem Feind aus!" erwiderte Gerwin zornig.

„Wahr gesprochen Bursche!" Norbert, der Jäger, vom Boten herbei geholt, hatte die Gruppierung erreicht. „Ich sehe du bist meiner Einladung gefolgt. Wo sind deine Gefährten?"

Norbert, reichte dem Knaben beide Hände: „Seid willkommen! Alle! Nehmt unsere Vorsicht als Lehre eures eigenen Unglücks hin. Recht hast du, das Zögern anzusprechen. Einer möglichen List wären alle diese Männer zum Opfer gefallen!"

Er drehte sich zu seinen Sippenmitgliedern um und verkündete: „Das ist der mutige Knabe Gerwin! Ich hatte über unsere erste Begegnung berichtet!" Nach einer kurzen Pause setzte er an Gerwin gewandt fort: „Rufe deine Gefährten!"

Der Knabe stieß einen kurzen Pfiff durch die Zähne aus und das Gebüsch teilte sich, um Gaidemar zu entlassen. Vom Pfad hinter ihm kamen Irvin und Notker zum Vorschein. Nach einer kurzen Begrüßung durch den Jäger folgten die Gefährten ins Dorf.

Dieser Teil der Reise war, nach anfänglichen Missverständnissen, zufriedenstellend verlaufen. Sie hatten das Dorf des Jägers gefunden und wurden nun als Stammesbrüder empfangen.

Gerwin gewann den Eindruck, dass sie in einem reichen Dorf angekommen waren. Nur zweifelte er an der Kampfentschlossenheit der Sippe. Trotz der misstrauischen Begrüßung blieb kein allzu kriegerischer Eindruck in ihm zurück. Auch das Verhalten der Sippenführer bei seinem Empfang war leichtsinnig, unentschlossen und einzig nur von Misstrauen geprägt. Kampffähigkeit hatte er bei Rotbart anders kennengelernt...

Die Gäste wurden, nach einiger Zeit, in eine Hütte von ungewöhnlich großem Ausmaß geführt. Gerwin vermisste das Vieh und den sonst üblichen Geruch. Auch schien der Bau nicht durch eine längliche Form geprägt zu sein. Männer und Frauen waren anwesend, Kinder konnte er keine entdecken.

Viele Krieger fanden einen Platz an den, in einem Viereck, aufgestellten Tischen. Bänke luden zum Sitzen ein. Diese Form des Gebäudes und auch die Art der Versammlung erschienen dem Knaben ungewohnt und fremd. Neugierig wartete er auf die Dinge, die nun folgen sollten.

Gaidemar und Irvin fanden am oberen Ende eines der Holztische Platz. Zwischen beiden Kriegern saß ein sehr alter, greiser kleiner Mann. Die Knaben hatte man ans untere Ende der Tafel gesetzt und damit weit von ihren älteren Gefährten platziert. Gerwin und Notker schienen die einzigen Jüngeren zu sein, abgesehen von jungen Frauen und Mädchen, die die im Karree an den Tischen sitzenden Männer bedienten.

Die Größe des Hauses verdeutlichte dem Knaben, dass diese Sippe wohl sehr viele Angehörige zählte und wohlhabend sein musste. Könnte man sich sonst ein Gebäude, einzig für Beratungen der Sippenmitglieder, leisten? Dass längst nicht alle Mitglieder der Sippe anwesend und nur die Familienoberhäupter vertreten waren, wusste der Knabe nicht.

Frauen verteilten Speisen auf kleinen Holztellern und sorgten damit für einige Unruhe. Trinkhörner wurden herum gereicht und die Männer nahmen einen kräftigen Schluck.

Gerwin verwunderte, dass der Jäger wenig Einfluss auf den Verlauf des Zusammentreffens nahm und nur am Rande der Tafel, weit weg vom Zentrum um den greisen kleinen Mann und die Gäste, saß.

Da Norbert die Einladung zum Kommen ausgesprochen hatte, sollte er eigentlich als der Gastgeber in Erscheinung treten. Dem war jedoch nicht so. Auch wunderte sich Gerwin über die Tatsache, dass die Einladung eigentlich ihm galt und er sich aber am unteren Ende der Tafel wieder fand. Er nahm es einfach so hin, wie es ihm angewiesen wurde. Gaidemar gab ihm mit einem Nicken des Kopfes zu verstehen, dass er den Weisungen der Gastgeber folgen sollte. So fasste er Notker an der Hand und zog ihn zu dem ihnen angewiesenen Platz.

Zunächst beherrschte das Essen und Trinken die Männer. Erste Gespräche zwischen dem greisen kleinen Mann und Gaidemar wurden geführt, deren Inhalt Gerwin auf Grund des Lärms und der Entfernung nicht vernehmen konnte. So verlegte sich der Knabe auf das Beobachten.

Dann stand der sehr alte, greise kleine Mann auf und sprach mit einer Fistelstimme einen Willkommensgruß. Der Jäger stellte ihm die Fremden vor und blieb letztlich an Gerwin hängen.

„Ich hatte euch berichtet, dass dieser Knabe die Brüder der Bergesippe vor dem Überfall der Römer warnte. Deshalb lud ich ihn ein, seine Geschichte auch vor euch allen zu erzählen."

Nach einem Schweigemoment setzte er an Gerwin gerichtet fort: „Berichte uns, was du erlebt hast!"

Gerwin war im Auftrag seiner Sippe dieser Einladung gefolgt und hatte auf dem ganzen Weg überlegt, wie er seinen Bericht beginnen sollte. Die Bitte des Jägers beinhaltete die Absicht, die eigene Wachsamkeit anzuregen und das Dorf besser auf einen überraschenden Angriff seitens römischer Legionäre vorzubereiten.

Also begann Gerwin seinen Bericht mit seiner Ankunft im eigenen Dorf, zum Beginn des römischen Überfalls. Als Ende wählte er seine Verabschiedung von Rotbart. Er schilderte den Überfall der Römer so, wie er ihn erlebte. Er beschrieb seinen Weg ins Dorf der Bergesippe und den Kampf von Rotbarts Kriegern gegen die Legionäre.

Tiefes Schweigen kennzeichnete die Betroffenheit der Anwesenden. Hatten sie doch mit den Römern gleichfalls Kontakt und deren geforderten Tribut entrichtet. Ihres Reichtums bewusst, hätten sie deshalb genauso gut als erstes oder zweites Ziel der Römer ausgewählt werden können. So manch einem der Älteren dämmerte, dass sie vielleicht nur deshalb keinen Angriff im eigenen Dorf erlebten, weil der Anführer der Römer verletzt wurde und die Römer sich bei der Bergesippe blutige Köpfe geholt hatten. Der Jäger brach das Schweigen.

„Hört, auch heute hat uns dieser Knabe beschämt. Sein Empfang war von Misstrauen und Leichtsinn geprägt. Von Framen bedroht, musste er Antworten geben." Norbert sah zum Eldermann. „Ein Knabe gegenüber drei mit Framen bewaffneten Kriegern? Was dachten sich diese tapferen Männer? Es gehört schon gewaltiger Mut dazu, einen waffenlosen Knaben durch drei Krieger stellen zu wollen." Ein Lächeln umspielte des Jägers Mund.

„Wäre ein Gegner mit einer List zu uns gekommen, so wie diese Männer unserer Sippe vermuteten, zählten wir inzwischen zumindest vier Tote! Denn statt nur einen Mann zur ersten Begegnung zu senden, traten fünf Begrüßende in die vermeintliche Gefahrenzone.

Statt Krieger zur Erkundung zu schicken, besprachen sich die Männer der Abordnung lange dort, wo Gefahr für sie bestand. Ist das klug?" fragte Norbert, die Situation nutzend, in die Runde.

„Ich habe euch in der Vergangenheit darauf hingewiesen, dass wir keinem Fremden trauen dürfen, jederzeit abwehrbereit und auf jeden Kampf vorbereitet sein müssten. Viele von euch haben gelächelt und die Römer als Freunde bezeichnet. Was für Freunde wären das? Wie in unserem Dorf haben die Römer Tributforderungen erhoben, um Tage später im Buchendorf mit Waffengewalt einzudringen." Das Schweigen der übrigen anwesenden Männer hielt an und der Jäger nutzte seine Möglichkeit.

„Den Römern gegenüber seid ihr offen, leichtsinnig und vertrauensvoll! Doch einen Knaben des eigenen Volkes bedroht ihr und verhaltet euch unwürdig! Den Knaben bedroht ihr mit Waffen, wo ihr doch jedem verräterischen Römer ohne Waffen gegenüber getreten seid? Bedenkt, wir hätten das Erste, das Zweite oder ein Drittes Ziel zur Sklavenjagd der Römer werden können? Wären wir so vorbereitet gewesen wie die Bergesippe? Dankt unseren Göttern, dass uns deren Schutz gehörte!"

Zornesadern schwollen dem Jäger, hart klangen seine Worte und manchem der Anwesenden lief ein Schauer über den Rücken. Norbert legte eine kurze Pause zum Luftholen ein und schwächte den in seiner Rede angeschwollenen Zorn auf seine Sippenanführer ab.

„Doch ist es Recht, das Unglück unserer Brüder zu begrüßen? Warum sollten wir den Römern gestatten, unsere Brüder des Buchendorfes zu versklaven? Haben wir ein Recht, der Bergesippe den Kampf allein zu überlassen? Aus des Knaben Bericht wurde deutlich, dass die Römer zurückkehren werden. Wenn es den Legionen gelingt, die Bergesippe zu versklaven, werden sie auch vor unserem Dorf und den Sippen um uns herum nicht Halt machen. Nur in dem wir uns vereinen, können wir dieser Übermacht trotzen. Deshalb sollten wir über unsere Situation nachdenken und eine neue Führung wählen. Wir haben es mit einem überlegenen und gefährlichen Gegner zu tun!" Norbert legte, um sich zu sammeln, eine erneute Pause ein. Dann holte er Schwung für die entscheidenden Worte. Diese waren eindeutig und für den Eldermann der Sippe kränkend.

„Unser Eldermann ist kein Mann der Tat! Seine beauftragten Männer verhalten sich dumm, wie der Empfang des Knaben bewies. Nur eine besonnene und entschlossene Führung kann für den Schutz der Sippe sorgen! Lasst uns Kontakt mit unseren Nachbarn aufnehmen, damit wir auf die Rückkehr der Römer vorbereitet sind! Wählen wir einen anderen Ältesten!"

Der greise Älteste erhob sich und begann zu sprechen. Mit seinem ersten Wort begannen aber alle Anwesenden durcheinander zu reden. Jeder wollte den Umstehenden die eigene Sicht der Dinge erläutern. Dieses Stimmengewirr, in dem alle nur noch reden und keiner mehr zuhören wollte, war ein deutliches Zeichen der Machtlosigkeit des

Ältesten. Es war so, als hätten die Worte des Jägers nur noch dieses Beweises bedurft.

Doch plötzlich sirrte ein Laut durch die Hütte, dessen Herkunft keiner kannte! Laut dröhnend, sich mehrfach wiederholend, breitete sich der Ton aus und nicht Wenige griffen sich erschrocken an den Kopf. Der Jäger stand an einem riesigen Kessel und hatte mit einem großen Stein mehrfach dagegen geschlagen. Alle Gespräche wurden abrupt unterbrochen.

Die Dörfler drehten sich zur Ursache des glockenartigen Tons um und sahen den Jäger an.

„Schweigt alle!" rief er „Hiermit fordere ich zur Beratung im Thing auf!

Der greise Mann, immer noch überrascht von dem Lärm, den sein erstes Wort ausgelöst hatte, bekam endlich seinen Mund geschlossen. Er brauchte einige Zeit, um sich mit der Situation abzufinden.

Nicht er bestimmte, wer sprach. Keiner achtete auf ihn! Plötzlich wurde ihm klar, dass er in der gegebenen Lage die Sippe nicht mehr würde führen können.

„Ich" begann er und brauchte eine Pause, um seinen nächsten Gedanken zu formulieren. Kurz zuvor noch im Bewusstsein seiner Rolle als Eldermann, wollte er dem Jäger zeigen, dass noch immer er Herr der Situation ist. Doch genau dies hatte sich in den letzten Augenblicken grundsätzlich verändert.

„Ich" wiederholte er sich „werde einem anderen Führer den Platz räumen, wenn ihr das wollt!"

Nach dem er sich ob des für ihn verhängnisvollen Satzes besonnen hatte, fügte er an: „Ich erwarte eure Vorschläge auf dem morgigen Thing. Aber wir sollten reiflich über die Wahl eines anderen Eldermanns nachdenken!"

Der Älteste hatte die Situation für sich noch einmal retten und einen Zeitgewinn schaffen können. Die Dorfbewohner zerstreuten sich und auch der Jäger verließ die Hütte.

Gerwin und Gaidemar waren ihm gefolgt, als einer seiner Söhne zu ihnen stieß. „Vater, du musst handeln! Er hat wieder Zeit gewonnen!"

Der Jäger wandte sich an seine Gäste. „Wir müssen uns beeilen. Jetzt gilt es, die Gelegenheit zu nutzen! Diesen Aufruhr gab es schon einmal und weil wir uneinig waren, gelang es dem Ältesten die Führung zu behalten. Er genießt Vorteile aus dem Pakt mit den Römern und einige einflussreiche Familien stützen seine Position. Holt eure Gefährten und lasst euch von meinem Sohn zu unseren Hütten führen. Seid wachsam! Ich werde einige unserer Krieger sprechen müssen. Es gilt bis morgen eine Mehrheit der Freien zu schaffen und sich nicht durch einen Angriff überraschen zu lassen!"

„Dann gehe ich mit dir! Suche Irvin und Notker! Führe sie zu uns!" wies Gaidemar dem Knaben an. Begleitet vom Sohn des Jägers stürmte Gerwin noch mal ins Haus.

Noch immer befanden sich einige der Krieger dort und besprachen sich. In ihrer Mitte stand der Eldermann. Nicht weit davon entfernt unterhielt sich Irvin mit einem Mädchen. Notker zupfte diesen am Arm. „Irvin, wir müssen hier raus! Dort sammeln sich Krieger beim Ältesten, komm!" Doch Irvin machte keine Anstalten, auf den Knaben zu hören.

Gerwin stieß den Älteren einfach vom Mädchen weg und fauchte „Wenn du einen Rock siehst, übernimmt dein Beinkleid das Kommando! Los raus hier, sonst bist du der erste Tote!"

Er packte Irvin am Arm und gemeinsam mit dem Sohn des Jägers beförderten sie Irvin aus der Hütte. Notker sicherte den Rückzug. Als dieser sah, wie sich die Krieger des Eldermanns in Bewegung setzten, rief er: „Los weg hier, sie kommen!"

Die Fliehenden verschwanden in der Dunkelheit zwischen den Hütten, als ihnen mehrere Krieger nachzustürmen versuchten. Verunsichert blieben die Verfolger vor der Hütte zögernd stehen.

Der Sohn des Jägers und die Gäste waren nicht mehr zu sehen. Inzwischen führte der Ansässige die kleine Gruppe zum südlichen Ende des Dorfes.

Das Langhaus, in dem sie erwartet wurden, war kleiner, aber auch von Kriegern, Frauen und Kindern bevölkert. Der Jäger forderte sie zum Mitkommen auf.

In einer kleinen Nachbarhütte trafen sie auf fünf ältere Männer und ohne weiter auf Namen einzugehen, sagte der Jäger: „Das sind unsere Familienoberhäupter! Wir müssen uns schützen und eine Mehrheit für morgen organisieren. Der Älteste hat wieder Zeit gewonnen. Er wird diese nutzen."

Der Sohn, der Gerwin und Irvin geholfen hatte, unterbrach den Vater: „*Siegbald* hat uns seine Bande nachgeschickt und wenn wir Irvin nicht aus der Hütte hätten drängen können, wäre er jetzt zumindest ein Gefangener."

„Hört mir zu!" forderte Norbert die Männer auf ... „Wir haben zwei Möglichkeiten! Sofort fliehen, oder für das Thing die Mehrheit gewinnen. Fliehen wir, verlieren wir alles! Bleiben wir, können wir unterliegen. Verlieren wir, wird er uns dieses Mal töten müssen und unsere Familien leiden lassen. Oder wir kämpfen um unsere Mehrheit! Die Gelegenheit zum Sieg ist gut!" erklärte Norbert die Situation.

„Lasst uns die Mehrheit sichern ..." sagte einer der Krieger „... gehen wir den Weg der Verwandtschaft!" Damit verließen die Oberhäupter der Familien die Hütte.

Ein Bote traf ein. „Sie sind im Beratungshaus!" teilte der Krieger mit. „Wie viele sind es?" fragte der Jäger. „Nur seine Familien! Alle anderen sind raus!"

„Bleibt wachsam und warnt, wenn sie aktiv werden!" befahl der Jäger dem Boten und dieser verließ die Hütte.

Sie saßen am Feuer, Norbert, der Jäger, seine Söhne **Richard** und ***Richwin***, Gaidemar, Irvin und die beiden Knaben Gerwin und Notker. Bisher hatten die Gäste zumeist geschwiegen und alles Erlebte über sich hereinbrechen lassen. Doch jetzt, in einer Ruhephase, schien Gaidemar die Gelegenheit günstig, um Antworten einzufordern.

„Norbert, du hattest uns eingeladen! Von diesem Streit im Dorf hast du offensichtlich zu Sprechen vergessen? Wir kommen zur Nachbarsippe und werden ohne Vorwarnung in eine Sippenfehde hineingezogen? Das ist ein eines Freundes unwürdiges Verhalten!" forderte Gaidemar Aufklärung vom Jäger.

„Auch ich werde nicht gern von Framen bedroht, die mir überlegene Krieger auf meine Brust richten..." warf der Knabe ein.

Norbert besann sich einen Augenblick, bevor er den Versuch der Erklärung unternahm.

„Ihr hattet schon bemerkt, dass unser Dorf gespalten ist. Ich war zur Unterordnung gezwungen. Als ich zum ersten Mal vom Angriff der Römer berichtete, herrschte Uneinigkeit im Dorf. Der Älteste verstand dies zu seinen Gunsten zu nutzen. Der Eldermann ist zwar kein guter Führer im Kampf, aber klug und listig. Außerdem hat er eine starke Familienmacht. Also befahl er mir, mich nicht mehr einzumischen.

Er ist ein Freund der Römer und treibt Handel mit ihnen. Eure Ankunft und dein Verhalten hat sie verunsichert. Das gab mir die Möglichkeit zum Sprechen, die ich sonst niemals wieder erhalten hätte. Es war gut, dass du Gastrecht eingefordert hast." wandte sich Norbert an Gerwin.

„Das mag so sein, aber warum hörten wir vorher keinerlei Warnung von dir? Warum wussten wir nichts von eurem Zerwürfnis? Wie konntest du uns so hintergehen? Unbedacht in eine Sippenfehde hineingezogen zu werden, konnte doch niemals in unserem Interesse liegen? Warum, mein Freund Norbert, brachtest du uns in diese Gefahr?" verlangte der enttäuschte Gaidemar vom Jäger zu wissen.

„Eben deshalb! Hätte ich vom Zerwürfnis gesprochen, wäret ihr dann gekommen? Ist der Überfall auf die Buchensippe ein einzelnes Ereignis? Steht die Rache der Römer aus? Wie wollt ihr römischer Übermacht trotzen? Nur unsere Einheit bringt uns Kampffähigkeit gegen Rom! Deshalb war mir die Einheit der Hermunduren den Einsatz deiner Freundschaft wert! Ja, ich habe euch getäuscht, ich gebe es zu! Doch welcher Sache schulde ich mehr, der Einheit unserer Sippen oder..." Norbert, der sich ebenfalls in Zorn redete, ließ das Ende seiner Worte offen und wartete.

Gaidemar wandte sich ab. Er war wütend und das wollte bei der Besonnenheit des Kriegers viel bedeuten. Sichtlich enttäuscht von Norberts Verhalten, schwankte der Krieger zwischen Enttäuschung und Notwendigkeit.

Enttäuschung über das Verhalten des angeblichen Freundes, der damit jeder Freundschaft einen Dolchstoß in den Rücken versetzte. Anderseits fragte er sich, ob diese Notwendigkeit zur Einheit aller Sippen der Hermunduren, die zwischen dem Dunkelwald und dem Fluss Maa lebten, bestand?

Wollten sie der römischen Übermacht trotzen, musste er dem Jäger zustimmen. Es war die Fähigkeit zur Besonnenheit des die Entscheidung treffenden Kriegers, die zwischen Enttäuschung und der Notwendigkeit zur Einheit abwog. Mit seinem Entschluss sorgte Gaidemar für schwerwiegende zukünftige Ereignisse. Eine andere Entscheidung hätte eine sofortige Rückreise erzwungen. Doch Gaidemar entschied sich zum Bleiben.

Auch er erkannte die Notwendigkeit zur Einheit im Kampf gegen Roms Übermacht. Diese stellte er über die eigene Enttäuschung und den Vertrauensbruch. Bereits im Thing seiner Vatersippe stützte der Krieger den Gedanken der Einheit des Volkes. Dort fasste er den Entschluss, der ihn zur überfallenen Brudersippe führte, ohne dass ihn hätten ungünstigere Lebensbedingungen davon abhalten können.

In der Sippe des Jägers Norbert galt es, den gleichen Kampf zu fechten. Wieder ging es um die Einheit des Volkes, um die Bewahrung der Freiheit und damit um die Erhaltung des Lebens ihrer Sippen. Hierfür ging Gaidemar ein Risiko ein. Ein Risiko, dass verbunden mit dem möglichen Tod seiner Begleiter zwangsläufig auch Auswirkungen auf ihre so arg dezimierte eigene Sippe hätte.

Gaidemar fällte die Entscheidung allein, so wie er Norbert auch allein zu dessen Täuschung zur Rede stellte. Er übernahm eine Verantwortung, die ihm eigentlich nicht zustand. Die Knaben zählten nicht und Irvin schien wenig zur Übernahme einer Verantwortung geeignet, wenn ihn schon ein einziges weibliches Wesen unruhig werden ließ. Degenar oder Brandolf standen nicht zur Beratung zur Verfügung. Erst zur Sippe zurückzukehren, zu beraten und dann dem Nachbarn zu helfen, kostete zu viel Zeit. Es gab nur zwei Möglichkeiten.

Abreisen und auf jede Möglichkeit der Einheit der Sippen im Kampf gegen Rom zu verzichten oder den Jäger beim Machtwechsel in seiner Sippe zu unterstützen ... Diese Entscheidung, wurde ihm in diesen Momenten bewusst, konnte nur er allein treffen.

„Gut!" schloss Gaidemar seine Überlegungen ab. „Du hast uns alle enttäuscht, aber wir werden dir helfen! Doch täuschst du uns noch ein einziges Mal, dann vergiss jede Unterstützung!"

Norbert, der Jäger, atmete sichtbar aus. Auch er empfand, dass es zwischen ihm und seinen Gästen aus dem Buchendorf auf der Kippe stand. Während er sich im Vorhinein über die Situation, in die er seine Gäste brachte, nicht so umfangreiche Gedanken gemacht hatte, empfand er jetzt, wie stark sein Vertrauensbruch wiegen mochte. Für ihn wäre eine sofortige Abreise der Gäste mit dem Verlust jeder Einigkeit im Volk der Hermunduren gleichbedeutend. Welche andere Sippe wäre bereit, ihn anzuerkennen, wenn er als wortbrüchiger Täuscher verrufen wäre? Indem Gaidemar seine Darstellung hinnahm, erkannte der Krieger auch die alles überwiegende Notwendigkeit der Einigkeit aller Hermunduren an. Dies musste fürs Erste genügen und Norbert war sich bewusst, dass damit einem Machtwechsel innerhalb der Sippe der Weg geebnet war.

Einlenkend und glücklich über das derzeitige Ergebnis bemerkte der Jäger:

„Siegbald schien seinen Einfluss zu verlieren. Ich hatte das Gefühl, er war am Aufgeben. Dann besann er sich und gewann diesen einen Tag. Deshalb mussten wir und vor allem ihr, schnell aus seinem Haus heraus. Eure Gefangennahme hätte ihm einen Vorteil verschafft. Das Dorf ist uneins. Seine Familienmacht und deren Reichtum sichern ihm viele Stimmen. Unsere Zahl ist inzwischen gewachsen und ich glaube der heutige Bericht wird uns weitere Stimmen bringen. Unsere Familienoberhäupter sind bei den Wankelmütigen unterwegs und folgen den Familienbanden. Das bedeutet, sie sprechen mit den entfernten Angehörigen. Hoffen wir auf Erfolg!" Gerwin bemerkte, wie froh Norbert die Entscheidung Gaidemars zur Kenntnis nahm. Dem Jäger schien ein schwerer Fels vom Herzen gerollt zu sein…

„Ihr bleibt besser in unserem Teil des Dorfes, auch am morgigen Tag. Es darf ihm nicht gelingen, einen von euch zu fangen. Deshalb bleibt zusammen!" fügte Norbert nach einer längeren Pause noch an. Anschließend konnten sich die Gäste nach diesem ereignisreichen Tag zur Ruhe begeben.

Der Morgen brach mit Sonnenschein an und als sich Gerwin erhob und im Busch seine Notdurft verrichtete, sah er Irvin mit einem Mädchen in Richtung Dorfmitte schlendern. Sogleich lief er dem Gefährten hinterher und fasste ihn am Arm. „Was willst du, Gerwin?"

„Du gehst in die falsche Richtung. Das Mädchen lockt dich in das obere Dorf. Merkst du das nicht oder hat dein Beinkleid …" weiter kam er nicht und eine Maulschelle verschloss ihm den Mund.

Doch in Gerwin hatte sich der junge Krieger geirrt. Mit aller Kraft stieß der Knabe den Krieger um und sprang ihm mit angezogenen Knien auf die Brust. Diesen Angriff konnte Irvin nicht verdauen und ihm blieb für einen Moment die Luft weg. Bevor er den Knaben richtig zur Seite schleudern konnte, griffen ihn starke Arme und hielten ihn fest.

Gerwin hatte sich schnell wieder erhoben und das Mädchen am Arm gepackt, bevor es flüchten konnte. Einer der Männer, die Irvin hielten, war Gaidemar.

„Man schlägt keine Gefährten, Irvin! Machst du das noch ein einziges Mal, werde ich es mit dir ebenso tun!"

„Wage es?" funkelte der zornig zurück und ergänzte: „Dann soll er sein vorlautes Maulwerk halten…"

„Du solltest besser deinen Kopf zum Denken nutzen! Sonst ziert bald eine Schnittwunde deinen Hals, die deiner Existenz abträglich wäre…"

bemerkte Gaidemar hintergründig. „Das ist das gleiche Mädchen, mit dem du gestern schon geturtelt hast. Das hätte dich den Kopf kosten können ..."

„Trotz des Jägers Warnung, warst du auf dem besten Weg, ihr in das Gebiet der Familie des Eldermanns zu folgen!" warf Gerwin ein.

Der zweite Mann, der Irvin hielt, fügte an: „Sie ist die jüngste Tochter des Siegbald! Das wäre schief gegangen!"

„Na dann bringen wir wohl besser beide zum Jäger!" meinte Gaidemar.

Doch dies schien nicht im Interesse des Mädchens zu sein. Plötzlich schrie sie um Hilfe und erregte so die Aufmerksamkeit anderer Dorfbewohner. Bevor es einen Auflauf gab, befahl Gaidemar dem Knaben, das Mädchen loszulassen. Die junge Frau stürzte davon, ohne Irvin noch eines Blickes zu würdigen. Das Turteln war vorüber!

Gaidemar gab Irvin frei und ermahnte ihn noch einmal, dass das im Dorf kein Spiel sei und leicht mit einer durchschnittenen Kehle enden könnte. Er solle sich gefälligst an seine Befehle halten.

Knurrend gab ihm Irvin recht und verschwand in Richtung des südlichen Dorfes. Als Irvin außer Reichweite war, erhielt Gerwin eine Belehrung.

„Merke dir, die Kränkung oder Beleidigung vergisst ein Krieger niemals, auch wenn du Recht hast! Sicher hatte das Mädchen den Auftrag, ihm schöne Augen zu machen und ihn von uns fortzulocken. Irvin wird das immer anders sehen. Solange du dich nicht ihm gegenüber wehren kannst, fordere ihn besser nicht heraus!" Der Knabe senkte die Augen und versprach den Rat zu beherzigen.

Bis zum Thing ging der Tag langsam voran. Die Gruppierungen mieden jeden Kontakt.

Der Jäger versammelte seine Getreuen in der Hütte, in der die Gefährten geschlafen hatten. „Hört alle zu! Auf dem Thing sammelt jeder seine Anhänger bei sich und bildet Gruppierungen. Die Gruppen müssen den Ausgang blockieren können. Die Kinder und Weiber bleiben in unseren Langhütten. Wenn es uns nicht gelingt, die Mehrheit zu erlangen, dann sichert den Abzug der Frauen und Kinder, flieht aus dem Dorf. Bei mir bleiben nur zehn Krieger. Schlägt das Pendel zu unseren Gunsten aus und wir bekommen die Mehrheit, müssen wir den Ältesten und seine Ratgeber von deren Familienmacht trennen! Schiebt euch zwischen sie.

Die Messer bleiben in der Scheide. Kampf gibt es erst wenn ich das Signal gebe. Hoffen wir, dass es uns gelingt!"

Nach dem die Krieger der Sippe gegangen waren, wandte sich Norbert an Gaidemar. „Ihr könnt am Thing nicht alle teilnehmen. Ich möchte dich aber dabei wissen, falls es noch eine Chance zu nutzen gilt! Deshalb bitte ich dich um deine Begleitung. Ihr Anderen bleibt in meinem Haus."

Auf dem Thingplatz angekommen, nahmen der Jäger und seine Kriegerschar, unter denen sich auch Gaidemar befand, unweit des Zentrums Aufstellung.

Das Thing begann mit der Frage nach Zeit und Ort der Beratung an die Versammelten und der Bitte an den Gott Tyr. Es setzte mit einer Rede des Ältesten fort, in der er den Wahrheitsgehalt des Berichtes des Knaben in Zweifel stellte, auf die Freundschaft mit den Römern pochte, auf die guten Handelsbeziehungen zu Rom und den Reichtum des Dorfes verwies.

Danach sprach einer seiner Berater und es gab die gleiche Litanei. Ein Zweiter und Dritter seiner Männer erhielt das Wort und weitere Sprecher aus dem Familienkreis auch. Es war unschwer zu erkennen, dass immer nur den Angehörigen der Partei des Ältesten das Recht zum Sprechen zugebilligt wurde. Obwohl von Norbert und Anderen seiner Parte Wortmeldungen angezeigt wurden, erhielten nur die Männer Siegbalds das Recht des Wortes.

Zwangsläufig war auch immer nur die Zustimmung der Anhänger Siegbalds zu hören. Das Schlagen der Framen gegen den Schild gab einen stetig gleichen Lärm. Es war dabei schwierig zu erkennen, ob die Zustimmenden eine Mehrheit bildeten.

Der Jäger flüsterte mit Gaidemar. Dann trat Gaidemar vor und meldete sich zu Wort. „Darf ich als Gast sprechen?"

Diese überraschende Wende, ein Fremder im Thing, der mit seiner Ankündigung den Thingfrieden störte und auch noch zu Sprechen begehrte, erregte Murren und Trommeln. Das merkwürdige daran war, dass der Lärm schlagender Framen das Murren deutlich übertönte. So erschien es zumindest Gerwin.

Es war dies die Gelegenheit die Stimmung der Freien ein erstes Mal zu testen. Als Norbert erkannte, dass seine Getreuen kein Rederecht erhielten und sich eine Entscheidung zu seinen Ungunsten abzeichnete, brachte er seinen letzten Trumpf zum Einsatz. Er forderte Gaidemar zum Sprechen auf.

Norbert vermutete, dass die Thingteilnahme des Sippenfremden zu Tumulten führen könnte. Andererseits hoffte er, dass nach Gerwins Bericht unter den Familienoberhäuptern und dem von ihm begangenen Weg der Verwandtschaft ein breites Interesse für den Überfall der Römer auf die Buchensippe vorlag.

Waren bisher nur die Oberhäupter der Familien von Gerwins Schilderung beeindruckt, brachten die von seinen Getreuen gestreuten Nachrichten zum Römerüberfall die Neugier hervor, die zum mehrheitlichen Schlagen der Waffen und somit zur Sprecherlaubnis für Gaidemar führten.

Siegbald, der gegenüber seinen Anhängern den römischen Überfall verschwiegen hatte und wenn er darauf angesprochen wurde, die Folgen als geringfügig abtat, verlor an diesem Tag die erste Abstimmung. Letztlich überdröhnte das Aneinanderschlagen der Waffen das Murren und dies konnte der Älteste nicht ignorieren. Deshalb erhielt Gaidemar Rederecht.

„Ich bin Gaidemar, Krieger der Bergesippe! Wer wagt es mein Wort anzuzweifeln?" Er schaute in die Runde und blieb an den Augen des Ältesten hängen.

„Ich kämpfte gegen die Römer und tötete Einige und ich folgte Rotbarts Ruf, der Buchensippe zu helfen! Wer wagt es Rotbarts Ruf anzuzweifeln?"

Wieder sah er in die Runde und blieb am Ältesten hängen. Es sah schon so aus, als wollte er den Eldermann mit Blicken einschüchtern.

„Doch was ich im Dorf der Buchensippe sah, traf mich ins Herz. Der Scheiterhaufen der Toten war höher als eure Langhäuser hoch sind!" Aus Gaidemars Absicht der Einschüchterung wurde durch Zorn eine Anklage gegen Rom.

„Wer hatte den Scheiterhaufen errichtet? Ein alter Mann, vielleicht kennen Einige von euch den Hinkefuss Degenar? Die überlebenden Kinder haben das Holz gesammelt, die Toten zusammengetragen und aufgeschichtet. Es waren ihre Eltern, ihre Geschwister und Freunde, denen sie in tote Augen sahen. Wer wagt es diesen Bericht anzuzweifeln?" Wieder blieb sein Blick am Eldermann hängen. Offene Wut entstellte seine Züge. Einer lauten Frage folgte eine leisere Frage und endete in blanker Wut. Gaidemar nutzte ein Anschwellen seiner Stimme.

„Der überlebende Rest des Dorfes wurde von den Römern in die Sklaverei getrieben. Der Knabe, den du wagst in Zweifel zu stellen, sah den Überfall und entkam dem Tod nur mit Glück. Er nahm den Weg zu uns auf sich." Gaidemars Blick bannte, um deutlich zu machen wem diese Ansprache galt, wieder den Eldermann.

„Obwohl der Knabe diesen Weg nicht kannte, zwei Tagreisen unterwegs war und zum Schluss, zu unserem Glück, vor den Römern eintraf, um uns vor einem Überfall zu warnen, verschweigst du deinen Freien das Los der Buchensippe. Der Überfall auf die Buchensippe brachte den Römern eine Menge Gefangene ein. Die halbe Sippe wurde getötet, der Rest als Sklaven weggetrieben. Doch du verschweigst deinen Freien diese Tatsache?"

Es war nicht nur Gaidemars Wut, die überschwappte. Norberts Anhänger befeuerten dessen Zorn und so langsam kam die Masse ins Schwingen. Verwunderungsrufe, ein Zwischenruf mit „Du lügst!" erklang und entzündete jetzt auch die Wut der bisher Gutgläubigen.

Norbert bediente sich wieder des Kessels sowie eines Steines und der bannende Ton mündete in ein lastendes Schweigen.

Gaidemar nutzte die Pause. „Wir wurden gewarnt und konnten die Römer besiegen. Nicht ein römischer Legionär entkam und der Kopf des Anführers ziert, auf einem Frame, den Eingang zu unserem Dorf. Am Morgen kamen die Römer ein zweites Mal und holten sich blutige Köpfe, dann zogen sie ab. Wer wagt es diesen Bericht in Frage zu stellen?" Sein Blick schweifte wieder zum Ältesten und fing dessen Augen.

„Die Römer werden wieder kommen! Aber nicht zur Buchensippe, da ist nichts mehr zu holen! Auch nicht zur Bergesippe, dort gibt es blutige Köpfe! Deshalb überlegt, ob ihr als nächstes Ziel in Frage kommen wollt, denn reich genug dafür scheint ihr ja zu sein... oder glaubt den Bekundungen eures Ältesten, der in den Römern Freunde sieht!" Hohn troff aus seinen Worten und die Beleidigung der Angehörigen einer gutgläubigen Sippe begleitete diesen Ausbruch. Das Schweigen der Meute hielt an. Erschrecken zeichnete die Mienen der Freien. Die römische Bedrohung war in diesem Augenblick für fast alle Männer im Thing greifbar.

„Wir machen euch das Angebot, kämpft mit uns gemeinsam gegen jeden Eindringling, als Brüder, Seite an Seite! Die Entscheidung trefft im Thing!" Gaidemar trat zurück.

Der Älteste wollte zu einer neuen Rede ansetzen, doch diesmal wurde er unbarmherzig nieder getrommelt. Die überwiegende Mehrheit der Freien des Dorfes stimmte mit dem Aneinanderschlagen ihrer Waffen der

Anlage zu. Letztlich blieb dem Ältesten keine Möglichkeit, der Abstimmung auszuweichen.

Zögerlich formulierte er seine Frage: „Entscheidet sich die Sippe den Weg des Friedens zu gehen und mit den Römern in Verhandlungen zu treten?" Schweigen der Masse, nur Einige seiner eigenen Anhänger trommelten ihre Schilde.

„Will die Sippe Kampf gegen Rom?" donnerndes Schlagen der Waffen antwortete ihm.

Gezwungen, an seinen Vorschlag zu erinnern oder seine eigene Position zu ändern, ließ er seinen Standpunkt vernehmen. „Ich bin noch immer für Verhandlungen!"

Da meldete sich aus der Masse der Krieger eine Stimme: „Du kannst nicht mehr unser Ältester sein!"

Und der Älteste antwortete mit piepsiger, sich überschlagender Stimme: „Noch bin ich der Älteste! Noch führe ich die Sippe!"

„Dann wird es Zeit, dass du auch diese Frage stellst!" meldete sich der gleiche Zwischenrufer wieder, der offensichtlich unter den Anhängern des Jägers zu suchen gewesen wäre.

Hilfesuchend sah sich der Älteste nach seinen Anhängern um. Aus dem Zentrum des heiligen Platzes, von ihm und voneinander abgedrängt, sah er diese, umzingelt von Gewährsmännern des Jägers.

Sich der Bedrohlichkeit des Augenblicks bewusst werdend, krähte der Alte mit seiner Fistelstimme: „Wer ist für die Wahl eines neuen Ältesten?" Donnerndes Schlagen der Waffen antwortete ihm. Als Ruhe eintrat, fragte er in die Masse der Krieger hinein

„Wer soll der neue Älteste sein? Macht eure Vorschläge!"

Sofort schob sich der Zwischenrufer, ein offensichtlich wortgewaltiger Hüne, in den Vordergrund und brüllte „Norbert, der Jäger!"

Das aber war nicht im Sinne des Ältesten. Wenn er schon seine Macht abgeben sollte, dann muss ein Nachfolger aus seiner Familie gefunden werden und deshalb krähte er in die Versammlung. „Macht weitere Vorschl...." Doch weiter gelangte er nicht.

Der Hüne dröhnte abermals „Norbert, der Jäger! Wer stimmt für Norbert, den Jäger?"

Die Entscheidung fiel. Mit donnernden Schlägen begrüßten die Freien der Sippe den neuen Ältesten. Nur wenige murrten und wandten sich ab.

Norbert, der Jäger, hatte die Mehrheit der Stimmen und wurde damit zum neuen Ältesten bestimmt. Der bisherige Eldermann zog sich in den Kreis seiner Treuen zurück.

Um seine, jetzt deutlich kleinere Gruppierung, zog sich ein Ring zusammen, der immer enger wurde. „Wahrt den Frieden des Thing!" rief der neue Eldermann und so schirmten seine ihm hörigen Krieger die Gruppe des bisherigen Ältesten zwar ab, lies diese aber weiter unbehelligt.

„Hört Brüder! Es steht jedem frei, die Sippe zu verlassen! Doch wer hier bleibt, ordnet sich dem Thing unter! So verlangt es unser Brauch! Deshalb lasst allen aus der anderen Partei Raum für ihre Entscheidung. Räumt die Mitte!" forderte Norbert die Versammlung auf.

„Wer von euch das Ergebnis der Wahl im Thing anerkennt, der trete in die Mitte!" sprach er die Getreuen des ehemaligen Eldermanns an. Es dauerte eine Weile, bis der Erste vortrat. Es war ein junger Krieger und schnell folgten ihm weitere, dann auch einige ältere Krieger.

Letztlich blieben nur die Oberhäupter der ihm hörigen Familien um den früheren Ältesten gruppiert, sowie einige wenige, schon ergraute Männer. Nur etwa zwanzig Germanen zeigten sich als treue Anhänger Siegbalds.

„Geht! Wer das Thing nicht anerkennt, verlässt die Gemeinschaft! Das ist das Gesetz des Things! Nehmt euren Besitz und brecht am Morgen auf!"

Zu den Anderen gewandt verkündete Norbert, der neue Eldermann der Talwassersippe: „Morgen werden wir darüber beraten, wie wir uns auf die Römer vorbereiten!" Noch ungewohnt in der Verantwortung des Ältesten versäumte Norbert das Thing mit der Beschwörungsformel zu beenden. Er verkündete, in den aufbrausenden Lärm hinein: „Das Thing ist zu Ende!"

Dass die Einforderung der Zustimmung der Götter fehlte, war keinem der freien Männer aufgefallen.

17. Wölfe

65 nach Christus - Winterende (1. Aprilis)
Barbaricum - Im Land der Hermunduren zwischen dem Fluss Moenus und dem Herzynischen Wald

Ragna wusste nicht, ob er zornig oder enttäuscht ging. Sie verstand auch nicht, warum sie jetzt wütend auf sich selbst war. Er war weg! Einfach so gegangen, ohne ein Abschiedswort, ohne Geste und ohne das Versprechen zur Rückkehr!

Hatte sie ihm doch zu verstehen gegeben, jetzt noch keinen Gefährten zu suchen. Vor zwei Tagen war er zu ihr gekommen. Nie sprach er große Worte, protzte mit seinen Taten oder forderte Aufmerksamkeit. Er wollte in die Hütte und sie wollte heraus. Genau in der Tür stießen sie aufeinander. Nach einem Augenblick fasste er ihre Hand und zog sie sanft hinter sich her. Er führte sie um das Haus in den nahen Wald, zum umgestürzten Baum. Dort erst sprach er.

Sie wäre sehr schön und mutig! Ihre Klugheit und Entschlossenheit sei für ihn sehr wichtig. Schon längere Zeit beobachte er sie und fühle sich zu ihr hingezogen. Mehrfach habe er ihr sein Interesse durch kleinere Begebenheiten angezeigt. Doch sie habe diese nicht bemerkt.

Der Streit unter den Männern habe ihm gezeigt, dass der Kampf um ihre Gunst begonnen hätte. Er sei nicht der Mann, der seine Kraft, seinen Mut oder sein Können rühmt, sondern zeige ihr direkt seine Wünsche. Er scheut nicht das Urteil der Anderen, er fürchtet sich nur vor ihrer Ablehnung.

Dann sagte er ihr, dass er sie als sein Weib begehre, dass er sie achten und lieben wird und sie die Mutter seiner Söhne werden soll. Danach schwieg er.

Er hatte sie nicht in die Arme genommen. Er stand auf Armlänge entfernt und sah ihr unverwandt in ihre Augen, während er ihre beiden Hände hielt. Auch sie sah seine Augen. Sie sah das begehrliche Funkeln und ein zärtliches Schimmern. Nie hätte er ihr geschmeichelt oder sie betört, überredet oder mit sanftem Druck vereinnahmt.

Sie wusste es und sie spürte seine Aura von Kraft, Willen, Mut, Verachtung, Verstand und Hingabe. Es war wie eine Flamme, die sich durch plötzlichen Wind zu ihr hinwandte, sie mit Hitze überzog, Schmerz und Sehnen erzeugte und plötzlich zur Erkenntnis führte, dass genau er der Mann war, den auch sie wollte.

Doch irgendetwas war falsch! Ihr eigener Stolz, ihre Unabhängigkeit, die erwartete Unterordnung oder der Zwang Frau zu sein und Mutter zu werden. Oder war es einfach nur eine mangelnde Bereitschaft sich hinzugeben?

Sie wusste es nicht! Sie handelte und obwohl in ihrem Inneren alles nach Liebe und Zärtlichkeit schrie, wies sie ihn von sich! Noch immer hörte sie ihre eigenen Worte, als spräche diese ein fremder Mund.

„Ich bin nicht bereit, einem Mann zu folgen!"

Und nach einigem Schweigen zog sie ihre Hände aus seinen zurück, verschränkte diese vor der Brust und sagte: „Geh!" Und er drehte sich um und ging.

Erst als er sich abgewandt hatte, löste sich eine innere Blockade. Ein Schüttelfrost überzog sie. Eine einzelne Träne stahl sich aus ihren Augen. Wie gebannt starrte sie auf seinen Rücken. Unfähig ein Wort zu sprechen oder ihn zurückzurufen. Sie starrte ihm nach, bis er hinter der Hütte verschwand.

Sie hatten nicht wieder miteinander gesprochen. Er ging ihr nicht aus dem Weg. Er sah sie, er sah sie an und doch nahm er sie nicht wahr. Die übrigen Angehörigen der Sippe hatten diese Begebenheit nicht mitbekommen.

Sein Verhalten war wie immer, während sie ihn jetzt genauer beobachtete. Offensichtlich verwand er ihre Ablehnung gut. Vielleicht gereichte ihm aber auch jetzt seine Abgeklärtheit und Distanz im Verhalten gegenüber Anderen zum Vorteil.

Auch könnte es sein, dass der Knabe Gerwin seine Aufmerksamkeit auf sich Zwang. Sie konnte nicht feststellen, dass ihre Ablehnung ihn außer Fassung gebracht hatte. Dafür aber war sie verunsichert. War es richtig, seine Werbung abzulehnen? Er ist ein stattlicher Mann und ein guter Krieger. Ihr Vater achtete ihn und ihr jüngerer Bruder ist sein bester Freund...

Gaidemar war von ruhigem Wesen, geradlinig, nicht aufbrausend oder unbeherrscht. Er war klug und drängte sich nicht in den Vordergrund. Andererseits bot er Anderen oft eine helfende Hand. Sie hatte es intuitiv immer so beobachtet, ohne weiter darüber nachzudenken.

Nicht damals, als die anderen Männer im Streit um sie ihre Messer zogen, sondern erst jetzt, unmittelbar nach diesem Gespräch, wurde ihr bewusst, eine Frau zu sein.

Sie empfand mit Überraschung, dass auch sie dem Werben der Krieger geneigt war und empfand zum ersten Mal ein neues Gefühl. Ja, sie wollte begehrt werden. Bisher war es ihr Wunsch im Kreis der Krieger Anerkennung zu finden. Sie strebte an, die Beste mit dem Bogen zu sein. Sie wollte erfolgreicher jagen und beweisen, dass sie wohl ein besserer Mann als alle Anderen sei. Gaidemars Antrag hatte sie aus ihrer Sicherheit gezwungen und wohl, weil sie noch nie so empfunden und sich auch keine Gedanken darüber gemacht hatte, war sie dem Gespräch nicht gewachsen.

Sie hatte ihn abgewiesen, obwohl ihre ganze Fraulichkeit nach ihm rief. Deshalb empfand sie Schmerz. Sie hatte ihn gewonnen und sofort verloren. Nur weil sie zu Unerfahren und Stolz war? Er würde nie zurückkehren, er würde kein zweites Mal fragen. Verzweiflung überrollte sie, nachts fand sie keinen Schlaf und grübelte über sich, ihn und alles was falsch gelaufen war. Und jetzt war er fort! Einfach gegangen...

Gertrud sagte es ihr beim Frühstück.

„Na und...?" hatte sie geantwortet und Tränen drängten sich an die Schwelle der Augen. Sie bezwang das weibliche Verlangen, sich seelischen Schmerz zu ergeben, nahm ihren Bogen und stand auf.

Sie sagte nur „Komm!"

Gertrud kam. Sie folgte ihr zu Degenar und dann in den Wald.

Dem Alten hatte Ragna nur mitgeteilt, dass sie zur Jagd wolle und er hatte genickt. Während die beiden jungen Frauen sich auf dem Waldpfad vorwärts bewegten, grübelte sie weiter.

Ob der Alte etwas gemerkt hatte? Wusste er vom Gespräch oder spürte er die Bindungen zwischen Gaidemar und ihr, ohne dass ihr diese selbst bewusst geworden war? Hatte er Kenntnis von ihrer Ablehnung? Sie würde nach der Rückkehr mit ihrem Bruder sprechen müssen.

Vielleicht wüsste er mehr...

Schweigend liefen sie den ganzen Morgen. Gertrud wusste, dass sie auf der Jagd nicht sprechen sollte und auch sonst nicht dem Fehler aller Frauen huldigen durfte, ihr Herz auf der Zunge zu tragen.

Zum Schwatzen war Ragna nie aufgelegt. Als die Sonne am Höchsten stand, machten sie eine Pause und stärkten sich. Auch jetzt noch war Ragna mit sich selbst beschäftigt und schwieg.

„Wo willst du hin?" fragte Gertrud schließlich.

„Erinnerst du dich an das Rudel des Bockes mit den vielen Spitzen?" fragte Ragna die Gefährtin.

„Ja, das ist aber ziemlich weit entfernt. Der Weg zu diesem Berg wird noch einige Zeit dauern." bedachte sich Gertrud und äußerte diesen Gedanken auch.

Innerlich willigte sie in den weiten Weg ein. Sie empfand, dass die Ältere über etwas verärgert war, ohne die Ursache dieser Laune erkennen zu können. Wenn sie auf Jagd unterwegs waren, sprachen sie selten miteinander. Das Gespräch der Hände, dieses oder jenes Zeichen, aber keine Laute verließen die Lippen beider Jägerinnen.

„Eigentlich will ich nicht zum Berg, sondern zum Bach. Dort hatten wir das Rudel beim vorigen Mal aufgescheucht. Im Unterholz scheint deren Weidegrund zu liegen."

Gertrud schwieg. Sie schien sich an die Stelle zu erinnern und fragte dann: „Willst du den Bock?"

„Nein, den braucht das Rudel ..." antwortete Ragna und erklärte ihre weiteren Absichten. „Wir holen uns einen von den 2 oder 3 Jährigen. Beim letzten Mal hatte ich 3 Kitze gezählt und 5 Jungböcke. Einen davon holen wir!"

„Wie willst du vorgehen?"

„Wenn wir Glück haben, ist das Rudel am Bach! Du wirst aus der Windrichtung zum Rudel schleichen und ich werde das Rudel erwarten."

Das reichte der Jüngeren als Auskunft. Den notwendigen Rest würden sie abstimmen, wenn die Herde gefunden war. Sie setzten Ihren Marsch fort. Es gab keinen Pfad mehr und deshalb schritten sie durch den Hochwald.

Plötzlich stürzte ein Hase aus einem Gebüsch. In fließender Bewegung griff Ragna nach ihrem Bogen, legte den Pfeil ein und schoss. Der Hase überschlug sich und blieb liegen. Ragna legte den kurzen Weg bis zu dieser Stelle zurück, hob den Hasen auf, zog ihren Pfeil heraus, band die Hinterläufe mit einem Band zusammen und befestigte diese an einem Lederriemen, der über ihrer Schulter und Hüfte fixiert war. Alles ging sehr schnell. So schnell, dass Gertrud im Moment des Abschusses erst ihren Pfeil aus dem Köcher zog.

„Du musst mehr üben. Das dauert zu lange. Der Hase wäre weg gewesen!" hörte Gertrud die belehrenden Worte. Das Mädchen nickte nur mit dem Kopf. Es war auch nicht erforderlich zu antworten, zumal Ragna ohnehin nicht dazu neigte, Ausreden anzuerkennen.

Als sich die Sonne dem Erdboden zuneigte erreichten sie den Berg, in dessen Nähe sie das Rudel vermuteten. Dicht bewaldet, ließ dieser keinen Blick auf den Bachverlauf zu.

Ab jetzt war Vorsicht geboten. Leise, auf jeden Zweig achtend, ständig den Wind prüfend, bewegten sich die jungen Frauen, mit wenigen Schritten Abstand zueinander, talwärts. Doch ihr Abstand vergrößerte sich zunehmend. Noch aber war die Verständigung zwischen ihnen mittels Handzeichen möglich.

Bevor sie den Waldrand erreichten, gab Ragna ein Zeichen. Sie wies in Richtung einer Sumpfwiese am gegenüberliegenden Bachufer, einige Baumlängen von ihnen entfernt.

Mit Zeichen machte Ragna der Gefährtin klar, wie sie den Bach überqueren und aus der Windrichtung kommend, das Rudel auf sie zutreiben sollte. Gertrud wusste, dass Ragna sich am Waldrand verbergen und warten würde. Sie hatte Zeit, das Rudel zu umgehen und schwenkte deshalb wieder bergan. Der Wind kam in leichter Priese aus der Richtung der Abendsonne.

Gertrud überquerte den Bach an einer breiten, flachen Stelle, die sie von einer älteren Jagd kannte. Sie umging das Rudel und näherte sich aus der Windrichtung.

Unvorsichtigerweise verursachter Lärm würde das Rudel erschrecken und die Tiere in alle Richtungen auseinander treiben. Ragna hätte keine große Chance einen sicheren Schuss anzubringen, wenn nicht eines der Tiere nahe genug an ihrer Position vorbei flöh.

Deshalb schlich sich Gertrud mit aller Vorsicht auf die Tiere zu. Der Bock witterte sie, er hob seinen Kopf und sah in Gertruds Richtung. Sie duckte sich und offensichtlich konnte der Bock sie nicht sehen. Das Mädchen verharrte in ihrer Position und wartete, bis der Bock sich vollständig beruhigt hatte.

Dann schlich sie wieder auf das Rudel zu und wieder witterte das Tier sie. Gertrud tauchte noch mal ab. Der Bock lief mit stolz erhobenem Geweih in ihre Richtung. Er verharrte, als er sein Rudel hinter sich wusste und beobachtete in ihre Richtung.

Auch die übrigen Tiere waren aufmerksam geworden. Sie sahen zum Rudelführer. Als der Bock sein Haupt senkte und an ihnen vorbei, in die entgegengesetzte Richtung zu laufen begann, folgten ihm alle Tiere. Unmittelbar am Bach fühlte er sich wieder sicher und ließ sein Rudel weiter grasen. Gertrud folgte den Tieren mit gleicher Vorsicht und wieder schien der Bock sie zu wittern.

Jetzt musste er sich entscheiden, wollte er den Bach überwinden oder am Bach entlang in Richtung der Morgensonne ausweichen. Der Bach war breit und flach an dieser Stelle. Das Leittier wusste diese Örtlichkeit zu nutzen. Es schritt mit hoch erhobenem Haupt, nach allen Seiten witternd, in das Bachbett und alle Tiere folgten.

Die Breite des Baches entsprach der Höhe eines jungen Baumes. Die Tiere drängten sich an dieser Stelle etwas zusammen, ohne sich jedoch zu behindern. Als der Bock das andere Ufer erreichte und nach Rückwärts schaute, brach einer seiner Jungböcke mitten im Bachbett, von einem Pfeil im Hals getroffen, zusammen.

Im gleichen Moment schwirrte ein weiterer Pfeil aus anderer Richtung auf einen weiteren Jungbock zu, bohrte sich in seinen linken Hinterlauf und brachte das Tier zum Sturz. Ragna brach aus einem naheliegendem Busch hervor, rannte auf den gestürzten Bock zu und rammte ihm ihr Messer in den Hals, bevor er aufstehen und fliehen konnte.

Dem eigenen geschossenen Bock schenkte die Jägerin keinen Blick. Der Pfeil durch den Hals war durch die kurze Entfernung sicher tödlich und so wie das Tier zusammengebrochen war, würde es sich nie wieder erheben können.

Der Jungbock, den Gertrud aus wesentlich größerer Entfernung getroffen hatte, könnte sich aber nach seinem ersten Schock erheben und das Weite suchen. Dies musste und konnte sie verhindern. So wurde aus der Jagd auf ein Tier ein Erfolg mit zwei erlegten Böcken.

Das Rudel war nach dem ersten Schuss in alle Richtungen davon geprescht. Der Leitbock hielt in scheinbar sicherer Entfernung an und kehrte nach einiger Zeit langsam, nach allen Seiten witternd, zurück. Doch er blieb in sicherer Entfernung. Als er offensichtlich genug gesehen hatte, drehte er ab und verschwand im gegenüberliegenden Wald.

Gertrud war inzwischen bei Ragna angelangt. Gemeinsam schleiften sie beide Böcke auf die Uferseite und legten sie im Gras ab.

Der Bock mit dem Schuss im Hinterteil war ein kräftiger Kerl. Er hatte vier Spitzen und musste ein beachtliches Gewicht haben. Ragna schätzte ihn nicht viel leichter, als es ihre Jagdgefährtin sein dürfte. Der von ihr erlegte etwas Jüngere mit seinen zwei Spitzen und einer weiteren ersten Ausbuchtung, mochte etwa so viel Gewicht besitzen, wie ein Knabe von etwa acht Wintern. Diese Last mussten sie jetzt zum Dorf bringen. Das würde nicht leicht sein.

Gertrud drehte sich ab und zog ihr Messer, um im naheliegenden Busch kräftige Zweige zu schneiden. Doch Ragna hielt sie auf.

„Geh nicht zu dem Busch! Den brauchen wir vielleicht noch mal. Dort hatte ich mich verborgen!"

Also lief Gertrud zum Waldrand, schnitt und brach dort kräftige Haselnussstämme in Armesstärke ab und brachte diese zum Bachufer. Die Vorder- und Hinterläufe der toten Tiere wurden zusammen gebunden und dann jedem Tier eine der Stangen zwischen Fußende und Körper hindurch geschoben.

Die jungen Frauen verstauten ihre Bögen auf dem Rücken, schoben ihre Messer zurück in die Gürtel und nahmen die Enden jeder der Stangen auf eine Schulter. Gertrud lief vorn und Ragna dahinter.

Noch nie hatten sie solch einen Jagderfolg. Als sie die Lasten schulterten, sah Ragna wie Gertrud leicht in die Knie ging und durch Nachdrücken sich erst richtig strecken konnte.

Mit dieser Last würden sie nicht weit kommen. Trotzdem nahmen sie den Weg auf und schleppten ihre Jagdbeute bis auf den nächsten Berggipfel.

Vollkommen außer Atem und mit zitternden Beinen knieten sich die jungen Frauen hin. Gertrud legte ihre beiden vorderen Enden der Tragestangen nacheinander auf den Waldboden und richtete sich langsam auf.

„Das schaffen wir nicht! Diese Last bekommen wir nicht bis zum Lager!" schnaufte das Mädchen.

„Lauf zum Dorf, ich bleibe hier und bewache unseren Jagderfolg. Bringe uns eines der Pferde!"

Nach einer kurzen Verschnaufpause machte sich Gertrud auf den Weg.

Sicherlich war es ungewöhnlich, so früh im Jahr einen solchen Jagderfolg zu erzielen und Ragna kannte keine Erzählung anderer Jäger über ein solches Ergebnis. Hasen, Hühner oder Enten, wenn diese so zeitig im Frühjahr zurück gekommen waren, das war möglich.

Zwei Böcke zu erlegen, konnte nur Glück sein. Trotzdem war sie stolz auf ihren Schuss, genau in den Hals des Tieres. Weit mehr aber erfreute sie Gertruds Treffer. Die Gefährtin konnte nicht einfach schießen, sondern musste auf ihren Pfeil aus dem Hinterhalt warten. Dann, aus wesentlich größerer Entfernung zu treffen und den Bock am Fliehen zu hindern, war aller Ehren wert.

Sie beabsichtigte Degenar von Gertruds Erfolg zu berichten. Das geschickte Anpirschen der Jagdgefährtin an das Rudel schien ihr ebenfalls erwähnenswert. Sie selbst hatte sich ja nur verstecken und warten müssen...

Es war schon später Nachmittag, als sie die Bergkuppe erreicht hatten und sich Gertrud auf den Weg zum Dorf machte. Sie würde kaum vor Einbruch der Nacht zurück sein. Noch immer wurde es abends merklich kälter.

Auch wenn die letzten Tage viel Sonne hervor brachten und die Schneedecke hinweg schmolz, war der Winter noch nicht ganz vorbei.

Ragna sammelte im umliegenden Bereich Holz und mittels einiger trockener, dürrer Äste und etwas Moos gelang es ihr, ein Feuer zu entfachen. Vorsichtig nährte sie das anfangs zärtliche Flämmchen, bis es kräftiger brannte und sie auch noch nasseres Holz ins Feuer legen konnte. Es knackte, trocknete und brannte. Bald wärmte es auch ein wenig. Ragna sammelte mehr Holz.

Bei dieser Tätigkeit fiel ihr ein Baum auf, der vom Erdboden aus in sehr geringer Höhe starke Zweige aufwies. Sie nahm die Stange des leichteren Bockes und brachte diese zum Baum. Mit der Stange zwischen den Tierbeinen und auf den unteren Zweigen des Baumes platziert, die sich in ihrer Kopfhöhe befanden, verstaute sie den ersten Bock. Dann erkletterte sie den Baum und hing den Bock höher in die Äste. Auch für den größeren Bock fand sie am gleichen Baum eine weitere Stelle, um das Tier sicher hängend, zu lagern. Daraufhin verlagerte sie das Feuer in unmittelbare Nähe der Böcke und begab sich selbst dorthin.

Jetzt musste sie warten. Bis zu Gertruds Rückkehr würde noch viel Zeit vergehen. Sich setzen und langsam der Kälte Tribut zu zollen, widerstrebte ihr. Also sammelte sie aus Langeweile und zur Bewegung weiteres Holz. Ohne darüber nachzudenken, stapelte sie eine ausreichende Menge an ihrem Feuerplatz und schichtete dann weitere drei Holzhaufen um ihren Lagerplatz auf.

Mit der Dunkelheit kam die Kälte und so lagerte sich die Jägerin am Feuer. Sie nahm etwas aus ihrem Proviantsack und stärkte sich.

In Begleitung der Dunkelheit zog noch etwas Anderes in ihr unmittelbares Umfeld ein, Ruhe!

Zuerst fiel ihr das Verstummen der Laute des Waldes nicht auf. Das Feuer prasselte vor sich hin, verbrannte Zweige knackten und der leichte Wind bewegte die Flamme.

Als die Dunkelheit vollkommen war und sie nur noch im Lichtschein des Feuers sehen konnte, schlich sich Unruhe und Beklemmung in ihre Glieder. Dann sah sie in der Dunkelheit gelbe, gierige Augen.

Erst dachte sie an eine Sinnestäuschung. Doch dann durchzuckte sie der Schmerz der Erkenntnis, Wölfe! Schnell sprang sie auf, packte ihren Bogen, nahm ihre Pfeile aus dem Köcher und steckte diese vor sich auf den Boden. Mit dem Rücken zum Baum, links von sich beide Böcke hängend, erwartete sie den ersten Angriff der Wölfe.

Sie wusste nicht, wie viele Tiere es sein würden, rechnete aber mit einem starken Rudel. Vielleicht war ihre Idee, die Böcke am Baum aufzuhängen, nicht so gut gewesen? Der Geruch des Blutes hatte sich sicherlich weiter ausbreiten können und die räuberischen Bestien angelockt. Wie viel Zeit würde bis Gertruds Rückkehr vergehen und was ist, wenn sie allein mit einem Pferd kam? Sie würde den Tieren direkt in die Fänge laufen …

Ragna musste etwas tun. Sie erinnerte sich an ihre aus Langeweile gebauten Holzstöße.

Schnell ergriff sie zwei der kräftigen langen brennenden Äste und brachte diese zu den ersten beiden naheliegenden Feuerstellen. Langsam fraß sich das Feuer in die Stöße und die Szenerie wurde umfänglicher erleuchtet. Ragna brachte einen weiteren Zweig zum dritten Feuerstoß und entzündete auch diesen.

Um ihren Baum mit den Böcken herum brannten damit so viele Feuer, dass ein größeres Umfeld beleuchtet wurde.

Die Anordnung der Feuer ließ einen Ring entstehen, der die drängenden Wölfe von einem sofortigen Angriff abhielt. Im Feuerschein erkannte die Jägerin die Angreifer besser. Nur, welche Zeit verblieb ihr, wenn das Rudel gemeinsam aus allen Richtungen Angriff? Wohin würde sich der Angriff der Tiere konzentrieren, auf sie oder die hängenden Böcke?

Die Jägerin erkannte, dass eine weitere Idee erforderlich war. Doch was konnte, was sollte sie tun? Unruhig musterte sie ihre Umgebung, den Baum mit den Böcken und den Abhang, den sie sich zuvor hinauf quälten. Der Baum! Die Erkenntnis traf sie.

Schnell griff sie alle ihre Pfeile, schob diese zurück in ihren Köcher und kletterte auf den Baum. Sie kletterte so hoch, dass sie alle Feuer von oben sehen konnte und nicht mehr durch deren Schein geblendet wurde. Dann sah sie die Wölfe. Sie zählte neun Tiere, die unruhig, außerhalb des Feuerscheins umherstreiften.

Sie zählte auch ihre Pfeile, die zwar ausreichen, aber zu viele Fehlschüsse dürfte sie sich nicht leisten. Kommen weitere Wölfe, dürfte ihr Vorrat nicht genügen. Sie überlegte, den Wölfen einen ihrer Böcke zu opfern.

Dann erinnerte sie sich an die Erzählung eines Jägers der Sippe ihres Vaters. Der wusste zu berichten, dass hungrige Wölfe auch über verletzte Artgenossen herfallen. Sie hoffte, dass diese Erfahrung richtig war und beobachtete die unruhigen Tiere.

Bald erkannte sie das Leittier. Diesen, so glaubte sie, sollte sie sich nicht als erstes Ziel auswählen, obwohl gerade der näher zum Feuer kam. Sie beobachtete, wartete und bemerkte die größer werdende Unruhe unter den Bestien.

Einzelne Tiere näherten sich mutiger den Feuern, die jetzt hell brannten. Ragna wagte den ersten Schuss. Das getroffene Tier jaulte auf, rollte zur Seite ab und zerbrach den Pfeil, der in der linken Schulter steckte. Das Leittier näherte sich dem Verletzten, witterte und plötzlich griff der Wolf an.

Im nu waren drei weitere Wölfe auf dem Tier, das sich beißend wehrte, aber keine Chance hatte. Der Wolf wurde förmlich in alle Richtungen auseinander gefetzt und auch die übrigen Tiere stürzten sich in den Kampf um den Kadaver.

Das Leittier hatte schnell einen ersten größeren Happen verschlungen und wollte sich gerade zurückziehen, als es von einem Pfeil in den Hals nieder gestreckt wurde. Das Tier röchelte, zog die Aufmerksamkeit der Anderen auf sich, knurrte und fletschte die Zähne. Noch wagte keiner des übrigen Rudels ihn anzugreifen. Dann brachen seine Vorderläufe ein.

In diesem Moment waren zwei andere Wölfe auf ihm. Das war die Gelegenheit, das Rudel zu dezimieren. Ragna streckte weitere fünf Tiere kurz hintereinander nieder. Pfeile im Hals, der Brust, im Rücken und in den Hinterläufen zwangen die Tiere jaulend aus dem Feuerbereich.

Nur noch zwei der Wölfe waren unverletzt ihren Pfeilen entkommen. Zwei der von ihr getroffenen Tiere schleppten sich in die Dunkelheit.

Ragna konnte nicht mehr zielsicher auf diese Entfernung treffen, deshalb sparte sie die noch verbliebenen fünf Pfeile auf.

Beide verletzten Wölfe schlichen sich ins Dickicht, um den vormaligen Jagdgefährten zu entkommen. Die letzten beiden noch unversehrten Tiere widmeten ihre Aufmerksamkeit den Kadavern, die sie zuvor gerissen hatten und sättigten ihren Hunger. Das brachte der Jägerin einen Aufschub.

Obwohl Ragna schon einiges erlebt hatte, diese Situation war für sie überraschend und unvorhersehbar eingetreten. Ihre Erfahrungen mit Wölfen beschränkten sich bisher auf Erzählungen anderer Jäger. Nicht viele Jäger konnten auf Erfahrungen mit diesen Bestien verweisen. Die Konfrontation mit Wölfen, zumal im Winter, war für gewöhnlich tödlich.

Den eigenen Jagderfolg zu erhalten, einem Rudel hungriger Wölfe zu entgehen und dieses fast vollkommen zu vernichten, musste ein außerordentlicher Glücksfall sein...

Es war alles sehr schnell gegangen. Ragna hatte Glück, sich rechtzeitig aus der Bodennähe zurückgezogen zu haben und auf den Baum geklettert zu sein. Ihre Sicht, auch auf Vorgänge außerhalb des Feuerscheins, war besser geworden. Sie selbst befand sich nicht im Angriffszentrum der Wölfe.

Die aus Angst vor Kälte aufgerichteten Holzstöße und deren frühzeitiges Anbrennen hatten den Angriff der Wölfe hinausgezögert. Vielleicht waren die Angreifer aber noch nicht in ausreichender Anzahl für einen gleichzeitigen Angriff versammelt? Wölfe sind Rudeltiere, die auch im Rudel jagen. Mit dem ersten verletzten Tier und dessen Blutgeruch begannen die Wölfe durchzudrehen und gnadenlos die verletzten Jagdgefährten anzugreifen. Das warme Blut der Wölfe hatte wohl dazu geführt, dass das kalte Blut der Böcke übertüncht wurde. Ragna jedenfalls saß sicher im Geäst des Baumes und konnte von dort aus zielsicher den größten Teil des Rudels erlegen.

Noch aber gab es zwei kampffähige Tiere, die irgendwo, in größerem Abstand zu den Feuern, in der Dunkelheit lauerten und sich am Kadaver eines ihrer vormaligen Jagdgefährten den Bauch voll fraßen.

Ragna stieg, nachdem sie das gesamte Umfeld auf Bewegung und weitere Wölfe abgesucht hatte, langsam und vorsichtig vom Baum. Sie schlich sich nach hinten, von den fressenden Wölfen weg, in den Wald. Weitflächig umging sie den Kampfplatz und näherte sich gegen den

Wind, an deren Fressplatz an. Sie konnte die Tiere zwischen sich und dem Schein der Feuer gut erkennen.

Als sie nahe genug war, die Tiere ob des sie umwehenden Blutgeruches keine Witterung von der Bedrohung nehmen konnten, richtete sich die Jägerin auf und schoss auf das weiter entfernte Tier. Der Pfeil drang seitlich in den Hals ein und das Tier schien sofort tot zu sein. Der zweite Wolf versuchte vom Platz weg zu springen, wurde aber in die Schulter getroffen, überschlug sich und bevor er sich erheben konnte, steckte ein weiterer Pfeil in seinem Rücken. Das Tier jaulte und versuchte mit dem Maul den Pfeil zu erreichen und heraus zu beißen, als es vom nächsten Pfeil getroffen wurde. Auch dieser Wolf gab seinen Geist in die Hände seines Schöpfers. Ragna zog ihr Messer und näherte sich dem Wolf.

Sie stieß ihn mit dem Fuß von hinten an und als das Tier seine bisherige Körperspannung verlor und sich ausrollte, ergriff sie ihre Pfeile, Einen nach dem Anderen, und zog diese aus dem Wolf heraus. So verfuhr die Jägerin mit allen Wölfen, die sie sah und konnte auf diese Art wieder acht Pfeile einsammeln. Sie wischte das Blut der Pfeile im Erdboden ab und steckte diese zurück in ihren Köcher.

Dann legte sie weiteres Holz in die Feuer, die damit wieder auffrischten, besah sich ihre beiden Böcke und erkletterte wieder auf ihren Baum.

‚Besser Erfroren als Gefressen' lautete ihre Erkenntnis und bisher schien das Glück ihr zugeneigt.

Aus Langeweile Holz gesammelt, dann entzündet, dann den Baum erstiegen und die Wölfe aus sicherer Position bekämpft zu haben, musste eine göttliche Fügung sein. Soviel Glück konnte ein Sterblicher nicht beanspruchen.

Nur zwei der Wölfe waren entkommen, weil sie sich aus der Nähe der Jagdgefährten schlichen. Selbst geschwächt, gelang beiden Tieren die Flucht vor den rasenden Begleitern in die Dunkelheit. Deren Blutspur würde der Jägerin den Weg zum Versteck der Tiere weisen. Ragna würde beide Wölfe noch suchen, beschloss sie.

Die Zeit verging, die Feuer brannten, neue Wölfe tauchten nicht auf und die Kälte nahm zu. Trotzdem blieb die Jägerin auf dem Baum. Sicher wäre es ihr jetzt möglich, nachdem die Erregung von ihr gewichen war, in der Wärme des Feuers zu schlafen. Ob noch andere Wölfe vom

Blutgeruch angelockt werden könnten, wusste sie nicht. Deshalb blieb sie frierend auf dem Baum sitzen.

Doch irgendwie war sie auch weiterhin vom Glück begünstigt. Bald hörte sie Lärm und sah Lichter. Vom Blutgeruch nervös gewordene Pferde wieherten, Zweige knackten und dann vernahm sie Stimmen. Gertrud und in ihrem Gefolge Arnold, Brandolf, Sven und auch der alte Degenar traten in den Feuerschein.

Da sich die Jägerin noch nicht gezuckt hatte, schauten alle erstmal auf das Gemetzel und stöhnten auf, weil von Ragna nichts zu sehen war.

„Ragna, Ragna!" rief ihr Bruder und Schmerz verzerrte sein Gesicht. Er hatte als erster Begriffen, was passiert war. Da er die Schwester nicht sah, griff Angst nach seinem Herzen und die Gewissheit, dass diesem Angriff kein Jäger hätte widerstehen können. Dann stutzte er. Nur Wölfe lagen tot herum! Als ihm dämmerte, dass da noch etwas sein müsste, antwortete ihm eine Stimme von oben:

„Brülle nicht so herum, du könntest einen aufwecken!"

Würde noch einer der Wölfe leben, jetzt wäre er sicher erwacht. Das Lachen, die Befreiung aller, entrang sich den Kehlen.

Degenar war abgesessen, hatte sich auf seinen Eichenstab gestützt einmal um seine Achse gedreht und mit dem Kopf geschüttelt. Er sah die Böcke am Baum hängen, zählte die toten Wölfe und seine Jägerin stieg vergnügt vom Baum!

Gertrud hatte sich hocherfreut in Ragnas Arme geworfen und schluchzte unterdrückt vor Freude, ihre Gefährtin wieder zu sehen. Ungewohnt für Ragna erwiderte diese die Umarmung und flüsterte dem Mädchen ins Ohr: „Gertrud, den Göttern sei Dank das du erst jetzt und mit den Männern gekommen bist! Die Wölfe hätten dich zerfleischt!"

Das war wohl für Gertrud zu stark, ihre Gefährtin bei der Jagd hatte Angst um sie und tränen kollerten ungehemmt über ihre Wangen. Auch Brandolf umarmte die Schwester und drückte diese. Soviel Freundlichkeit seinerseits war Ragna nun doch nicht gewohnt.

„Ich bin auch froh, noch zu leben!" sagte sie und wand sich aus seinen Armen. „Am meisten aber freue ich mich darüber, dass ich die Böcke nicht mehr schleppen muss!" und hatte damit alle Lacher auf ihrer Seite.

Arnold und Sven zerrten alle Wölfe auf einen Haufen, fachten das Feuer mit neuem Holz an und begannen den Wölfen das Fell über die Ohren zu ziehen. Die Kadaver der Wölfe warfen sie ins Feuer.

Noch immer stand Degenar kopfschüttelnd neben der jungen Frau. „Du bist die beste, klügste und mutigste Jägerin die ich kenne, nein, den ich kenne! Du bist unzweifelhaft ein Jäger!"

Nach weiterem Kopfschütteln fügte er an: „Kein Mann hat jemals den Kampf mit sieben Wölfen überlebt und du bist unverletzt!" stellte er mit Bewunderung fest. „Neun!" korrigierte sie ihn. Degenar überging die Antwort.

„Aber du hast auch Fehler gemacht!" stellte der Alte mit dem Kopf schüttelnd fest. „Du musst die Böcke am Ort der Jagd erst ausbluten lassen, sonst weist du Anderen den Weg. Auch das Aufhängen der Böcke erleichterte den Wölfen die Witterung!"

Brandolf unterbrach ihn. „Mir scheint, die Wölfe hatten zwar den Geruch der Böcke in der Nase, aber diese nicht im Blick!" Mit einem brennenden Zweig hatte er die Spuren der Angreifer verfolgt und sah, dass diese um die Feuer herum hin und her gerannt waren. Dies konnte nur bedeuten, dass die Witterung vorhanden war, aber die Beute trotzdem nicht erkannt wurde.

„Wie bist du nur auf die Idee gekommen, die Feuer so anzuordnen und warum so viele Feuer?" brachte der Bruder seine Verwunderung zum Ausdruck.

„Mir war kalt und so lange es hell war, wollte ich nicht frieren. Deshalb habe ich Holz gesammelt und aufgeschichtet. Der Rest war Zufall und Glück!"

„Nein Mädchen! ..." verkündete Degenar „... Das hat mit Glück nichts zu tun! Du bist die beste Jägerin! Vielleicht war auch dein Fehler der Grund für deinen vollkommenen Jagderfolg. Du hast die Wölfe angelockt und aus sicherer Position getötet. Aus dieser Jagd können wir alle nur lernen!"

„Brandolf kommst du mit?" fragte Ragna den Bruder. „Wohin?"

„Es gibt noch zwei verletzte Wölfe. Die sollten wir uns noch holen!" Ragna griff sich eine der mitgebrachten Fackeln, ihr Bruder eine zweite und gefolgt von Gertrud mit schussbereitem Bogen, folgten sie der Blutspur. Zuerst ging es um den Berg herum, dann ein Stück talwärts und an einer Wurzel fanden sie den ersten verendeten Wolf.

Bis zu dieser Stelle hatte sich das Tier schleppen können, dann war der Blutverlust so beträchtlich, dass der Wolf nicht weiter konnte.

Die Spur des anderen Wolfes setzte sich, wenn auch spärlicher, fort. Beide Wölfe versuchten zu ihrem Bau zu gelangen und während der eine

Wolf entkam, blieb der Andere verblutet zurück. Aber auch den letzten Wolf fanden sie in nicht zu großer Entfernung vom ersten verendeten Tier in einer Kuhle.

Es war eine Wölfin. Auch die Wölfin war verblutet. Brandolf zog den Pfeil aus der Schulter und reichte ihn seiner Schwester. Sie reinigte ihn im Erdreich und steckte ihn in den Köcher. Der Mann band beide Hinterläufe zusammen, ergriff die Vorder- und Hinterläufe und warf sich die Wölfin über die Schulter.

Als er sich umdrehte, um zu den Feuern zurück zu gehen, fasste ihn Ragna am Arm und zischte: „Hier sind noch Wölfe! Ich sehe grüne Augen!"

„Wo?" fuhr Gertrud herum und brachte ihren Bogen in Schussposition.

Ragna legte ihr eine Hand auf den Arm. „Warte!" Ragna bewegte sich in Richtung der grünen Augen. „Nicht schießen!" kam dann aus ihrer Richtung und ergänzend „Es sind Jungtiere, richtige Knäuel!" „Wie viele?" fragte Gertrud neugierig.

„Zwei, glaube ich!" kam die etwas dumpfe Antwort der Älteren. „Warte, lass mich die Biester holen!" forderte ihr Bruder.

„Ich habe zwar die Augen des Einen gesehen, aber die beiden sind noch sehr jung. Lass sie am Leben. Es sind noch Welpen!" forderte die Jägerin.

„Schwester, es sind Wölfe!" stellte der Bruder entschieden fest.

„Ja, schon, aber erst mal bei Licht ansehen, ertränken können wir sie immer noch!" forderte Ragna den Bruder auf. Brandolf kroch an den Bau, griff blitzschnell zu und dann hatte er den ersten **Wüterich** im Genick. Das Tier winselte und pisste sich ein.

„Na Gertrud, hast du Mut? Nimmst du ihn mir ab? Aber behalte ihn so im Genick im Griff, der Bursche kann auch beißen und kratzen!" und nach einem Blick auf den Wolf ergänzte er: „Sie kann Beißen und Kratzen!"

Brandolf bückte sich und streckte sich in den Wolfsbau hinein. Zwei grüne Augen fixierten ihn und der Gestank nahm ihm den Atem. Als er das Tier packen wollte, biss der Bursche zu. „Au!" fluchte der Krieger, streckte sich noch ein Stück weiter und konnte den jungen Wolf an einem Bein packen. Er zog den Wolf aus der Höhle und hielt ihn hoch ins Mondlicht.

„Das ist ein kleiner Draufgänger! Er hat mich gebissen! Aber noch sind seine Zähne nicht so gewaltig!" stellte er nach näherer Besichtigung des Wolfes und seiner Biss-Stelle befriedigt fest. „Nun, Schwester sagt dir der Bursche zu?" grinsend hielt er den Wüterich am gepackten Bein in die Höhe.

„Wenn er dich beißt, muss er mein Freund werden!" lachte Ragna. Sie packte das Wölflein, so wie es Gertrud gemacht hatte. Brandolf schulterte die alte tote Wölfin und es ging zurück zu den Feuern.

Inzwischen waren Sven und Arnold mit dem Häuten der Wölfe fertig. Während Sven und Brandolf den Kadaver des ersten verbluteten Wolfes zum Feuer holten, nahm Arnold sich die von Brandolf gebrachte Wölfin vor.

Die erlegten Böcke waren auf einem der Pferde festgebunden und die beiden jungen Wölfe wurden in einen Sack gesteckt und am Sattelknauf des gleichen Pferdes angehängt. Das Pferd scheute zuerst etwas, aber als Arnold auf das Tier einredete, beruhigte es sich und konnte geführt werden.

Die Feuer waren fast niedergebrannt und der Morgen begann zu dämmern, als die Gruppe den Rückmarsch zum Dorf in Angriff nahm.

18. Fragen und Antworten

65 nach Christus - Frühjahr (2. Aprilis)
Barbaricum - Im Land der Hermunduren zwischen dem Fluss Moenus und dem Herzynischen Wald

*G*erwin, der Knabe, hörte am frühen Morgen des nachfolgenden Tages, dass der bisherige Älteste mit seinen Getreuen und Familien abgezogen sei.

Norbert, der Jäger und neue Eldermann, ließ aus angeratener Vorsicht die Familie des bisherigen Ältesten überwachen. Beobachter verfolgten die ausgestoßene Gruppe beim Verlassen des Dorfes und auch auf deren folgenden Weg.

Das Leben im Dorf der Sippe verlief, als hätte die im Thing herbeigeführte Veränderung keinerlei Konsequenzen. Nachdem Sunna mit ihrem Wagen ihren Höchststand erreichte, versammelten sich die Oberhäupter der Familien im Beratungshaus. Auch die Gäste aus der Buchensippe nahmen teil.

Der Brauch verlangte, dass der neue Älteste bestimmte, wer ihn unterstützen und vertreten sollte, wer als **Hüter der Gesetze** und als **Verkünder des Willens der Götter** handelt.

Die Beratung nahm ihren Lauf und Gerwin, den nicht jede Entscheidung interessierte, hörte nur mit halbem Ohr zu. Seine Gedanken schweiften in sein früheres Dorf ab, an Jagdausflüge mit seinem Vater und an Gespräche mit seiner Mutter. Wenn die Erinnerungen ihn überwältigten, stahl sich auch oft eine kleine Träne in seine Augen.

Diese Besonderheit der Schmerzempfindung trat nach dem Römerangriff erstmalig auf. Vorher hatte er solche körperliche Reaktion noch nie festgestellt. War dies nun dem Schmerz um den Verlust der Eltern geschuldet oder gab es dafür noch andere Ursachen? Für Gerwin stellte eine verstohlene Träne ein Zeichen von Schwäche dar und die konnte und wollte er nicht hinnehmen. Deshalb blinzelte er sie einfach weg.

Das Gespräch der Männer nahm eine für ihn interessantere Wendung.

Norbert, der Eldermann, fragte direkt an Gaidemar gerichtet: „Wirst du dabei sein?"

Durch diese Ansprache wurde auch Gerwins Aufmerksamkeit geweckt und der Knabe blickte Gaidemar in Erwartung einer Antwort an.

„Eine solche Entscheidung muss genau abgewogen werden. Unsere Sippe zählt nicht mal 20 Menschen. Zur Aussaat, Jagd und zu den anderen Arbeiten wird jede Hand gebraucht und wir sind nur wenige Männer. Knaben können nicht alle Tätigkeiten verrichten, die Männer erfordern."

Damit war Gerwins Aufmerksamkeit endgültig gebunden und er hörte Gaidemars Fortsetzung. „Ihr seid eine mächtige und auch wohlhabende Sippe. Die Zahl eurer Krieger und Frauen ist groß. Auch sehe ich viele Kinder. Wir haben im Dorf nur vier Frauen und sonst nur Mädchen. Davon werden nur zwei in den nächsten Jahren zur Frau reifen. In dieser Situation fragst du mich, ob ich deine Botschafter zu anderen Sippen begleiten könnte? Was denkst du, würdest du an meiner Stelle selbst tun? Auch dein Wunsch, Gerwin möge mich begleiten, ist so nicht erfüllbar. Der Knabe hat genug geleistet!"

Norbert war ein erfahrener Jäger und als solcher wusste er, dass sich Wild nur mit vorsichtigem Anpirschen, Geduld und dem Zuschlagen im richtigen Moment erlegen lässt.

„Wie wären mögliche Bedingungen für des Knaben Beteiligung? Was können wir tun, damit du unseren Boten zu den Sippen im Süden begleitest?"

Gaidemar überlegte einen Augenblick.

„Unser Ältester beauftragte uns, deiner Einladung nachzukommen. Er wählte dafür den Winterausgang, damit wir mit Beginn des Frühjahrs wieder bei der Sippe sind. Mit dem weiteren Verlauf konnte er nicht rechnen. Zumal auch er von deiner beabsichtigten Vorgehensweise keine Kenntnis hatte!"

Der Krieger besann sich. Er wollte den Eldermann nicht vor den Sippenangehörigen mit dessen Täuschung in Verruf bringen und wählte deshalb eine unverfängliche Bezeichnung für Norberts Handlungen.

„Bei deinem Besuch in unserem Lager gab es von dir keine Erklärungen zur Römerfreundlichkeit deines Ältesten. Also konnte keiner von uns die Entwicklung voraussehen. Jetzt forderst du mich auf, deinen Botschafter zu begleiten. Kehre ich nicht zur Sippe zurück, fehlen weitere Hände." Gaidemar sah den Eldermann herausfordernd an. Er musste wissen, dass dieser seinen Argumenten folgte.

„Sicher hätte Degenar Verständnis, wenn ich deinem Wunsch folge... Der römische Überfall zwingt uns zur Einigkeit der Sippen. Diesem Anspruch werden wir nur gerecht, wenn alle Sippen zu gemeinsamer

Handlung gegen die Römer aufgefordert werden. Dazu bedarf es der Botschaft, die du beabsichtigst."

Gaidemar zögerte mit der Fortsetzung seiner Antwort und bedachte jedes Wort genau.

„Deine Absicht deckt sich mit unseren Wünschen. Auch ich bin überzeugt davon, dass wir den Römern nur in Einigkeit erfolgreich widerstehen können. Diese Einheit einzufordern ist richtig und dabei käme Gerwin eine wichtige Rolle zu. Hierin stimmen wir überein, oder?" fragte er zum Schluss.

Norbert bestätigte die Richtigkeit der Vermutung und hakte nach: „Warum zögerst du dann? Nenne mir deine Gründe?"

„Das ist nicht so einfach zu beantworten. Als Gerwin unsere Sippe vor den Römern warnte und über die Verluste in seiner Sippe berichtete, erkannten wir eine Schuld. Unsere Sippe blieb erhalten. Bei uns forderte Gevatter Tod nur wenige Opfer und die gingen für den erkämpften Sieg gern nach Walhall."

Gaidemar sah Norbert direkt an. Er sprach mit deutlicher, lauter Stimme und alle Zuhörer zeigten die Neugier, die einer zu erwartenden und trotzdem überraschenden Nachricht vorausgeht.

„Gerwin verhinderte mit seiner Botschaft, dass uns das Schicksal seiner Sippe traf. Unser Ältester erkannte die Möglichkeiten. Bestimmt dachte er darüber nach, die Reste der Brudersippe wieder aufzunehmen. Die andere Möglichkeit sah er darin der Brudersippe zu alter Stärke zu verhelfen. Deshalb fragte er im Thing nach der Bereitschaft zur Übersiedlung." Trotzdem Norbert der Rede des Kriegers aufmerksam folgte, verstand er noch nicht, worauf dieser hinaus wollte.

„Baldur wählte die letztere Möglichkeit. Sicher hatte er dafür ausreichende Gründe. Ich denke, dass er den Vorteil erkannte, der für das Fortbestehen der Buchensippe sprach. Zwei starke Sippen sind besser, als würde er allein gegen die Römer stehen. Auch ein anderer Grund erscheint mir möglich. Zwei starke Söhne könnten um seine Nachfolge streiten. Für seinen jüngeren Sohn besteht zum älteren Bruder nur Rivalität. So entschied er sich, den Jüngeren zur Buchensippe zu senden. Damit war für mich eine Entscheidung gefallen. Ich folgte meinem Freund und wie ich, waren auch Andere bereit. Doch das macht noch keine Sippe aus. Noch sind wir zu schwach!" legte der Krieger seine Überlegungen zur jetzigen Situation der Buchensippe dar.

„Ihr braucht Männer und Frauen? Ist es das, was ihr wollt?" schlussfolgerte daraus der Älteste.

„Damit wäre uns geholfen! Mit jedem Krieger wächst die Lebensfähigkeit der Sippe und jede erwachsene Frau kann zur Vergrößerung unserer Sippe beitragen. Das wäre eine Hilfe, die wir annehmen. Seid ihr bereit dazu?" fragte Gaidemar den Eldermann.

„Gut, ich habe verstanden." verkündete dieser und setzte an die Oberhäupter der Familien gewandt fort: „Fragt in euren Familien, wer freiwillig zur Buchensippe gehen wird! Das ist jedes Mannes eigene Entscheidung. Fragt eure Söhne, fragt eure Töchter. Sucht auch Familien. Zweit- oder Drittgeborene können sich in der Buchensippe eine Familie aufbauen. Freiwillige sollen sich bei meinem jüngeren Sohn melden. Das weitere Vorgehen werden wir dann beraten!"

Der Älteste machte eine Pause. Er wandte sich mit seiner Fortsetzung direkt an Gaidemar. „Wir werden Freiwillige finden. Wenn es mehr als zwei sind, gehst du dann mit unserem Boten zu den südlichen Dörfern?"

„Wenn es mehr als eine Handvoll Männer und Frauen sind, gehe ich mit! Sind es weniger, gehe ich in unser Dorf und berate mit unserem Ältesten!"

In dieser Situation meldete sich Irwin zu Wort: „Ich könnte sofort deinen Boten begleiten!"

Norbert sah Gaidemar an und dieser schüttelte den Kopf.

„Irvin ist ein tapferer Mann und heißblütig. Im Kampf ist er entschlossen und wagemutig. Diese Eigenschaften sind ohne Zweifel bei der Mission gefragt. Es bedarf aber noch anderer Fähigkeiten, wie Klugheit, Bedächtigkeit und Geduld. Geduld hat Irvin noch nie unter Beweis stellen können. Nein, als Begleiter deines Boten ist Irvin ungeeignet! Außerdem spielt Gerwin eine große Rolle bei dieser Mission und Gerwin ist mein Zögling!"

„Das verstehe ich!" bekundete der Älteste und die Familienoberhäupter nickten ebenfalls zustimmend.

Norbert bezog seine Familienväter wieder in die Beratung ein: „Wer von uns soll diese Botenmission ausführen?" Vorschläge wurden unterbreitet, geprüft, verworfen und neu gestellt.

Letztlich wurde ein Ergebnis gefunden, dass die Zustimmung aller Anwesenden fand.

Olaf, ein fast vierzig jähriger, mittelgroßer Krieger mit ins Graue überwechselndem Haar und länglichem, schmalen Gesicht wurde zum

Boten gewählt. Olaf sei ein erfahrener Krieger, sehr klug und besitzt Geduld, Redegewandtheit und Beharrlichkeit, die ihn in der Vergangenheit zumeist als Sieger aus Streitgesprächen hervorgehen ließ, lautete die Begründung. Die Wahl für einen weiteren Begleiter fiel auf Norberts jüngeren Sohn Richwin.

„Es wäre noch zu entscheiden, welche Sippen wir aufsuchen." brachte Olaf ins Gespräch ein. Die Oberhäupter berieten den Inhalt der Botschaft, nannten mögliche Dörfer, den zurückzulegenden Weg und die Dauer der Mission.

Gerwin hörte aufmerksam zu und machte sich seine eigenen Gedanken. Nicht alles, was die Älteren besprachen, verstand er. Fragen zu stellen stand ihm nicht zu. Es würde sich die Gelegenheit ergeben, Gaidemar zu diesen Dingen zu befragen. Der besprochene Weg des Botschafters würde ihn durch viele fremde Gebiete führen. Er würde Dörfer und Sippen kennenlernen und sehen, wie dort gelebt wird. Wissbegier und freudige Erwartung prägten seine Vorstellungswelt.

Das Unbekannte begann in des Knaben Kopf eine Welt abzubilden, deren Wirklichkeit sich schemenhaft auf bisherigen eigenen Erfahrungen formte und weckte Neugier. Würden zukünftige Erlebnisse diese Vorstellungen bestätigen? Sicher war, dass der Weg lang wird und er auf diese Zeit hinaus, die eigene Sippe nicht wiedersehen kann. Auch war sicher, dass diese Mission nicht ungefährlich war.

Die Oberhäupter der Familien wussten nicht, ob man ihrem Boten offen oder feindlich gegenüber stand. Wie im eigenen Dorf, gab es auch in anderen Dörfern römerfreundliche Bewohner.

Wo römische Soldaten nicht offen feindlich aufgetreten waren, würde es schwer werden, Bereitschaft zum gemeinsamen Kampf gegen Rom zu finden.

Der Weg würde sie vorerst in Richtung der Mittagssonne, zum Fluss Maa, führen. Wenn er richtig verstanden hatte, würde Olaf von Sippe zu Sippe festlegen, welcher weitere Weg gewählt wird. Ein Vorschlag schien ihm besonders wichtig zu sein. Nachbarn kannten sich untereinander und tauchte im Dorf einer Sippe ein Fremder auf, brachte das zumindest Unruhe oder Misstrauen hervor. Von Sippe zu Sippe immer einen Begleiter zur nächsten Sippe mitzunehmen, schien eine kluge Idee zu sein. So kamen immer mehr Vorschläge zusammen, von denen einige Gerwin sofort einleuchteten und andere sich ihm nicht erschlossen.

Die Zeit verging und Gerwins Aufmerksamkeit schweifte in andere Gefilde ab. Gern wäre er im Dorf auf Erkundung gegangen, fühlte er sich jetzt doch hier sicher. Ihm feindlich Gesinnte hatten die Sippe verlassen und bestimmt würde sich so manches Neue entdecken lassen...

Jedoch sollte er keine Gelegenheit dazu bekommen. Das Abschweifen seiner Gedanken führte zum Vergessen der Zeit und so empfand er das schnelle Ende der Beratung als überraschend. Gaidemar ließ ihm keine weitere Zeit zum Träumen. Er forderte ihn, Irvin und Notker zum Folgen auf.

Gaidemar führte sie zu einem Platz unter einer großen Linde, etwas Abseits vom Dorf. Nach dem Gaidemar und Irvin sich nebeneinander hingesetzt und an der Linde angelehnt hatten, begannen beide ein Gespräch, bei dem die Knaben zum Zuhören genötigt wurden.

„Du wirst die Gruppe, unabhängig von der sich ergebenden Zahl, in unser Dorf bringen. Wir wissen nicht, wer sich entscheidet, zu uns zu kommen." Irvin nickte bestätigend mit dem Kopf.

„Wenn du mit Degenar sprichst, erzähle ihm jede Einzelheit, die wir hier erlebten. Besonders wichtig ist, dass der Älteste weiß, dass nicht alle in der Sippe gleicher Ansicht waren und das sich eine Gruppe absonderte. Solltet ihr auf diese Gruppe stoßen, meidet sie und nehmt keinen dieser Gruppe auf. Beobachte alle, die dich begleiten und versuche herauszufinden, was jeden Einzelnen veranlasste, Norberts Sippe zu verlassen. Was du dabei in Erfahrung bringen kannst, berichte an Degenar. Selbst wenn sich bis Morgen nur zwei Freiwillige finden, werden Gerwin und ich mit dem Botschafter gehen. Wähle den Weg, den wir genommen haben und seid vorsichtig. Wir wissen nicht, ob Römer in der Nähe sind oder andere Gefahren lauern. Am Fluss prüfe sorgfältig den Übergang. Die Schneeschmelze hat zugenommen, das Wasser könnte reißender geworden sein." forderte der ältere Gaidemar den jüngeren Irvin auf und dieser erkannte die erteilten Ratschläge an. „Wann werdet ihr zurückkehren?" fragte Irvin.

„Das wird sich zeigen. Wie du gehört hast, gibt es viele Sippen bis zum Fluss Maa und in Richtung Abendsonne. Berichte auch Brandolf jede Einzelheit und richte ihm aus, dass ich versuchen werde, auch unsere alte Sippe aufzusuchen. Wenn es zu einem Bündnis kommt, gehört auch Rotbart dazu!"

Damit war alles gesagt und Gaidemar wandte sich an Gerwin.

„Wir werden einen weiten Weg zurück legen müssen und vielleicht erst zum Winter im Dorf eintreffen. Wirst du das schaffen?"

„Ja!" war die kurze Antwort.

„Stell dir das nicht leicht vor. Nicht jeder, dem wir begegnen, wird uns freundlich aufnehmen. Vielleicht müssen wir kämpfen oder auch fliehen. Wir können auf Römer treffen oder fremde Stämme. Immer wären wir nur Olaf, Richwin und wir beide. Das ist unsere gesamte Streitmacht und damit sind wir jedem Feind unterlegen, so tapfer wir auch kämpfen!" Der Ältere schwieg und Gerwin dachte über dessen Worte nach.

„Nicht jede Feindschaft erkennt man sofort. Fremde können, genauso wie wir es tun müssen, ihr Denken verschleiern und lügen. Deshalb müssen wir immer auf einen Kampf vorbereitet sein, Augen und Ohren offen halten, selbst bei Nacht. Deshalb gilt für dich, in Gesprächen Älterer zu schweigen, aber das weißt du bereits…"

„Ja, Gaidemar!" antwortete der Knabe.

„Bisher hast du dich nie von deinem Bogen getrennt. Die Jagd auf Hasen und Rebhühner ist nicht das Gleiche wie ein Kampf gegen einen Krieger. Dass du mit dem Bogen umgehen kannst, sorgsam zielst, weiß ich. Du hast es mir bewiesen." Gaidemar blickte seinen Zögling an und versuchte zu ergründen, ob bei seiner nächsten Frage Schwäche oder Unentschlossenheit das Verhalten Gerwins kennzeichneten.

„Kannst du deinen Bogen aber genauso schnell bereit machen, um auf einen Menschen zu zielen? Wie viele Pfeile bringst du hintereinander ins Ziel? Geht das von allein oder musst du dich überwinden? Kannst du mit einem Messer kämpfen?" Der Krieger zählte Handlungen auf, fragte nach Fähigkeiten, von denen der Knabe bisher nie gehört hatte.

Gaidemar verwies auf die Besonderheit, einen Menschen ins Visier seiner Pfeile zu nehmen. Den Zweikampf mit einem Messer hatte Gerwin noch keiner beigebracht und so beantwortete er die Frage danach mit „Nein!"

„Du wirst all das in Zukunft lernen. Wir werden auf unserem Weg viel üben, damit du dich wehren kannst, wenn du angegriffen wirst! Ich werde dir beibringen, was ich kann. Doch merke dir, ich kann nicht alles und es gibt auch bessere Krieger als mich … Du musst auch von Anderen lernen! Wir werden gleich damit beginnen! Geh in den Wald, suche dir einen Stock halb so stark, wie dein Arm und so lang wie dein Körper!" forderte der Krieger den Knaben auf.

„Welches ist das härteste Holz?" fügte er seiner Forderung an und der Knabe antwortete: „Eiche!" Zufrieden mit der Antwort befahl Gaidemar: „Geh!"

So suchte Gerwin im Wald eine Eiche. Es dauerte geraume Zeit, bis er einen dieser Bäume finden konnte. Hinauf zu klettern und einen geeigneten Ast zu finden war verhältnismäßig leicht. Den Ast vom Baum zu schneiden, dauerte wesentlich länger. Als er wieder auf der Erde stand, entfernte er alle Zweige und begann die Rinde zu schälen.

Gaidemar saß noch immer an der Linde. Irvin und sein Zögling waren verschwunden. Gerwin zeigte dem Krieger den Stock. Der prüfte die Größe, Stärke und das Gewicht und befand es für gut. Er lehnte den Stock an die Linde und befahl Gerwin einen zweiten gleichartigen Ast zu finden.

Damit verging die Zeit bis zur Dämmerung. Beide Stöcke wurden vollkommen von der Rinde befreit, Astansätze begradigt und jeder kennzeichnete seinen Stock. Danach begann Gaidemar Gerwin zu zeigen, wie man den Stock erfasste, wie man mit ihm schlagen konnte und die grundsätzliche Abwehrhaltung. Der Tag ging zur Neige und beide kehrten langsam zum Langhaus des Jägers zurück. Das war der Augenblick, Fragen zu stellen.

„Gaidemar, das Thing unseres Volkes findet nur bei besonderen Anlässen statt. Wie Norbert es sagte, gab es seit dem Krieg um das Salz keine Versammlung der Sippen. Der Ort des Things unseres Volkes liegt weit in Richtung des Dunkelwaldes?"

Der Knabe unterbrach sich und setzte nach einigen Augenblicken zögerlich fort: „Norbert sagt, dort sollen sich alle Krieger treffen und ein Bündnis gegen die Römer beschließen. Norbert sagt, unser Volk lebt bis zu den Ufern des Flusses Maa und ob auch am anderen Ufer noch Sippen unseres Volkes leben, wusste auch er nicht. Warum sind diese Sippen in der Nähe des Flusses am ehesten bedroht?"

Als der Gefährte nicht reagierte, fügte er weitere Fragen an.

„Warum haben diese Sippen größeres Interesse an der Abwehr der Römer? Warum glaubt Norbert, dass nicht alle Krieger unseres Volkes das gleiche wollen? Warum meint Norbert, dass die Sippen in unserer früheren Heimat wenig von unserem Leben wissen und Römer kaum fürchten dürften?"

„Du hast viele Fragen!" stellte Gaidemar fest. „Wollen wir zuerst die Einfachen beantworten. Bisher sind die Römer auch zu uns nicht in kriegerischer Absicht gekommen. Zumeist wollten sie, wie sie es nennen, Tribut einfordern. Wir haben diesen Tribut mit Vieh oder Teilen unserer Ernte beglichen." Gaidemar dachte an sein bisheriges Leben und die Ordnung in der Sippe.

„Kein freier Mann gibt gern von seinem Eigentum. Aber es waren die Römer, die uns diesen Siedlungsraum gaben. So bestimmte auch Dankbarkeit unser Handeln. Kommen die Römer zum Eintreiben des Tributs, ziehen sie nicht ihre Waffen. Die Anwohner wurden aufgefordert, zur Beratung zum Platz inmitten des Dorfes zu kommen. Die Römer zählten die Anwohner, teilten in die zusammengehörigen Familien auf und benannten den Familienoberhäuptern ihre Forderungen." Gaidemar schwieg einen Augenblick.

„Die Angehörigen der Familien berieten sich und entschieden selbst, wie die Forderungen der Römer erfüllt wurden. Auch du hast dies kurz vor dem Überfall erlebt. Diese Vorgehensweise war üblich. Für uns leitete sich daraus keine Feindschaft ab und forderte auch deshalb niemals Kampf. Den Römern schuldeten wir Dank für das Land, warum sollten sich daraus nicht auch Vorteile für die Römer ergeben? Das änderte sich mit dem Überfall auf eure Sippe." Wieder bauten sich vor Gerwins Augen Bilder des Überfalls auf. Gaidemar schien die Beklemmung des Knaben nicht wahrzunehmen.

„Wenn im Dorf, ohne jede Vermutung einer Gefahr, alle ihrem Tagewerk nachgehen, führt keiner seine Waffen mit." Gaidemar sann über die Fortsetzung mit dieser Erklärung nach.

„Diesmal kamen die Römer überraschend und ließen euch keine Wahl. Sie waren sehr zahlreich. Unsere Sippen aber verfügen nur über eine begrenzte Zahl bewaffneter Männer. Kampf war somit bisher weder notwendig, noch war eure Sippe darauf vorbereitet. Deine Erlebnisse sind Beweis genug, wie die Römer diesmal vorgingen. Sie trieben die Bewohner zum Mittelpunkt des Dorfes und trennten die Krieger vom übrigen Volk. Mit den stumpfen Enden ihrer Speere, den Flachseiten ihrer Schwerter und mit Peitschen zwangen sie zum Gehorsam. Das erzählte uns Degenar."

Gaidemar gönnte sich eine Atempause, bevor er fortsetzte:

„In eurem Dorf wurden Krieger und Jungmänner sofort niedergeworfen. Keiner führte seine Waffe mit sich und trotzdem töteten die Römer jeden, der sich in irgendeiner Form wehrte oder zu fliehen versuchte. Kinder, Weiber und Alte wurden aus den Hütten getrieben.

Peitschen der Sklavenhändler zwangen die Menschen zum Dorfplatz. Degenar sagt, er hat das alles gesehen."

Verwundert betrachtete Gerwin den Älteren. Wenn Degenar das gesehen haben wollte, musste er einen besonderen Platz zur Beobachtung gehabt haben. Nach einem längeren Augenblick dämmerte dem Knaben, wo der Alte gesessen hatte. Aber wie wäre der Erzähler auf den Fels gelangt? Seine Behinderung schien dem Knaben ein ernstes Hindernis zu sein. Trotzdem, nur vom Mondstein konnte der Alte alles beobachten. Überrascht von dieser Erkenntnis, schnappte der Knabe nach Luft.

Gaidemar stutzte als er die Verblüffung des Knaben bemerkte. Genauso wenig wie der Krieger den Knaben nach seiner Reaktion fragte, verspürte auch dieser keine Neigung zur Mitteilung seiner Gedanken. Gaidemar setzte seine Erklärung einfach fort.

„In Begleitung der Römer kommen immer Männer, die unsere Sprache sprechen. So habe ich das bisher erlebt. Immer kommen Römer aus dem Sonnenuntergang oder aus Sunnas höchstem Stand zu uns. Denn dort, unvorstellbar weit weg, lebt das Volk der Römer. Unsere Ältesten sagen, die Römer leben weit hinter den großen Bergen der Mittagssonne. Hinter einem großen Fluss im Sonnenuntergang liegt weiteres, von den Römern, erobertes Land." Gaidemar machte eine Pause und überlegte, wie er dem Knaben erklären konnte, dass nicht alle Hermunduren von Römern bedroht leben.

„Unser Volk lebte früher weit hinter dem Dunkelwald, bevor einzelne Sippen in Richtung des Flusses Maa zogen und dort siedelten. Wir gehörten dazu. Die Römer weilten vor längeren Jahren, so erzählte es Rotbart mir und Brandolf, in unserer ursprünglichen Heimat. Sie boten uns das Land hier als fruchtbar und nicht besiedelt an." Der Krieger erinnerte sich noch genau an Baldur Rotbarts Worte. Nicht alles was dieser damals sagte, verstand er sofort.

„Unser Volk war stark, besaß viele Krieger, aber zu wenig fruchtbares Land. Rotbart sagt, der Dunkelwald sei ein Gebirge mit vielen unfruchtbaren Bergen und die Täler reichten nicht aus, unser Volk zu ernähren. Um unsere Heimat herum lebten andere Stämme, denen das Land auch nicht reichte. Wir waren nicht stark genug, diese alle zu besiegen. Rotbart sagt, dass das Angebot der Römer für uns günstig gewesen sei. Die Stärke von Rotbarts Sippe beweißt, dass wir mit unserem Zug in das von den Römern angepriesene Land keinen Fehler gemacht haben. Nur ein Teil unseres Volkes zog in dieses Land und sieh, wie viele

Sippen es inzwischen hier gibt und wie stark diese sind. Bedenke auch, dass die Buchensippe aus der Bergesippe hervorging..." Das wusste Gerwin bisher nicht. Mit offenem Mund nahm er die Worte Gaidemars auf.

„Unsere ursprüngliche Heimat liegt zu weit für die Römer entfernt. Deshalb sind römische Soldaten dort keine Bedrohung für unser Volk. Wenn dort Römer keine Bedrohung sind, warum sollten deren Krieger uns dann im Kampf gegen Rom beistehen?" Gaidemar schwieg und der Knabe blieb stehen, sah den Älteren an und fragte:

„Aber im Salzkrieg haben wir denen auch geholfen?"

„Damit hast du recht! Der Kriegsherzog forderte unsere Sippen dazu auf. Und doch wird dieser Herzog uns nicht helfen. Unsere jetzige Bedrohung geschieht zu weit entfernt von ihm. Vielleicht weiß er gar nicht, dass uns Römer bedrohen, wo diese uns doch einmal aufforderten, hier zu siedeln!"

„Das ist ungerecht!" platzte der Knabe in die Erläuterung des Älteren hinein.

„Was wirfst du ihm vor?" fragte Gaidemar zurück „... Dass er nicht weiß, dass uns Römer bedrohen oder das er uns nicht helfen wird?" ergänzte der Krieger.

„Beides! ..." beantwortete der Knabe des Älteren Frage und überlegte weiter... „...Natürlich müsste er zumindest wissen, das wir in Gefahr sind! Weiß er es denn? Haben wir Boten zu ihm geschickt?" fragte der wissbegierige Knabe.

„Die Antwort kannst du dir selbst geben! Hat Degenar Boten gesendet, oder Rotbart vielleicht?"

Der Knabe überlegte und kam zu dem Schluss: „Degenar nicht! Rotbart sprach zumindest davon, ob er es tat, kann ich nicht wissen! Was denkst du?"

Gaidemar bedachte sich und sprach weiter: „Wenn Rotbart einen Boten sendet, dann in der Absicht Hilfe zu fordern. Nein! Rotbart wird nicht um Hilfe betteln! Wir sind stark, wir helfen uns selbst!" Der Ältere zögerte mit der Fortsetzung seiner Gedanken.

„Flucht bedeutet nicht gleichzeitig Feigheit. Dafür hat Baldur Rotbart zu viel erlebt. Er weiß immer, was er tut. Vergiss nicht dass uns der Dunkelwald von unserem Volk trennt. Nur wenige Wege mit unbekannten Gefahren führen hindurch. Auch ist der Weg sehr weit und dauert sehr lange! Nein, aus unserer Heimat wird keiner zu unserer Hilfe auftauchen, selbst wenn wir dazu auffordern!" Gaidemar schwieg und Gerwin sann über dessen Worte nach.

Der Krieger dachte laut weiter. „Der Ort des Things unseres Volkes liegt sehr weit hinter dem Dunkelwald. Es stimmt, dass wir von der Bergesippe, seit dem Krieg um das Salz nicht mehr zum Thing gezogen sind. Auch andere Sippen von hier zogen nicht mehr hin. Rotbart sagte einmal, dass es Dummheit wäre, alle Waffen des Feindes und erkämpfte Beute zu vernichten. Auch die schon vor der Schlacht beschlossene Tötung aller Feinde, sei kein guter Gedanke gewesen. Damit, so vermutete Baldur Rotbart, sollten die Krieger beider Seiten zum Äußersten getrieben werden. Unser Sieg brachte auch unserer Sippe keine Vorteile. Der Herzog entließ unsere Krieger ohne Beute und Gewinn. Alle Chatten wurden umgebracht. Seit dem besteht zwischen unseren Stämmen tiefer Hass. Ich selbst empfinde diesen Hass auch. Aber nicht nur, weil mein Vater in diesem Kampf starb!"

Wieder schwieg der Ältere und hing seinen Gedanken nach. Dann blieb er erneut stehen, erfasste den Knaben an beiden Schultern und sah ihm in die Augen: „Von unserem Volk hinter dem Dunkelwald wird es für uns keine Hilfe geben!" stellte er mit Bestimmtheit fest.

„Zu den nachfolgenden Versammlungen im Thing des Volkes ging keine der hier lebenden Sippen jemals wieder. Dafür war die Enttäuschung zu groß. Warum auch, wenn unser Einsatz unbelohnt blieb? Doch auch hier fanden unsere Sippen nicht zueinander, um eigene Kräfte zu formieren. Jeder Älteste lebt mit seiner Macht, mit seinen Familien. So lange keine Bedrohung erkennbar ist, besteht keine Notwendigkeit, sich jemand Anderes unterzuordnen oder auch gemeinsam Front gegen den Feind zu machen! Deshalb sind unsere Sippen so frei und tun, was ihres Sinnes ist."

Gaidemar setzte seinen Weg fort und Gerwin trottete neben ihm her. Der Knabe hatte den Eindruck, dass der Ältere selbst dabei war, seine Gedanken zu sortieren und Gründe für seine Entscheidung zu finden, die auch von Anderen anerkannt würden.

„Römische Bedrohung gab es vor dem Angriff auf euer Dorf nicht und eindringende Chatten konnten wir unter Rotbarts Führung immer in ihr Land zurückdrängen. Also lebten wir bisher hier zu weiten Teilen friedlich. Doch jetzt hat Norbert Recht! Wir müssen unsere Einheit herstellen, sonst unterliegen wir Rom. Hilfe aus unserer Heimat können wir nicht erwarten. Auch Rotbart wird die Römer allein nicht noch mal besiegen können ..."

„Kennst du diesen Fluss?" fragte der Knabe nach einer längeren Pause des Überlegens.

„Nein, ich habe diesen noch nie gesehen! Die Ältesten sagten, dass es schwer sei, das andere Ufer zu sehen und durch den Fluss könne man nicht gehen. Nicht mal hindurch reiten könnte man. Ich weiß nicht, ob das stimmt?" Wieder schien der Ältere gedankenlos vor sich hin zu sprechen. Der Knabe hatte den Eindruck, dass der Krieger Erinnerungen aus seiner Vergangenheit verarbeitete.

„Jeder Fluss beginnt an einer Quelle, fängt einmal als kleiner Bach an und wenn viele Bäche zusammen fließen, entsteht der Fluss. Wenn dann viele Flüsse zusammenfließen wird der Fluss sehr breit und die Strömung gefährlich."

„Wie kommen die Römer dann über das Wasser, wenn das andere Ufer nicht gesehen werden kann? Woher wissen die Römer, dass nach dem Wasser wieder Land kommt?" störte Gerwin die Gedanken und Worte des Älteren.

„Eine gute Frage! Was haben wir getan, als wir auf dem Weg zu dieser Sippe den Fluss überqueren mussten?" reagierte Gaidemar mit einer Gegenfrage.

„Wir haben eine flache Stelle gesucht!" erinnerte sich der Knabe.

„So machen es die Römer auch. Sie suchen die Stelle, an der sie das andere Ufer sehen können. Außerdem haben die Römer Schiffe, um das Wasser zu befahren." erklärte der Ältere.

„Schiffe?" lautete Gerwins ungläubige Frage.

„Was schwimmt auf dem Wasser?" stellte nun Gaidemar Fragen.

„Holz, ein Boot!" folgte die Antwort aus Gerwins Mund. „Richtig, aber die Römer haben große Boote und die nennt man Schiffe. Mit diesen Schiffen kann der Fluss befahren werden. Einer der Ältesten, der weit herum gekommen war, erzählte auch von einer riesigen Brücke über den großen Fluss. Legionäre wären über diese Brücke gelaufen, ohne nasse Füße zu bekommen. Sie wäre auch aus Holz gewesen. Wie das gehen soll, wenn Holz doch schwimmt, der Fluss reißend und tief ist, weiß ich auch nicht!" stellte der Ältere fest.

Diese Antworten und Erklärungen beschäftigten den Knaben und so erreichten sie ihre Gasthütte.

Nach der Abendmahlzeit hatte Gerwin endlich Zeit. Für eine Dorfbesichtigung war es jedoch zu dunkel und so vertagte er diese Absicht. Mit dem Gedanken an den kommende Morgen schlief er dann, in seine Decke eingerollt, am Feuer ein.

Der neue Tag würde entscheiden, ob Gerwin ins eigene Dorf zurückkehren oder mit Gaidemar weiter zum Fluss Maa ziehen würde ....

Als Richwin am nächsten Mittag seinem Vater mitteilte, dass nicht nur sechs Männer und acht Frauen und Mädchen, sondern auch noch zwei Familien mit ihren Kindern zur Übersiedlung bereit waren, fiel die Entscheidung.

Norbert rief alle Umsiedlungswilligen zusammen.

Als Führer der Gruppe wurde Irvin bestimmt und der Abmarsch für den folgenden Tag festgelegt.

Jetzt fand Gerwin endlich Zeit, das Dorf der Sippe zu besichtigen. Bei einem Rundgang stellte er die günstige Lage und den Aufbau der Siedlung fest. Es gab mehrere Langhäuser, die räumlich getrennt von den anderen Langhäusern, zumeist von großen bewirtschafteten, eingezäunten Flächen umgeben waren. Jetzt zum Winterausgang lagen diese Flächen brach, zum Teil unter dem Schnee verborgen. Bald würde hier die Arbeit beginnen. Gerwin zählte dreimal so viele Langhäuser wie er Finger hatte, und noch einige mehr.

Im Dorf gab es keine Ruhe, ständig quiekten Schweine, blökten Schafe, meckerten Ziegen, hörte er das Geschnatter von Enten oder das Muhen der Kühe. Ihm fielen viele frei herumlaufende Hunde auf und manch einer von denen knurrte ihn auch an. Gerwin trug seinen neuen Eichenknüppel bei sich und so traute sich keiner der Hunde näher an ihn heran. In ihrem Dorf gab es auch vor dem Überfall der Römer keine Hunde.

Das Dorf der Sippe lag an einem Berghang, in dessen tiefsten Teil ein Bach floss. Die einzelnen Langhäuser folgten dem Bachverlauf. Auffallend war, dass die Eingänge der Langhäuser alle in Richtung der aufgehenden Morgensonne ausgerichtet waren.

Aus Norberts Langhaus wusste er, dass zur Wetterseite hin, das Vieh untergebracht war. Um jedes Langhaus waren Flechtwerke errichtet, die den zum Langhaus zugehörigen Boden eingrenzten. Innerhalb dieses Flechtwerkes lagen Felder der Familie.

So wie die Menschen Namen trugen, wurden auch die Sippen unterschiedlich benannt. Gaidemars Erklärungen zu den Namen der

Sippen ergaben sich aus dessen eigener Erfahrung. Er berichtete, dass Sippen sich nicht immer selbst Namen gaben, sondern oft die Nachbarn eine Sippe benannten.

Einige Sippen wählten den Namen ihrer Schutzgeister oder Götter. Andere entschieden sich für einen Namen, der aus unverwechselbarer Landschaft abgeleitet war. Manches Mal, so sagte er, hieße eine Sippe bei einem Nachbarn so und wurde die gleiche Sippe von einem anderen Nachbarn ganz anders genannt. Oft setzte sich dann aber ein Name durch und wenn es um die Besonderheiten der Lage eines Dorfes ging, verlief die Namensgebung schnell. Das traf auch auf die ‚Bergesippe, Buchensippe oder Talwassersippe' zu.

Gerwin dachte über den Namen der Sippe nach. Der durch das Dorf fließende Bach wurde Talwasser genannt. Er erinnerte sich, dass der alte Degenar die Sippe des Norbert als Talwassersippe bezeichnete. Also schien der Bach der Sippe den Namen gegeben zu haben. So wie ihr Sippennahme sich aus dem Buchenwald herleitete, der sich um den Mondstein ausbreitete, musste sich der Name von Rotbarts Sippe aus den beiden Bergen ergeben haben, auf denen die Sippe lebte. Der Name einer Sippe besaß unter deren Bewohnern keine große Bedeutung. Fremde jedoch orientierten sich an den Besonderheiten der Lage.

Gerwin kehrte zum Langhaus zurück und traf dort auf Gaidemar, der unbedingt wissen wollte, wo er sich herum getrieben hatte. Der Knabe antwortete und gemeinsam liefen sie zur Linde am Waldrand. Eine weitere Lektion im Umgang mit dem Eichenstock erwartete den Knaben.

Gerwin lernte die richtige Haltung bei der Abwehr von Schlägen und manch ein Schlag ließ seine Hände und Arme vibrieren. Die Wucht von Gaidemars Treffern wurde heftiger und forderte mehr Anstrengungen des Knaben. Musste er doch lernen, sich gegen einen stärkeren Gegner zu erwehren. Dazu zählt auch, dass der eigene Stock von der Angriffswucht nicht weggeschleudert wurde. Gaidemar steigerte die Kraftanstrengungen des Knaben, sollte dieser doch auch in seiner Muskelkraft gestählt werden.

Diese Unterrichtung nahm viel Zeit in Anspruch und Gerwin merkte, wie sich Schmerz im Schultergelenk breit machte und seine Atmung immer kürzer und mitunter nur noch stoßweise erfolgte. Auch Gaidemar bemerkte dies und so räumte er dem Knaben eine Pause ein.

Der Platz zum Sitzen, mit dem Rücken an die Linde gelehnt, war trocken. Als Gerwin wieder zu Atem gekommen war, fragte er seinen Lehrmeister:

„In der Beratung sprach Norbert von anderen Stämmen. Ich kenne nur Hermunduren und die Römer. Die Römer dringen in unser Land ein, fordern Tribut oder rauben unsere Brüder und Schwestern und machen sie zu Sklaven. Was sind andere Stämme? Was müssen Sklaven tun?"

„Wie viele Römer hast du bisher gesehen?" fragte der Ältere.

„Ich weiß nicht. Nur wenige!" kam des Knaben zögerliche Antwort.

„Was ist dir an den Römern im Vergleich zu uns aufgefallen?" fügte der Ältere die nächste Frage an.

„Sie scheinen kleiner zu sein als unsere Krieger! Ihr Haar ist nicht so lang wie unseres und wird auch nicht geflochten. Die Römer tragen einheitliche Kleidung und Helme. Sie sind gegen spitze und scharfe Waffen durch die Kleidung geschützt." fasste Gerwin seine Beobachtungen zusammen.

„Das hast du dir gut gemerkt! Die Römer, die du bisher gesehen hast, waren Krieger, oder wie die Römer sich selbst bezeichnen ‚Legionäre'. Sie leben und kämpfen im fremden Land und deshalb tragen sie Kleidung, die sie vor überraschenden Angriffen schützt. Wer in einem fremden, eroberten Land bestehen will, braucht diesen Schutz."

Der Ältere überdachte seine bisherigen Worte. Noch hatte er nicht umfassend zur veränderten Situation gegenüber Rom nachgedacht. Indem er seine Gedanken ordnete und diese laut aussprach, hörte und lernte der Knabe. Gaidemar überlegte, wie er dem Knaben begreiflich machen konnte, dass aus dem Römer der Vergangenheit ein Feind der Gegenwart und für die Zukunft hervorgegangen war.

„Bisher waren uns Römer nicht so wichtig. Sie bedrohten uns nicht. Sie griffen uns nicht an und keiner von uns wurde von ihnen getötet. Das hat sich mit beiden Überfällen verändert. Für uns sind es jetzt Feinde, die unser Leben und unseren Besitz stehlen! So, wie die Chatten, die in unser Land eindrangen. Römer kamen bisher selten zu uns. Der geforderte Tribut belastete kaum, zumal wir dankbar für das Land waren. Jetzt ist das ganz anders! Der Überfall auf eure Sippe machte die Römer zu Feinden. Dieser Feind ist zu bekämpfen. Wie du beim Überfall auf unser Dorf gesehen hast, treten die Römer in solch großer Zahl auf, dass wir den offenen Kampf zumeist nicht wagen können. Sind die Römer uns nicht überlegen, werden wir sie vernichten." Der Ältere schwieg zum

Nachdenken und setzte seine Überlegungen nach einigen Augenblicken fort.

„Deine Botschaft brachte uns einen Vorteil. Wir wussten vorher vom Angriff. Wir haben nicht darauf gewartet, überfallen zu werden. Wir schlugen vorher zu. Die Römer, die am Abend ins Dorf ritten und Fackeln warfen, waren uns eindeutig unterlegen. Deine Botschaft verhinderte, dass sie uns überraschen konnten."

Gerwin verspürte Stolz. Natürlich hatte er bereits hinreichend erfahren, wie man seine Tat einschätzte. Das Lob aus dem Mund seines Gefährten und neuen Lehrer aber besaß für ihn einen höheren Wert.

„Die Römer am Morgen waren von der Anzahl fast gleichwertig. Nur weil wir sie beobachteten, wussten wir wann und woher sie kommen wollten. Das schuf wieder einen Vorteil, den wir nutzten. Doch im Lager am Fluss Salu verfügten die Römer über eine weitere Zahl von Legionären. Diese Zahl war uns, nach Berichten unserer Späher, überlegen." Heftig unterbrach der Knabe des Älteren Worte.

„Warum sind diese Römer dann nicht sofort gegen die Bergesippe gezogen?"

„Denke einmal nach. Wen hat dein Vater schwer verletzt?"

„Den Anführer!" erklärte der Knabe mit Zorn in der Stimme.

„Wen haben wir am Eingang des Dorfes aufgepfählt?"

„Den anderen Anführer!" erklärte Gerwin mit Bestimmtheit.

„Also war deren Anführer schwer verletzt, dessen Stellvertreter getötet und ein Großteil der Legionäre vernichtet worden." Gaidemar schwieg und sah den Knaben an.

„Was glaubst du, haben die Wenigen, die entkommen konnten berichtet?"

Langsam begriff Gerwin. Gaidemar hatte dies alles durchschaut und sich die Zusammenhänge begreiflich gemacht. Die Römer zogen wegen des Misserfolges ab und weil deren verbliebene Führung die Lage falsch beurteilte.

„Wären die Römer mit den Restkräften sofort zu uns gezogen, hätten sie uns vernichten können. Deshalb zog Rotbart die Flucht vor. Die Ältesten sagen, Rom herrsche über die Welt. Ich denke, wer so wie Rom andere Menschen unterdrückt, gilt überall als Feind und wird bekämpft. Warum waren die Römer gerade uns gegenüber bisher freundlich gesinnt?" Gaidemar schwieg einen Moment.

„Was hat zum veränderten Verhalten geführt? In euer Dorf sind sie eingefallen um zu rauben und Sklaven zu fangen. Dafür musste es einen Grund geben. Wir verweigerten keinen Tribut, wir griffen die Römer nicht an. Also liegt der Grund nicht bei uns. Bis wir diesen Grund kennen und sich das Verhalten der Römer ändert, sind sie unsere Feinde."

Gaidemar setzte, vom Knaben ungestört, seine Überlegungen fort. „Die Ältesten sagen, die Römer sind faul, zu faul um zu arbeiten! Deshalb brauchen sie Sklaven, die für sie die Arbeit verrichten. Sklaven sind rechtlos, sind Unfreie. Auch in unserem Dorf gab es *Schalke*, die von Römern als Sklaven bezeichnet werden. In Kriegen mit anderen Stämmen haben wir Gefangene gemacht. Diese wurden in unserem Dorf zum Schalk. Sie dürfen keine Waffen besitzen, verrichten Arbeiten für ihre Besitzer und bekommen nur wenig Essen. Schalke sind ehrlos, sind wie Hunde, die die Peitsche fürchten."

„Das verstehe ich nicht!" antwortete der Knabe und setzte fort: „Aus unserem Dorf wurden viele weggetrieben. Ich habe es gesehen. Es waren freie Menschen!" Eine Pause entstand, bevor der Knabe eine erneute Frage an seine Feststellungen anfügte.

„Warum sind die, die mit uns lebten, jetzt ehrlos?"

„Der Stolz und der Wille des Menschen werden gebrochen. Lebt der Gefangene, umgeben von Feinden und hat keine Möglichkeit zur Flucht, bricht sein Wille. Flieht er, wird er gejagt. Wird er gefangen, so stirbt er. Es fliehen nicht viele! Wehrt er sich gegen seinen Besitzer, wird er ausgepeitscht. Wiederholt er das noch einmal, wird er tot geschlagen. So einfach ist es! Die Peitsche macht Gefangene fügsam und zu Sklaven!" erklärte der Pate dem Fragenden.

„In unserem Dorf gab es keine Sklaven!" stellte der Knabe entrüstet fest.

„Woher sollten diese für euch kommen? Ihr lebt nicht an einer Grenze zum Feind. Deshalb gab es bei euch keine Posten, keine Wachen. Keiner eurer Nachbarn stellte eine Bedrohung dar. Weil ihr euch keiner großen Gefahr bewusst gewesen seid, hattet ihr auch gegen die Römer keine Erfolgsaussicht. So wie ihr, wäre auch die Talwassersippe eine leichte Beute gewesen. Wir lebten mit unserer Sippe an der Grenze zu anderen Stämmen, mit denen es in der Vergangenheit auch Kämpfe gab. Kampf bringt Sieger und Unterlegene hervor, Gefangene werden getötet oder zum Schalk. Als du in unser Dorf kamst, waren wir vorbereitet. Oft mussten wir schon kämpfen!"

Gaidemar machte eine Pause und überlegte die Fortsetzung seiner Rede.

„In anderen Stämmen gibt es auch Sklaven. Wir machten aus Gefangenen Sklaven für uns und unsere Feinde verfuhren bisher ebenso!"

Gerwin überlegte eine Weile, bevor er mit seiner Schlussfolgerung sein Verständnis zu bisherigen Erklärungen offenbarte.

„Unser Dorf war, nach deinen Worten am ehesten geeignet, überfallen zu werden. Die Römer haben dies erkannt. Warum aber haben die Römer dann nicht erkannt, dass die Talwassersippe leichter zu überfallen ist? Warum wurde euer Dorf überfallen und nicht die Sippe hier?" folgte nach reiflicher Überlegung des Knaben nächste Frage.

„Dass wir bereit zum Kampf waren, wussten die Römer nicht. Mit der Talwassersippe gab es durch deren Römerfreundlichkeit Handel. Du hast den ehemaligen Ältesten erlebt und bei uns hast du Rotbarts Bruder gesehen. Beide unterscheiden sich stark. Der Älteste hier hatte Macht, die Rotbarts Bruder nie erlangen konnte! Deshalb haben sich die Römer für den Überfall auf uns entschieden. Vielleicht war es aber auch der kürzere Weg bis zu uns?" erklärte Gaidemar seine Vermutung dazu.

„Wenn eure Sippe sich so wehren kann und andere feindliche Stämme nicht fürchtet, verstehe ich nicht, warum Rotbart eure Sippe trennte und sich zum Verstecken entschlossen hatte?" forschte der Knabe nach.

„Auch diese Frage ist gut. Wir sind als Sippe stark genug gegen andere Sippen. Die Römer sind zahlenmäßig jeder Sippe weit überlegen. Römer kann man nur einmal besiegen. Immer aber kommen sie mit großer Überlegenheit zurück. Es ist besser, dieser Macht auszuweichen! Nur wenn alle Sippen sich gemeinsam gegen die Römer wehren, könnten wir sie besiegen!"

Gaidemar dachte über seine bisherige Erklärung nach und fügte hinzu:

„Unsere Ältesten berichteten davon, dass andere Stämme die Römer in einem großen Kampf besiegt hätten. Das sei vor vielen Wintern geschehen. Seit dieser Zeit lagerten die Römer an diesem großen Fluss. Nur noch selten dringen sie in unser Gebiet ein."

Gerwin überlegte und sprach dann, mehr zu sich als zu Gaidemar:

„Jetzt verstehe ich, warum ich den Boten begleiten muss. Wenn die Römer wieder kommen, brauchen wir Einigkeit unter unseren Sippen. Nur dann können wir sie besiegen. Nur ..." setzte der Knabe zu Gaidemar aufblickend fort: „...wie kann aber ich zu dieser Einigkeit beitragen?"

„Dein Bericht in den Dörfern ist wichtig. Du hast den Angriff auf euer Dorf erlebt. Du hast gesehen, wie die Römer vorgingen! Du sahest die Toten, Verletzten und auch die Gefangenen. Damit kannst du bezeugen, welche Gefahr uns allen droht. Lassen die Ältesten dich in den Dörfern vor allen Freien sprechen, werden diese Krieger auf die Bedrohung aufmerksam. So wollen wir diese Einigkeit und Wehrhaftigkeit erreichen!" erläuterte Gerwins Pate.

„Du hast noch nicht erklärt, was andere Stämme sind?" verwies der Knabe auf eine noch offene Antwort.

„Ich weiß nicht, wie ich dir das erklären soll!" erwiderte Gaidemar.

„Ich möchte es verstehen!" forderte der Jüngere. Gaidemar überlegte eine Weile.

„Gut, du kennst eure Sippe, die Buchensippe. Uns nennt ihr die Bergesippe. Ihr seid aus unserer Sippe entstanden. Deshalb kannten sich Degenar und Rotbart. Als beide jung waren, waren sie Gefährten. Dann ging Degenar mit denen, aus denen die Buchensippe wurde. Eure Sippe, unsere Sippe und die Talwassersippe von Norbert gehören zu einem Stamm und wir leben seit vielen Jahren hier. Wir sind Hermunduren."

Gerwin nahm erstaunt zur Kenntnis, dass es auch für Gaidemar etwas gab, worauf dieser Stolz war.

„Vor längerer Zeit aber lebten unsere Sippen weit hinter dem Dunkelwald. Darüber sprachen wir schon einmal. Viele unseres Volkes hungerten, besaßen kein Land, kein Vieh und waren in der Munt gebunden. Dann kamen die Römer in unsere alte Heimat und versprachen guten fruchtbaren Boden. Unser altes Land wurde uns auch von anderen Stämmen streitig gemacht. Somit zogen Teile unseres Volkes in die Richtung zur Mittagssonne durch den Dunkelwald. Wir waren, so sagen die Ältesten, nicht stark genug für den Feind, der unsere frühere Heimat bedrohte. Wie man dieses Volk, diese Stämme nennt, weiß ich nicht.

Als wir hier in dieses Land kamen, wehrten sich Andere, die schon hier lebten, gegen uns. Doch es waren nur Wenige und jetzt waren wir stärker und blieben. So jedenfalls habe ich die Ältesten verstanden. Es gibt also mehr als die Römer und uns. Andere Stämme können auch uns gegenüber feindlich sein, weil wir diese aus ihrem alten Land vertrieben haben. Die Bergesippe lebt neben den Chatten. Ob die zu dem alten Volk gehörten, weiß ich nicht. Aber Feindschaft zwischen ihnen und uns bestand von Anfang an!"

Gaidemar dachte nach und Gerwin wartete interessiert auf dessen Fortsetzung.

„Mit dem Volk der Chatten gab es einen Krieg. Ich war nur wenig Älter als du jetzt. In den Bergen des Dunkelwaldes gibt es viele Quellen und diese erzeugen Bäche und Flüsse. Viele dieser Flüsse führen Salz im Wasser mit. Dieses Salz kann gewonnen werden. Mit dem Salz wird Handel getrieben. Du kennst das Salz für unsere Speisen. Unser Volk hat um diesen Salzhandel gekämpft und die Chatten wollten das Salz auch. Mein Vater wurde mit den anderen Freien des Dorfes zum Thing gerufen. Unser heiliger Thingplatz liegt weit hinter den Bergen des Dunkelwaldes. Dort wurde der Krieg gegen die Chatten beschlossen. Unser Volk konnte siegen. Ich war noch zu jung für den Kampf, aber aus unserem Dorf waren viele Krieger beteiligt, auch Rotbart und mein Vater. Meines Vaters und Rotbarts Tapferkeit, deren Mut und Klugheit wurden gerühmt. Rotbarts Körpergröße und Kraft war von den Feinden gefürchtet und als er aus diesem Krieg zurückkehrte, wurde er zum Eldermann gewählt. Rotbart schuf unseren Schutz gegen unsere Feinde neu. Wie gut das gelang, hast du beim Angriff der Römer erlebt."

Nach einer Pause fügte Gaidemar hinzu: „Mein Vater starb in diesen Kämpfen um das Salz!"

Wieder schwieg der Ältere. Seine Erinnerungen überwältigten ihn und er musste sich wohl an das Wesentliche der Vergangenheit erst wieder erinnern und überlegen, wie er die Frage des Knaben weiter beantwortete.

„Den Thingplatz für unser Dorf kennst du! Vor vielen Sommern wurden Brandolf und ich auf unserem ersten Thing in den Kreis der Freien und Krieger aufgenommen. Norbert will, dass wir uns so schnell wie möglich auf einem eigenen Thing auf den Kampf mit den Römern vorbereiten. Ich hoffe, es wird nicht zu spät sein! Deshalb begleiten wir den Boten!" schloss Gaidemar seine Erklärungen ab und forderte Gerwin zur nächsten Lehrstunde im Zweikampf auf.

Wieder bezog der Knabe heftige Schläge. Hände, Arme und Schultern schmerzten bald. Doch verbiss er sich den Schmerz und hielt tapfer dagegen. Wichtig war seine Aufmerksamkeit und immer wenn diese nachließ, trafen ihn Gaidemars Schläge. Blaue Flecken würden bald seine Gliedmaßen schmücken. Als die Dämmerung hereinbrach, beendete Gaidemar die Lehrstunde.

Gerwin war froh der ständigen Prügel entgehen zu können. Der ganze Körper schien aus einer einzigen Wunde zu bestehen. Das war nicht das Üben, dass er von Vaters Lehrstunden kannte. Damals schmerzten nur die Arme und Finger, bis er den Bogen richtig hielt und die Sehne spannen konnte. Jetzt brannte der ganze Körper. Gerwin verbiss sich jede Schmerzbekundung, trotzdem es keinen schmerzfreien Fleck mehr auf Armen, Beinen und Schultern zu geben schien. Er wusste, dass der Schmerz mit der Zeit verging. So war es damals mit Vater auch und er hatte die Handhabung seines Bogens erlernt. Jetzt würde er seien Stab meistern lernen und dann, so vermutete er, würde er die Handhabung von Frame und Schild erlernen.

Als sie Richtung Dorf schlenderten, fragte Gerwin: „Hast du schon mal an einem Kampf teilgenommen?"

„Ja!" kam des Kriegers Antwort und neugierig geworden, fragte der Knabe: „Hattest du Angst zu sterben?"

Gaidemar zögerte diesmal und dachte über den Inhalt seiner Antwort nach, bevor er dem Knaben seine Gefühle mitteilte.

„Angst vor dem Sterben hatte ich nicht! Als Krieger im Kampf zu sterben ist ehrenvoll, der Strohtod aber unwürdig. Bringen uns die *Walküren* nach Walhall, Speisen und Trinken wir an der Tafel unserer Götter und üben unsere Fähigkeiten als *Einherier* bis zur *Götterdämmerung* am Ende der Zeit!" Der Ältere schwieg und besann sich.

„Aber ja, ich hatte Angst! Nicht jeder Kampf endet mit Sieg oder Tod. Viele Kämpfer werden verletzt. Das kann schlimmer als Tod sein ... Schmerz kann lange währen und ich habe Kämpfer erlebt, die ihren Tod wünschten. Angst zu empfinden, ist nicht ehrlos! Sich der Angst zu ergeben und zu fliehen, ohne zu kämpfen, kann ehrlos sein. Einem Kampf so lange wie möglich auszuweichen, ist nicht ehrlos. Wenn der Kampf begonnen hat, dem Feind den Rücken zu kehren, das ist ehrlos!"

Gerwin sah den Gefährten an und dessen Stirn zog sich zusammen, als würden Erinnerungen seinen Geist überwältigen. Als sich Gaidemar wieder beruhigt hatte, vernahm der Knabe den offensichtlich schmerzhaften Bericht:

„Wir waren auf der Jagd, als uns Chatten angriffen. Es liegt noch nicht so lange zurück, ich war noch ein *Jungmann*. Wir waren nur Wenige. Die Stärke unseres Gegners kannten wir nicht, als wir von deren Pfeilen empfangen wurden. Wir waren unvorsichtig und zu sehr auf unsere Jagd ausgerichtet. Einen Keiler und zwei Bachen mit Frischlingen hatten wir gestellt. Der Keiler und eine Bache waren erlegt, als es Pfeile regnete. Einer unserer Gefährten war sofort tot, ein Anderer verletzt. Wir sahen den Feind nicht und waren in einer kleinen Schlucht in einer ausweglosen Lage. Da hörten wir Schmerzensschreie, das Surren von Pfeilen und dann das Brechen von Zweigen. Jemand versuchte zu fliehen. Wir nahmen die Verfolgung auf und töteten drei Feinde. Ob es noch mehr gewesen waren und uns Gegner entkommen konnten, gelang uns nicht festzustellen. Wir trugen diese Toten zurück in die Schlucht. Dort erwartete uns Ragna. Sie kümmerte sich um unseren Verletzten."

Gerwin nahm erstaunt das Geheimnis um Ragnas besondere Anerkennung in der Sippe zur Kenntnis.

„Ragna war uns, trotz Rotbarts Verbot, zur Jagd gefolgt. Sie sah den Feind, hatte drei von den Gegnern mit ihren Pfeilen getötet und zwei weitere verletzt. Die anderen versuchten zu fliehen, weil sie nicht sahen, woher die Pfeile kamen. Auch die Schnelligkeit und Treffsicherheit schien den Chatten wohl auf eine Überlegenheit hinzudeuten. Ragna hatte uns allen das Leben gerettet. Wir begruben die Toten und zogen mit unserer Beute zurück ins Dorf. Rotbart tobte. Ich glaube Brandolf hatte mehr als Toben auszuhalten. Er war tagelang nicht zu sehen. Er hat nie darüber gesprochen. Er war unser Führer und Rotbart machte ihn verantwortlich." Gaidemar lächelte und sah den Knaben an.

„Nicht immer war Rotbart so freundlich, wie dir gegenüber. Ragna blieb straffrei, obwohl sie gegen Rotbarts Befehl verstieß. Seit diesem Kampf ist Ragna unantastbar. Kein Krieger würde sie auf der Jagd und im Kampf ausschließen. Vor allem die Mütter im Dorf achten Sie ...."

Es dauerte eine Weile, bis der Krieger noch eine Vermutung anfügte: „Die Knaben träumen von ihrem Mut und die Mädchen wünschen sich, wie Ragna zu werden. Nur ihre Mutter Kunrada schimpft mit ihr, weil sie zu nichts nütze sei! Ihr Vater schweigt. Ich weiß, er liebt sie über alles. Trotzdem hätte ihr Ungehorsam sie nie vor Strafe bewahrt, ihr Mut und ihre Entschlossenheit haben es! Übrigens keiner von unserer Sippe schießt mit seinem Bogen so schnell, trifft so genau und weit, wie Ragna. Ich auch nicht! Dabei ist sie nur eine Frau. Ich wüsste gern, wie das geht..." Gaidemar schwieg.

„Und dein zweiter Kampf?" fragte der Knabe. „Das waren die Römer!" Weitere Erklärungen dazu gab es nicht.

19. Julia

65 nach Christus -Frühjahr (2. Aprilis)
Mogontiacum - Linksrheinisches, von Römern beherrschtes Gebiet

Titus Suetonius, der Tribun der römischen Legion, wurde vom Gastgeber, dessen Weib und deren Tochter, im **Peristylium** erwartet.

„Ich freue mich, dass du meiner damaligen Einladung gefolgt bist, auch wenn seit diesem Tag einige Zeit vergangen ist!" begrüßte der Hausherr den Tribun.

„Die Freude ist ganz auf meiner Seite. Ich bedaure, deiner Einladung nicht schon früher gefolgt zu sein. Hätte ich gewusst, welchen Liebreiz deine Tochter ausstrahlt, wäre ich schon sehr viel früher zu dir gekommen!"

Titus lächelte und verbeugte sich andeutungsweise gegenüber der Tochter. Er folgte der Einladung des Hausherrn zum **Oecus**. Dieser repräsentative Raum zum Empfang von Gästen, der als Speiseraum vorbereitet war, wies um die Mensa nur drei hölzerne, mit umfangreichen Verzierungen an Füßen und Kopfteil geschmückte Speisesofas auf.

Die Wände des Raumes waren mit Bildnissen verziert. Waren es an der dem Eingang gegenüber liegenden Wand schwimmende Schwäne auf einem Teich, der umgeben von Weiden eine stille, beschauliche Atmosphäre vermittelte, so prangte auf einer der Seitenwände eine bergige Landschaft mit Schneegipfeln und einem in der Ferne verschwindenden Weg. Die dritte Seitenwand zierte ein auf einem Weg stehender Händlerwagen, auf dessen Kutschbock ein Knecht die Zügel der vorgespannten Pferde in der Hand hielt. Neben dem Gefährt stand der Händler im Gespräch mit mehreren Kunden. Aus der Hand eines dieser Männer fielen Münzen in die Hände des Händlers. Dieses Bildnis sollte die Rolle des Amantius verdeutlichen und so waren Gestalt und Gesichtszüge des Abbildes denen des Hausherrn täuschend ähnlich gestaltet.

An der verkürzten Wand, neben dem Zugang zum Triclinium, fand sich in grazialer Darstellung das Bildnis des jungen **Merkurius**. Die Wandbildnisse standen in harmonischer Komposition zueinander und ließen den Schluss zu, dass Amantius Reichtum durch weltoffenen Handel zu Wohlstand führte. Keine der Wände war mit übertriebener Geltungssucht, Dominanz oder Herrschsucht verunziert. Kein Bewaffneter, kein Sklave, keine obszönen Darstellungen und auch keine übertriebene Götterhuldigung störten die Harmonie des Raumes. Verblüfft musterte Titus die Darstellungen. Kannte er doch andere Häuser reicher Römer, deren Prunksucht, Verschwendung, Machtverherrlichung und übertriebene Götterhuldigung ihn oftmals abstießen. Wohl war Titus Militärtribun, doch verschloss er sich weder der Schönheit der Natur, noch der Menschen. Er konnte sich nicht erinnern, diese Wandbildnisse bei seinem ersten Besuch im Hause des Händlers gesehen zu haben. Seine Bewunderung blieb dem Hausherrn nicht verborgen.

„Ja mein Freund auch dies verdanke ich dir! Mein Erfolg als Händler blieb mir nach unserem gemeinsamen Abendteuer erhalten. Ich kann meinen Frauen zwar nicht Rom bieten, dafür aber ein harmonisches Heim in den germanischen Wäldern. Dabei verhehle ich nicht, dass nicht mir die Motive der Bildnisse eingefallen sind. Sicher hast du den Einfluss meiner bezaubernden Frauen auf diese Darstellungen gespürt." Amantius nahm die Überraschung des Tribuns und auch dessen Bewunderung zur Kenntnis. Er sonnte sich in der an seine Frauen verliehenen Anerkennung.

Titus sah sich zu leichten Verbeugungen gegenüber der Frau und Tochter des Amantius veranlasst, als er diese Bildnisse eingehend lange betrachtet hatte.

Der Aufforderung des Hausherrn folgend, streckte sich Titus, nach dem der Gastgeber und die Hausfrau auf dem *Lectus Medius* Platz genommen hatten, auf dem *Lectus Summus* aus. Dem Tribun gegenüber, auf dem *Lectus Imus*, richtete sich die junge Tochter Julia ein.

Diese Anordnung war insofern ungewöhnlich, da an einem Festmahl zumeist nur Männer auf dem Triclinium Platz nahmen, während die Frauen in Stühlen oder Sesseln an den Seiten oder hinter ihren Gatten, teilhaben konnten. Was in Rom nahezu unmöglich wäre, schien hier Normalität darzustellen.

Auch Titus leuchtete ein, dass in der seit seiner Ankunft zur Verfügung stehenden Zeit, keine anderen Gäste römischer Herkunft zum Gastmahl geladen werden konnten. So blieb nur die Möglichkeit in diesem kleinen Kreis. Dies war dem Gast umso lieber, da er während des gesamten Zeitraums die liebliche Erscheinung der Tochter des Hausherrn unmittelbar vor seinen Augen sah.

Die Hausfrau hatte ein üppiges Mahl zusammengestellt, dessen Krönung ein am Spieß zubereitetes Wildschwein darstellte. Neben reichlich Obst, gab es einen zwar etwas sauren, im Nachklang aber aromatischen und angenehmen Weißwein. Zwei aresakische Mädchen bedienten sie bei Tisch.

Titus langte ordentlich zu und die Hausfrau nahm dies erfreut zur Kenntnis. Bei den Vorspeisen hatte der Tribun wenige Probleme, sich zu verköstigen. Vom Schweinespieß abzuschneiden, stellte sich jedoch als unlösbar heraus und der Gastgeber ging ihm dabei zur Hand.

Titus bedankte sich und an die Tochter und Hausfrau wendend, bat er ob seiner Behinderung und der damit verbundenen eingeschränkten Bewegungsfähigkeit beim Essen um Entschuldigung.

„Titus ..." fragte die Hausfrau „...wie kam es zu der Verletzung?"

„Es war ein Kampf mit Germanen!" antwortete der Tribun.

„Oh, ..." entfuhr es überrascht der Tochter „erzählst du uns mehr, Tribun ..." bat die junge Frau.

Wie sollte Titus die Geschichte seiner Verletzung schildern? Mit schonungsloser Offenheit, der Darstellung des Überfalles seiner Kohorten auf ein germanisches Dorf, der Gegenwehr eines einzigen Germanen und seiner unrühmlichen Verletzung, oder ...? Er blickte Julia an und gewahrte ihre Neugier, ihre Hoffnung, von seinem Heldenmut erfahren zu dürfen. Titus entschied sich zur Halbwahrheit.

„Wir waren in einem germanischen Dorf, als wir angegriffen wurden. Der Angriff kam überraschend und bevor ich mich des Gegners erwehren konnte, traf mich ein Axthieb am Kopf. Der Helm wurde mir vom Kopf geschlagen, verursachte die Narbe und verletzte mich am Auge. Der zweite Schlag des Feindes konnte von mir abgelenkt werden, aber nur so, dass mein Arm den Restschwung des Mannes abfing. Dabei wurden die Sehnen und Muskeln getrennt."

"Oh, dass muss sehr schmerzhaft gewesen sein?" fragte Julia erschrocken nach.

„Trotzdem konnte ich den Feind besiegen!" verkündete der Tribun stolz.

„Den Göttern sei Dank!" murmelte die junge Frau.

„Andernfalls könnten wir dich, Tribun, kaum als Gast begrüßen... Demzufolge hast du den Kampf gegen die Germanen gewinnen können?" fragte Julia bewundernd nach.

„Ja, wir schlossen unseren Auftrag erfolgreich ab. Nur ich konnte keinen wesentlichen Anteil mehr beisteuern. Erst einmal benötigte ich medizinischen Beistand und etwas Zeit, um mich von der Verletzung zu erholen. Dieser Prozess ist noch nicht abgeschlossen. Der Arm ist zukünftig unbrauchbar und für meinen Verbleib in der Legion muss ich meine Kampffähigkeit mit dem anderen Arm schulen. Hinzu kommt, dass ich mit dem Auge..." er zeigte auf sein rechtes Auge „...nur noch eingeschränkt sehen kann!"

Dies entsprach der Wahrheit. Wohl verdeckte das vom Medicus beschaffte Glasauge die leere Augenhöhle, von dessen Beschaffenheit Titus nichts offenbaren wollte, aber sehen konnte er mit diesem Auge nichts.

Wieder kommentierte Julia die erlangten Informationen mit einem erschrockenen und bewundernden Ton.

Titus war sich sicher, dass er in den Augen der jungen Frau als ‚tapferer Legionär' Anerkennung fand. Offensichtlich war seine Entscheidung, die Wahrheit etwas zu verbiegen, die Richtige gewesen ... Das weitere Tischgespräch wandte sich anderen Ereignissen zu. Auch der Gastgeber erzählte Reiseerlebnisse, so dass nicht nur Titus mit seinen Legionärsgeschichten zur lebhaften Unterhaltung beitrug.

Wenn das Gespräch durch humorvolle Darstellungen oder lustige Begebenheiten bereichert wurde, klang oft das helle Lachen der Händlertochter durch das Triclinium und breitete sich über das Peristylium aus. Titus fühlte sich, ob der ihm dargebotenen Gastfreundschaft und der freundlichen Aufnahme, wohl. Diese Tatsache wurde ihm bewusst, als der Gastgeber die Tafel aufhob und die Frauen aufforderte, ihre Gemächer aufzusuchen, weil er ein Gespräch unter Männern zu Geschäften wünsche.

Sofort erhob sich die Hausherrin und auch Julia folgte der Aufforderung, wenn auch mit wenig Begeisterung, wie Titus feststellte.

Nachdem die Frauen den Raum verlassen hatten, schenkte der Gastgeber nochmals vom weißen Wein nach und stellte fest: „Tribun, ich stehe in deiner Schuld und bin deshalb gern der Gastgeber. Begrüßt habe ich dich als einen Freund, der du zweifellos für mich und die Meinen bist. Dennoch bin ich mir bewusst, dass dein Kommen noch andere Gründe haben könnte ..." Amantius schwieg und beobachtete das Minenspiel seines Gastes.

„Ich bin daran interessiert, diese Gründe zu kennen. Auch möchte ich dich in Kenntnis dessen mit meinen Wünschen und Hoffnungen bekannt machen, so dass einer uns bevorstehenden gemeinsamen Zeit kein ungewolltes Ungemach widerfahren kann. Also sage mir, was du erhoffst oder bezweckst, wenn du dich, erst nach drei Jahren, mit der Bitte um Gastrecht an mich wendest?"

Die Frage bezeugte das berechtigte Interesse des Händlers an Aufklärung, konnte sich dieser doch nicht vorstellen, dass der Tribun nur aus einer plötzlichen Laune heraus zu ihm gekommen ist. Anders verhielte es sich, wenn seine Tochter als Grund für diese nach Jahren erfolgte Erinnerung den Ausschlag gegeben hatte. Dazu schien ihm Aufklärung nötig.

Titus sah dem Gastgeber in die Augen. „Ich brauche deine Hilfe, Amantius. Ich danke den Göttern dafür, dass ich auch dir einmal helfen konnte ...Damit stehe ich nicht als Bittsteller vor dir, trotzdem ich meiner Bitte um Unterstützung Ausdruck verleihe." Titus zögerte mit der Fortsetzung seiner Erklärung.

„Du siehst meinen Arm?" schloss der Tribun seine Einleitung mit einer Frage ab.

„Er ist nicht zu übersehen und diese Einschränkung der Kampffähigkeit muss dich schwer getroffen haben!" erkannte Amantius an.

„Es war schmerzhaft, aber auszuhalten,..." bestätigte der Tribun die Vermutung des Gastgebers und setzte fort: „...nur ist diese Verletzung nicht die Einzige!"

„Sprich, wo bist du noch getroffen worden?" Titus schwieg und überdachte nochmals die Situation. Seinem Gastgeber gegenüber fühlte er Schuldigkeit zur Wahrheit. Aus dieser Erkenntnis, über die er schon mehrfach nachgedacht hatte, folgte seine anschließende Offenheit.

„Du bist ein Händler. Ob du mit Tuchen, Wolle, Getreide, Eisenerz, Bernstein oder Sklaven handelst, ist deine eigene Entscheidung und nicht Jedem wirst du deine Geschäftsinteressen mitteilen ..." Die Gesprächseröffnung gab Titus Sicherheit und veranlasste seinen Zuhörer zur gesteigerten Aufmerksamkeit.

„So ist es auch bei uns Legionären. Zuerst folgen wir Befehlen. Da ich in der Befehlskette weit oben eingeordnet bin, folgen meine Legionäre meinen Befehlen. Wir hatten die Order, Sklaven aufzubringen. Also handelte ich entsprechend ... Dabei kam es zu meinen Verletzungen. Der Kampfablauf, den ich berichtete, stimmt im Wesentlichen. Nur war ich, nach meinen Verletzungen, nicht mehr zur Vernichtung meines Feindes in der Lage. Das besorgten meine Legionäre. Ich hatte mein Auge verloren und war längere Zeit besinnungslos!" schilderte er den Kampf.

„Aber du hast doch noch beide Augen ...! Wieso kannst du dann ein Auge verloren haben? Das verstehe ich nicht..." stellte Amantius verwundert fest.

„Dann schau genauer hin, Julius Versatius!"

Der Hausherr konzentrierte sich auf die Augen seines Gegenübers und beugte sich auch zu diesem hin. Titus bewegte sein gesundes Auge. Dann fiel es dem Gastgeber auf, während sich die Pupille des gesunden Auges nach rechts, links, unten oder oben bewegte, verblieb die Pupille des anderen Auges immer im Zentrum und bewegte sich nicht fort. „Was ist mit deinem Auge?" äußerte sich die Überraschung des Gastgebers in seiner nächsten Frage.

„Es fehlt! Das was du siehst, besteht aus Glas. Ich trage ein Glasauge. Es täuscht das Auge vor. Zum Sehen ist es ungeeignet. Deshalb trage ich auch das Tuch, wie bei meiner Ankunft. Ich würde mich glücklich schätzen, könnten wir jede Bemerkung über mein fehlendes Auge vermeiden..."

Diese Bitte hatte zwei Gründe, den männlicher Eitelkeit, da doch ein fehlendes Auge eine zu herbe Verunstaltung seines Antlitzes wäre und natürlich hoffte er, dass der Tochter des Hauses dieser Mangel vorerst verborgen blieb.

Amantius bedeckte sein eigenes rechtes Auge mit einer Handfläche, um nachvollziehen zu können, wie sich eine derartige Verletzung auf die Sehfähigkeit des Tribuns auswirkte.

Die Folgen, auch nur in Ansätzen, zu verstehen, fielen ihm schwer. Aber er schlussfolgerte, dass damit die gesamte Existenz des Tribuns gefährdet war. Es fehlte nicht nur der Kampfarm, sondern auch das Auge, um als vollwertiger Legionär Anerkennung finden zu können. Wie auch sollte sich Titus in einem Zweikampf mit dieser Behinderung seiner Haut erwehren? Titus verfolgte den Erkenntnisprozess seines Gastgebers geduldig.

„Damit kennst du meine Hauptsorge! Wo kann ein Legionär, der seine Zukunft nicht gefährden möchte, seine Kampffähigkeit wieder erlangen? Im Truppenlager wäre der Mann selbst dem Spott des geringsten Miles ausgesetzt, geschweige denn, vor den Blicken seiner Rivalen geschützt. Nur bei dir, Amantius, dem einzigen Freund außerhalb der Legion, könnte ich meine Fähigkeiten wieder erlangen ... Deshalb schickte ich dir auch diese beiden Legionäre, die mir hier helfen sollen."

„Dann bist nicht wegen meiner Tochter hier?" fragte der Hausherr verblüfft.

„Ich gebe zu, dass Julia der Grund war, nach dem Gastrecht zu fragen ... Doch damals, als ich Julia zum ersten Mal traf, war das Mädchen noch sehr jung. Was seit dieser Zeit aus ihr geworden ist, konnte ich nicht vermuten. Ich hatte ihre etwas spitze und vorlaute Zunge in nachdrücklicher Erinnerung, wohl auch ihren hervorragenden Wuchs. Aber verzeih mir, mein Freund, dass inzwischen eine derartige Schönheit aus deiner Tochter wurde, konnte ich doch nicht erahnen. Es überraschte mich, jetzt und hier eine schöne Frau vorzufinden ..."

Titus bedachte sich einen Moment, bevor er fortsetzte. „Auch wusste ich nicht, ob du für Julia bereits einen Gatten besorgt hast und vielleicht schon Enkelkinder deine Villa bevölkerten ... Was ich jedoch vorfand, überraschte mich! Nicht nur deine Freundlichkeit und das Gastrecht. Ich hoffe, auch deine Tochter wird dazu beitragen, dass meine Tage in der Villa in eine lang anhaltende Erinnerung münden."

„Du wirst meine Tochter doch wohl nicht verführen wollen?" kam die besorgte Frage des Hausherrn.

„Wäre das so abwegig? Würde es deinen Wünschen zuwider laufen?" stellte Titus die Gegenfrage und sah den Händler herausfordernd an.

„Ein Mitglied des *Equester Ordo*, ein römischer Ritter und Tribun der Legion, und eine Händlertochter scheint mir wenig standesgemäß zu sein...?" Die Antwort des Händlers erfolgte zögerlich, wusste er doch nicht, wie seine Feststellung aufgenommen werden würde.

„Was kümmert mich mein Stand?" erwiderte Titus brüsk.

„Ich denke, auch du hast einen Vater, der seinen Sohn im gleichen Stand verheiratet sehen möchte, oder irre ich da?" konterte Amantius.

„Vielleicht wäre das so gewesen, wenn er den Britannienfeldzug überlebt hätte? Jetzt bestimmt ein Onkel über unser Haus. Mein Bruder wacht über mich, sofern ich das zulasse. Im Übrigen mache ich, was ich will!"

Die erhaltene Antwort beunruhigte den Hausherrn und so erklärte er seine eigenen Absichten.

„Nun, ich habe mit Julia etwas Anderes vor! Obwohl auch ein römischer Ritter nicht ganz unerwünscht wäre... Andererseits habe ich schon eine Zusage erteilt und möchte ein Verschmelzen von zwei Handelsfamilien erzielen. Ich weiß, dass Julia dem Erwählten gegenüber nicht ganz abgeneigt scheint und versteh mich richtig, ich bin ein Händler, der seine Ware gern im tadellosen Zustand weiterreicht..."

„Du bist der Gastgeber! Ich habe mich als Gast ehrenvoll zu bewegen und es ist dein Recht, mich aus dem Haus zu entfernen, wenn meine Gegenwart Probleme verursacht. Von meinen beiden Männern weiß ich, dass zumindest einer schon für Unbill sorgte. Ob du die Neigungen des Anderen hinnehmen kannst, ist mir bisher nicht zur Kenntnis gelangt..." bemerkte der Tribun unter Wahrung seiner Souveränität und zeigte andererseits auch mit dieser Erklärung Verständnis für den Gastgeber an.

„Du meinst Paratus und die Witwe?" fragte der Händler nach.

„Ja, zuerst diesen!" erwiderte Titus.

„Nun, lass ihm sein Vergnügen. Ich denke, als Legionär bekommt er diese Möglichkeit im *Feldlager* kaum geboten und müsste zu den Huren gehen ... Der Witwe scheint es auch gelegen zu kommen. Was auch immer daraus wird, es soll mir Recht sein." Amantius bedachte seine Position zur Beziehung des Legionärs mit der Witwe.

„Wenn ein weiteres Kind über meinen Grund und Boden tollt, welches kein Sohn eines Vaters sein sollte, werde ich halt einen zusätzlichen Fresser, aber letztlich auch einen Bediensteten mehr zur Verfügung haben. Und wenn der Bursche dann über Paratus Körper und Geist verfügt, scheint mir, mache ich keinen schlechten Handel .... Sollte Paratus aber an dem Nachfolger interessiert sein, wird er nach seiner Dienstzeit vielleicht mein Angebot annehmen?" Wieder zögerte der Händler mit der Fortsetzung seiner Erklärung. So wie Titus sich zur Offenheit verpflichtet sah, wollte er seinem Gast nicht nachstehen.

„Ich habe Viator und Paratus miteinander fechten sehen und meine gesehen zu haben, dass Paratus allein gute fünf Männer wert sein könnte ..." legte der Gastgeber bisherige Erkenntnisse offen und gab ein deutliches Einverständnis, so dass auch der Tribun seinen Legionär nicht im Nachhinein ausbremsen musste.

„Ich gebe dir recht! Wäre ich damals bei unserer ersten Begegnung nur in Begleitung von Viator und Paratus gewesen, hätte ich mich im Kampf sicherer gefühlt als mit der ganzen Reiterabteilung!" schmunzelte der Tribun.

„Ja, verbliebe nur Viator,...gewiss weiß ich von der Prügelei und der anschließenden Sauferei! Ich wollte meine Knechte schon für die Beleidigung meiner Gäste zur Rechenschaft ziehen ... Euer Legionär hielt mich jedoch davon ab. Wie Viator mir versicherte, habe es ihm gehörigen

Spaß bereitet, der Frau beizuwohnen und er würde es wieder tun, gäbe es danach die gleiche gute Prügelei und Sauferei!" erzählte Amantius dem Tribun das Ergebnis seiner Unterredung mit dem Legionär.

„Das sieht ihm ähnlich, dem großmäuligen Römer!" quittierte Titus des Legionärs Bemerkungen zum Hausherrn.

„Nun, ganz so großmäulig scheint er nun wohl doch nicht zu sein, sonst würde ihn Julia nicht an sich heranlassen ..." bemerkte der Gastgeber zum Verhältnis des Legionärs gegenüber seiner Tochter.

„Er hat doch wohl deine Tochter..." weiter kam Titus mit seiner Entrüstung nicht, denn Amantius unterbrach ihn scharf.

„Nein, hat er nicht! Sie mag ihn halt und einige ihrer Reiterkunststücke brachte er ihr in den zurückliegenden Tagen wohl auch bei..."

„Reiterkunststücke...?" wunderte sich der Tribun... „Ich wusste gar nicht, dass Viator reiten kann. Der saß doch immer auf dem Gaul wie ein Weizensack!"

„Vielleicht kennst du diesen Römer noch nicht gut genug? Der hat noch andere Dinge drauf." ließ daraufhin Amantius mit einem Schmunzeln verlauten.

„Aber ich hatte ihm verboten, sich deiner Tochter zu nähern. Weiß ich doch, was für ein Weiberheld er sein kann!" bemerkte Titus wütend.

„Heißt das, du hättest selbst Absichten...?" fragte nun der Hausherr neugierig nach.

„Wer deine Tochter ablehnen sollte, wäre ein Idiot! Das bin ich nun keinesfalls! Auch verfüge ich über einige Erfahrungen..., andererseits verbietet mir das Gastrecht, Gutmütigkeiten auszunutzen!"

Die Antwort des Tribuns fiel sachlich und nüchtern aus. Ein lüsterner Blick, der sich in einem kurzen Moment davon stahl, blieb unbemerkt.

„Dann kommen wir vielleicht doch zu einer Vereinbarung...?" fragte der Hausherr.

„Was stellst du dir darunter vor?" fragte Titus, neugierig geworden, nach.

„Ohne deine Behinderung zu kennen und in Erinnerung an deine Erscheinung von vor drei Jahren, befürchtete ich, um das vorsichtig auszudrücken, dass du mein Kind vereinnahmen könntest ... In ihren Augen warst du der Held, der dem Vater das Leben rettete. Noch dazu sah sie mit ihren verklärten Augen einen reifen, stattlichen und klugen Mann. Du hattest schon Eindruck auf mein kleines Mädchen gemacht..."

Amantius lauerte auf einen Einwand.

„Wir wussten nicht, wie du dich jetzt verhalten würdest, stehen wir doch noch immer in deiner Schuld ... Es blieb uns keine Möglichkeit, deinen Besuch auszuschlagen und es wäre für mich kaum an Schändlichkeit zu überbieten, hätte ich dies gemacht. Auch Julia war begeistert vom Besuch und sollte ich mich ihrem Wunsch verschließen? Nein! Das kam nicht in Frage!"

Amantius reagierte mit Offenheit auf die Frage. Ihm schien, sein Gast hätte dies verdient. Er glaubte im Wesen des Tribuns ehrenhafte Verhaltensweisen erkannt zu haben.

„Ich bitte dich deshalb, dich ihr gegenüber ehrenvoll zu verhalten. Jedoch weiß ich nicht, wie sie die jetzige Situation beurteilt und ich glaube, sie weiß es selbst nicht ..." Amantius war sich nicht darüber im Klaren, was seine Tochter tatsächlich vom Gast erwartete. Besser bei nüchternem Verstand einen Packt zu schließen, als nach einem unliebsamen Ereignis einen Ausweg zu suchen ...

„Über dein Auge werde ich gegenüber meinen Frauen schweigen. Ich glaube jedoch nicht, dass die Behinderung verborgen bleiben wird. Ich bitte dich, die von mir geplante Zukunft meiner Tochter nicht zu zerstören!"

„Das verspreche ich! Mein vorrangiges Interesse gilt meiner Ertüchtigung. Dazu sind beide Legionäre hier. Ich werde auch nur so lange bleiben können, bis ich wieder wehrhaft bin. Der Legat gab mir Zeit bis zum Sommeranfang. Kann ich dann meine ursprünglichen Fertigkeiten mit dem linken Arm nicht beweisen, wird er mich aus der Legion entfernen. Also bleiben wir längstens bis zum Sommeranfang, wenn es dir recht ist!" Titus schwieg und wartete die Zustimmung des Hausherrn ab.

Amantius bestätigte diese durch ein Kopfnicken.

Dann setzte der Tribun fort: „Sollte sich deine Tochter, trotz meiner Behinderungen, mir in offener Absicht nähern, werde ich die Situation überdenken und falls du einverstanden bist, gern zur Verfügung stehen." Titus Suetonius war sich bewusst, einen gewagten Schritt auszuführen.

„Sofern gewünscht, auch unter der Bedingung, für eventuelle Konsequenzen aufzukommen ... Ich bin einer Eheschließung nicht abgeneigt. Ich sehe auch den Vorteil für dich, der du in einer derartigen Verbindung einen Aufstieg deiner Tochter im Rang zustimmst." Titus spielte auf die von Rom geduldet und gewünschte Form der *Kaufehe* an, bei der ein Weib aus plebejischer Herkunft in eine Familie der Patrizier aufgenommen werden konnte.

„Ich habe in meinem bisherigen Leben schon so mancher Frau beigewohnt und bin nicht ganz unerfahren. Aus einer Beziehung ist am Anfang nicht immer abzusehen, ob am Ende nicht Liebe entstehen könnte ..." Titus zögerte erneut.

„Deshalb verspreche ich dazu nichts. Wenn du es forderst, werde ich mich zurückziehen und wenn es Konsequenzen geben sollte, trage ich diese."

Die Erklärung entsprach der eines Ehrenmannes. Sie stimmte den Hausherrn zufrieden.

Titus nahm die Erleichterung des Gastgebers zur Kenntnis und setzte fort: „Es ist keine Schande für mich, die so schöne Tochter eines Händlers zum Weib zu nehmen. Beschenkt sie mich mit einem Erben, wäre ich umso glücklicher. Andernfalls versichere ich dir, dass deine Tochter mit unbeschadetem Leumund im Schoß der Familie verbleibt. Meine Legionäre, sofern diese von meiner Beziehung mitbekommen, und auch ich, werden Stillschweigen bewahren. Ich gehöre ohnehin nicht zu den Männern, die mit ihren Erfahrungen prahlen. Wer auch immer der auserwählte, zukünftige Gatte sein sollte, er wird nichts erfahren!"

Amantius schien diese Abmachung zufrieden zu stellen, denn er nickte abermals mit dem Kopf.

Wieder ergriff der Tribun das Wort. „Bliebe noch Viator und ich fürchte, dass ich ihn an keine Kette legen kann ... Er mag ein Aufschneider und Großmaul sein, aber er ist neben Paratus der beste Kämpfer unserer Legion ... Die Beiden sind ein bisher unbezwingbares Paar. Früher gehörte noch der Centurio dazu, nur den erwischte ein germanischer Frame."

Amantius nahm einen weiteren Schluck aus seinem Pokal und räusperte sich. Bevor er jedoch ein Wort sagen konnte, setzte der Tribun fort.

„Viator wird sich durch die Villa arbeiten und ohne Rücksicht auf mögliche Männer, jede sich bietende Möglichkeit zum Beischlaf nutzen. Lediglich Julia werde ich aus seinem Einflussbereich heraushalten können ... Bist du sicher, dass ..." weiter kam Titus nicht.

„Ja, ich bin sicher!" verkündete der Vater.

„Verzeih mir, aber wenn Viator schon bei ihr gelegen haben sollte, könnte ich es nicht mehr tun oder aber wäre, selbst bei unserem gegenwärtigem Verhältnis, dem Spott und Hohn ausgeliefert! Unser Pakt wäre hinfällig, stellte sich später heraus ..." setzte Titus seine begonnenen Gedanken fort.

„Ich versichere dir, dass Julia noch Jungfrau ist!" erwiderte der Vater des Mädchens verärgert.

„Also, wie stehst du dann zu Viator?" fragte der Tribun.

„Soll er sich austoben, sofern die Frauen es zulassen! Wenn ihm einer meiner Männer dann jedoch den Hals umdreht, geht das nicht zu meinen Lasten! Aber..." zögerte der Hausherr „... Julia und mein Weib sind nicht in seiner Jagd!" schloss der Hausherr seine Bedingungen ab.

„Einverstanden! Ich glaube nicht, dass jeder deiner Männer sich Viators erwehren könnte? Allerdings gab es drei, die es versuchten. Da Paratus nicht mit von der Partie war, blieb ein Erfolg Viators aus. Trotzdem, warne deine Männer, sollte Paratus seinem Freund helfen, egal was der für eine Tat begangen hat, haben alle deine Männer zusammen keinen Erfolg. Paratus macht bedingungslos, was Viator sagt. Ich werde mir Beide noch einmal vornehmen und meine Meinung als Befehl vorgeben. Das sollte helfen." erklärte der Tribun seinerseits und damit waren die Bedingungen ausgehandelt.

„Ich weiß zwar noch nicht, wie sich mein Weib zur Abmachung über Julia verhält, aber so sollte der Gastfrieden gesichert sein! Natürlich hoffe ich auch, dass meine Tochter vernünftig ist. Doch du weißt es sicher auch, der Jugend sollte man weniger Verstand zutrauen..."

Titus nahm diese Erklärung zur Kenntnis und war neugierig darauf, wie die Sache wohl letztendlich ausgehen würde. Seine Erklärungen waren eindeutig und der Hausherr schien diese anzuerkennen.

„Julius Versatius, es macht Spaß mit dir Geschäfte zu machen!" bemerkte Titus mit einem verständigen Grinsen. Die Männer prosteten einander zu, schien doch das für den Gastgeber Wichtigste, die Zukunft der Tochter, ungefährdet.

Ob ihr Zukünftiger dann ein Legionär, ein Exlegionär oder ein Händler, wie er selbst wäre, das bekümmerte ihn wenig. Seine Sorge galt der Tochter. Wie leicht kann ein so erfahrener und stattlicher Tribun wie Titus, das Herz seiner Tochter betören? Wohnt er ihr im Beischlaf, so lange es ihm Spaß macht, bei, um dann mit einem 'Lebe wohl' auf immer aus ihrem Leben zu verschwinden, wäre es nur ein schlechter Handel. Bliebe ihm als Vater die entehrte Tochter und eventuell ein Bastard, der jede weitere Eheschließung verhinderte, käme dies einer Katastrophe gleich. Keinesfalls durfte Julia in Verruf kommen, denn dann wäre sein wichtigstes Handelsgut, ihre Unschuld, in Frage gestellt.

Amantius hoffte mit der Abmachung eine vernünftige Übereinkunft getroffen zu haben. Er musste nur noch seine Frau von Titus Redlichkeit überzeugen und er wusste auch, wie er es beginnen sollte. Insofern freute sich der Hausherr schon auf die kommende Nacht, denn auch seine Frau war, noch immer, trotz ihres Alters, ein feuriges Weib...

Am folgenden Morgen, nach dem Frühstück im Herrenhaus, erwarteten beide Legionäre den Tribun in voller Rüstung an der Haupttreppe. Titus grüßte seine Männer und befahl ihnen, zu folgen.

Er ließ die Ausrüstung ablegen und erklärte den Legionären, dass sie zuerst Übungsgeräte bauen würden. Titus wählte Baumstämme und Äste von einem neben dem Badehaus liegenden Holzhaufen und baute mit beiden Männern in einer Ecke des Grundstückes einen Übungsplatz. Drei Tage sägten sie Stämme, spitzten diese an, gruben Erdlöcher und montierten Gestelle, mit denen Kampfhandlungen nachgebildet werden konnten.

Titus half tatkräftig mit, sofern sein gesunder Arm das konnte und seine behinderte Hand von Nutzen war. Die Bewohner der Villa beäugten diese Tätigkeiten misstrauisch. Doch da der Hausherr nichts sagte, blieben die Bemühungen der Legionäre ohne Behinderung. Unterstützung stellte sich ebenfalls nicht ein.

Die Legionäre sangen mitunter bei der Arbeit zotige Lieder, sprachen miteinander oder lachten. Eigentlich war kein Unterschied zwischen Tribun und Legionär zu erkennen.

Titus trug bei allen Arbeiten seine Augenbinde und nur wenn er im Haupthaus mit den Frauen des Gastgebers zusammen traf, entfernte er die Augenbinde. Immer dann schmückte ihn sein Glasauge.

Bereits am ersten Tag des Aufbaues, nahm sich Titus Zeit, um seinen linken Arm an ein Schwert zu gewöhnen. Schritt für Schritt setzte er seine Übungen in den Folgetagen fort. Waren es erst Übungen des linken Armes zur Haltung und Führung des Schwertes, kamen dann Kraftübungen zum Muskelaufbau hinzu. In der Vergangenheit war der linke Arm als Schildarm ausgebildet worden. Damit verfügte Titus durchaus über Kraft in diesem Arm, aber die Bewegungsfähigkeit war eingeschränkt. Es fehlte Gewandtheit, Schnelligkeit, Treffsicherheit und ein entsprechender Bewegungsrhythmus. Auch seine Fähigkeit zur Koordination von Blick und Bewegung ließ zu wünschen übrig. Er übte beharrlich, galt es doch zwei Einschränkungen auszugleichen, den Verlust der Schwerthand und eines Auges. Zu Anfang hatte er sichtliche Schwierigkeiten.

War sein unerschöpflicher Wille, im Bestreben seine Geschicklichkeit vom nun verkrüppelten rechten Arm auf den Linken zu übertragen, die Triebkraft seines Ausbildungswahns, setzten ihm seine Verletzungen Grenzen, die zu überwinden, ihm schwer fiel.

Das eingeschränkte Sehen behinderte ihn bei der Koordination seiner Armbewegungen. Erst als er sich das Sehen mit einem Auge richtig zu Eigen machte, verbesserte sich auch sein Koordinationsvermögen. Für ihn jedoch vollzog sich die Veränderung in viel zu kleinen Schritten. Seine innere Wut verstärkte sich, so lange ein sichtbarer Erfolg ausblieb.

Das sich langsam Verbesserungen abzeichneten, war vor allem an der Reaktion seiner Übungsgegner abzulesen. Oft enttäuscht von der eigenen Fähigkeit, führte richtiger Zorn seine Hand. Mit der Zunahme seiner Fertigkeiten entstanden bedrohliche Situationen für seine beiden Legionäre.

Inzwischen war es Winteranfang. Der erste Schnee verzauberte die Umgebung und gab ihr ein friedliches und ruhiges Aussehen.

Mitten im Dreikampf, den Titus mit der Wut, die er sich in den letzten Tagen zu Eigen gemacht hatte, stieß Viator seinen Übungsgladius in den Erdboden vor sich und rief: „Tribun, auf ein Wort!"

Paratus löste sich vom Tribun und trat zurück. Dieser fand sich ohne Gegner, stutzte und nach dem ihn Viator ein zweites Mal angesprochen hatte, nahm auch der Tribun wahr, dass eine Pause angesagt war. Sein Zorn verrauchte, sein Blick klarte auf und er sah den Legionär an.

„Was ist, Viator?"

„Herr, du bist wie ein Verrückter, wie ein junger Bulle! Mit Wut im Bauch, aber ohne Verstand im Kopf! Du schlägst auf uns ein und wärst wohl schon hundertmal getötet worden, hätten wir scharfe Waffen!"

Die Feststellung war gewagt, der Zorn des Immunis berechtigt.

Viator sah den Tribun vorsichtig abwägend an. Von Einsicht bis Wutanfall wäre jede Reaktion möglich. Der Tribun wirkte im ersten Moment überrascht und verunsichert. Deshalb setzte Viator seine Beschwerde schnell fort.

„Du empfindest scheinbar keinen Schmerz. Mich jedoch juckt mein Fell noch immer. Paratus geht es nicht anders. Das ist kein Kämpfen! Was aus dir spricht, ist blinde Wut und wohin die führt, wissen wir genau.

Kampf ist zuerst ein Beobachten, ein Prüfen und Testen des Gegners. Ausweichen, Vorprellen, Fintieren und erst in günstigster Situation erfolgt der tödliche Stoß. Du, Tribun, schlägst nur auf uns ein. Das sieht bedrohlich aus, bleibt aber ohne Wirkung. So tötest du zu langsam und stirbst selbst sehr schnell!" Viator verschnaufte und Paratus nickte seine Zustimmung.

Noch immer war Titus verdutzt. Er wusste nicht, was Viator wollte. Es lag seinem Verständnis vollkommen fern, dass sein Kampfstiel für einen Kampf Mann gegen Mann ungeeignet wäre.

„Diese Art zu kämpfen ist für das Üben gut, wenn es den Arm mit Kraft und Gewandtheit ausstatten soll. Im echten Kampf sind das nur Voraussetzungen. Für den erfolgreichen Zweikampf sind deine Handlungen jedoch ungeeignet! Wenn du heute gegen einen beliebigen Hastatii unserer Legion antreten würdest, wärst du der Unterlegene, weil du deine Kraft, ohne Erfolg zu erreichen, verschwendest! Du musst lernen, aus der Behinderung einen Vorteil zu ziehen ...."

Viator legte eine Pause ein. Obwohl dem Prahlen zugeneigt und wortgewandt, gehörte es trotzdem nicht zu seinen hervorragenden Eigenschaften, lange Reden zu halten. Außerdem schien er sich die Aufmerksamkeit seines Vorgesetzten errungen zu haben, so dass ein Atemholen sinnvoll sein könnte.

„Jeder Zweikampfgegner unterliegt der Gefahr, dich zu unterschätzen. Deshalb sollte der Kampfstiel darauf ausgerichtet werden. Wo Andere Zeit haben, auf die Chance zu warten, gelangst du durch Warten in einen Nachteil. Der Gegner kann deine tatsächlichen Fähigkeiten und vor allem die wirkliche Behinderung erkunden. Er hat Zeit, sich darauf einzustellen und er wird dir wirksamer begegnen. Gib ihm diese Zeit nicht, schlage sparsam, aber wirksam, schlage schnell und überraschend zu. Der von dir überraschte Feind kann im Reich der Toten über seinen Fehler nachdenken. Du bist dann schon am nächsten Feind dran. Deshalb sollten wir Finten üben, Handlungsabfolgen erlernen und bis zur Präzision treiben und zwar zu der Präzision, die du mit geschlossenen Augen ausführen könntest."

Titus hörte sich die Worte des Legionärs an. Sie verwunderten ihn. Er verstand immer noch nicht. Wenn sein Miles eine so lange Rede hielt, schien etwas nicht zu stimmen. Allein diese Überlegung, aus Erfahrungen gewonnen, veranlasste den Tribun zu seiner folgenden Frage: „Ihr glaubt beide, ich kämpfe schlecht?"

„Nein und Ja!" lautete des Legionärs Antwort.

„Wie meinst du das, Viator?" fragte der Tribun unschlüssig zurück.

„Wenn wir als Spitze der Centurie in gegnerische Reihen eindringen, wäre deine Wut und dieser Kampfstiel willkommen. Wir könnten uns so durch jede Phalanx würgen! Geht es aber zum Zweikampf, verpufft deine Kraft und nach jedem einzelnen Kampf brauchst du Erholung. Die Zeit dafür gibt es aber nicht! Also, was tun wir hier?" schloss Viator seine Erklärung mit einer Frage ab.

„Wir sorgen gemeinsam für die Ertüchtigung meines Kampfarmes!" bemerkte der Tribun verwundert.

„Wie lange hintereinander kannst du mit diesem Arm Hauen, Stechen und Schlagen?" folgte Viators nächste Frage.

„So lange wie es geht und notwendig ist!" erklang prompt die Antwort des Tribuns.

„Nein, kannst du nicht! Soll ich es dir beweisen, Tribun?" fragte der Legionär.

„Was meinst du?" Noch immer verstand der Tribun nicht, was Viator an seiner Kampfweise zu bekritteln hatte.

„Du bist von deiner Wut so geblendet, dass du Zwangspausen zum Erholen nicht mal mehr wahr nimmst! Meinst du, der Gegner wartet, bis du dich erholt hast? Tribun, du machst Pausen, in denen wir dich niedermetzeln könnten und du merkst es nicht einmal mehr ..." verkündete Viator wütend und endlich schien der Tribun den Worten des Legionärs Gehör zu schenken.

Titus sah von Viator zu Paratus, der bestätigend nickte, und wieder zurück.

„Gut, dann machen wir für heute Schluss und gehen ins Bad. Dort wirst du mir noch mal erklären, was du meinst."

Der Tribun bestimmte den weiteren Verlauf des Tages und nachdem Viator ihm im Bad noch einmal seinen Standpunkt erklärte, änderte sich von dem Tag an dessen Kampfart. Titus kämpfte nicht nur und schlug dabei stundenlang auf Viator und Paratus ein, sondern übte Handlungsabfolgen und Finten, nutzte zunehmend auch seine begrenzten Möglichkeiten der Hand am geschädigten Arm.

Der Schild wurde am rechten Oberarm und an der Schulter befestigt. Dort schützte er, fest fixiert, diese Körperseite. In dieser Befestigung konnte er aber über ein Schlaufensystem, mit einem Griff der rechten

Hand, vom Arm geworfen werden. Die behinderte rechte Hand trug immer einen Pugio, der hinter dem Schild verborgen blieb.

Wurde der Schild abgeworfen, war zwar der Oberarm noch fixiert, Unterarm und Hand aber frei. Die Fähigkeit zur Handbewegung wurde ausgeprägt. Titus versuchte den Unterarm nach vorn, vom eigenen Körper weg, zu strecken. Mit der Zeit gelang dies immer besser.

Es blieb aber dabei, dass Titus erst in der Endphase eines Zweikampfes seinen Schild würde abwerfen können. Zu keiner Zeit könnte er ihn wieder aufheben und am Körper befestigen. Dazu bedurfte er Hilfe.

Die Tage vergingen im Zweikampf mit zwei so gestählten und erfahrenden Kämpfern wie Paratus und Viator. Seine Geschicklichkeit im Werfen des Pilum nahm zu, wenn er auch nie die Entfernung erreichte, die ihm zuvor mit dem anderen Arm gelang.

Alles mit der linken Hand auszuführen, war schwerer und kostete mehr Kraft, als der Arm bieten konnte. Es fehlte Kraft in der Wucht eines Stoßes oder eines Wurfes. Trotzdem wäre ein Feind, wenn schon nicht getötet, zumindest verletzt. Doch um zu Verletzen, musste er zumindest Treffen!

Mangelnde Geschicklichkeit verhinderte die Treffsicherheit. Kraft im Arm konnte durch geeignete Übungen aufgebaut werden. Wie aber ließ sich die Geschicklichkeit der Bewegungen verbessern?

Titus war der Verzweiflung nahe. Die Zeit verging und die sich langsam ausbildenden Fertigkeiten hielten, mit seinen an sich selbst gestellten Anforderungen, nicht Schritt. Seine Wut schwoll wieder an.

Es war wohl die stete Belastung, die oftmaligen Wiederholungen gleicher Bewegungsabläufe und letztlich die Zeit, die langsam Fortschritte erkennbar machten. Als nicht nur den beiden Kämpfern auffiel, dass sich Verbesserungen einstellten, verfolgte Titus seinen Weg mit noch mehr Verbissenheit. Seine Selbstsicherheit wuchs und brachte ein neues Element hervor, das Viator bereits als verlorenes Gut ansah. Überlegung und kaltes Kalkül traten an die Stelle unbeherrschter Wut. Sie prägten bald des Tribuns rationellen Kampfstiel.

Der mit der linken Hand geworfene Pugio fand immer öfter sein Ziel. Die vom fliegenden Pilum überwundene Entfernung wurde von Tag zu Tag größer. Noch wichtiger, der Speer fand immer öfter sein Ziel.

Es waren die dauerhaften Kampfübungen, die Kombinationen der Bewegungsabläufe und Gelenkigkeitsübungen, mit den gebauten Übungsgeräten, die zur Ertüchtigung führten.

Titus Kampffähigkeit wuchs und seine Wut verrauchte.

Ob dieser Entwicklung, die bis Mitte des Winters dauerte, schlug Viator vor, den Kampf zu Pferde zu üben. Diese Fähigkeit war für einen *Equites*, einen Ritter und römischen Offizier unerlässlich.

Und wieder begann ein neuer Abschnitt, an den sich Titus gewöhnen musste. Die Verbesserung seines Koordinationsvermögens, das richtige Sehen und die Fähigkeit zum Erkennen gegnerischer Finten im Reiterkampf wurden Übungselemente.

Das Dirigieren des Pferdes, ohne Einsatz der zweiten Hand, zum richtigen Drehen und Wenden, erforderten eine andere Geschicklichkeit. Titus hatte keine Hand für die Zügel des Pferdes, deshalb musste er lernen, das Tier mit den Schenkeln und Füßen zu lenken.

Der Schild schützte seine Körperseite, wie aber konnte er Angriffe auf dieser Seite abwehren, wenn ein Gegner hart gegen seinen Schild attackierte? Konnte er mehrere Angriffe aushalten, ohne aus dem Sattel gestoßen zu werden? Konnte er das Pferd so drehen, dass seine Schwertseite zum Gegner zeigte, denn nur dann war ein erfolgreicher Zweikampf zu gewinnen.

Merkwürdigerweise war Viator als Römer, so ungelenkig und deplaziert er auch im Sattel sitzen mochte, ein guter Reiter und auch Kämpfer hoch zu Ross. Paratus war dabei nicht von großem Nutzen. Und so ergab sich eine Kampfteilung, die dazu führte, dass beide Legionäre mit Pausen, Titus sich seiner Haut, aber ununterbrochen erwehren musste. Zu Pferde kämpfte er gegen Viator und zu Fuß war Paratus sein Gegner.

Die ganze kalte Jahreszeit über ergab sich ein Gleichklang des Tagesablaufs, vom Frühstück über das Üben bis zum abschließenden Bad.

Das abendliche gemeinsame Essen mit dem Hausherrn und dessen Frauen, wenn der Hausherr selbst in der Villa weilte oder mit Paratus und Viator, wenn der Händler auf Reisen war, bildeten den Tagesabschluss.

Titus Fähigkeiten und seine Kraft entwickelten sich. Hinzu kam, dass er bestimmte Finten lernte, die ihm die erfahrenen Legionäre vermittelten. Es gelang ihm, die Benachteiligung durch seine Verletzungen auszugleichen und das Üben mit Viator und Paratus machte ihn noch wesentlich erfahrener, konzentrierter und handlungsfähiger, als er es mit zwei gesunden Händen vormals war.

Sich diesen Vorteil bewusst zu machen und zu erkennen, dass er jedem Gegner im Zweikampf zu Pferd und zu Fuß, in der

Kampfformation mit Paratus und Viator, gegenüber stehen konnte und zu siegen vermochte, verringerte die innere Angst.

Dieses Gefühl verstärkte seine Sicherheit, schuf Vertrauen in eigene Fähigkeiten und prägte eiskaltes Kalkül. Und dann war da noch das Potential der Wut, die sich im Kampf wecken und Titus um ein Mehrfaches an Gefährlichkeit gewinnen ließ.

Das Tauwetter setzte ein.

In diesen Tagen und Wochen hatte Titus nur Kontakt mit Julia, wenn er zum Essen ins Haupthaus geladen war. Immer waren Vater und Mutter anwesend.

Obwohl Julia an den Übungen des Titus und seiner Ertüchtigung interessiert war, befolgte sie den Befehl des Vaters, den Tribun nicht zu stören. Zumeist hinter verdeckten Fenstern, bewunderte die junge Frau seine Unverwüstlichkeit und Zähigkeit, seine Schmerzunempfindlichkeit, seinen eisernen Willen und seine Disziplin. Zuweilen träumte sie von seiner Kraft und übersah die Behinderung des verletzten Armes fast vollständig.

Sein rechtes Auge hatte sie einige Zeit fasziniert. Es blickte immer geradeaus und sie fragte sich, warum das so sei. Die Pupillen Ihrer Augen, hatte sie im Spiegel beobachtet, folgten ihrer Blickrichtung. Titus Pupille im rechten Auge blieb starr. Dieses Phänomen zu hinterfragen, getraute sie sich nicht.

Der Tribun war ein großer, kräftiger und erfahrener Mann, der vor seiner Verletzung bestimmt viele Frauen kennengelernt hatte. Sicher verbrachte er mit Einigen manche Nacht auch im Beischlaf und verfügte über reiche Erfahrungen in Sachen Liebe und Sex.

Als junge Frau sehnte sie sich nach ersten Erfahrungen. Wusste sie doch von ihrer Mutter, wie es zwischen ihren Eltern stand und welches Feuer auch in ihren Adern brannte.

Als Mutter hatte Lucretia ihrer Tochter Julia die Eigenheiten der Frauen, den Zyklus zwischen Fruchtbarkeit und Blutfluss, der relativen Gefahrlosigkeit für Empfängnis und deren Verhütung zwischen diesen Zeiträumen erklärt.

In dem sie ihre Tochter auch ganz speziell über eigene Erfahrungen unterrichtete und was eine Frau in der körperlichen Liebe verspürt und empfindet, prägte sie sowohl Verständnis für die Gefahren, als auch Neugier aus. Fruchtbarkeit der Frau war ein Segenswunsch, frühzeitige

Empfängnis die Gefahr. Und Julia war fruchtbar, ihre erste Blutung lag bereits lange zurück.

Bei Julia schien zuweilen die Neugier zu dominieren, wo doch ein entsprechender Verführer, erstmalig in ihrem Leben, zur Verfügung zu stehen schien ... Lucretia war, eingedenk eigener Erfahrungen und Lüste, eine kluge Frau, die die Tochter auch über sexuelle Praktiken aufklärte.

Insofern war Julia gut vorgebildet und auf eine Ehe vorbereitet. Allein, ihr fehlte die praktische Erfahrung.

Julia wusste, welchen Gatten ihr Vater für sie ausgesucht hatte und war tatsächlich nicht abgeneigt, dieser Empfehlung, auch im Geschäftsinteresse des Vaters, zu folgen.

Doch zuvor, so fasste sie den Entschluss, wollte sie sich zumindest einmal verführen lassen und die Wonnen der Liebe verspüren. Tribun Titus, den sie noch immer mit verklärten, schwärmerischen Jugendaugen ansah, kam ihr gerade recht und schien auch über die notwendigen Erfahrungen zu verfügen.

Lange hatte sie Titus nur versteckt beobachtet und sich entsprechend des Wunsches ihres Vaters verhalten. Mit dem Längerwerden der Tage, dem Tauwetter, dem höheren Sonnenstand und dem wärmeren Wetter begann sie wieder auszureiten.

Eines Abends traf sie Titus außerhalb der Villa, am nördlich gelegenen Bach, als er sein Pferd tränkte.

Titus schien überrascht, Julia an dieser Stelle zu treffen. Der Tribun hatte keine besonderen Gewohnheiten, keine festen Wege, die er bei einem Ausritt nutzte. Außerdem ging er dieser Art der Zerstreuung sehr selten nach.

Julia jedoch kam an dieser Stelle häufig vorüber, folgte dann dem Bachverlauf südwärts und schwenkte am Teich bald wieder nordwärts ab, zurück zur Villa.

„Oh, Tribun Titus, dich hier zu treffen? Was tust du hier?" erklärte sie ihre Überraschung.

„Das was du siehst, schönste Julia! Ich tränke mein Pferd!" antwortete er wahrheitsgetreu und was hätte er schon Anderes erwidern können?

„Dann bist du auf dem Rückweg und sicher ist dein Pferd schon müde vom langen Ritt. Ich hatte gar nicht bemerkt, dass du die Villa verlassen hattest!" verkündete sie und erwartete eine Antwort.

„Selbst wenn mein Pferd müde sein sollte, hat es mir dieses nicht mitgeteilt ... Somit steht einer Begleitung nichts im Wege und gern komme ich der höflichen Einladung nach. Wohin soll es gehen?" fragte er und war sich darüber im Klaren, dass dieses Zusammentreffen seitens Julia nicht unerwünscht war.

„Es freut mich, einen Begleiter gefunden zu haben. Ich reite immer südlich am Bach entlang bis zum Teich und dann zurück zur Villa."

So trafen sie sich zum ersten Mal rein zufällig und verbrachten einen unbeobachteten Zeitraum gemeinsam. Ihr Gespräch drehte sich um dies und das. Julia wollte viel über die Legion, über das Leben als Legionär, über die Barbaren und natürlich auch über Titus Abenteuer und Erfolge wissen. Gern erzählte er ihr einige seiner Erlebnisse. Sie war eine interessierte Zuhörerin. So verging die Zeit während des gemeinsamen Rittes.

Als Julia zurück war, berichtete sie ihrer Mutter vom zufälligen Zusammentreffen mit Titus. Lucretia nahm den Bericht in stoischer Ruhe zur Kenntnis. Sie fragte nur, ob sich Titus zu irgendeiner Annäherung hatte hinreisen lassen.

Julia zeigte ihr an, dass Titus nicht ein einziges Mal vom Pferd gestiegen sei, sie ständig mit interessanten Geschichten unterhalten hätte und keinerlei Anzeichen anderer Art zu Erkennen gegeben habe. Nur sei ihr aufgefallen, dass sein Blick bewundernd an ihren Augen und an ihrer guten Figur zu Pferde gehangen hätte.

Lucretia knurrte zwar etwas wie ‚wird nicht nur die Figur zu Pferde' gewesen sein, fand aber sonst nichts Anstößiges am gemeinsam Ausritt. Im Bewusstsein, dass Julia die Begegnung von sich aus erzählte und von der Vernunft der Tochter überzeugt, glaubte sie der Schilderung der Jüngeren.

In den folgenden Tagen wiederholten sich gemeinsame Ausritte. Die Gespräche wurden vertraulicher, intensiver und förderten den gegenseitigen Umgang miteinander.

Es kam der Tag an dem Julia absaß und gleich Titus ihr Pferd zum Teich führte. Titus band sein Ross an einem Busch an und Julia tat es ihm gleich. Sie setzte sich zu ihm auf einen am Ufer liegenden Baumstamm, starrte in den Sonnenhimmel, zog die Stirn kraus und fragte Titus ohne Umschweife:

„Was hältst du davon, mich jetzt zu küssen?"

Titus sah sie überrascht an. Dann musterte er sie von Kopf bis Fuß und wieder zurück.

„Was sollte mich hindern, diese vor mir sitzende schöne, junge Frau zu küssen?"

Er beugte sich über sie, streifte kurz zärtlich mit seinen Lippen die ihren und sah ihr in die Augen.

„Titus, dein stürmischer Kuss hat mich überwältigt!" stellte sie lakonisch fest und fügte hinzu „Ich hoffe im Kampf bist du weniger rücksichtsvoll!"

Er nahm sie in den Arm, küsste sie leidenschaftlich, zwang ihre Lippen auseinander und bearbeitete ihre Zunge mit der Seinen.

Erst nach einer längeren, verstrichenen Zeit gab er sie wieder frei und hörte: „Du kannst doch leidenschaftlich sein ... So gefällt mir dies besser!" Weiter kam sie nicht, denn schon lag sie wieder in seinem Arm und ließ den nächsten Kuss über sich ergehen.

Sie empfand seine Berührungen, als fest, etwas fordernd, sicher und erfahren und gab sich den Küssen des etwas älteren Mannes willig hin. Titus blieb trotz dieser von ihr ausgegangenen Aktivitäten vorsichtig und beließ es bei den Küssen, obwohl ihm der Sinn nach Mehr stand.

Nach einiger Zeit setzten sie ihren Ritt schweigsam fort. Beide hingen ihren eigenen Gedanken nach und es schien klar, dass sie am folgenden Tag wieder ausreiten würden.

Sie erreichten die Villa, sattelten noch gemeinsam ab und während Titus sein Quartier aufsuchte, ging Julia zu ihrer Mutter.

„Nun, wie war es?" fragte Lucretia als sie sah, dass ihrer Tochter etwas auf der Zunge brannte.

„Schön! Er hat mich geküsst!" verkündete sie voller Stolz.

„Hat er das? Warum?" Die Frage der Mutter klang merkwürdig und hatte einen unbekannten spöttischen Unterton.

„Ich hatte ihn darum gebeten?" erwiderte Julia und sah verträumt in die Augen der Älteren.

„Warum?" fragte diese wiederum und Julia erwiderte leichthin: „Er ist ein erfahrener Mann und nicht hässlich!"

„Und der Arm?" fragte die Mutter nach.

„Ach der Arm, braucht man den bei der Liebe denn?" wollte die Jüngere, wissen.

„Es kommt ganz darauf an..." gab die Mutter zu verstehen. Doch deren Tochter wollte es etwas genauer wissen.

„Auf was kommt es an?" fragte diese und jetzt wich die Mutter einer Antwort durch eine Gegenfrage aus: „Ich weiß nicht! Liebst du ihn?"

„Weiß nicht…, muss es Liebe sein?" blieb Julia hartnäckig.

„Nicht unbedingt, ist aber besser!" verkündete die Mutter und sah die Tochter an. Es war ein leichthin geführtes Geplänkel und welche Mutter nahm eine solche Offenheit der Tochter zur Kenntnis, ohne um die Jungfräulichkeit des Mädchens zu fürchten. Lucretia trug auch diese Angst der Mutter in sich. Für keinen Preis der Welt wollte sie ihr aber zugestehen, ängstlicher zu sein, als die Tochter selbst.

„Mutter, du weißt wem mich Vater versprochen hat. Sicher ist das keine schlechte Wahl und ich wäre zufrieden…" Julia schwieg und die Mutter half nach: „Wenn?"

„Wenn ich wüsste, was mich erwartet. Was macht man im Bett?" Die Frage der Tochter klang vorsichtig und genauso vorsichtig kam die Antwort.

„Lust geben und Lust empfangen!" erklang die zögerliche Antwort, die ihr als unerfahrene Frau auch damit keine ausreichende Erklärung bot. Zu vage und unbestimmt waren die Worte der Mutter.

„Aber wie? Wie lernt man das?" forderte Julia zu Wissen.

„Durch Übung!" lies die Mutter verlauten.

„Warum kann ich das nicht von einem erfahrenen Liebhaber lernen? Warum soll ich bis zur Ehe warten? Wenn mein Zukünftiger dann im Bett ein Versager ist und ich es auch nicht besser weiß, erkaltet die Zuneigung, oder?" fragte die Tochter resignierend.

„Das kommt vor! Bei uns war es nicht so! Du hast mein Feuer!" richtete Lucretia Julia wieder auf.

„Heißt das, du hattest vor Vater keinen anderen Mann?" fragte diese neugierig.

„Ja!" Diese Antwort brachte Julia zum Grübeln. Darüber verging der Abend und der Folgetag. Zum Ausritt trafen sich Julia und Titus wieder.

Als sie den Sichtbereich der Villa verlassen hatten, zügelte Titus sein Pferd und wartete bis Julia neben ihm hielt. Er reichte ihr seine Hand, beugte sich vor, zog sie zu sich heran und küsste sie zärtlich. Julia schloss die Augen und gab sich der Wärme seiner Lippen hin. Es wurde ein langer Ausritt, beide saßen ab und gingen Hand in Hand, die Pferde hinter sich führend, den gewohnten Weg.

„Du kommst heut später als sonst? Hat das Gründe?" fragte die Mutter nach ihrer Rückkehr.

„Wir sind gelaufen, Hand in Hand und haben uns geküsst. Er ist ein zärtlicher Mann und klug." Verkündete die Jüngere in der Erinnerung an seine Küsse und zärtlichen Berührungen.

„Wie kommst du darauf?" wollte Lucretia wissen und sah die Tochter, ihre Erklärung abwartend, an.

„Es ist, wie er küsst und wie er spricht und über was er spricht!" schwärmte die Tochter.

„Über was spricht Titus?" wollte es die Mutter nun doch etwas genauer wissen.

„Manchmal über die Legionäre und manchmal nur so über Männer, auch mal über Frauen…" fügte Julia etwas verträumt an.

„Was erzählt er dann genauer?" die Mutter blieb hartnäckig und die Tochter wollte es nicht zu erkennen geben. Vielleicht konnte sie das durch ihren Körper ziehende Gefühl noch nicht richtig deuten, erklären konnte sie es überhaupt nicht. Deshalb versuchte die Jüngere einer Antwort auszuweichen.

„Ach Mutter, dass ist nicht wichtig, Hauptsache er spricht mit mir…" sagte sie leise und verträumte Augen sahen in die Ferne.

„Will er dich verführen?" wollte jetzt die Mutter aber in aller Klarheit wissen.

„Nein, ich glaube nicht. Ich weiß nicht. Er verhält sich zurückhaltend. Er küsst mich, aber mehr tut er nicht. Warum nicht, Mutter?" fragte Julia verunsichert.

„Vielleicht ist er ein klügerer Mann, als wir alle denken! Vielleicht hat er mit Vater über dich gesprochen? Vielleicht hat er eine Abmachung mit Vater?" vermutete die Ältere mal so und wartete auf die Reaktion der Tochter.

„Will er mich heiraten?" folgte die sofortige Frage, als der Vater ins Gespräch einfloss. Nur der Vater konnte seine Zustimmung geben und wenn beide Männer miteinander gesprochen hatten und sich einigten, könnte eine Heirat des Händlersohnes hinfällig werden.

„Hat er das gesagt?" fragte die Mutter zurück.

„Nein! Warum sollte er sonst eine Abmachung mit Vater haben?" wollte nun die Jüngere wissen und die Mutter war angehalten, der Fragenden auszuweichen.

„Nun, das weiß ich wiederum nicht. Vater hat nicht mit mir darüber gesprochen! Frag Vater selbst!"

Damit war das Gespräch zwischen Mutter und Tochter an diesem Tag beendet.

Neben seinen täglichen Kampfübungen mit Viator und Paratus, dem Ausritt, dem täglichen Bad mit Massage durch einen der Bediensteten, bildeten nur die Einladungen zur Tafel des Hausherrn eine willkommene, jedoch viel zu selten ausgesprochene Ablenkung für Titus Suetonius.

Dies hatte nicht den Grund, dass der Gast nicht willkommen wäre? Es war einfach der Tatsache geschuldet, dass Julius Versatius Amantius um Verständnis dafür bat, selbst anwesend sein zu wollen, wenn Titus auf die Frauen traf.

Lange Zeit hatte sich diese Festlegung erhalten und wurde von Titus auch anerkannt. Dann gab es den ersten Kontakt beim Ausritt mit Julia und seit dem hatte sich etwas verändert.

Titus und Julia trafen sich regelmäßig und Lucretia schritt nicht ein, sei es dem Vertrauen in die Disziplin und Hörigkeit der Tochter, ihrem Verständnis für die heißblütige Tochter oder auch der Ehrenhaftigkeit des Titus geschuldet.

Zum Frühlingsanfang kehrte Julius Versatius Amantius von einer seiner Reisen zurück.

Am Folgetag blieben alle bisherigen Gewohnheiten bestehen. Auch der Ausritt fand statt. Nach Julias Rückkehr wurde sie ins Kontor ihres Vaters gebeten und dann alle Türen hinter ihr verschlossen. Julia nahm dies überrascht zur Kenntnis. Der Vater schritt aufgeregt vor seinem Arbeitstisch auf und ab. Julia wartete auf die Eröffnung der Anklage, denn darum würde es sich, ihrer Vermutung nach, handeln. Der Vater überraschte sie aber mit einer gänzlich anderen Frage:

„Liebst du Tribun Titus? Würdest du sein Weib werden wollen?"

Julia dachte über diese Frage nach und erwog alle möglichen, sich ihr aufdrängenden Konsequenzen, bevor sie antwortete.

„Ich weiß es nicht! Ich weiß nicht was Liebe zwischen Mann und Frau bedeutet? Ich kenne deine und Mutters Liebe zu mir und ein wenig zwischen euch. Ich weiß nicht, ob ich Titus liebe?"

Das Gespräch war ihr unangenehm. Als unerfahrene junge Frau und dem Vater hörige Tochter schockierte sie die direkte Fragestellung des Vaters. Amantius wiederum pflegte zu Weilen eine klare Ansprache. Mochte diese im Geschäftsgebaren zwingend notwendig sein, verwirrte diese jedoch die junge Frau.

„Er ist ein starker Mann, trotz der Behinderung. Er war ein schöner Mann und er ist erfahren. In meinen Augen besitzt er viele Vorteile gegenüber anderen mir bekannten Männern. Vater, den von dir gewählten zukünftigen Ehemann kenne ich kaum. Als Kinder hatten wir uns einmal gesehen. Diese Verbindung ist dein Wunsch, dem ich als gehorsame Tochter folgen will. Ich weiß, dass du nicht nur des Geschäftes wegen, diese Verbindung anstrebst, obwohl es zu deinem Vorteil ist."

Julia bewies mit dieser Antwort Charakter und erklärte ihre Gefühle und Gedanken. Der Vater bemerkte, trotz geäußerter Festigkeit, neben Unsicherheit und Unschlüssigkeit, ein Verlangen nach etwas Unbekanntem.

„Sprach Titus von einer Verbindung mit dir? Liebt er dich?" fragte der Vater, der sich in der Beurteilung der Situation noch unschlüssig war. Zu widersprüchlich war der Bericht seiner Frau, selbst wenn er die offene Art des Umganges zwischen Mutter und Tochter und das zwischen beiden herrschende Vertrauen berücksichtigte.

„Auch das weiß ich nicht! Er spricht nicht von Liebe, aber er küsst mich sehr zärtlich, ist aufmerksam, führsorglich und überhaupt verhält er sich sehr zurückhaltend." verkündete sie.

Den Vater durchzog ein Gefühl des Stolzes, wich ihm die Tochter doch in keiner Sequenz aus und sprach auch zu ihm, dem Gestrengen, offen über ihre Gefühle.

„Das scheint mir alles recht kompliziert zu sein. Titus ist ein Freund. Du weißt, wofür ich ihm Dank schulde. Ich habe mit ihm gesprochen, am Tag seiner Ankunft. Er sagte, er käme nicht wegen dir, sondern um seine Fähigkeiten auf den verbliebenen Arm zu prägen!" Mehr zu sich selbst, als zu seiner Tochter zählte Amantius die Fakten auf, um sie aneinandergereiht, zur richtigen Schlussfolgerung zu verbinden.

„Vater, du solltest ihn mit Paratus und Viator kämpfen sehen. Er ist zu Fuß und zu Pferd nahezu unschlagbar. Er besitzt eine Ausdauer und Kraft, wie ich sie bisher an keinem Mann sehen konnte. Dabei ist er so, wie ich es dir geschildert habe und jede Minute mit ihm ist schön. Er erzählt gut und geistreich, er spricht weder Abfällig von Gefährten, wie es bei deinen anderen Gästen manchmal vorgekommen ist, noch mindert er die Verdienste oder Fähigkeiten von Feinden. Zwar spricht er nicht über seine Verletzungen, zumindest nicht ein Wort mehr, als wir es damals beim Essen von ihm gehört hatten." Von der Tochter in seinen Gedanken unterbrochen, setzte Julius Versatius seine Überlegungen fort.

„Demnach stimmt seine damalige Auskunft. Er hat seine Kampffähigkeit zurück und sich dir, abgesehen von diesen gemeinsamen Ausritten, den Küssen und Gesprächen, in keiner anderen Form, weder aufdringlich fordernd, noch dich anfassend, genähert. Zum ersten Kuss hattest du aufgefordert, sagt Mutter?" Weiter auf und ab wandernd brauchte Amantius einige Zeit, um diese Fakten zu einem eindeutigen Schluss zu führen.

„Er ist ein Ehrenmann! Von dieser Sorte kenne ich nicht viele!" murmelte er vor sich hin.

„Was meinst du damit, Vater!" fragte sie aus Unverständnis.

„Er versprach mir, sich dir nicht ungebührlich zu nähern und dies tat er auch nicht! Er bezeichnete dich als sehr schöne junge Frau, deren Unberührtheit er achten würde, selbst wenn es ihm schwer fiele. Einzig, so gab er zu verstehen, ginge die Initiative von dir aus, würde er sich nehmen, was ihm dargeboten würde. Einige Küsse bringen keine Schwangerschaft. Ich sagte ihm, ich hätte für dich einen Mann gewählt, der zwei Handelshäuser verbinden und einflussreicher machen könnte, immer aber dein Glück im Auge hätte. Wenn er sich mit dir einlässt und du ein Kind von ihm bekommen würdest, wäre die Handelsverbindung gescheitert. In dem Fall bot er mir an, alle Konsequenzen tragen zu wollen, zumal er bei Geburt eines Stammhalters sehr glücklich sein und diesen anerkennen würde. Als ich ihm unsere Standesunterschiede aufzeigte, verwarf er diese mit einfachen und ich denke, aufrechten Worten. Er hätte keinen Vater, der ihm eine Eheschließung diktieren könne. Sein Onkel als Familienoberhaupt hätte andere weltliche und politische Sorgen und sein älterer Bruder würde keine Vorschriften machen wollen. Er wäre nicht zur Folgsamkeit verpflichtet und täte, was ihm richtig und wichtig erscheint. Andererseits würde er nicht aus der Legion ausscheiden wollen, wenn er so viele Mühen in sein Erstarken steckte. Das könnte zu einer längeren Zeit des Wartens führen oder dich unserem Einfluss entziehen, wenn du ihm ins Feldlager folgen solltest. Du siehst Tochter, es gibt zahlreiche Möglichkeiten und auch welche, die mir und deiner Mutter nicht zusagen. Ich muss noch etwas darüber nachdenken…"

Damit war das Gespräch beendet und Amantius öffnete eigenhändig die Türen, um die Tochter zu entlassen. Diese hatte aus dem Selbstgespräch des Vaters einige Erkenntnisse gezogen.

Titus galt als Ehrenmann, der zu jeder Konsequenz bereit war. Vater wäre nicht auf die Händlerverbindung ausgerichtet, würde Titus um ihre Hand anhalten. Indem sie weitere Aspekte bedachte, gelangte sie zu einer Folgerung, die Maßgabe für ihr weiteres Handeln sein könnte.

Der Ausritt des Folgetages führte zu einem vieldeutigen Gespräch. Julias Frage, ob Titus in Liebe zu ihr entbrannt sei, beantwortete er mit der Feststellung, dass da wohl ihr Vater andere Interessen verfolge und sich gegen jede Liebesbeziehung zwischen ihnen stellen könnte.

Julia sei eine wunderschöne Frau mit tollen Reizen, die in ihm Verlangen wecke. Andererseits habe er in ihrem Vater einen Freund, den er ungern verlieren würde. Dabei betonte Titus, dass sein Ziel der Kampfertüchtigung erreicht sei, sein linker Arm als Kampfarm noch besser funktioniere und sein geschontes Auge nicht für seine Sehfähigkeit erforderlich sei, um einen Zweikampf zu führen.

Dabei sah ihn Julia von der Seite an, lächelte etwas und bezeichnete ihn als einen nicht ganz ehrlichen Menschen. Titus erschütterte diese Feststellung und fragte, wie sie das meine.

Sie zeigte auf sein Auge und stellte fest, dass man zwar durch Glas, aber nicht mittels Glas allein sehen könne ... Ertappt gab er zu, ein Glasauge einzusetzen und sonst ständig nur die Augenbinde zu tragen. Er hätte sie weder belügen, noch ihr das fehlende Auge verheimlichen sollen. Er sei eben auch nur ein eitler Mann ....

Julia fragte ihn, da sie noch immer keine Antwort erhalten hatte, nochmals ob er sie Liebe. Er antwortete, er wisse das noch nicht, fühle sich zu ihr hingezogen, sähe ihre Schönheit, ihre Figur und spüre Verlangen. Ob daraus Liebe werden würde, könne er erst später sagen. Wann, wollte sie wissen und fragte ihn, ob er um ihre Hand anhalten würde, wenn er sie liebe.

Seine Antwort fiel eindeutig mit ‚ja' aus. Daraufhin spielte sie auf den Standesunterschied an, den er unwillig zur Seite schob. Er sei zwar römischer Ritter, in seiner Familie jedoch von untergeordneter Bedeutung. Er hätte bei einer derartigen Heirat keine Schwierigkeiten zu erwarten, schon gar nicht von seinem älteren Bruder. Alle gegebenen Antworten stimmten mit den Antworten, die ihr Vater erhalten hatte, überein und so zog auch sie die Schlussfolgerung, dass Titus ein Ehrenmann sei!

Der weitere Ritt verging mit zwei in eigene Gedanken vertieften Reitern, bis sie den Teich erreichten. Sie hielt an, setzte sich auf den gleichen Stamm, blinzelte zu ihm hoch und in die Sonne und wartete.

Titus stieg ebenfalls vom Pferd und als er vor ihr stand fragte sie:

„Was hältst du davon, mich jetzt zu küssen?"

Sanft zog er sie in seinen Arm, küsste sie intensiv und lange. Sie erwiderte alle seine Zärtlichkeiten, fühlte sich empor gehoben, schwebend im Raum. Seine Zärtlichkeit gegenüber ihrem gesamten Körper, den Brüsten, den Augen, den sanften Berührungen mit Küssen am Hals und dem streicheln am Po bewirkten ein Erhitzen ihres Blutes. Das zärtliche Streicheln ihres Schrittes, zu dem sie ihm weiteren Zugang durch leichte Abwehr verwehrte, löste Gefühle aus, die sie noch nie erlebt hatte. Für sich selbst witterte sie Gefahr und um seinem Drang zu begegnen, aber auch ihrer eigenen Absicht kein Hindernis aufzubauen, flüsterte sie ihm ins Ohr: „Hab Geduld bis heute Nacht. Nach Mitternacht komm zu mir ins *Cubiculum* und ich werde dir meine Liebe schenken!"

Er löste sich von ihr, glaubte ihre soeben gehörten Worte nicht richtig und sah ihr in die Augen. Danach wusste er, dass er sich nicht verhört hatte. Sie würde ihn erwarten. Titus war ein in Liebesspielen an Erfahrung reicher Mann, der noch nie geliebt hatte. Er wusste auch nicht, ob das ihn jetzt beherrschende Gefühl mit Liebe zu tun hatte, nur es war fremd für ihn und verwirrte.

Schweigend kehrten Sie zur Villa zurück, sattelten ab und verabschiedeten sich. Titus nutze ein weiteres Bad mit Massage, bevor er sich zum Haupthaus der Villa begab, um mit dem Gastgeber und seinen beiden Frauen zu speisen.

Paratus und Viator wunderten sich über den Reinlichkeitswahn ihres Tribuns, unterließen jedoch mit einem vielsagenden Grinsen jede weitere Bemerkung, auch die spöttische, die beiden auf der Zunge brannte.

20. Lust und Frust

65 nach Christus - Frühjahr (3. Aprilis)
Mogontiacum (Mainz) - Linksrheinisches, von Römern beherrschtes Gebiet

*J*ulius Versatius Amantius übernahm als erfahrener Händler von den Germanen und *Kelten* einige den Römern unbekannte Bräuche und Gepflogenheiten.
Er handelte mit Jedem und Allem. So prägte Amantius auch in seinem Haus, bezüglich seiner Familie, seinen Aresaken, einige Besonderheiten, die sich auf den Umgang auswirkten. Durch seine Reisen fand der Händler Zugang zu unterschiedlichsten Sitten und Gebräuchen und wählte sich die für ihn Angenehmsten aus.
Einerseits gehörte dazu eine offene Umgangsform mit seiner Gattin und Tochter, die sich nicht immer an römischen Standards orientierte.
Auch im Umgang mit seinen Aresaken pflegte Amantius eine offenere und freundlichere Umgangsweise. War der Händler doch auf Grund seiner vielen Reisen und den dabei zu überwindenden Schwierigkeiten auf die Zuverlässigkeit seiner Mitarbeiter angewiesen. Die Aresaken erkannten die ihnen aus der Sichtweise des Römers resultierenden Vorteile an und folgten seinen Befehlen und Weisungen willig und mit Initiative. So verfügte der Händler Amantius über ein erprobtes Hauswesen, eine starke Begleitmannschaft auf seinen Reisen und beides basierte auf Achtung und Vertrauen.
Bestrafungen gab es nur dann, wenn deren Handlungen sowohl vermeidbar waren, als auch der Familie und dem Handel schadeten.
   Der Abend mit dem Hausherrn und seinen beiden Frauen verlief für Titus im üblichen Gleichklang. Wie immer, wurde der Gast zu vorgerückter Zeit vom Gastgeber verabschiedet.
   Amantius und sein Eheweib zogen sich zurück und Titus suchte seine Unterkunft auf. Doch diesmal legte er sich nicht zum Schlafen nieder, sondern wartete sehnsüchtig auf Mitternacht.
   Zum verabredeten Zeitpunkt verließ Titus sein Cubiculum, bewegte sich unbeobachtet durch das Peristylium, an **Exedra**, Piscina und Triclinium vorbei zu Julias Cubiculum, dass sich im von seinem Nachtlager weitest entfernten Raum befand. Er klopfte, als er diesen erreicht hatte, leise an Julias Tür. Die Tür öffnete sich und Titus schlüpfte hinein.

Das Lager der Julia bestand aus einem breiten Bett, das von leichten, seidenen Vorhängen verhangen war. Mit dem geübten Blick des Kriegers nahm Titus weitere Einzelheiten des Raumes wahr.

Erleuchtet von zwei großen Kerzen in Ständern wirkte der Raum wohnlich angenehm und strahlte, ob der auf dem Boden liegenden Felle, eine anheimelnde Wirkung aus. Die Wandteppiche zeigten in Farbenpracht Blumenmuster und eine Bergwelt.

An zwei Wänden standen große Holztruhen, ein Tisch am Fenster, zwei große unhandliche, aber sicher bequeme Holzstühle unmittelbar an den Stirnseiten des Tisches. Überall befanden sich den Raum zierende Blumen in kostbaren Vasen.

Titus war nicht mit seiner Rüstung bekleidet, sondern in römischer *Toga* erschienen und nach dem er den Raum gemustert hatte, wandte er sich deren Besitzerin zu, die inzwischen leise die Tür verschloss und auf seine Aufmerksamkeit wartete.

Das was er dann sah, berauschte seine Sinne und führte zu unvergesslichen Stunden. Er hatte Julia geliebt und selbst etwas empfunden, was er noch nie verspürte.

Zweisamkeit im Liebesakt, Schwingungen gleicher Art zwischen den Partnern, die Verständnis und Achtung einschloss und über Zärtlichkeit zu Verlangen und Forderung zur Befriedigung eigener Gelüste führte.

War er glücklich, war es Liebe? Soweit ging seine Erkenntnis noch nicht. Das er aber eine Wiederholung anstreben würde, stand für ihn außer Zweifel.

Auch der folgende Tag war vom Gleichklang des üblichen Ablaufes gekennzeichnet. Die Nacht jedoch brachte Beiden, der vergangenen Jungfrau und dem Legionär Wonnen des Liebesaktes, die die Unerfahrene und Lernende zu einer jungen Meisterin und den Erfahrenen zu neuen Höhen führte.

Nach der dritten ununterbrochen während der Liebesnacht zwischen Titus und Julia verkündete sie ihm, dass vorerst keine weiteren Nächte folgen dürften. Enttäuscht zog er sich am frühen Morgen zurück.

Sein Übungseifer dieses Tages zollte entweder der Enttäuschung oder seiner Übermüdung Tribut. Die Kampfgefährten nahmen die Veränderung im Verhalten zwar wahr, maßen dieser aber keine größere Bedeutung bei. Beide wussten von den nächtlichen Ausflügen des Tribuns. Es stand ihnen jedoch nicht zu, sich dazu zu äußern und so vermieden sie jedwede Bemerkung.

Titus jedoch war zur Einsicht gelangt, dass seine Ertüchtigung einen Grad erreicht hatte, der die Rückkehr in den Dienst der Legion ermöglichen sollte. Zwar enttäuscht, aber nicht verärgert, musste er sich eingestehen, dass die eingetretene Situation das erhaltene Gastrecht gefährdete. Es gehörte nicht zu seinen Charaktereigenschaften, erhaltene Zuwendungen nicht zu würdigen und ebenso war ihm Heimlichtuerei zuwider. Entweder er legte seine Zuneigung zur Tochter des Hauses mit allen erforderlichen Konsequenzen offen oder er kehrte zurück zur Legion. Sich seiner Gefühle für Julia nicht sicher, floh er zurück in die Arme der Legion.

Nach einmal geäußerter Absicht, konnte er seine Entscheidung nicht mehr umkehren, trotz ihm nach Julias darauffolgender Reaktion danach zu Mute war. Die junge Frau konnte während des abendlichen Speisens nur mühsam Fassung bewahren. Titus erkannte dies und war deshalb vollkommen verwirrt. Es war aber zu spät, die Absicht zur Abreise war ausgesprochen.

Julius Versatius Amantius nahm den kurzfristig verkündeten Abschied ohne Gefühlsregung zur Kenntnis.

Titus konnte nicht feststellen, ob der Händler von seinen Nächten mit der Tochter wusste. Auch aus dem Verhalten von Lucretia Versatius konnte Titus keine Schlüsse dazu ziehen, ob sie Kenntnis vom neuen Liebesleben der Tochter genommen hatte.

Zwischen Julia und dem Tribun gab es in der Folgezeit bis zur Abreise keinen Kontakt. Fühlte sie verschmähte Liebe, so glaubte er an Ablehnung?

Julia, von der so brüsk verkündeten Abreise enttäuscht, zog sich für Titus unerreichbar zurück. Die ihrerseits beabsichtigte Unterbrechung der Liebesnächte war ihrem Zyklus geschuldet. Seine Abreiseerklärung kam deshalb für sie überraschend. Sie bedachte nicht, dass er dies nicht erahnen konnte und in der Scheu mit diesem Thema umzugehen, war sie ihm gegenüber nicht zu Erklärungen bereit.

Er nahm das Ende der Liebesnächte einfach zur Kenntnis. Wenn ihrerseits keine Erklärung erfolgte, konnte es nur daran liegen, dass das gemeinsame Feuer offensichtlich erloschen war. Da er als wesentlich Älterer glaubte Erfahrung zu haben und damit umgehen zu können, an den Zyklus der **Menarche** überhaupt nicht dachte, hielt er den Zeitpunkt für gekommen, sich zu verabschieden.

Julia blieb mit ihrer Enttäuschung zurück und er ging, weil er glaubte, seine Schuldigkeit getan zu haben.

Viator äußerte seine Zufriedenheit über den Entschluss des Tribuns, das gastliche Haus des Amantius zu verlassen. Langweilte er sich doch schon einige Zeit. Seine Versuche, dem weiblichen Geschlecht im Hause des Händlers nachzustellen, waren seit mehreren Tagen nicht mehr von Erfolg gekrönt. Achteten die Männer besser auf ihre Weiber, hatte sich sein Ruf herumgesprochen oder waren die Weiber seiner einfach überdrüssig geworden? Er wusste es nicht und es interessierte ihn auch nicht sonderlich.

In den Hurenhäusern von Mogontiacum würde er willigere Beute finden, auch wenn deren Preis ein anderer war. Viator wollte zurück, die Eintönigkeit seines Daseins im Haus des römischen Händlers drückte auf seinen Gemütszustand und je länger seine Erfolglosigkeit anhielt, desto größer wurde seine Knurrigkeit und Gereiztheit.

Paratus, noch immer intensiv mit seiner Witwe beschäftigt, nahm von Viators Veränderung nur insofern Notiz, dass er dem übelgelaunten Legionär auswich und lieber ins Bett seiner Gespielin schlüpfte.

Als der Tribun ihm die bevorstehende Abreise mitteilte, verdüsterte sich kurzzeitig seine Laune und weil er eher dazu neigte, Erlebtes zu genießen und sich weniger Gedanken um Zukünftiges machte, fand er sich einfach ab.

Die Witwe jedoch war aufs äußerste verärgert, keifte und schimpfte herum. Sie wollte vom bisher so heiß begehrten ‚Eber' nichts mehr wissen. Statt ihn noch ein letztes Mal zu bewirten und eine warme und aufregende Nacht zu beanspruchen, zeigte sie Paratus die kalte Schulter. So ausgeschlossen wurde auch Paratus, am letzten Tag vor der Abreise, übellaunig. Sogar Titus wunderte sich darüber.

Die Unzufriedenheit seiner Legionäre legte sich auch Titus aufs Gemüt. Von der Geliebten geschmäht, ohne klärendes Gespräch vor dem Abschied, sich seiner eigenen Gefühle noch im Unklaren, verließen er und seine Legionäre am Folgetag die *Villa Rustica* des Julius Versatius Amantius.

21. Die Herausforderung

65 nach Christus - Frühjahr (4. Aprilis)
Barbaricum - Im Land der Hermunduren zwischen dem Fluss Moenus und dem Herzynischen Wald

Nach dem Verlassen des Dorfes durch die von Irvin geführte Gruppe, war Gerwin am Bach auf Knaben seines Alters getroffen, die ihn einkreisten und dann zur Rede stellten.

„Du hast vor den Freien gesprochen?" fragte ihn ein etwas älterer, größerer Bursche.

„Habe ich!" antwortete Gerwin.

„Mein Vater sagt, du hast eine Schauergeschichte erzählt?" behauptete der Fragende.

„Mag sein, dass er es so empfunden hat. Ich habe erzählt, was ich erlebte."

Gerwin drehte sich ab und wollte die Gruppe verlassen. Das Gespräch schien ihm, auf eine Herausforderung hinauszulaufen, der er auszuweichen beabsichtigte. Das Kräfteverhältnis sah für ihn nicht gut aus. Er nahm seinen Eichenstab und wandte sich Richtung Gasthütte.

„Läufst weg, wie in eurem Dorf..." lautete die in seinem Rücken gemachte Äußerung.

Gerwin drehte sich blitzschnell herum und schlug mit seinem Eichenstab zu. Er traf den älteren Jungen auf seinen Oberarm. Von der Wucht des Schlages von den Beinen geholt, lag der Junge auf dem Boden.

Sich seiner Situation bewusst werdend, schrie er sofort los. Vielleicht hätten sich seine Freunde, seiner Forderung folgend, auf Gerwin gestürzt, doch plötzlich blieben alle wie angewurzelt in sicherem Abstand stehen.

Gerwin hatte seine neu erlernte Ausgangsstellung für einen Kampf eingenommen. Die Knaben waren unbewaffnet und hatten wohl der Größe und Stärke ihres Anführers sowie ihrer Anzahl vertrauend, die Herausforderung gesucht. Der Anführer lag am Boden und schrie. Ob vor Schmerz oder Enttäuschung war so nicht erkennbar. Gerwin brachte sich hinter dem Liegenden in Stellung, so dass er im Rücken vom Bach geschützt war.

„Hat wohl etwas weh getan..." lies er sich mit Spott in der Stimme vernehmen.

„Solltest wohl besser auf deine Worte achten! Nun, wer möchte als Nächster meinen Stab fühlen? Das ist kein römisches Schwert. Nur ein

Stock! Der sticht und schneidet nicht. Vielleicht brechen ein paar Knochen, aber es werden keine Gedärme aus euren Bäuchen quellen und auch keine Arme oder Beine abgetrennt. Nur Mut, von der Zahl her seid ihr ja genug! Reicht euch eure Übermacht nicht, dann holt doch noch ein paar mehr ..." provozierte Gerwin.

Es war merkwürdig. Zum ersten Mal wurde er zu einem Kampf herausgefordert. Nicht ein offensichtlicher Feind griff ihn an, sondern Gleichaltrige. In einem Dorf unter Freunden, so glaubte er, drohe ihm keine Gefahr. Doch es schien anders zu sein und er verstand nicht, warum diese Herausforderung sein musste.

Seine Handlungsweise erfolgte schnell und genau. Er hatte sich Respekt verschafft. Der Gegner war zu vorsichtiger Vorgehensweise übergegangen, auch wenn der Anführer laut schreiend den Angriff forderte. Angst hatte Gerwin nicht empfunden und wütend war er auch nicht geworden. Vielleicht waren das genau die Aspekte, die von den Angreifern bemerkt, zur Vorsicht veranlassten. Der Lärm am Bach blieb nicht unbeachtet und plötzlich standen mehrere Krieger mit gezogenen Waffen hinter der Gruppe.

Gerwin sah Gaidemar und Richwin am Rande seines Blickfeldes und so blieb er abwartend in seiner Position.

„Was geht hier vor?" fragte ein älterer Krieger.

Der am Boden liegende Bursche greinte: „Er hat mich geschlagen!"

„Stimmt das?" fragte der ältere Krieger.

Gerwin wartete, ob jemand anderes Partei für ihn ergriff. Alle schienen jedoch auf seine Antwort zu warten.

„Sieht wohl so aus, als hätte die ganze mutige Meute etwas mit mir spielen wollen... Ich habe da wohl etwas falsch verstanden?" Er klemmte seinen Stock unter den Arm und schritt ruhig auf das Zentrum der Knaben und Krieger zu.

Der fragende Krieger vertrat ihm den Weg. „Warum hast du meinen Sohn geschlagen?"

„Frag ihn doch selbst!" Gerwin lies sich nicht beirren und schlängelte sich an dem Krieger vorbei.

Doch der packte ihn am Obergewand und zerrte ihn mit einem Ruck zurück. Gerwin taumelte rückwärts. So wie er aus der Hand des Kriegers frei kam, schlug er zu. Sein Eichenstab traf den Krieger am Hals und der Mann ging zu Boden.

Jetzt hatte den Knaben die Wut erreicht. In Abwehrstellung wartete er auf den nächsten Angriff. Plötzlich standen Gaidemar und Richwin neben ihm. In diese Situation hinein erschien Norbert, der Eldermann.

„Was geht hier vor?" Keiner antwortete! Der Knabe, der Gerwin beleidigt hatte, erhob sich. Sein Vater lag noch immer bewegungslos am Boden. In das Schweigen hinein wiederholte der Bursche seine erste Aussage und zeigte auf Gerwin.

„Er hat mich geschlagen!"

„Gerwin?" fragte der Eldermann.

„Ist das euer Gastrecht, dass ich von einer Meute bedroht werde? Du hast mich eingeladen und ich bin gekommen, um mich dann von deiner Sippe beleidigen zu lassen?" Zorn blitzte aus den Augen des Knaben. Nach einer Pause setzte er fort: „…und der da griff mich an!"

„Das stimmt, Vater!" fügte Richwin an. „Ich habe es gesehen!"

„Bringt den Verletzten in mein Haus. Die Knaben auch!" ordnete Norbert an. „Das gilt auch für dich, Gerwin!" Der Knabe klemmte seinen Eichenstab unter den Arm. Von Richwin und Gaidemar begleitet, folgte er dem Ältesten der Sippe.

Während des kurzen Weges unterrichtete Gerwin Gaidemar vom Verlauf des Zusammentreffens mit den Knaben und Burschen des Dorfes. In der Hütte angekommen, forderte Norbert ihn auf, den Hergang zu berichten. Inzwischen war der Hüter der Gesetze eingetroffen und hörte den Bericht mit.

Mit Blicken verständigten sich der Älteste und der Hüter und wandten sich dann an die zusammengedrängt stehenden Knaben. Zuerst nahm sich Norbert den Herausforderer vor.

„Erzähl mir deine Geschichte!" forderte er.

Der Bursche wiederholte nur das, was er bisher gesagt hatte.

„Ist das Alles?"

„Ja!" lautete die kurze Antwort.

„Also hat dich Gerwin ohne Grund geschlagen?"

„Ja!"

Norbert drehte sich zu der Knabengruppe um. „Nun höre ich eure Version! Wer von beiden lügt?" Das Schweigen der Gruppe antwortete ihm.

„Will keiner antworten oder habt ihr alle nichts gesehen und gehört? Und bestimmt wart ihr alle nur zufällig am gleichen Ort? Ich höre!" Wieder schwiegen alle. Die Köpfe gesenkt, starrten sie auf ihre Füße.

Verstohlene Blicke hin zu dem älteren Burschen hofften wohl auf Verständnis. Doch der Herausforderer rieb sich noch immer den schmerzenden Oberarm und sah grimmig auf Gerwin. Er beachtete seine Gefährten nicht. Inzwischen kam der Krieger, der sein Vater zu sein schien, zu sich. Er erhob sich vom Lager, schüttelte sich und betrachtete die umliegende Szenerie.

„Was war los?" fragte er in die Runde und als sein Blick auf Gerwin traf, versuchte er aufzuspringen und nach seiner Waffe zu greifen. Doch so, wie er aufrecht stand, ging er wieder in die Knie. Der Hüter legte ihn zurück aufs Lager und brachte ihn mit etwas dargereichtem Wasser zu sich. Diesmal blieb der Krieger liegen, betrachtete Gerwin und sagte: „Für diesen Schlag wirst du büßen!"

„Und du für deine Lügen" fügte Gaidemar ruhig hinzu.

An den Ältesten gewandt folgte Gaidemars Frage: „Lässt es euer Gastrecht zu, dass der Gast bedroht und beleidigt wird? Alle habt ihr diese Drohung verstanden!"

„Wir wollen die Wahrheit in Erfahrung bringen und dann urteilen!" bestimmte der Eldermann.

Gaidemar antwortete ihm: „Ja, tu das, nur ist die Wahrheit offensichtlich! Gerwin wurde von Gleichaltrigen herausgefordert, wenn wir von deren Anführer absehen. Die Knaben waren unbewaffnet, aber von der Anzahl überlegen. Die mutigen Knaben schweigen zum Hergang. Gerwin nicht." Gaidemar war in Zorn geraten. Für ihn war die Lage klar. Gerwin log nicht und wer die Umstände des Zusammentreffens der Gruppe mit seinem Zögling betrachtete, gelangte zur gleichen Ansicht. Er verstand Norberts Zögern nicht ...

„Nach seinen Worten wurde er schimpflich herausgefordert. Wie mutig ist diese Knabengruppe, die nicht beurteilen kann, was Gerwin erlebte? Die Beleidigung dieses Burschen da hätte Blut gefordert, wäre er ein Krieger! Und dann taucht dieser mutige Krieger, sein Vater, auf und vergreift sich an Gerwin ..."

Gaidemar drehte sich zum am Boden lagernden Krieger um: „Hast du den Mut, dich mit mir zu messen oder kämpfst du nur gegen Knaben? Du hast auch mich beleidigt, in dem du meinen Schutzbefohlenen angegriffen hast! Wollen wir es gleich austragen?"

„Schluss jetzt!" bestimmte der Älteste und hieb mit der Hand Nachdruck verleihend durch die Luft.

„Ruft die Oberhäupter der Familien..." bestimmte er „... und nach deren Eintreffen werden wir in dieser Sache entscheiden!"

Inzwischen befasste sich der Hüter mit jedem Knaben einzeln. Er forderte Antworten und Erklärungen. Gerwin und Gaidemar waren aus der Hütte geschickt worden. Die Knaben, die nicht befragt wurden, standen von einem älteren Krieger bewacht, unweit des Eingangs.

Als alle Oberhäupter versammelt waren, holte Richwin Gerwin und Gaidemar zurück in das Langhaus.

„Wir haben alle Umstände der Prügelei zwischen den Knaben gehört. Die Befragung der Knaben hat zur Wahrheit geführt. Gerwin ist herausgefordert worden!" Norbert legte eine Pause ein und sah den Vater des Herausforderers an. „Von seinem Vater aufgehetzt, hat der Rädelsführer Gerwin gereizt und die gerechte Strafe dafür erhalten. Der Schlag war angemessen, zumal die Bedrohung durch die Gruppe vorlag. Das Eingreifen des Kriegers, der Initiator des Angriffes war, ist so nicht hinzunehmen. Diese durch seinen Sohn beabsichtigte Herausforderung sollte Spannungen im Dorf erzeugen. Deshalb war der Vater auch der Erste am Ort der Handlung!" Der Eldermann räusperte sich, bevor er fort fuhr.

„Ihr alle wisst, aus welcher Familie der Krieger stammt? Vielleicht wollte er den Tod des Knaben, vielleicht nur Rache für Siegbald ..." Nach einer Pause fragte er in die Runde der Oberhäupter:

„Ist das so richtig dargestellt?" und als alle mit dem Kopf nickten, setzte er seine Rede fort. „Was entscheiden wir?"

Zögernd kamen die Vorschläge der Oberhäupter, es wurde gestritten und abgeglichen und im Ergebnis entschieden, den Krieger und seinen Sohn aus der Gemeinschaft der Sippe auszuschließen. Der Familie des Kriegers blieb das Lebensrecht erhalten. Der Krieger durfte bei seiner Familie in der Sippe verbleiben, verlor aber das Recht unter freien Männern zu sprechen.

Diese ungewöhnliche Entscheidung stellte für den Krieger eine herbe Niederlage dar. Bezeugte sie doch, dass er in der Absicht Unfrieden in die Sippe zu tragen, als schuldig erkannt worden war. Von diesem Zeitpunkt an war er nur noch geduldet, aber nicht mehr anerkanntes Mitglied der Sippe.

Die Familienoberhäupter erkannten bisherige Verdienste des Kriegers an und berücksichtigten, dass seine übrige Familie am Komplott unbeteiligt, keine Schuld trifft. Der Entschluss, den Krieger in der Sippe weitere Daseinsberechtigung zu belassen, barg auch für Norbert als Eldermann ein gewisses Risiko.

Der Krieger stammt aus der Familie des ursprünglichen Ältesten Siegbald. Er war aber nicht, mit dessen aus der Sippe ausgeschiedenen Getreuen, gezogen. Mit der Anerkennung des Thingurteils hatte er sich dem neuen Eldermann untergeordnet und dessen Führung anerkannt. Nun stand diesem das Recht des Urteils zu.

Norbert fragte sich, ob der Krieger geblieben war, um Unruhe zu stiften? Wollte er die Verhältnisse in der Sippe wieder zu Gunsten des bisherigen Ältesten beeinflussen? Oder waren es andere Beweggründe, die ihn veranlassten, seinen Sohn mit der Herausforderung loszuschicken? Die Zeit, so war sich Norbert sicher, würde dies erweisen.

Für den Eldermann war klar, als er die Entscheidung verkündete, dass es besser wäre, diesen Krieger in der Sippe zu behalten und beobachten zu können, als ihn auszustoßen.

Der Krieger hatte das Urteil der Oberhäupter angenommen. Nach dem Urteilsspruch verließen alle Beteiligten das Langhaus. Damit schien der Vorfall aus der Welt.

Gaidemar und Gerwin verließen das Dorf in die Richtung des von ihnen gewählten Ortes, an dem Gerwins Zweikampfunterweisungen stattfinden sollten. Diesmal eröffnete Gaidemar das Gespräch.

„Du musst lernen, dich besser zu beherrschen! Deine Situation war ungünstig, das Kräfteverhältnis zu deinen Ungunsten. Nur dadurch, dass dein Angriff schnell und präzis auf den Richtigen gerichtet war, hast du dir Zeit verschafft. Auch dessen Fehler, herumzuschreien, war letztlich für dich günstig. Weckte er doch damit Aufmerksamkeit. Wären Andere nicht unmittelbar mit dem Krieger aufmerksam geworden und hätte der Bursche nicht so geschrien, wäre dem Krieger vermutlich genügend Zeit verblieben, dich zu erschlagen. Danach wäre keine Schuldfrage zu klären gewesen. Es war sein Ziel, dich zu töten!"

„Warum lässt Norbert ihn dann bei der Sippe? Er wird es wieder versuchen!" folgte eine zornige Frage an den Paten.

„Damit ist zu rechnen! Trotzdem ist der Beschluss zum Verbleib in der Sippe klug. Einen einzelnen Feind im eigenen Lager kann man besser beobachten, zumal er erkannt wurde. Nur für uns ist es komplizierter geworden. Der Angriff auf dich wird sich wiederholen. Beim nächsten Mal werden sie offener und konsequenter vorgehen. Darauf müssen wir vorbereitet sein!"

Gerwin verstand seines älteren Freundes Worte. Er befürchtete deshalb eine Verschärfung der Übungen.

An der Linde eingetroffen, erteilte Gaidemar dem Knaben den Auftrag, sich aus Eichenholz ein Messer zu schnitzen. Er tat dasselbe.

Wie recht Gerwin mit seiner Vermutung hatte, bemerkte er selbst sehr bald. Gaidemar begannen neue Übungen, diesmal aber mit dem Messer.

Er zeigte Abwehrhandlungen und Bewegungsabläufe zur Verteidigung. Dabei griff er Gerwin nicht nur mit der Messerhand, sondern auch mit der anderen Hand an. Er demonstrierte dem Knaben Ausweichmanöver und Blockaden. Bewegungen wurden langsam gezeigt und bis zur Vollkommenheit geübt.

Besonderen Wert legte Gaidemar auf das Blocken eines Framenangriffes mit dem Messer. Es gehörte schon Mut dazu, dem langen Frame mit dem kurzen Messer zu begegnen. Gaidemar nutzte seinen Eichenstab als Frame. Mehrmals traf er den Körper des Knaben und dessen blaue Flecken vermehrten sich. Hartnäckig verlangte der Knabe das Üben fortzusetzen. Die Häufigkeit seiner ersten Abwehrerfolge mit dem Dolch nahm zu. Doch auch nach einer solchen Abwehr war der Frame noch immer eine bedrohliche Waffe. Das plötzlich vor dem Gesicht auftauchende Stockende konnte zu gefährlichen Verletzungen führen. Auch ein abgelenkter Frame besaß noch ausreichende Wucht, wenn er den Körper traf. Ob dabei Rippen oder Beine als Ziel dienten, blieb sich gleich. Jede derartige Verletzung erforderte tiefes Durchatmen und das Verkneifen des Schmerzes. Die dafür erforderliche Zeit könnte der Feind für einen zweiten Framenstoß nutzen. Also musste der Knabe lernen, nicht nur den ersten Angriff mit einem gelungenen Block abzuwehren, sondern selbst den Vorteil der kurzen Waffe nutzend, zum erfolgreichen Dolchstoß kommen.

Gaidemar zeigte ihm, wie er sich nach dem erfolgreichen Blocken des ersten Framenstoßes in den Gegner eindrehen sollte. Mit dem Körper den Stoßarm des Feindes blockierend, führte nur das Erreichen der Körpernähe des Angreifers zum Erfolg. Bevor der Feind seinen Arm mit Frame zurückziehen konnte, musste der Dolchstoß von unten in die Weichteile des Feindes erfolgen.

War diese Gelegenheit vertan und der Gegner konnte einen zweiten Framenstoß ausführen, spitzte sich die Gefahrensituation zu. Ein zweites Blocken war zu gefährlich, weil sich der Gegner darauf einstellen konnte.

Nach einer Meidbewegung, war ein zwingender eigener Angriff erforderlich.

In der Unterweisung für einen eigenen Angriff zeigte ihm Gaidemar, wie er dem Framenstoß ausweichen und selbst hochspringend, von oben auf den Feind einstechen konnte.

Kein Framenkrieger kämpfte ohne Schild. Der Schild war eine Schutzwaffe und konnte auch im Angriff Verwendung finden. Viele Meidbewegungen und Blockierungen wurden geübt. Die Angriffswaffen wechselten und zwangen den Knaben, sich mit seinen Abwehrhandlungen darauf einzustellen.

Noch war längst kein zufriedenstellender Zustand erreicht, aber schon allein die Demonstration der erforderlichen Handlungsabläufe versetzte den Knaben in die Lage, Gefahren zu erkennen. Er würde sich noch zahlreiche blaue Flecken holen müssen, bis er die Abläufe soweit beherrschte, dass eine Abwehr Erfolg versprach.

Der Tag verging mit den Übungen und als beide auf dem Rückweg ins Gastquartier waren, ermahnte Gaidemar den Knaben ein weiteres Mal zur Aufmerksamkeit.

„Du musst lernen, Kränkungen und Beleidigungen zu ertragen. Es ist besser, auch immer das Kräfteverhältnis zu beachten. Wenn es für dich nicht günstig ist, musst du vom Kampf Abstand nehmen." Der Ältere legte eine Pause ein.

„Hast du aber keine Chance, dem Kampf auszuweichen, dann handele überraschend und konsequent. Töte, bevor du getötet wirst! Führe deine Handlungen zu Ende. Ein Verletzter ist wie ein Tier, er wird dich ewig verfolgen und so lange er dazu fähig ist, angreifen. Drehe einem Feind nie den Rücken zu, auch dann nicht, wenn er geschlagen scheint. Und merke dir jede Beleidigung, die du hinnehmen musstest. Es kommen immer der Ort und der Zeitpunkt eines neuen Zusammentreffens. Dein Feind merkt sich auch, dass er mit einer Herausforderung nicht zum Ziel gekommen ist. Triffst du, unter welchen Voraussetzungen auch immer, deinen Feind wieder, prüfe das Kräfteverhältnis und handle schnell und sicher. Verzichte niemals auf die Möglichkeit, deinen Feind zu vernichten. Eine dritte Möglichkeit könnte wieder zu deinen Ungunsten sein und diesmal wird dein Gegner nicht zögern. Das merke dir!"

Als sie ihre Gasthütte erreichten, teilte Gaidemar dem Knaben mit, dass sie am frühen Morgen ihre Mission beginnen würden.

22. Die Furt

65 nach Christus - Frühjahr (4. Aprilis)
Barbaricum - Im Land der Hermunduren zwischen dem Fluss Moenus und dem Herzynischen Wald

*A*m Morgen verließ die von Irvin geführte Gruppe der Umsiedler, mit ihrem gesamten Hab und Gut, das Dorf. Vorräte, Felle, Kleidung und Utensilien des Hausbedarfes, vom Feuerkessel bis zu den Holzschalen sowie Trinkhörnern und ihr gesamtes Vieh führten sie mit sich. Die Kühe und Ochsen trugen fest verschnürte Bündel verschiedenster Gegenstände. Ziegen, Schweine und Schafe mussten getrieben werden und Hunde umkreisten kläffend alle übrigen Tiere und die Menschen.

Beide Umsiedlerfamilien hatten Wagen, die von kleinen kräftigen Pferden gezogen wurden. Pferde, die nicht vor den Wagen gespannt waren, wurden genau so bepackt, wie die Kühe und Ochsen. Fast jeder männliche Umsiedler führte eines der Lasten tragenden Tiere. Die Oberhäupter beider Familien lenkten die Wagen, auf denen sich neben dem Hausrat auch Käfige für Hühner und Gänse befanden. Auch die Frauen und Mädchen hatten ihre Pflichten beim Treiben der Schafe, Schweine und Ziegen.

So begann der Marsch und schleppte sich auf schmalen Pfaden und Wegen, teilweise durch Matsch und über Schnee in die Richtung des Flusses Salu. Das Glück beschied ihnen günstiges und trockenes, zum Teil sogar sonniges und somit für diese Jahreszeit ungewöhnlich mildes Wetter. Der Weg war mühsam und es ging nur langsam vorwärts.

Irvin und sein Zögling Notker bildeten die Spitze der Kolonne, dann kamen die Fuhrwerke und das getriebene und geführte Vieh. Am Nachmittag erreichten sie endlich den Fluss, der sich gegenüber ihrer ersten Überquerung stark verändert hatte. Die Furt zeigte deutlich höheren Wasserstand und auch die Strömungsschnelligkeit hatte zugenommen. Vor Tagen noch ging das Wasser an der tiefsten Stelle nur über die Knie, jetzt schien das Wasser eine Armlänge höher zu stehen und würde den Marsch über die gesamte Beinlänge durch eisiges Wasser erfordern.

Irvin beriet sich mit beiden Oberhäuptern der Familien und sie einigten sich auf die Stelle der Überquerung. Gewählt wurde der breiteste Abschnitt mit der geringsten Tiefe. Trotzdem waren vom Ufer aus

Wasserwirbel zu erkennen, die leicht zu ungeahnten Gefahren führen konnten. Das steinige Flussbett würde ein ernstzunehmendes Hindernis darstellen.

Irvin beabsichtigte, auf einem der Pferde den gewählten Weg zu erproben. Er band ein langes Lederseil an einen der am Ufer stehenden Bäume fest und schlang sich das andere Ende um den Körper. Einer der Familienväter hatte als Pferd ein älteres und wenig schreckhaftes Tier ausgewählt. Irvin trieb die Stute langsam und vorsichtig, Schritt für Schritt, in den Fluss und beobachtete sowohl die Strömung, die Wasserhöhe und soweit er konnte den Flussboden. Dabei bemerkte er ziemlich große Steine und Geröll, was das Durchfahren des Flussbettes an dieser Stelle unmöglich machen würde. Er schwenkte das Pferd in Richtung flussauf, um dort die Bodenbeschaffenheit zu prüfen. Schnell stieg das Wasser und bald merkte Irvin, wie sich das Pferd gegen die Strömung stemmen musste. Er wechselte wieder die Richtung und prüfte den Rest der Strecke.

Das gegenüber liegende Ufer bot eine vom Wasser aus flache Übergangsstelle, an der sie auf die allmählich ansteigende Uferböschung gelangen konnten. Um den Boden zu untersuchen, scharrte er vorhandenen Schnee zur Seite. Nur wenige Meter vom Ufer hatte das Tauwetter die Erde aufgeweicht. Es folgte steiniger, noch gefrorener Boden, der das Ziehen der Wagen ermöglichen sollte.

Langsam und vorsichtig kehrte er auf dem Pferd wieder zum anderen Ufer zurück. Sein kurzer Bericht an beide Väter beinhaltete das wenig erfreuliche Ergebnis. Ein Durchfahren mit den Wagen schied aus.

Der Vorschlag eines jungen Kriegers für den Bau eines großen Floßes, um Wagen, Tiere und Menschen zum anderen Ufer zu bringen, wurde angenommen. Während die Frauen, Mädchen und Knaben die Lasten entluden, fällten die Männer Bäume, verzurrten diese miteinander mit Lederriemen und Weidenzweigen und schufen so ein stabiles Floss, das der Belastung standhalten sollte.

Die Zeit verging und die Dämmerung begann. Es wurde beschlossen, dass das Floss von drei berittenen Kriegern jeweils über den Fluss bugsiert werden sollte. Die Krieger und Pferde wurden bestimmt und die erste Gruppe von Knaben und Frauen übergesetzt.

Noch war die Strömung, trotz höherem Wasserstand, nicht reißend.

In dem die Anzahl der Personen klein gehalten wurde, blieb das Risiko der Überquerung gering. Schnell konnte eine zweite Gruppe übergesetzt werden. Mit Holz sammeln, der Errichtung eines großen Feuers und dessen Entzünden am Waldrand schufen die Frauen einen Platz, welcher der Übernachtung dienen konnte. Während das Floss im etwas tieferen Bereich langsam von den Pferden von Ufer zu Ufer gezogen wurde, trieben an der ursprünglich flachsten Stelle einige Jungkrieger die Schafe, Schweine, Ziegen, Ochsen und Kühe durch das Wasser.

Abgesehen davon, dass einer der Krieger ein unfreiwilliges Bad nehmen musste, weil sein Pferd ihn, von einem der Ochsen bedrängt, abgeworfen hatte, verging dieser Teil der Überwindung ohne große Komplikationen.

Der Besitz, die Vorräte sowie das Kleinvieh waren noch vor Einbruch der Dunkelheit am anderen Ufer. Die Frauen richteten das vorläufige Lager für die kommende Nacht her, entzündeten weitere kleinere, das Größere umgebende Feuer und schufen so einen Raum, in dem der Schnee bald völlig wegtaute.

Diese wärmere Zone ermöglichte auch, die Kleidung des nassen Kriegers zu trocknen. Die letzten beiden Fahrten sollten den beiden Fuhrwerken gelten.

Der erste Wagen wurde vorsichtig vom Ufer auf das Floss bugsiert. Mit Pferden und auch einigen Kriegern, die dazu ins Wasser mussten, gelang es schließlich.

Am anderen Ufer angekommen, wurde der Wagen sofort zum Lagerplatz am Waldrand gezogen und als Schlafstelle für die kommende Nacht vorbereitet. Dicht am Feuer, mit Fellen behangen, schien so eine Übernachtung für die Kinder und Frauen gesichert.

Weil Dunkelheit den Fluss beherrschte, wurden Fackeln entzündet, die die Szenerie beleuchteten. Inzwischen bemühten sich die Männer den zweiten Wagen auf das Floss zu bringen. Nachdem das gelungen war, wurde das Floss langsam durch den Fluss gezogen. Unbemerkt von allen, hatte der Fluss einen schwimmenden Baum mit gewaltigem Wurzelwerk, herangeführt. Im Moment des Erreichens der Flussmitte prallte das Hindernis gegen das Floß.

Der Schwung sorgte dafür, dass eines der Seile zum ziehenden Pferd riss. Das Floss begann sich zu drehen. Der Baum glitt am Floss vorbei und riss ein Pferd und den Reiter mit sich. Das Pferd ging kurzzeitig unter Wasser, strampelte sich dann frei und versuchte das jenseitige Ufer zu erreichen. Der Reiter, in einer Hand das Seil zum Floß und sich mit der

Anderen im Wurzelwerk festkrallend, schwamm mit dem Baum flussabwärts.

Irvin, der vom Ufer aus die Szenerie verfolgte, rief dem Mann zu, das Seil loszulassen. Der Treibende ließ das Seil zum Floß fahren und griff auch mit der zweiten Hand in die Wurzel.

Im Wurzelwerk hängend, halb im Wasser und mit einem Fuß sich an Wurzeln klammernd, trieb der Krieger mit dem Baum Fluss abwärts.

Irvin sprang auf eines der Reservepferde, griff sich eine Fackel und ritt dem treibenden Baumstamm nach. Dem Krieger rief er zu, sich festzuhalten und sich möglichst aus dem Wasser in die Wurzeln oder auf den Stamm zu retten.

Der Krieger versuchte, dem Rat folgend, aus dem Wasser zu entkommen. Doch immer wenn er Höhe gewann, drehte sich das stärker belastete Wurzelwerk nach unten. Der Baum kam ins Drehen und wurde, mit dem Wurzelwerk voran, in Richtung einer Flussbiegung getrieben.

Die Kälte des Wassers drohte alle Kräfte des Mannes aufzubrauchen. Irvin sah das Unheil kommen. Der Baum schoss auf die Flussbiegung zu. Irvin erreichte die Stelle vor dem Baum und schrie dem Krieger zu, vom Baum weg in die Flussmitte unterzutauchen.

Der Krieger stieß sich vom Wurzelwerk ab, tauchte unter. Er versuchte unter dem folgenden Stamm hindurch zu gelangen. Dabei erhielt er einen starken Stoß in den Rücken, der ihm die Luft nahm. Um sich schlagend, ohne zu wissen, wo oben oder unten war, fand er plötzlich eine Hand, an der er sich festkrallen konnte. Kurz darauf lag er mit dem Bauch auf dem Rücken des Pferdes.

Irvin war mit dem Pferd, jede Vorsicht missachtend, unmittelbar nach dem vorbeischwimmenden Baum in den Fluss gesprungen. Das Tier hatte glücklicherweise Bodenhaftung behalten können, denn das Wasser ging dem Pferd nur bis zum Bauch. Beim Sprung war Irvins Fackel im Fluss gelandet. Irvin trieb das Tier auf Verdacht in Richtung zur Flussmitte, als plötzlich dicht bei ihm eine Hand aus der Dunkelheit des Wassers hervor schoss. Es war Zufall, dass er die Hand des Kriegers in der Dunkelheit sah, ergreifen und ihn auf das Pferd ziehen konnte.

Das jenseitige Ufer wurde schnell gewonnen, weniger als das Irvin es ansteuerte, als dass es die Wahl des Pferdes gewesen wäre. Der Krieger lag nahezu stocksteif vor Irvin auf dem Rücken des Tieres. Er selbst war nass bis auf die Haut und ihm war kalt.

Aufgeregt liefen die Krieger mit Fackeln am Flussufer entlang, riefen und fluchten auf der Suche nach den beiden Verschollenen. Irvin versuchte zu rufen, doch seine Stimme gehorchte ihm nicht. Er zitterte am ganzen Körper und seine Zähne klapperten. Deshalb trieb er das Pferd aufwärts bis zur Übergangsstelle und durchquerte den Fluss in Richtung des hoch brennenden Feuers.

Einer der Knaben sah ihn zuerst. Wie ein Schattenreiter **Wodans** tauchte Irvin, mit dem auf dem Rücken des Pferdes liegenden Krieger, aus dem Fluss auf. Das Licht der Fackeln erreichte ihn genau an der Stelle, an der zuvor der Zusammenstoß zwischen dem Baum und dem Floss erfolgte.

Schnell waren andere Männer zur Stelle und brachten den Krieger und Irvin zum Feuer. Frauen nahmen sich Beider an. Flink war Irvin die Kleidung entfernt worden und in Felle und Decken eingehüllt, wurde er auf dem Wagen am Feuer untergebracht.

Der Krieger hatte eine Risswunde in der Hüfte. Ein gebrochener Ast musste ihn an dieser Stelle getroffen haben, als er unter dem Baum weg tauchte. Er wurde verbunden, erbrach sich noch etwas Wasser und kam röchelnd und spuckend zu sich.

Die Frauen beruhigten ihn. Sie sprachen auf ihn ein, rieben seinen nackten Körper in unmittelbarer Nähe zum Feuer warm. Danach wickelten sie auch ihn in Felle und Decken und legten ihn zu Irvin auf den Wagen.

Inzwischen spannte eines der Mädchen Irvins und des Kriegers Kleider auf Stöcke, die daraufhin in der Nähe eines der kleineren Feuer zum Trocknen angeordnet wurden.

Irvin sah den zweiten Wagen neben sich stehen. Es waren also beide Wagen durch den Fluss gebracht worden. Ein anderes Mädchen brachte ihm und dem Krieger je ein Trinkhorn erwärmten Mets. Beide tranken vorsichtig und letztlich bis das Horn gelehrt war. Sofort erschien das gleiche Mädchen wieder, um ihnen die Trinkhörner abzunehmen.

Die Zähne des Kriegers schlugen immer noch aufeinander. Er zitterte am ganzen Körper. Irvin bemerkte, dass der Mann ihn etwas fragen wollte. Das Sprechen gelang ihm aber nicht. Irvin schob seine Hand aus seinen Fellen und legte sie langsam auf die Schulter des Mannes und vermittelte ihm, sich ruhig zu verhalten.

Inzwischen stand das Mädchen mit den Trinkhörnern wieder vor ihnen. Wieder tranken beide vorsichtig und vollständig aus. Als dies zum dritten Mal geschah, bemerkte Irvin wie der Krieger mit Zittern aufhörte und einschlief.

Beide Familienväter kamen zu Irvin und erklärten, dass alle Fuhrwerke, die Tiere und das andere Transportgut sicher am diesseitigen Ufer angelangt seien.

Irvins Sprachfähigkeit war nach dem dritten und vierten Mettrunk zurück gekehrt. So konnte er, mühsam zwar und mittlerweile berauscht, zumindest seine Zufriedenheit zum Ausdruck bringen und die Männer dazu auffordern, eine Lagerwache einzuteilen, die auch das Feuer erhalten sollte. Dann fielen auch seine Augen zu und nach kurzer Zeit schnarchte er.

Der Morgen zog mit leichtem Nebel auf.

Als Irvin erwachte, brannten die Feuer wieder heller. Seine trockenen Kleider lagen neben ihm und nach dem Anziehen konnte er sich wieder seiner Aufgabe als Führer der Umsiedler widmen.

Die Geschäftigkeit im provisorischen Lager zeigte die Bereitschaft zum baldigen Aufbruch an und so übernahm Irvin die Führung der Kolonne.

Der im Fluss fast Ertrunkene erholte sich langsam. Seine Verletzung verhinderte normale Bewegungen und auch die Kälte war noch nicht vollständig aus seinem Körper verdrängt.

Deshalb wurde er auf dem Wagen, inmitten von Hühnern und Gänsen, transportiert.

Als sich der Zug in Bewegung setzen wollte, kam einer der Knaben, und bat Irvin, mit ihm zu kommen. Der Knabe führte ihn zum Wagen des Verletzten. Irvin kletterte hinauf und hockte sich neben den Krieger. Beide sahen sich eine Weile an, dann dankte ihm der Krieger für seine Rettung.

Der Mann war ungefähr in seinem eigenen Alter. Er war ein dunkelhaariger, untersetzter Krieger mit kräftigen Armen. Schon während des bisherigen Marsches war Irvin der Mann durch sein zuverlässiges und schweigsames Verhalten aufgefallen. Kaum einmal hatte er ein Wort mit Anderen gewechselt. Immer verrichtet er zuverlässig die ihm aufgetragene Tätigkeit.

Es war der Blick, den beide wechselten, der die Freundschaftsbotschaft enthielt und die Dankbarkeit bezeugte und nicht weiter mit Worten bestätigt werden musste.

Dankward war sein Name, denn so nannte der ihn holende Knabe den Verletzten.

23. Gastrecht

65 nach Christus - Frühjahr (5. Aprilis)
Barbaricum - Im Land der Hermunduren zwischen dem Fluss Moenus und dem Herzynischen Wald

Gerwin wurde kurz nach Sonnenaufgang geweckt. Nach einem gemeinsamen Frühstück und dem Fassen von Marschverpflegung, trafen sich Gaidemar und Gerwin mit ihren neuen Begleitern im Langhaus des Ältesten. Mit letzten Anweisungen des Eldermanns ausgestattet, verließen sie wenig später das Dorf der Sippe. Olaf führte die Gruppe.

Als Sunna, von Wolken verdeckt, ihren Höchststand erreichte, legten die neuen Gefährten eine erste Rast ein, um über den weiteren Verlauf ihrer Reise zu beraten.

„Wir sollten uns frühzeitig daran gewöhnen, dass wir auf unseren Wegen nicht immer erwünscht sind. Deshalb sind wir zu Vorsicht und Vorausschau gezwungen. Es ist besser, immer nur einen Mann voraus in die Dörfer senden!" schlug Olaf vor. Gaidemar und Richwin stimmten zu. Gerwin wurde nicht gefragt.

„Ich würde die Zeit nutzen, um Gerwin weiter zum Krieger zu machen. Er muss kämpfen können und sich selbst verteidigen." teilte Gaidemar den Gefährten mit. „Dazu können wir Pausen nutzen und Abende, bei denen wir im Wald übernachten. Wir werden auch während des Marsches Zeit nutzen ..." Gaidemar sah seine Gefährten der Reihe nach an.

„Wir sind nur zu dritt ..." bestimmte er und setzte fort „...also muss auch der Knabe sich seiner Haut wehren können! In den Dörfern wird es klug sein, Gerwins Fähigkeiten nicht zu offenbaren. Wir sollten ihn bis zur Schilderung seiner Erlebnisse als Diener behandeln."

Richwin überlegte eine Weile und antwortete dann auf den Vorschlag: „Nicht als Diener, dass stellt seine Glaubwürdigkeit in Frage. Wir brauchen ihn für das gemeinsame Bündnis aller Hermunduren. Aber seine Fähigkeiten sollten nicht erkannt werden können. Ich werde mich auch an seinen Übungen beteiligen. Auch ich kenne so manche Finte für den Kampf." Olaf stimmte zu und von da ab übernahm immer ein Krieger voraus die Spitzensicherung. Die Übrigen blieben beieinander.

Der Tag verlief ohne Zwischenfälle. Zuerst führte der Weg genau in die Richtung, in der Sunnas Wagen seinen Höchststand erreichte. Sie folgten einem Bachverlauf, erstiegen einen Hügel und von dort aus änderte Olaf die Richtung zur Morgensonne. Sie gelangten an einen anderen Bach, dem sie lange bis zu seinem Quellbereich folgten. Von dort an orientierte sich Olaf nach weiteren Hügeln.

Wieder änderte der offensichtlich sehr wegekundige Olaf die Richtung und mit Einbruch der Dämmerung erreichten Sie ein Tal, in dem mehrere Bäche ineinander flossen. Olaf ordnete eine Rast an und zeigte ihnen die ungefähre Lage des Dorfes der gesuchten Sippe.

„Es gab eine Zeit, da war ich in diesem Gebiet oft auf Jagd. Einmal stieß ich dabei auf andere Jäger. Wir waren nur zu dritt und wurden aufgefordert ins Dorf zu folgen. Wir hatten das Jagdgebiet verletzt. Damals kannten wir dieses Dorf noch nicht. Das konnte übel für uns enden und so bereiteten wir uns auf alles vor. Doch unser Eintreffen in der fremden Sippe verlief, zu unserer vollkommenen Überraschung, ganz anders. Man begrüßte uns als Gäste, bewirtete uns und trank mit uns. Wir trauten dem Frieden nicht und befürchteten, im trunkenen Zustand, getötet zu werden. Doch nichts geschah. Wir erlebten auch den nächsten Morgen und am Abend gab es wieder einen Umtrunk. Doch diesmal stellten wir fest, dass der Älteste des Dorfes sich zu den Jägern gesellte. Wie wir erfuhren, war er am vorigen Tag selbst auf Jagd gewesen und deshalb hatte man uns bewirtet und zum Bleiben genötigt. Als wir mitten im Umtrunk waren, legte der Älteste sein Horn auf den Tisch und sprach an uns gerichtet: ‚Ihr habt in unserem Territorium gejagt. Das mögen wir nicht! Doch Wild ist heute hier und morgen dort. Wenn ich einer frischen Fährte folge, achte ich nicht auf das Gebiet. Also dringe ich vielleicht in euer Gebiet vor und jage dort. In dem Falle fordere ich Gastrecht. Verlasse ich das Gebiet in Freundschaft, weil ich geduldet wurde, bedanke ich mich beim Ältesten mit einem Teil meiner Jagdbeute. Ich halte das für gerecht! Wie seht ihr das?' fragte er mich und ich bestätigte ihm, dass uns dieser Brauch gefällt. Von da ab waren wir oft hier jagen. Es gibt viel Rehwild und auch so manches Wildschwein. Immer musste einer von uns ins Dorf der Sippe, um einen Teil der Beute abzuliefern. Auch mich traf die Wahl und so lief ich einer der Schönen der Sippe in die Fänge."

Olaf genoss die Aufmerksamkeit seiner Zuhörer.

„Ich wusste nicht, dass es eine Tochter des Ältesten war. Das Mädchen gefiel mir. Zuerst sprachen wir nur miteinander. Später trafen wir uns abseits des Dorfes. Ich war öfters als Andere bereit, unseren Jagdzoll in diesem Dorf zu entrichten. Ob dies meinen Gefährten aufgefallen war, weiß ich bis heute noch nicht. Eines Tages erwischte uns ihr Vater. Er hatte uns belauert. War dem Eldermann doch aufgefallen, das immer wenn ich Jagdbeute ablieferte, seine Tochter für einige Zeit verschwunden war. Sie packten uns und schneller als ich dachte, hatte ich ein Weib und den Hausdrachen habt ihr inzwischen kennengelernt."

Er schwieg und als seine übrigen Begleiter die Zusammenhänge begriffen, ertönte heftiges Lachen. Gaidemar klopfte Olaf auf die Schulter und verkündete prustend vor Lachen: „Dann machst du doch heute einen Besuch beim Vater deiner Frau! Wie kommst du dann jetzt mit ihm klar, wenn du weist, das er dir einen Hausdrachen vermachte?"

„Wir sind immer gut miteinander ausgekommen, ob mit oder ohne Met. Mit dem Weib hatte ich mich doch selbst belohnt! Außerdem ist sie eine gute Frau." Olaf zögerte mit der Fortsetzung seiner Bemerkung.

„Nur, der Älteste lebt längst nicht mehr. Heute ist sein Sohn **Ulbert** der Eldermann. Ihr werdet ihn bald kennenlernen." bereitete er seine Begleiter auf das vor ihnen liegende Dorf vor.

Mit den Gedanken auf die verwandtschaftlichen Beziehung zu Olaf ausgerichtet, traf die Reisegruppe im Dorf ein. Olaf ging allen voran in Richtung des Langhauses seines Schwagers und nach ihm, mit Gesten des Friedens, folgten seine Gefährten. Der Älteste der Sippe erkannte Olaf, begrüßte ihn herzlich und auch den Gefährten entbot er seinen Willkommen.

Der Abend wurde, ob des Wiedersehens, recht fröhlich. Die Männer vermieden es, schon jetzt über ihre Mission zu sprechen. Gerwin hielt sich im Hintergrund und blieb auch als einziger nüchtern. Den Gästen wurden Schlafplätze im Langhaus zugewiesen und bald konnte er hören, wie seine Gefährten andächtig ihren Metrausch ausschnarchten.

Am Morgen regnete es in Strömen. Es war nicht möglich sich großartig im Freien aufzuhalten. Der Älteste hatte die Oberhäupter der Familien zu sich gerufen und gemeinsam berieten sie zur Mission der Gefährten.

Gerwin verfolgte das Gespräch der Älteren und gewann den Eindruck, dass in diesem Dorf eine große Harmonie vorlag. Nicht die geringste Rivalität ließ sich zwischen den Oberhäuptern der Familien feststellen. Der Älteste entschied nichts, ohne den Standpunkt der Oberhäupter abzufragen. Eine solche Einhelligkeit kannte Gerwin nur von der eigenen Sippe. Der Beschluss der Sippe zur Teilnahme am Bündnis, wenn das Bündnis der Sippen denn zu Stande kommt, war eine zwingende Folge.

Die Verhandlungen endeten am Nachmittag als der Himmel sich aufklarte und eine Regenpause eintrat. Gemeinsam mit Gaidemar entfernte sich Gerwin in den umliegenden Wald für seine Übungsstunde.

Wieder kämpften sie mit Messern und wieder erlernte Gerwin Handlungsabläufe und Finten zur Täuschung eines Gegners. Diese Übungen verliefen häufig im direkten Kontakt miteinander und so blieben kleinere Verletzungen beiderseits nicht aus. Gerwin bezog ein blaues Auge und Gaidemar hatte sich eine leichte Prellung der Rippen eingehandelt.

Sichtlich zufrieden und stolz auf die Kampfspuren trafen beide wieder im Dorf ein. Als Olaf das blaue Auge sah, quittierte er es mit einem Lächeln und der Feststellung, dass man beim Laufen im Wald auf zurückschnellende Zweige eben achten müsse ….

Damit war die Sache abgetan und keiner fragte, was tatsächlich vorgefallen war.

24. Der Kontakt

65 nach Christus - Frühjahr (6. Aprilis)
Barbaricum - Im Land der Hermunduren zwischen dem Fluss Moenus und dem Herzynischen Wald

*G*erwin war von der Aufnahme im Dorf der Sippe, die sich als **Mardersippe** bezeichnete, überrascht. Zeugte diese doch von Gastfreundschaft und Bündniswilligkeit. Er stellte sich vor, so könnten sie in jeder Sippe Aufnahme finden.
Die Verhandlungen waren kurz und schnell kam man zur Übereinkunft. Sicher war der gesamte Ablauf durch die schon vorher bestehende Freundschaft und Verwandtschaft beeinflusst.
Der Aufenthalt im Dorf wurde deshalb arg beschränkt und schon am folgenden Morgen nahm die Reisegruppe den weiteren Weg unter die Füße.
Der neue Begleiter, so wie angestrebt, war ein Vertrauter des Ältesten Ulbert. **Alfred** lautete sein Name.
Er war ein unscheinbarer Mann, mochte etwa 30 Winter erlebt haben und gab sich nicht sehr gesprächig.
Der gemeinsame Weg führte sie, entlang eines Baches und vorbei an mehreren Hügeln, beständig in die Richtung des höchsten Standes von Sunna.
Ihr neuer Führer nahm sich viel Zeit und im Gespräch der Männer hörte Gerwin heraus, dass sie trotzdem bald ihr Ziel erreichen würden. Befragt, ob er die Sippe kenne, gab der Mann nur kurze Auskünfte. Ja, er kenne den Ältesten und viele Bewohner. Nicht immer wären sie einander freundlich gesinnt. Zum Verhältnis befragt, gab er keine weiteren Auskünfte.
Das verwunderte Olaf und die übrigen Gefährten. Es gab auch auf andere Fragen keine Antworten und letztlich verabschiedete sich ihr Führer plötzlich und trat seinen Rückmarsch an. Gründe seiner Rückkehr benannte er nicht.
Alfred zeigte Ihnen noch, von einem Hügel aus, den Verlauf des restlichen Pfades und verschwand. Misstrauisch geworden, setzten die Gefährten ihren Weg mit Vorsicht fort. Gaidemar bestimmte Gerwin als Späher, während die Übrigen zusammen blieben.
Nicht das die Wahl als Späher Gerwin beunruhigte, hatte er doch schon mehrmals die erste Kontaktaufnahme erlebt. Die Männer berieten

die Situation und entschlossen sich zu dieser Vorgehensweise. Sie bedachten dabei, dass das Verschwinden des bisherigen Führers Gründe haben musste. Die Schweigsamkeit des Mannes zeugte einerseits von angeratener Vorsicht bei der Begegnung mit der Sippe und verwies andererseits darauf, dass wohl das Vertrauen des Ältesten in diesen Mann unbegründet war.

Sollte es zu Auseinandersetzungen kommen, reichte ihre Kampfkraft niemals für einen Sieg. In der konzentrierten Kraft dreier erfahrener Krieger jedoch verbarg sich möglicherweise ein Überraschungsmoment, der einen Teilerfolg ermöglichen könnte. Verunsichert, wie sie sich fühlten, war es besser den Knaben als Kontaktperson voran zu senden, weil kein wehrhaftes Dorf in ihm eine Bedrohung erkennen würde.

Olaf nahm sich vor, seinen Schwager beim nächsten Treffen auf das merkwürdige Verhalten des Ortskundigen aufmerksam zu machen.

Als Gerwin das Dorf sehen konnte und seinen Weg unbeirrt fortsetzte, blieben die Gefährten in Deckung im Unterholz. Längere Zeit geschah nichts. Es war am frühen Nachmittag und die Einwohner gingen ihren normalen täglichen Beschäftigungen nach.

Als Gerwin den Dorfeingang erreicht hatte, traten aus einem Unterholz zwei Bewaffnete hervor.

„Wer bist du?" wurde er in einer ungewöhnlich hohen, etwas piepsigen Stimme, gefragt.

„Ein Reisender, der euer Gastrecht beansprucht!" antwortete der Knabe.

„Du trägst Waffen bei dir. Selbst als Knabe betritt kein Fremder in Waffen unser Dorf!" antwortete der Größere.

Gerwin musterte den Mann. Er war von kräftiger Gestalt, hatte breite Schultern und trug eine Kampfaxt. Gerwin schätzte ihn auf zehn Jahre älter als er selbst. Am Hals bemerkte der Knabe eine Narbe.

Der Knabe nahm seinen Bogen von der Schulter, legte seine Pfeile und sein Messer vorsichtig zusammen auf den Boden und fragte den Narbenmann: „Kann ich meinen Stock behalten?"

„Lass ihm den Stock." bestimmte sein Begleiter und setzte fort „Bringen wir ihn zum Eldermann."

Der Kleinere wandte sich ab und schritt voran. Während Gerwin ihm folgte, nahm der Narbenmann des Knaben Waffen an sich und folgte diesem.

So begleitet, erreichte Gerwin ein Langhaus und bevor sie eintreten konnten, öffnete sich die Tür. Ein Mann trat heraus und musterte ihn.

„Wer bist du?" lautete, nach dem er seine Musterung des Knaben beendet hatte, dessen Frage.

Gerwin antwortete in gleicher Art wie beim ersten Kontakt.

„Ein Knabe, allein, ungewöhnlich…" überlegte der Fremde vor sich hinmurmelnd.

„Wo sind deine Gefährten?" fragte er mit drohender Stimme und beugte sich zu Gerwin vor.

Der Knabe musterte nun seinerseits den Fragenden.

Der Mann war so groß wie der Narbenmann, aber bereits im fortgeschrittenen Alter. Mit einem deutlichen Bauchansatz und unruhigen Augen versehen, wanderten diese ständig von Gerwin zu den Bewaffneten und zum Dorfeingang.

Es erschien dem Knaben, dass der Fremde aus dieser Richtung entweder Aufklärung oder eine unangenehme Überraschung erwartete.

„Gastrecht willst du?" und nach einem kurzen Zögern fügte er an: „…gibt es nur für den, der ehrlich und offen ist!"

„Ich habe meine Waffen übergeben. Woraus schließt du, dass ich nicht ehrlich bin?" fragte Gerwin.

„Ein Knabe allein, das glaube ich nicht!" bestimmte der Mann für sich selbst und erteilte dem kleineren Bewaffneten die Weisung, weitere Krieger zu holen. Bis zu deren Eintreffen blieb die Gruppe, sich gegenseitig beäugend, vor der Hütte stehen. Als die geforderten Männer eintrafen, befahl der Fremde den Pfad, den Gerwin gekommen war, abzusuchen.

Der Knabe konnte nur hoffen, dass seine Gefährten nicht entdeckt werden würden. Irgendetwas am Dorf kam ihm beunruhigend vor.

„Folge mir!" befahl der Fremde und führte ihn ins Langhaus. „Wie ist dein Name und aus welchem Dorf kommst du?" begann der Fremde ein Verhör.

„Gerwin! Mein Dorf kennst du nicht. Es lag etwa vier Tagesreisen von hier!" antwortete der Knabe. Diese Antwort auf eine Befragung war ihm so von Olaf vorgegeben worden. Der Fremde überlegte und schluckte den Köder.

„Lag…? Ist es weggezogen?" fragte der Mann verwundert nach, weil er glaubte, sich verhört zu haben.

„Nein, überfallen worden!" erklärte der Knabe.

„Das kommt vor. Warum bist du allein und so weit entfernt von deinem Dorf?" blieb der Dorfbewohner weiter misstrauisch und musterte den Knaben ununterbrochen.

„Es gibt kein Dorf mehr." lautete des Knaben geflüsterte Antwort.

„Willst du sagen, du hättest als Einziger überlebt? Wo ist dein Vater?" Der Einheimische wirkte überrascht.

„Tot!" lautete die lakonische Feststellung des Knaben. Dann fügte er in bittendem Ton an: „Bekomme ich nun Gastrecht in deinem Dorf?"

„Erst erzähle mir alles!" bestimmte der Krieger.

„Nein, zuerst will ich dein Wort auf Gastrecht! Darfst du das Gastrecht im Namen der Sippe auch gewähren? Wer bist du?" wurde Gerwin etwas mutiger und stellte seinerseits Bedingungen.

„Knabe, reize mich nicht!" knurrte der Dörfler.

„Misstrauen und Vorsicht, lehrte mich mein Vater, sind gute Tugenden. Das Recht einen Reisenden zu beleidigen, wenn dieser das Gastrecht beansprucht, hat auch kein Ältester!"

In diesem Moment betrat der kleinere Bewaffnete das Langhaus. „Habt ihr seine Begleiter?" wollte der das Verhör führende wissen. „Da ist keiner!" lautete die Antwort.

Gerwin konnte ein leichtes Grinsen gerade noch so hinter einem Hustenanfall verbergen.

Der ihn Verhörende überlegte.

„Na gut..." und an Gerwin gewandt „...ich bin der ‚Hüter' in unserer Sippe! Man nennt mich *Rigmor*!" Nach einer weiteren Überlegungspause fügte er hinzu: „Du bekommst das Gastrecht!"

„Gut, dann hast du meine Bedingung erfüllt und ich beantworte deine Frage. Also höre den Rest meiner Geschichte."

Der kleinere Bewaffnete verließ die Hütte und bevor Gerwin seine Erzählung beginnen konnte, traten zwei ältere Männer ein.

„Ich komme aus einem Dorf, das von hier gut vier Tagreisen entfernt, in der Richtung zum Nachtstern lag. Unser Dorf ist von den Römern überfallen worden. Ich habe überlebt, weil ich nicht im Dorf war. Mein Vater ist Tot, wie viele Andere auch. Fast das ganze Dorf wurde verschleppt. Nur drei Alte und ein paar Kinder überlebten. Die Alten weilten nicht im Dorf und die Kinder konnten sich verstecken!"

„Römer, sagst du? Wie viele und wo sind sie jetzt?" fragte der Mann, der den Namen Rigmor führte.

„Weiß ich nicht. Der Überfall fand am Ende des letzten Sommers statt." erklärte der Knabe wahrheitsgemäß und forderte damit die nächste Frage des Hüters heraus.

„Warum bist du dann jetzt allein hier unterwegs?" bekundete der Mann verwundert.

„Ihr kennt die Römer?" fragte der Knabe.

„Ja!" lautete Rigmors Antwort, der noch immer das Gespräch mit dem Knaben führte. Die beiden hinzugekommenen Älteren hörten aufmerksam zu.

„Auch hier waren sie! Im letzten Sommer und im Jahr davor und davor…Antworte auf meine Frage!" forderte Rigmor Gerwin auf, nachdem er sich an die unzähligen römischen Heimsuchungen erinnerte.

„Wer sollte mit mir gehen?" bemerkte der Knabe, bevor er zögernd nachfragte: „Seid ihr auch überfallen worden?"

„Nein, das nun nicht gerade! Nur immer wenn Römer bei uns waren verschwanden einige junge Mädchen und auch einzelne Burschen!" stellte der Hüter fest und sah sich nach den beiden Älteren um.

„In unser Dorf kamen sie überraschend, töteten und verschleppten die Überlebenden. Meine Mutter starb. Ich konnte es sehen. Mit Vater kam ich aus dem Wald. Er stürzte sich auf die Römer und kämpfte. Den Anführer hat er verletzt, dann starb auch mein Vater. Ich werde den Römer finden und er wird von meiner Hand sterben!" verkündete der Knabe voller Wut.

„Ho, ho, ho, bist sehr mutig…, aber von Worten stirbt man nicht! Wie willst du ihn finden?" blieb Rigmor misstrauisch und empfand des Knaben Worte als Aufschneiderei.

„Er hat zwei Narben und nur noch ein Auge! Ich werde ihn finden!" brachte Gerwin in zorniger Erwiderung hervor.

„Du suchst ihn aber in der falschen Richtung. Die Römer leben an der Mündung des Maa und das liegt in Richtung der Abendsonne!" machte sich Rigmor Luft.

„Meine Rache hat noch Zeit!" erwiderte Gerwin.

„Was tust du dann hier?" knurrte Rigmor, dem das Spiel mit Fragen und Antworten wenig gefiel. Er verstand einfach nicht, was der Knabe in ihrem Dorf wollte und warum er die Römer hier suchte. Selbst wenn der Knabe seine Rache wollte, würde er nie einen römischen Legionär besiegen können.

Rigmor sah einen Knaben vor sich, der allein seinem Rachedrang gegenüber römischen Legionären folgte und in offensichtlich falscher Richtung auf ihr Dorf getroffen war. Begleiter des Knaben waren nicht gefunden worden und so kannte er weder des Knaben wahre Absicht, noch die Stärke der Gruppierung.

Für Gerwin stellten sich die Zusammenhänge ganz anders dar. Als Späher fand er den Weg in ein bewachtes und kampfbereites Dorf, dessen Hüter sich als misstrauischer Mann entpuppte.

Mit der nächsten Antwort half Gerwin dem Hüter, den richtigen Gedanken zu finden. „Die Römer kommen wieder!" erklärte der Knabe in bestimmenden Ton.

„Woher weißt du das?" presste Rigmor zwischen seinen Zähnen hervor.

„Ich weiß es eben!" Gerwin sah den Hüter mit großen Augen und einem selbstgefälligem Lächeln an.

Auch die älteren Männer sahen sich an und dann übernahm ein anderer das Fragen. Der Mann hatte schlohweißes Haar, eine Hackennase und schmale Lippen. Er war größer als Rigmor und hatte kräftige Oberarme. Seine Gestalt war schlank und breitschultrig.

„Knabe, sage mir woher du es weißt?" Die Stimme des Mannes strahlte Ruhe und Besonnenheit aus. In seinem Verhalten lag nichts von der Unruhe, die in Rigmors Erscheinung und in dessen Augen zu erkennen war. Ruhig und freundlich sprach der Ältere Gerwin an.

„Ich bin der Älteste der überlebenden Knaben! Unser Ältester, Degenar ist sein Name, wollte dass ich die Nachbarsippe warne. Er vermutete, dass auch dort die Römer einfallen wollten. Rechtzeitig traf ich bei dieser Sippe ein. Ein erster Angriff der Römer schlug fehl. Die Sippe hatte Hinterhalte errichtet und alle Römer konnten getötet werden. Am Morgen folgte ein zweiter Angriff der Römer. Auch da war die Sippe siegreich. Die Römer flohen bis zu ihrem Lager am großen Fluss."

„Wie heißt der Fluss?" fragte der Weißhaarige. „Na Fluss…" war des Knaben Antwort.

„Könnte es der Fluss sein, der an unserem Dorf vorbei fließt?" blieb der Ältere hartnäckig.

„Ich weiß nicht…" zögerte Gerwin mit seiner Antwort.

„Du nanntest den Namen deines Ältesten…? Was ist so Besonderes an dem Mann?" Aufmerksam musterte der Weißhaarige den Knaben.

„Er hinkt! Andere nennen ihn Degenar, den Hinkefuss."

Der Weißhaarige sah seine Begleiter an und schlussfolgerte: „Du hast recht, Rigmor! Allein ist er nicht! Aber egal wer ihn begleitet, es sind unsere Brüder! Hinkefuss kenne ich!"

An Gerwin gewandt, setzte er fort: „ Das Gastrecht sei dir und allen Begleitern gewährt! Ich bin der Eldermann. Wie bist du hierher gelangt?"

„Ich hatte einen Führer aus eurer Nachbarsippe. Der Älteste gab mir einen Mann mit dem Namen Alfred zur Begleitung." beantwortete Gerwin die ihm gestellte Frage.

„Alfred, wo ist der?" kam sofort die nächste Frage des Ältesten.

„Der hat sich heimwärts gekehrt…" bemerkte Gerwin und fügte an: „… schon am Berg!"

Der Älteste wandte sich sofort an Rigmor.

„Schicke eine Gruppe los! Lass ihn suchen!" Rigmor verschwand aus der Hütte, um seinen Auftrag zu erfüllen.

„Ich verstehe nicht, warum ihr das tut? Der Mann hat sich genau so seltsam verhalten, wie ihr jetzt. Er wollte uns auf keinen Fall weiter begleiten." stellte der Knabe sachlich fest und bemerkte seinen Fehler zu spät.

„Uns…?" fragte der Weißhaarige und fügte an „… wusste ich es doch, Hinkefuss würde nie einen Knaben allein losschicken…?" bekundete der Älteste seine Verwunderung.

Jetzt konnte Gerwin nicht mehr schweigen.

„Wir bringen dir eine Botschaft von Norbert, dem Jäger und neuen Eldermann der Talwassersippe!" verkündete er stolz.

Der Älteste betrachtete den Knaben weiterhin verwundert. Nun war ihm klar, dass dieser Knabe sich nicht allein unterwegs befand. Dass aber ausgerechnet Alfred als Ortskundiger zu seiner Sippe bestimmt wurde, konnte der Eldermann nicht verstehen. Irgendetwas konnte so nicht stimmen und so hoffte er, von des Knaben Begleitung Aufklärung zu erhalten.

„Ich habe allen deinen Begleitern Gastrecht zugebilligt. Deshalb sollten auch alle hier sein! Wie viele seid ihr?" fragte der Eldermann.

„Ich habe noch drei Begleiter! Gaidemar aus Rotbarts Sippe, Olaf und Richwin aus Norberts Sippe!" nannte Gerwin seine Begleiter.

„Der alte Rotbart, von der Bergesippe?" lautete die Frage des Weißhaarigen und der Knabe bestätigte dessen Frage mit einem einfachen: „Ja!"

„Dann bringe sie zu uns. Deine Begleiter sind uns willkommen!" bestimmte der Ältere.

Er rief einen Krieger von außerhalb der Hütte und der Narbenmann erschien.

„Geh mit dem Knaben. Er hat Gefährten. Alle genießen unser Gastrecht. Es sind drei! Sprich in meinem Namen!" bestimmte er. „Und gib dem Knaben seine Waffen zurück!"

Der Narbenmann verließ das Langhaus und Gerwin folgte ihm. Gemeinsam gingen sie zum Dorfeingang.

Als Gerwin das Dorf verließ, blieb der Bewaffnete zurück. Vom Dorfrand bis zum Wald waren es viele Schritte. Mit Gerwins Eintritt in den Wald stand plötzlich Gaidemar vor ihm. „Wir haben Gastrecht, alle!" teilte ihm der Knabe mit.

Kein Angehöriger ihres Volkes würde gegen das Gastrecht verstoßen und somit zeigten sich auch Olaf und Richwin. Die Gefährten näherten sich dem am Dorfeingang wartenden Narbenmann.

„Ihr seid unsere Gäste! Ich bringe euch zu unserem Ältesten! Mein Name ist **Werner**!"

Der Älteste begrüßte die Ankömmlinge vor seinem Langhaus. „Seid unsere Gäste! Teilt mit uns Brot und Salz! Dann berichtet über eure Botschaft!"

So wurde verfahren. Eine Alte brachte Brot und Salz. Olaf, sich der Annahme des Gastrechtes und seiner Führung bewusst, zeigte wie mit dem Angebotenem zu verfahren war. Er tunkte ein Stück Brot in das Salz und aß diesen Bissen.

Gerwin tat es ihm nach und verzog das Gesicht, als der Geschmack des Salzes seinen Gaumen kitzelte. So hatte er Salz noch nie gegessen.

Der Mann mit den schlohweißen Haaren schmunzelte, als er des Knaben Reaktion bemerkte. „Tretet ein." beschied er den Ankömmlingen.

Die Männer folgten ihm und auch Gerwin betrat wieder das Langhaus. Es wurden kleine Tafeln mit Speisen gebracht und vor jedem Gast und dem Ältesten aufgestellt. Neben Brot und Salz erkannte der Knabe im Feuer gebratenen Fisch und Grütze, sowie Möhren, Zwiebeln und Schnittlauch. In einer kleinen Schale war eine gelbliche Masse, die Gerwin unbekannt vorkam.

Er sah, wie Olaf diese Masse auf dem Fladenbrot auftrug und sich den Bissen in den Mund schob. Wieder folgte er der Handlung des Älteren.

Als die Butter seinen Gaumen berührte, nahm er den Wohlgeschmack war und musste sogleich einen weiteren Bissen folgen lassen.

In der Beobachtung des Verhaltens seiner Gefährten erkannte Gerwin die Regeln, die er als Gast einzuhalten hatte. Er mäßigte sich, obwohl der Geschmack der gelblichen Speise reizte. Offensichtlich hatte der Älteste dieses Verhalten des Knaben bemerkt und deshalb fragte er: „Du kennst keine Butter?"

„Doch, Butter kenne ich, nur diese Farbe und der Geschmack sind mir unbekannt. Butter sieht bei uns anders aus und schmeckt auch nicht. Wir verwenden dieses Zeug nicht zum Essen!" erklärte der Knabe seine Verblüffung.

Während des Essens unterhielt sich der Älteste mit Olaf und Gaidemar. Fragen nach dem Weg und der Dauer der Reise wurden gestellt und beantwortet. Zur Botschaft fiel kein Wort.

Die Alte, die Brot und Salz gereicht hatte, kam mit einem großen Trinkhorn. Dieses machte vom Ältesten aus die Runde durch die Gesprächsteilnehmer bis zu Gerwin. Zuerst roch der Knabe daran, dann nippte er und erst als er den Geschmack auf der Zunge spürte, trank er einen Schluck. Noch nie hatte er Met getrunken und es schmeckte köstlich.

Ein Blick von Gaidemar belehrte ihn jedoch, dass er sich zurückhalten sollte. Deshalb reichte er das Horn an die Alte. „Bitte, gib mir nur Wasser."

Die Alte füllte das Horn neu auf und brachte es zum Ältesten. Der Gasttrunk kreiste ein weiteres Mal, während die Alte die Speisereste wegräumte.

Vor der Beratung zur Botschaft zu viel zu trinken, wäre unklug gewesen. Noch war die Sicherheit der Gefährten fragwürdig und es war nicht vorherzusehen, wie der Eldermann auf die Aufforderung zum Bündnis gegen die Römer reagieren würde.

Gastrecht war zugebilligt, konnte jedoch jederzeit widerrufen werden, wenn festgestellt würde, dass die Parteien unterschiedliche Ziele verfolgten. Dann im trunkenen Zustand das Dorf verlassen zu müssen und einer Verfolgung ausgesetzt zu sein, könnte tödliche Folgen haben.

Der Älteste sprach Olaf an: „Du kommst aus der Sippe, in der der Jäger Norbert lebt?"

„Ja, Norbert ist jetzt unser Eldermann!" erklärte der Gefragte mit Bestimmtheit in der Stimme.

„Wie das? Bei euch war doch dieser Römerfreund Ältester?" fragte der Weißhaarige verwundert.

„Wir haben neu gewählt. Siegbald wollte sich dem Thing nicht fügen. Also musste er das Dorf verlassen!" Olaf verwies, in dem er auf den wichtigsten Umstand deutete, auf die Veränderung der Machtverhältnisse in seiner Sippe.

„Dann hat sich bei euch sehr viel verändert! Erzähle es mir. Wie kam es dazu?" bat der Eldermann.

Über die Erzählung des Hergangs, vom Überfall der Römer im Buchendorf bis zum Ende des Things im Dorf der Talwassersippe, verging die Zeit. Gerwin hielt sich zurück und beantwortete nur Fragen. Olaf übernahm das Reden.

Hin und wieder tranken die Älteren einen Schluck des Mets und Gerwin blickte neidisch und verstohlen zu Gaidemar. Dies bemerkend, schüttelte der geringfügig mit dem Kopf und unterstrich damit sein Verbot.

Als der Wissensdurst des Eldermanns gestillt schien, kam dieser auf Ihren Begleiter Alfred zurück.

„Alfred führte euch hierher? Warum ist er dann nicht mit ins Dorf gekommen?"

„Das ist uns nicht bekannt..." antwortete Olaf und setzte nach einem kurzen Zögern fort: „... er verhielt sich den ganzen Weg recht eigenartig. Schweigsam führte er uns, um dann ohne Erklärung umzudrehen. Mein Schwager hatte ihn als guten Führer und seinen Vertrauten benannt und versichert, dass er uns bis zu dir bringen würde."

„Dein Schwager ist Ulbert, der Eldermann?"

„So ist es! Mir scheint, auch er weiß nicht, dass Alfred euch zu fürchten scheint ... Das Verhalten ist so merkwürdig, dass ich es mir nur mit Sippenfeindschaft erklären kann!"

Der Älteste überlegte eine Weile und antwortete dann auf diesen Verdacht.

„Alfred hat einen unserer Jäger verletzt und der wäre fast daran gestorben. Ihr habt Werner, den Narbenmann gesehen. Er hat euch empfangen." Der Weißhaarige schwieg und überlegte.

„Wir fanden Werner mit einem Pfeil im Hals. Beide, Werner und Alfred, waren auf der Jagd aufeinander getroffen. Die Gruppe um Werner hatte eine Bache gestellt. Werner hatte den Anschluss verloren, dafür aber einen Frischling verfolgt und geschossen. Als seine Jagdgefährten ihn später fanden, steckte ein Pfeil in seinem Hals." Der Eldermann besann sich einen Augenblick.

„Es dauerte lange, bis die Wunde heilte und noch länger, bis Werner wieder sprechen konnte. Er kannte den Schützen nicht, hatte ihn aber gesehen. Wir vermuteten, dass der Schütze aus einer Nachbarsippe stammte, wussten aber nicht aus welcher. Bis sich beide Jäger am Fluss beim Fischen begegneten. Einer unserer Jäger kannte Alfred und seither wissen wir, wer Werner verletzte."

„Dann hat der Narbenmann doch das Recht der Rache!" warf Gerwin unbedacht ein.

Der Älteste wandte sich an Gerwin und lächelte: „Das ist wohl richtig, aber ich habe die Rache untersagt!"

„Warum?" fragte Olaf.

„Beide Jäger konnten sich nicht einigen, wer den Frischling geschossen hatte. Von Beiden steckte ein Pfeil im Tier. Welcher Pfeil hatte zuerst getroffen? Werner konnte diese Frage nicht beantworten! Was wäre in dieser Situation richtig gewesen?"

„Teilen!" rief Gerwin dazwischen. Der Eldermann wandte sich Gerwin zu und schmunzelte. „Werner war der scheinbar Größere und nach Kräften Überlegene. Er wollte nicht teilen! Alfred zog sich vom Jagdopfer in den Wald zurück. Als Werner den Frischling schulterte, traf ihn der Pfeil. Von da ab fehlte Werner die Erinnerung. Diese kam erst nach längerer Zeit wieder. Zunächst verweigerten die Götter Werner die Erinnerung. Der Hals verheilte, Werner lernte langsam wieder das Sprechen. Dann erlösten die Götter auch seine Erinnerung." Der Eldermann schwieg einen Moment und die Gefährten lauerten auf den Schluss der Geschichte.

„Werner rief durch sein Verhalten Alfreds Tat hervor. Also war er nicht schuldlos. Der hinterlistige Pfeilschuss ist mir kein ausreichender Grund für eine Blutrache, zumal Werner überlebte. Beide tragen Schuld und so habe ich bestimmt, dass beide diese Sache miteinander klären und nicht unsere Sippen!"

„Jetzt verstehe ich. Mein Schwager kennt den Vorfall nicht!" rief Olaf überrascht aus. „Alfred verschwieg seine Tat bisher. Deshalb sprach Alfred nicht mit uns und war bald möglichst aus eurem Gebiet verschwunden..." folgerte Olaf aus den nun bekannten Zusammenhängen.

„Warum geht Werner nicht ins Dorf der Sippe und fordert Wiedergutmachung?" fragte Gaidemar.

„Auch das halte ich für keinen guten Gedanken. Eine solche Absicht könnte zu Missverständnissen zwischen unseren Sippen führen. Warum sollen Andere wegen Werners unbedachten, jugendlichen Unverständnisses zu Schaden kommen? Nur wenn Alfred in unserem Gebiet aufgefunden und unverletzt vor mich gebracht werden kann, bin ich bereit, mich mit dem Eldermann der Nachbarsippe zu verständigen. Das war und ist meine Forderung!" Gerwin fand das Verhalten des Ältesten klug.

Vater hatte ihm einmal erklärt, dass das Leben in einer Sippe auch von der Stärke und Anzahl der Mitglieder abhängt. Wohlstand, reiche Ernte und viel Viehbestand hingen immer davon ab, wie viele Hände sich an der Arbeit beteiligten und über welche Dauer dieser Arbeit nachgegangen werden konnte. Gerwin fragte seinen Vater daraufhin, was er meinte und erhielt die Antwort, dass der Wohlstand eines Dorfes von erfolgreichen Ernten oder Kriegen komme. Kein Krieg geht ohne Verluste ab. Krieger sterben und wenn der Kampf gar verloren wird, kann die ganze Sippe vernichtet werden. Deshalb sei es besser, den anderen Weg zu gehen.

Gerwin erinnerte sich aber auch noch an einen weiteren Satz seines Vaters, der ihm sagte, dass man Kriege möglichst vermeiden und falls man zum Kampf gezwungen sei, diesen dann weit vom eigenen Haus entfernt, mit aller Härte und Unerbittlichkeit, führen soll.

Über das Gespräch mit dem Eldermann war der Abend herein gebrochen. Zum Abschluss kommend, fragte Olaf den Ältesten, wie er sich mit seiner Sippe gegenüber der Botschaft und dem Bündnis verhalten würde.

Der Eldermann überlegte eine Weile und verkündete dann, dass er mit den Oberhäuptern der Familien sprechen und sie die Entscheidung zum Bündnis treffen oder alle Freien zum Thing rufen würden. Diese Mitteilung stellte die Gefährten zufrieden.

Gaidemar und Gerwin verließen das Langhaus. Sie kehrten nach einer längeren Zeit, die sie in der Dämmerung mit Zweikampfübungen verbrachten, zurück und legten sich mit Einbruch der Dunkelheit schlafen.

25. Das Mädchen

65 nach Christus - Frühjahr (7. Aprilis)
Barbaricum - Im Land der Hermunduren zwischen dem Fluss Moenus und dem Herzynischen Wald

Für Gerwin begann der neue Tag mit Nebel und Regen. Bisher hatten die Gefährten auf ihrer Wanderung mit dem Wetter Glück. Der Winter ging zur Neige und brachte Tauwetter. Dafür verschonte er sie aber mit anderen Unbilden. Es gab keinen Frost, die Sonne schien länger und in den vergangenen Tagen brachte sie, neben längerem Sonnenlicht auch schon Wärme auf die Erde.

Im Ausgang des Winters stellte jede Reise eine harte Bewährungsprobe dar. Der Schneematsch behinderte die Fortbewegung. Die Füße wurden nass und kalt. Wärmendes Feuer konnten Reisende zumeist erst am Tagesende in Anspruch nehmen.

Über solche Bedingungen machte sich Gerwin keine Sorgen. Er war es gewöhnt und empfand in diesem täglichen Zustand keine Besonderheiten. Von seinem Vater hatte er gelernt, dass die größte Kälte auch dauerhafteste Wärme hervor bringt.

Im vorigen Winter hatte Vater ihn gelehrt, sich morgens mit freiem Oberkörper im Schnee zu suhlen und so zu erfrischen. Das Gefühl nach dem Anlegen der Oberbekleidung, wenn die Wärme zurückkehrt, hielt längere Zeit an und über den gesamten Tag empfand der Knabe keine Kälte. Erst mit der Müdigkeit und Erschöpfung kam ein Gefühl des Frierens und dann war er im Langhaus am Feuer oder konnte sich in seiner Lagerstatt einrollen und schlafen. Die Reise machte dies zwar nicht immer so möglich, doch bisher hatte er nie den Zustand absoluter Müdigkeit erreicht und deshalb fühlte Gerwin keine Kälte.

Zum Frühstück gab es reichlich Gerstenbrei. Gerwin nutzte danach die Möglichkeit, sich das Dorf der Sippe anzusehen. Nahm er die Finger seiner Hände zu Hilfe, zählte er für die Anzahl der Langhäuser mehr als vier Hände. Diese Häuser wurden von freien Flächen, auf denen zumeist noch reichlich Schnee lag, und von Flechtzäunen umsäumt.

Am tieferen Ende des Dorfes stieß er auf den Bach, der die Siedlung mit frischem Wasser versorgte. In der Ferne sah er weiteres Wasser.

Dem Bach folgend, stellte er bald fest, dass ein gewaltiger Fluss diesen Bach aufnahm. Staunend stand der Knabe am Ufer des Flusses und betrachtete dessen Verlauf und das viele Wasser.

„Wo kommst du denn her, dass du so blöd auf den Maa starrst?" wurde er plötzlich von einer weiblichen Stimme angeschnauzt.

Erschrocken drehte er sich in die Richtung und sah ein Mädchen seines Alters, die einen Bottich in ihren beiden Armen trug. Das Mädchen hatte wohl im Fluss Kleider gewaschen und war im Begriff, zurück zum Dorf zu laufen.

Gerwin bemerkte einen vom Schnee befreiten Stein, der es möglich zu machen schien, zum Waschen Kleider im Bach zu schwenken. Verstehend sah er das Mädchen, den Stein, den Bach und wieder das Mädchen an und ihm wurde bewusst, dass die erhaltene Ansprache nicht nur spöttisch, sondern fast beleidigend ausgefallen war.

„Ich hätte nie vermutet, dass Fische sprechen können! Wie bist du so schnell ans Ufer gesprungen und hast die Sprache erlernt?" fiel ihm eine ebenso spöttische und beleidigende Erwiderung ein.

„Dummkopf, siehst doch, dass ich kein Fisch bin!" war die kesse Antwort.

„Deine spitze Zunge hat aber sehr wenig Menschliches an sich!" Gerwin spitzte seinen Mund, wie er es im klaren Wasser eines heimischen Sees von den Karpfen gesehen hatte und antwortete mit verstellter piepsiger Stimme: „Bin doch kein Fisch..." Das Mädchen musste lachen.

Sie sah ihn offen und freundlich an: „Kommst du mit zum Dorf? Ich bin *Freia!*" verkündete sie.

In dieser Art aufgefordert, konnte er nicht nein sagen. „Warte!" rief er ihr zu und eilte ihr nach, um sie nach wenigen Schritten auch einzuholen.

„ ... du hast recht. So einen breiten Fluss und so viel Wasser habe ich noch nie gesehen!" gestand er ihr und blieb stehen, um zum Fluss zurückzublicken.

„Na komm schon, der Fluss ist morgen auch noch da!" erklärte sie.

Er nahm ihr den Bottich aus der Hand, setzte ihn sich auf die Schulter und schritt neben ihr her.

„Du gehörst zu den Fremden? Woher kommst du?" fragte Freia den Knaben mit der Neugier eines Weibes in der Stimme.

„Aus der Richtung des Nachtsterns!" antwortete er.

„Was ist der Nachtstern?" folgte prompt ihre nächste Frage.

„Was, du kennst den Nachtstern nicht?" verwundert sah Gerwin das neben ihm schreitende Mädchen von der Seite an.

„Nein!" erwiderte sie.

„Hast du noch nie in den Nachthimmel gesehen?" zeigte sich weiterhin Gerwins Verwunderung.

„Ach, du meinst die Götterlichter?" gluckste sie verhalten und fügte an „...ihr nennt sie also Nachtsterne?" Sie sah den Knaben mit dem Kopf schütteln.

„Nein, was du meinst, sind die Sterne, ..." behauptete er „...auch wenn ihr sie Götterlichter nennt. Der Nachtstern ist ein besonderer Stern. Mein Vater zeigte ihn mir im vergangenen Sommer. In unserem Dorf stand er nachts immer über dem Mondstein." Der Knabe erinnerte sich an die Gelegenheit. Die Worte seines Vaters klangen in seiner Erinnerung nach und so wie er die Stimme seines Vaters in seinem Kopf hörte, erklärte er dem Mädchen die Zusammenhänge.

„Zuerst musste ich mir merken, an welcher Stelle in der Nähe unseres Dorfes die Sonne am Abend hinter dem Wald und unseren Bergen verschwand. Am nächsten Morgen zeigte mein Vater mir, wo die Sonne aus der Schattenwelt wieder zu uns zurückkehrte. Er zeigte mir die Richtung, in der Sunnas Wagen die größte Höhe erreichte und wo Sunna, wieder hinter dem gleichen Berg und Wald, in das Schattenreich verschwand. Das machte mein Vater an drei aufeinanderfolgenden Tagen mit mir. Der Ort, wo Sunna im Schattenreich verschwand und wo sie am Morgen vom Schattenreich zurückkehrte, blieb an allen Tagen der Gleiche!" Gerwin musterte seine neue Bekanntschaft. Das Mädchen hörte ihm aufmerksam zu.

„Auch wenn Sunna die höchste Stelle ihres Weges über den Taghimmel fand, zeigte der Ort der größten Höhe immer auf den gleichen Berg. Mein Vater sagte, die Göttin Sunna fährt mit ihrem Wagen immer den gleichen Weg. Sie wird von ihrem Bruder **Dagr** begleitet. Zur Ruhe geht sie ins Reich der Schatten, wo Dagr, der Tag, von seinem Bruder **Nott** abgelöst wird. Nott können wir nicht sehen, weil bei uns eine solche Dunkelheit herrscht, dass sein Weg mit unseren Augen nicht verfolgt werden kann. Damit Nott aber auf seinem Weg Licht hat, stehen der Nachtstern und viele andere Sterne am Himmel." Sie nickte und machte den Eindruck, alles verstanden zu haben.

„Wenn alle anderen Sterne am Nachthimmel nicht leuchten, bleibt uns immer noch der Nachtstern. Erst wenn die Götter uns mit vollkommener Dunkelheit strafen, bleibt auch der Nachtstern fort und Notts Weg unbeleuchtet. Ob unser Himmel von vielen Sternen oder nur vom Nachtstern beleuchtet wird oder keines deiner Götterlichter da ist, Nott findet seinen Weg trotzdem. Mit dem Morgen löst Dagr seinen Bruder Nott wieder ab. Mein Vater sagt, wenn ich den Nachtstern am Himmel erkenne, finde auch ich meinen Weg in der Dunkelheit der Nacht.

„Und, stimmt es?" fragte Freia neugierig.

Gerwin schwieg und besann sich. Er dachte an seinen Weg zur Bergesippe.

„Ja!" verkündete er. „Auf dem Weg zur Bergesippe habe ich es selbst bemerkt. Gertrud und ich liefen auch in der Dunkelheit, ohne dass ich den Weg verfehlte.

„Was ist der Mondstein? Wer ist Gertrud? Wer ist die Bergesippe?" fragte Freia und erwartete eine ausführliche Erklärung. Sie hatte ihn am Arm gefasst und damit zum Stehen gebracht.

Gerwin sah das Mädchen an, erkannte deren Neugier und Sehnsucht in ihren klaren braunen Augen. Das Gesicht, das der Knabe sah, beeindruckte ihn durch eine ausgewogene Schönheit. Eine etwas spitze kleine Nase und ein Mund, mit vollen Lippen, bildeten den Mittelpunkt eines Gesichts, das von leicht ausgeprägten Wangenknochen beherrscht und von vollem, langem, braunem Haar umschlossen wurde. Das kleine Grübchen in der linken Wange, wenn Freia lächelte, und ihre Art sich spöttisch und neckend zu äußern, gefielen Gerwin. Überhaupt fand er Freia recht hübsch, besonders wenn ihr Gesicht einen spitzbübischen Ausdruck annahm.

Mit ihren Augen versuchte Freia förmlich in Gerwins Kopf einzudringen. Natürlich gelang dies nicht, reichte aber, den Knaben zur Erzählung zu veranlassen.

„Wir wurden von Römern überfallen. Viele aus unserer Sippe wurden getötet, die Lebenden als Gefangene weggeführt. Von unserer Sippe überlebten nur Alte und Kinder. Der einzige erwachsene, überlebende Mann glaubte, dass auch unsere Brudersippe in Gefahr sei. So ging ich um die Brudersippe zu warnen. Ich war der älteste Knabe. Unterwegs traf ich auf Gertrud. Sie war vor Legionären in den Wald geflohen und entkommen. Also liefen wir gemeinsam, an zwei Tagen und Nächten. Wir kamen rechtzeitig und konnten die Bergesippe warnen. Die Römer wurden bei ihrem Eintreffen erwartet, fortgejagt oder getötet." Gerwin schwieg und wieder rollte die Welle des Schmerzes der Erinnerung über ihn hinweg. Auch Freia schwieg.

Dann fragte sie leise: „Deine Mutter und dein Vater? Hattest du Geschwister?"

„Nein, Geschwister hatte ich nicht! Mutter starb durch einen Speer in den Rücken! Vater tötete viele fremde Krieger und starb erst, als er den Anführer der Römer schwer verletzt hatte!" Gerwin schwieg. „Ich werde den Hund finden und töten!"

Freia sah Gerwin an, erkannte einen Knaben von etwa vierzehn Wintern, etwas größer als sie selbst, an der Schwelle zum werdenden Mann. Seine schlanke, sehnige Figur zeigte erste Ansätze von Muskeln, die aber noch nicht über das Knabenstadium hinaus ausgebildet waren. Der Blick des Knaben war offen, zeigte Neugier und Verständnis. Seine Nase war gerade und nicht sehr groß. Sein Mund war weder klein noch zu breit geraten. Eben ein normaler Knabe seines Alters, mit dunkelblondem, über die Ohren gleichmäßig abfallendem Haar und blauen Augen. So wie sie ihn sah, glaubte sie, seinen abgrundtiefen Hass auf die Römer in seinen Augen erkannt zu haben.

„Du hast es ansehen müssen?" fragte sie und er nickte zur Bestätigung mit dem Kopf.

„Vater und ich kamen vom Fischen. Als er ins Dorf stürmte, befahl er mir, mich zu verbergen!"

„Hattest du Angst?" fragte sie leise und er nickte.

„Ich sah wie Legionäre Gertrud folgten. Die Römer suchten den Waldrand ab, wo auch ich mich verborgen hatte. Einer von ihnen kam genau auf mein Versteck zu. Seine Lanze schleifte über meinen Rücken, nach dem der Römer zuvor unmittelbar vor meinem Kopf in die Kuhle gestochen hatte."

„Du bist nicht erschrocken, hast nicht geschrien und bist auch nicht weggelaufen?" fragte sie ungläubig nach. Er schüttelte mit dem Kopf.

„Ich wäre schreiend davon gerannt!" Es war eine einfache Feststellung. Indem sie dies sagte, erkannte sie seine innere charakterliche Stärke. Gerwin jedoch hatte das Gefühl, seine Handlung näher erklären zu müssen.

„Ich hatte Zeit mich auf alles vorzubereiten. Ich sah den Römer kommen. Ich zwang mich zur Ruhe, auch für den Fall, dass mich der Speer verletzte. Ich wusste, dass eine Flucht aussichtslos wäre. Also presste ich mich an den Erdboden, zog Farne und Zweige eines Busches über mich und hoffte. Weglaufen konnte ich nicht mehr. Meine Füße waren viel zu schwer ..."

Leise sagte er: „Mein Vater lehrte mich, das Angst der größte Verräter sei. Diese Angst müsse bezwungen werden, damit es eine neue

Gelegenheit geben konnte. Ich fühlte große Angst. Ich dachte an meinen Vater, an seinen Tod. Ich sah vor mir, wie meine Mutter starb und der Hass zeigte mir, dass ich meine Rache nur vollziehen kann, wenn ich jetzt überlebe. Ich zitterte vor Wut und Angst."

Nach einem Augenblick der Besinnung ergänzte er: „Der Römer wurde abgelenkt und übersah mich!"

Beide schwiegen und setzten ihren Weg, zurück zum Dorf, fort.

„Und der Mondstein?" erinnerte sie ihn nach einigen Schritten des Schweigens an den noch unbeantworteten Teil ihrer Fragen.

„Ach der Mondstein... ist ein Felsen am Rande unseres Dorfes. Er ist fünfmal größer als das Dach unserer Hütte. Stehst du auf ihm, kannst du die Menschen von oben sehen. Sie sind alle ganz klein. Das ganze Dorf kannst du übersehen und die Wege durch den Wald zum Dorf. Nur, keiner außer mir kennt den Weg auf den Mondstein. Vater zeigte ihn mir!" Gerwin schwieg und dachte an sein Dorf.

Dann fragte Freia leise: „Was willst du hier? Bist du auf Brautschau?"

„Nein, ich denke nicht. Wir bringen eine Botschaft von anderen Sippen..." und nach einem kurzen zögern fügte er an „... wäre wohl noch etwas früh für die Brautschau..." und dann zwickte ihn ein launischer Teufel „... aber du könntest mir schon gefallen. Nur was sollte ich mit deiner spitzen Zunge anfangen?"

Gerwin spitze seinen Mund wieder, wie es Karpfen tun und lief ihr davon. Spielerisch wollte sie dem Knaben eine Ohrfeige verabreichen, griff dann in den Schnee und bewarf ihn damit. Sie hatte gut gezielt. Der Schneeball traf ihn am Kopf und rieselte unter sein Obergewand. Kreischend schüttelte sich Gerwin und lachend liefen beide weiter.

Ihr Schritt wurde langsamer. „Du kennst andere Sippen?" wollte Freia von ihm wissen.

„Ja, ich habe Einige gesehen." bestätigte der Knabe nachdenklich.

„Wie leben die?" fragte sie neugierig geworden.

„So wie ihr, manche etwas besser und andere schlechter. Kennst du die Römer?" stellte er ihr nun eine Gegenfrage.

„Willst du die Wahrheit wissen?" Sie sah ihn fragend an und er nickte.

„Nein, mir ist bisher kein Römer begegnet!"

„Warum nicht? Euer Ältester sagte, dass sie jedes Jahr zu euch kommen?" Gerwin zeigte ihr seine Überraschung.

„Römische Händler kommen mit Booten auf dem Fluss, jedes Jahr. Immer sind Sklavenhändler dabei und die haben Sklavenfänger. Immer wenn unsere Beobachter die Boote kommen sehen, verlassen wir Mädchen das Dorf."

„Das ist gut so!" stellte Gerwin unumstößlich fest.

„Warum?" Ihre Frage bestätigte die Neugier, die sie empfand. Einesteils war ihr der Schutz der Sippe wichtig und wenn die Alten sie wegschickten, musste es dafür Gründe geben. Andererseits wollte sie schon gern mal einen solchen Römer sehen. Es reichte ihr nicht, nur von den Fremden zu hören...

„Die Römer sind brutal. Sie morden und schlagen mit langen Peitschen und dann treiben sie die Menschen zusammen wie Vieh. Ich habe es gesehen!" Gerwins Antwort trug entschiedenen Charakter. Beide erreichten, nach diesen wütend hervorgestoßenen Worten Gerwins, schweigend das Langhaus. Er reichte ihr ihren Bottich.

„Danke." hauchte sie und beim Betreten des Hauses, drehte sie sich noch mal um und spitzte selbst die Lippen wie ein Karpfen, bevor sie verschwand. Es hätte aber auch ein Kuss sein können...

Im Überschwang seiner Gefühle kehrte Gerwin zum Langhaus des Ältesten zurück und wurde von Gaidemar mit barschen Worten empfangen.

„Wo treibst du dich rum? Wir haben dich gesucht!"

„Werde schon nicht verloren gehen! Ich war am Fluss...soviel Wasser und so breit..."

„Los komm mit, wir gehen üben. Am Nachmittag werden die Familien beraten. Olaf hatte vorhin noch ein Gespräch mit dem Eldermann."

Gaidemar entfernte sich vom Dorf und Gerwin trottete ihm nach. Sie gelangten in den Wald, suchten eine kleine freie Lichtung und begannen die Übungen.

Wieder wurde Gerwin im Kampf mit dem Messer unterwiesen. Zuerst die Messerabwehr, blocken mit dem freien Arm, das Binden des Dolches eines Angreifers mit dem eigenen Messer und Arm, Meidbewegungen und Ausweichen. Dann ging Gaidemar dazu über, ihm im Messerkampf die Funktion der Füße, deren Stellung im Kampf und Bewegungen zur Abwehr zu erläutern und zu zeigen.

In der Pause erklärte Gaidemar: „Im Messerkampf entscheiden zwei Dinge, die Augen und die Beine!"

„Wieso die Augen und die Beine?" fragte der Knabe.

„In den Augen siehst du, was dein Gegner vor hat. Greift er an oder wehrt er ab? Hat er Angst? Ist er verzweifelt oder sucht er deine Lücke?

Danach musst du dich richten! Und deine Beine bringen dich aus der Reichweite des Messers oder in den Nahkampf. Das Messer entscheidet nur den Kampf. Wenn du getroffen bist, wird der Schmerz dich lähmen und du wirst die sichere Beute deines Feindes. Triffst du ihn, führe zu Ende, was du begonnen hast. Es gibt keine Schonung, kein Mitleid!"

Nach einer Weile fragte Gaidemar nach: „Also worauf musst du achten?"

„Auf die Augen!"

„Und auf die Beine!" mahnte Gaidemar und fügte hinzu: „Die Beine tragen den Gegner zu dir oder weg von dir. Die Beinstellung muss zum Angriff passen. Falsche Beinstellung ist ein Zeichen von Unsicherheit und Angst. Bei der Angriffsstellung achte auf die gesamte Haltung. Ein erfolgreicher Angriff benötigt die richtige Beinstellung, den richtigen Griff zum Messer und das Schwungholen für den Stoß. Du siehst es in den Augen deines Feindes, in Übereinstimmung mit seinen Bewegungen. Auch ein sich verteidigender Kämpfer benötigt die richtige Beinstellung. Das alles werden wir jetzt üben." Der Erklärung folgten das Zeigen und das Üben bis zur Beherrschung. Dabei blieb Gaidemar unerbittlich.

Dem Knaben schmerzten die Arme, die Beine und die Rippen. Seinen Kopf zierte eine Beule. Als Gaidemar zufrieden war, machten sie wiederum eine Pause.

„Wenn dein Feind genauso ausgebildet ist wie du, wird er sich ebenso verhalten. Es wird zwischen euch keine Entscheidung geben oder ein Glückstreffer entscheidet. Was tust du also, wenn du genau erkannt hast, dass dein Gegner dir ebenbürtig ist?" Gerwin überlegte, doch ihm fiel die Lösung nicht ein.

„Du musst den Feind in Sicherheit wiegen. Er muss glauben, dir überlegen zu sein. Das kannst du nur mit falscher Beinstellung zeigen. Die Augen verraten dich. Senke deine Augenlieder und mache es ihm unmöglich deine Augen zu sehen. Mit falscher Beinstellung verleitest du ihn zum Angriff. Das ist der Moment, in dem sich seine Deckung öffnet. Jetzt stoße entschlossen zu! Damit du das erlernst, werde ich dir eine Beinstellung zeigen, die den Gegner zum Angriff reizen wird und dich in eine günstige Position zum Stoß bringt. Doch noch etwas. Ein Gegner, der seine Augen verschleiert, beherrscht die gleichen Fähigkeiten. Deshalb ist dann große Vorsicht geboten!"

Erklärt werden kann vieles, bevor die Erklärungen sich in Handlungen manifestieren, müssen die Abläufe einzeln, in Schritten, und im Gesamtablauf immer wieder geübt und wiederholt werden.

Gaidemar war ein ausgezeichneter Messerkämpfer und jeden Fehler des Knaben bestrafte er mit Schmerzen. Diese Schmerzen gruben sich in das Erinnerungsvermögen des Knaben und so lernte er über die Erklärung und den Schmerz die Handlungsweisen, bis sie sich einbrannten und zu Reflexen umbildeten.

Das Holzmesser war ein wichtiger Bestandteil aller Übungen. Gaidemar hatte sein Messer mit Fell umwickelt um die Folgen einer erfolgreichen Aktion zu dämpfen. Dafür kämpfte er mit Konsequenz. Mancher Stoß war kräftig und trotz Schutz schmerzhaft bis lähmend.

Gerwin erlebte in den letzten Tagen viele solcher Übungsstunden. Sein Körper wies zahlreiche Prellungen, blaue Flecken und auch kleinere Risswunden auf. Ihm jedoch schien der ständige Schmerz nichts mehr auszumachen. Er war unempfindlicher gegen Schmerz geworden.

Mit der Zunahme seiner Geschicklichkeit ging sein Schmerzempfinden zurück. Beide Veränderungen, von Gaidemar durch die Konsequenz der Übungen hervorgerufen, förderten Gerwins Kampfbereitschaft und Fähigkeiten.

Noch nie hatte Gerwin Gaidemars Deckung ernsthaft gefährden können. Immer zog er den Kürzeren. Doch an diesem Tag war es erstmalig so weit. In einer von Gaidemar geführten Attacke, band Gerwin dessen Messer und sprang zurück. Dabei strauchelte er und statt wie bei einem Täuschungsmanöver die Augen zu senken, öffnete er sie weit und vermittelte den Eindruck von Angst. Gaidemar setzte sofort entschlossen nach. Während seine Hand nach vorn zum entscheidenden Stoß schnellte, drehte Gerwin seinen Körper seitwärts weg. Gaidemars Hand schrammte am Knaben vorbei. Dadurch gelang es Gerwin, selbst den finalen Stoß ansetzen zu können.

Mit einer Drehung des Körpers im letzten Moment, brachte er seine rechte Stoßhand nahe an seinen Gegner und dieser rannte richtig in das Messer hinein. Möglicherweise hätte selbst Gerwins Holzmesser Gaidemar ernsthaft verletzt, wenn dieser nicht seine Hand geöffnet hätte und somit den Druck verringerte. Das Messer fiel zu Boden.

Gaidemar stand, wie vom Blitz getroffen und starrte Gerwin an.

Tief Luft holend verkündete er: „Du hast mich überrascht! Das war eine Falle!" Noch immer stand die Verblüffung in sein Gesicht geprägt.

Langsam erholte sich Gaidemar, hob Gerwins Holzmesser auf und sagte: „Ab jetzt sollten wir dein Messer genauso umwickeln, wie meines. Du wirst mir zu gefährlich."

Gerwin überrollte ein Gefühl des Triumphs, doch nur für einen Augenblick. Dann wurde ihm schlagartig bewusst, dass es ein Glückstreffer war. Also war Bescheidenheit und Demut angeraten. Eigenschaften, die ihm schon sein Vater vermittelte. Im Sieg sei bescheiden und in der Niederlage ehrenvoll. Diese Übungseinheit war für beide lehrreich. Auch Gaidemar war nicht zu alt zum Lernen und keinesfalls war er vollkommen. Von einem deutlich Unterlegenen hatte er heute eine Lehre verabreicht bekommen, die ihn zum Überdenken seiner eigenen Strategien zwang.

Gerwin war das Schweigen seines Lehrers recht. Er spielte die Szene, die zu seinem überraschenden Erfolg führte, mehrfach gedanklich durch. Der Knabe erkannte noch kleinere Fehler und prägte sich jede Sequenz seiner Handlungen ein.

Das Schweigen zwischen Ihnen wurde von Gaidemar gebrochen, als sie das Dorf erreichten:

„Du hast bisher nur einmal Erfolg gehabt. Glaube nicht, dass du dadurch zum Besten aller Kämpfer geworden bist. Du hast eine neue Fähigkeit erlernt und eine überraschende Lösung zur Täuschung eines stärkeren Gegners gefunden. Das ist gut so und erhöht deine Chancen im Kampf. Bedenke, es kann immer einen Besseren geben! Deshalb unterschätze und überschätze deine Möglichkeiten nicht. Du hast gelernt, dich zu verteidigen und du kannst im Kampf bestehen. Also vertraue deinen Reflexen, sie sind vorhanden. Deinem Können jedoch misstraue! Auch andere kämpfen gut und jeder, der dich mit einem Messer angreift, ist sich seiner Kraft, Größe und Überlegenheit bewusst. Normal hast du als Knabe keine Möglichkeit, einen solchen Kampf lebend und erfolgreich zu beenden."

„Gaidemar, ich habe dich nur heute und nur einmal richtig getroffen. Ich habe viel von dir gelernt. Ich habe deine Kampfweise gelernt, mit allen Finten. Du bist ein erfahrener Kämpfer mit dem Messer. Du bist Älter, Größer und Kräftiger als ich. Es ist gut, dass ich weiß, wie man als Krieger kämpft. Ich bin noch ein Knabe, meine Muskeln wachsen erst. Heute habe ich Glück gehabt und ich glaube, meine Augen und deren überraschende Öffnung, statt zu verschleiern, haben dich zum Angriff veranlasst. Normal wäre ich unterlegen."

Nach einer Weile fügte er hinzu: „Meine Kampfweise muss diese Unterlegenheit einbeziehen, wenn ich gegen erfahrene Krieger kämpfen muss!"

„Das ist richtig, denke darüber nach."

Genau dies beabsichtigte der Knabe, der sich jede Sequenz seiner Handlungen immer wieder vor Augen führte, prüfte und weiter darüber nachdachte, wie er genau diese Unterlegenheit, die seinem Alter und seiner geringen Körperkraft geschuldet sind, zum Vorteil einsetzen könnte.

Für ihn war ein neues Kapitel der eigenen Wehrfähigkeit geöffnet worden.

26. Geheimnisse

65 nach Christus - Frühjahr (8. Aprilis)
Barbaricum - Im Land der Hermunduren zwischen dem Fluss Moenus und dem Herzynischen Wald

*D*ie Beratung des Eldermanns mit den Oberhäuptern der Familien brachte den Bündnisbeitritt.

Gerwin und Gaidemar waren gehört worden, fühlten und sahen den Zorn der Familienanführer auf die römischen Eindringlinge und so war die nachfolgende Entscheidung schnell vollzogen.

Für den nächsten Morgen war das Verlassen des Dorfes vorgesehen und ein neuer Führer war auch schon bestimmt. Werner, der Narbenmann, sollte die Gefährten am Fluss Maa entlang, ins nächste Dorf führen.

Der Älteste hatte angeboten, den Weg zur nächsten Sippe in Boten zurückzulegen. Olaf lehnte nach kurzer Beratung mit den Gefährten ab. Vorsicht und etwas Angst, sich dem Wasser anzuvertrauen, waren wohl die Gründe der Ablehnung. Der Älteste nahm Olafs geäußerte Bedenken zur Kenntnis und akzeptierte die Entscheidung.

Gerwin nutzte die ihm verbliebene Zeit und spazierte abermals durch das Dorf. Diesmal wählte er nicht den Weg zum Fluss. Den Maa würde er in den nächsten Tagen noch recht oft sehen. Eigentlich schlenderte der Knabe ohne direktes Ziel, als er von einem Jungkrieger zum Folgen aufgefordert wurde.

Der Knabe bedachte sich kurz, erinnerte sich an seine vormalige unangenehme Begegnung und kam dann dem Wunsch des Jungmannes nach. Nur kurz erwog er, Gaidemar zu benachrichtigen. Er ließ es dann jedoch bleiben, wähnte er sich doch sicher im Dorf von Freunden.

Als er das Langhaus betrat, sah er sich etwa zwanzig Jungkriegern gegenüber, die ihn in lockerer Sitzordnung auf den Randbänken der Hütte, Lagerstätten und anderen Baumstümpfen erwarteten.

Er konnte auch einige Mädchen und junge Frauen ausmachen, die sich jedoch im Hintergrund aufhielten.

Natürlich überraschte ihn diese Ansammlung. Sich um die eigene Achse drehend, musterte er die Gruppierung. Misstrauisch, auf Grund vormaliger Erfahrungen, beäugte der Knabe die ungewöhnliche Runde und als er keine Bedrohungen ausmachen konnte, wartete er auf eine Erklärung. Langsam trat Ruhe im Raum ein.

Der Jungkrieger, der ihn zum Gespräch aufgefordert hatte, sprach ihn an.

Gerwin musterte ihn. Er war im Alter bei wohl etwa 20 Wintern, von untersetzter, kräftiger Gestalt. Sein Kopf saß auf einem sehr kurzen und kräftigen Hals. Der Kopf selbst war ungewöhnlich rund und sein tief schwarzes Haar stand borstig ab. Gerwin konnte sich des Eindrucks nicht erwehren, dass vom Haar ein merkwürdiger, etwas ranziger Geruch, ausging. Der Bursche hatte klare braune Augen und lächelte ihn an. Dabei bemerkte Gerwin, dass dem Jungkrieger vorn ein Zahn fehlte. Was der Knabe über den fehlenden Zahn dachte, behielt er besser für sich.

„Du bist Gerwin von der Buchensippe?" eröffnete der Jungkrieger das Gespräch.

„Ja…" antwortete Gerwin und wartete, wie sich diese Begebenheit wohl weiter entwickeln würde.

„Ich bin **Reingard**! Wir wissen, woher du kommst und was du erlebt hast. Wir möchten dich etwas fragen?" Gerwin zeigte in seiner Reaktion auf diese Ankündigung, dass er zur Antwort bereit sei.

„Du hast erlebt, wie die Römer dein Dorf niedermachten. Man erzählt, du hast eine andere Sippe vor dem Eintreffen der Römer gewarnt. Du warst dabei, als die Römer geschlagen wurden. Wir achten deinen Mut! Kannst du uns mehr davon berichten?"

Reingards Frage kam dem Knaben nicht ungewöhnlich vor, aber die Art und das ihn umlagernde Volk verunsicherten ihn dennoch.

Diese offensichtliche Unsicherheit missachtend, setzte Reingard seine Erklärung fort: „Auch wir werden von den Römern heimgesucht und wir wissen, dass gerade den Mädchen und jungen Frauen große Gefahr droht. Deshalb schicken wir diese immer dann, wenn wir das Kommen der Römer auf dem Fluss erkennen, in die Wälder."

Reingard beobachtete die Wirkung seiner Worte auf den Knaben. Als jedwede Reaktion ausblieb, setzte er fort: „Im vergangenen Jahr versuchten die Sklaventreiber die Spuren unserer Frauen zu finden. Es war ihnen aufgefallen, dass nur noch Krieger und ältere Weiber im Dorf weilten. Mädchen, junge Frauen und vor allem Kinder versteckten wir in den Wäldern. Wir glauben, die Römer kommen in diesem Sommer mit mehr Kriegern und versuchen das Versteck zu finden!" erklärte Reingard die Sorgen seiner Gefährten.

Der Knabe erkannte die Aufmerksamkeit der übrigen Anwesenden und konnte trotz deren Interesse nicht verstehen, warum man ausgerechnet ihm diese Frage stellte.

„Was wollt ihr wissen?" erkundigte er sich vorsichtig.

„Wie können wir unser Lager im Wald schützen?" brachte Reingard sein Verlangen auf den Punkt.

„Diese Frage solltet ihr Gaidemar stellen. Gaidemar ist ein Krieger aus Rotbarts Sippe. Er kennt deren Fallen."

Aus dem Kreis der Jungkrieger meldete sich eine Stimme: „Warum hast du diese Sippe gewarnt? Sind eure Nachbarn nicht eure Feinde?"

„Warum sollen Sippen unseres Volkes unsere Feinde sein?" fragte Gerwin zurück.

„War es bisher nicht immer so? Unsere Nachbarsippe gehört auch zum gleichen Volk und trotzdem sind sie uns feindlich gesinnt!" kam eine andere Stimme aus der Jungkriegerschar.

„Muss es dann auf ewig so bleiben? Wartet, bevor ihr weiter fragt. Schickt erst jemand, um Gaidemar zu holen." Reingard gab einem der Burschen einen Wink und dieser stürmte davon.

„Zu deiner Frage…" Gerwin drehte sich zu dem zuletzt Fragenden um „… hast du schon mal gesehen, wie Nachbarn und Freunde einfach so getötet werden? Am Vortag hast du noch mit einem Freund gespielt oder gesprochen. Am nächsten Tag findest du ihn erschlagen auf dem Dorfplatz. Er war nicht der einzige Tote! Es waren viele Freunde und Nachbarn!"

Gerwin zögerte mit der Fortsetzung. Wollte er, gegenüber ihm Fremden, darüber sprechen? „Was wirst du empfinden, wenn dein Vater von Römern umzingelt, von zwei Speeren im Rücken getötet wird? Was denkst du, wenn deine Mutter, vor deinen Augen, von einem Römer mit seinem Speerwurf in ihren Rücken niedergestreckt wird? Ist es nicht egal, wer die Hand führt, ob Römer oder eigenes Volk? Um wie viel schlimmer ist es, wenn sich unser Volk untereinander bekämpft und vor dem gemeinsamen Feind, den Römern, ausreißen muss? Es beschämt mich, dir das erklären zu müssen!"

Noch immer übermannte ihn bei der Erinnerung an die Szenen, wie Vater und Mutter starben, Furcht und Wut. Wurde er zum Erzählen veranlasst, versuchte er jeder Frage nach dem Überfall, sich vor der Erinnerung fürchtend, auszuweichen.

„Euer Dorf wurde beschützt. Der erste eurer Krieger den ich sah, war Werner, der Narbenmann. Das war gut und richtig, dass ihr aufpasst. Ich bin schon oft als Erster in ein fremdes Dorf gegangen und habe erlebt, wie unbedacht unser Volk zu sein scheint. In einem Dorf kamen mir alle Ältesten, weit vor dem Dorf entgegen und man unterzog mich einer eingehenden Befragung. Wären wir mit Hinterlist und Absichten für einen Überfall gekommen, wären sofort alle Ältesten getötet worden. Was glaubt ihr, wer einen Feind noch hätte aufhalten können? In eurem Dorf wurde ich vom Hüter befragt und erst als meine Antworten für euren Ältesten Sinn machten, gab er sich zu erkennen und erteilte uns Gastrecht." Gerwin schwieg und sah am Eingang der Hütte Gaidemar stehen. Der Krieger war unbemerkt eingetreten. Wieder meldete sich der zuletzt Fragende:

„Du hast Vater und Mutter sterben sehen! Was hast du getan? Warum lebst du noch?"

Dies war eine nahezu beleidigende Frage. Gerwin überlegte einen Moment und fragte dann zurück: „Auf welches Alter schätzt du mich?"

„Du wirst bald Jungkrieger werden können..."

„Bin ich deshalb schon ein Jungkrieger, trage ich eine Frame oder Schild? Außerdem irrst du dich! Ich muss noch einige Winter erleben, bevor ich beides bekommen und als Jungkrieger aufgenommen werden kann!"

Ein Raunen ging durch den Raum und Gerwin fügte ruhig an: „Aber wenn du mich heute herausfordern möchtest, werde ich den Kampf annehmen." Er grinste den Fragenden an.

Die Jungkrieger schlugen ihre Waffen gegeneinander und zollten dem Knaben damit Respekt. Dann setzte der Knabe seine unterbrochene Rede fort.

„Wisst ihr wie es ist, wenn Nachbarn und Freunde von Römern weggetrieben werden? Du selbst musst noch um dein Leben fürchten und kannst nicht mal fliehen. Deine Beine wollen rennen. Du wünschst dich an jeden anderen Ort. Doch die Beine lassen sich nicht bewegen, sind erstarrt. Ja, ich hatte Angst!" Ihm lag nichts daran, als Held zu gelten. Ein wenig Anerkennung würde ihm ausreichen und vor allem, wollte er unbehelligt bleiben.

„Erst am nächsten Tag stellten wir fest, dass nur drei Alte und neun Kinder überlebten... Nur ein erwachsener Mann, ein Hinkefuss, sammelte die verbliebenen Reste. Welches Los traf uns, welcher unserer Götter versäumte es, uns zu warnen? Warum war der Angriff auf uns erfolgt?"

Gerwin schwieg und im Raum herrschte absolute Stille. Alle warteten darauf, dass der Knabe fortsetzen würde.

Gerwin aber betrachtete die Jungkrieger, als sähe er vor sich Männer, die seinem Rat lauschten. In einem einzigen Augenblick begriff er die Wahrheit, dass aus ihm, dem unmündigen, ängstlichem Knaben, ein anerkannter Vertreter seines Stammes gewachsen war. Seine Erlebnisse, die Überwindung von Angst, Pein und Hass machten ihn zu einem anderen Burschen. Erschrocken fasste er sich, blickte zu Gaidemar und dann trat eine Veränderung in ihm ein, die er so nicht erwartete. Ruhe und Gleichmut nahmen von ihm Besitz und Worte flogen ihm zu, deren Herkunft ihm fremd zu scheinen schienen.

„Unser Dorf war ohne Schutz. Wir sind Bauern. Unser Leben bestand in Arbeit und Frieden. Auch das Kommen der Römer und Einfordern eines Tributes weckte unsere Aufmerksamkeit nicht ..." Er schwieg einen Augenblick.

„Es steht mir nicht zu, unsere Alten zu schelten! Auch mein Vater war nicht von der notwendigen Vorsicht und Klugheit geprägt ... Als er seinen Irrtum bemerkte, kämpfte er. Er war der Einzige, der im Kampf starb. Alle anderen wurden von den Römern überrascht und keiner führte seine Waffen bei der täglichen Arbeit mit .... Mein Vater und ich kamen vom Fischen. Er trug wie immer seine Kampfaxt bei sich. Als er das Massaker im Dorf sah, befahl er mir, mich zu verbergen und stürmte in den Kampf. Er tötete sieben Römer und verletzte den Anführer, bevor er selbst getötet wurde. Ich werde den Römer finden und Töten!" war des Knaben letzter hasserfüllter Satz.

Im Langhaus herrschte Totenstille.

„Aber ..." setzte der Knabe fort „...zwischen dem Angriff bei uns und der Bedrohung hier gibt es einen Unterschied!" Die Augen der Anwesenden waren auf seinen Mund gerichtet und erneute Spannung durchzog den Raum.

„Uns griffen römische Legionäre an, euch Sklavenhändler! Kehren Legionäre Roms nicht zurück, schicken die Römer Neue, in größerer Zahl. Diese vollständig zu vernichten, ist schwer! Wenn ihr die Sklavenjäger vollständig vernichtet, wer sollte berichten, welche Sippe diese Tat beging, wenn ihr alle Spuren beseitigt?"

Gaidemar schob sich in die Mitte des Raums und stellte sich neben Gerwin. In dem er auf seinen Zögling deutete, sagte er den Wartenden: „Gerwin hat recht. Römische Befehlshaber wissen, wohin sie ihre Legionäre senden. Sklavenjäger haben nur unbestimmte Ziele und nutzen sich bietende Gelegenheiten!" Gaidemar fügte eine Pause ein, um die Wirkung seiner Worte zu prüfen. Die Aufmerksamkeit aller richtete sich auf ihn.

„Bei euch fallen sie ein, weil ihr nur eine kleine Sippe seid, weil ihr am Fluss Maa wohnt und sie ihre Sklaven in Booten fortbringen können. Ihr seid ein bequemes Ziel! Überfallt ihr die Sklavenjäger und nur einer entkommt, wird Rom mit Legionären zurückkommen. Tötet ihr alle Sklavenjäger, wissen die Römer nicht, wer dafür verantwortlich ist. Welchen Befehlshaber interessieren schon Sklavenjäger?" Zufrieden mit seiner Erklärung musterte der Krieger die Jungmänner und bemerkte im Hintergrund des Hauses anwesende Mädchen und junge Frauen.

„Ihr wollt mich etwas Fragen?" beendete Gaidemar seine Erklärung mit einer Frage.

Reingard ergriff das Wort.

„Ihr habt die Römer in eurem Dorf vernichtet. Gerwin sagte, ihr hättet Fallen, Hinterhalte und besondere Kampfmethoden. Könnt ihr uns helfen, solche Hinterhalte zu errichten, damit wir die Sklavenjäger vernichten können?"

„Ja, das kann ich! Warum sind es die Jungkrieger und nicht die Erfahrenen, die mich das Fragen?" stutzte der Krieger.

„Es sind unsere Mädchen und jungen Frauen, die immer wieder verschwinden! Diese Mädchen und Frauen werden in Zukunft unsere Weiber werden. Es ist unsere Zukunft, die wir verlieren. Wer nimmt schon ein altes Weib?" fragte Reingard zurück.

„Ich brauche die Zustimmung eures Eldermanns! Dann helfe ich euch!" erwiderte der Krieger, die Antwort des Jungmannes verstehend.

„Gehen wir zum Ältesten!" bestimmte Reingard und wollte sich zum Verlassen der Hütte abwenden.

„Warte, wähle noch einige andere Jungkrieger aus, die dich begleiten. So erhält dein Wort Gewicht. Wenn ihr alle kommt, weiß ich nicht, wie der Älteste reagiert?"

So gesagt, so getan! In Begleitung von vier Jungkriegern verließ Gaidemar das Haus.

Gerwin wollte die Hütte ebenfalls verlassen, als ihn jemand am Arm zupfte.

Sich umdrehend, erblickte er Freia vor sich.

„Ich hoffe, du willst nicht unbedingt mit meinem Bruder kämpfen, nachdem du dich schon mit mir angelegt hast?" fragte sie den Verwirrung zeigenden Knaben.

„Dein Bruder ..." fragte er irritiert und setzte hinzu „...ist der mit den Fragen gewesen?"

„Ja!" bestätigte das Mädchen.

„Nein, warum sollte ich?" antwortete ihr der Knabe und fügte an: „Ich kämpfe nicht zum Spaß. Selbst ein solcher Kampf, nur um die Kräfte zu messen, kann Hass erzeugen. Wer mich aber angreift, dem werde ich mich stellen! Worte sind wie das Wasser, sie zerfließen!" erklärte er ihr seinen Standpunkt.

„Kommst du mit?" fragte das Mädchen. „Wohin?"

„Ich werde dir etwas zeigen!" fügte sie auf seine Rückfrage hin an.

Die Versammlung hatte sich aufgelöst und da Gerwin nichts anderes zu tun hatte, folgte er Freia.

Sie führte ihn aus dem Dorf. Am kleineren Fluss entlang erreichten sie eine Furt. Sie stiegen, sich aneinander festhaltend, durch das kalte Wasser. Anschließend folgte Freia dem Maa, um dann auf einen bewaldeten Hügel zu steigen. Auf diesem Hügel forderte sie ihn zum Besteigen einer Eiche auf und als er neben ihr im Geäst des Baumes saß, sah er über die Wipfel der niedrigeren Bäume hinweg den Fluss in seinem Verlauf.

Das Land an seinen beiden Ufern war flach und ermöglichte vom Baum aus einen weiten Blick. Gerwin erkannte sofort die günstige Lage dieses Standortes. Zuerst genoss er die Umgebung, dann die Anwesenheit von Freia und es schmeichelte ihm, dass sie ihn erkoren hatte, diesen Ausblick mit ihr zu teilen.

„Weißt du, ich bin gern hier! Von hier sehe ich ins Land und träume." Sie blickte ihn von der Seite an und erkannte sein Erstaunen.

„Wohin fließt der Maa. Mündet er in einen anderen Fluss oder gleich ins Meer? Es muss schön am Meer sein ... Da soll es noch viel mehr Wasser geben, unermesslich viel. Hinter dem Meer gibt es kein Land und wenn der Maa in einen anderen Fluss fließt, wie groß muss erst dieser sein?" Sie schwieg und hing ihren Gedanken nach, bis Gerwin ihr Träumen unterbrach.

„Dieser Ort ist sehr schön. Ich habe noch nie einen so breiten und tiefen Fluss gesehen. Unsere Bäche kann man leicht durchwaten. In unseren Flüssen gibt es Furten, Übergänge, an denen der Fluss überquert werden kann, aber dieser Maa…"

„… den kann man hier" unterbrach sie ihn und zeigte erst zum Sonnenaufgang und dann in Richtung des Sonnenuntergangs „… und hier auch überqueren!" Gerwin war gewillt, ihr zu glauben.

„Wir werden euch morgen verlassen …" erwiderte der Knabe „… und weiter ziehen. Gaidemar sagt, unser Weg führt uns zu dieser anderen großen Furt am Maa."

„Dort wird man euch nicht so begrüßen, wie bei uns!" erklärte Freia.

„Warum nicht?" wollte Gerwin von ihr wissen.

„Das Dorf ist sehr groß und es leben Fremde dort. Im Sommer kommen zuerst Händler und am Ende des Sommers die Sklavenhändler. Der Älteste, so wurde in unserem Haus gesprochen, sei ein großer Händler und wenig am Streit mit den Römern interessiert. Seid vorsichtig dort!" Für das Mädchen war damit alles gesagt. Sie schaute wieder träumend ins Land.

„Wir werden acht geben. Aber sind es nicht Leute unseres Volkes dort?" fragte Gerwin.

„Doch schon, aber alles Unheil für unser Dorf kommt aus dieser Richtung. Der Älteste soll mit unserem Eldermann im Streit leben. Deshalb wird man euch nicht erfreut aufnehmen, wenn ihr von uns dorthin geht." erklärte Freia ihre Bedenken.

„Wer hat dir das erzählt?" wollte Gerwin nun genauer wissen.

„Weißt du, wir Frauen dürfen nirgendwo reden, aber deshalb haben wir doch Ohren! Auch unterscheiden sich unsere Köpfe nicht von denen unserer Männer. Nur sind wir schöner!" bemerkte sie mit einem Kichern.

„Man sagt, Männer können manchmal auch mit dem Kopf denken. Wir Frauen tun das aber immer!" Gerwin verstand den Sinn ihrer Worte in seiner einfachsten Bedeutung und stimmte ihr ehrlich zu.

„Es ist sehr schön hier, nur…" der Knabe zögerte und sah das Mädchen direkt an „…von hier könntet ihr, ohne bemerkt zu werden, weithin jeden Feind erkennen. Gibt es noch jemand, der diesen Ort kennt?"

„Nein!" antwortete sie bestimmt. „Ich habe bisher Keinem hiervon erzählt!" ergänzte sie.

„Du solltest diese Stelle deinem Bruder zeigen. Vielleicht versteht er, was ich denke?" vermutete der Knabe.

„Sag mir, was du denkst!" verlangte sie und sah ihn an.

„Freia, von dieser Stelle aus seht ihr jeden kommenden Feind. Da jeder Unbill für euch vom Fluss kommt, könnt ihr von hier am Besten erkennen, wer sich eurem Dorf nähert, lange bevor euer Dorf gesehen werden kann. Ihr könntet euch auf jeden Feind vorbereiten und rechtzeitig entscheiden, ob Kampf oder Flucht besser sind. Kein Römer, auch kein Sklavenjäger, könnte euch wieder überraschen ...."

„Dann würde ein Beobachter an diesem Ort uns immer warnen können..." sinnierte das Mädchen und fasste einen Entschluss.

„Kannst du Morgen noch mal mit Gaidemar zu diesem Ort kommen? Ich werde Reingard und meinen Bruder hierher führen. Wenn du Gaidemar zu diesem Ort bringst, kann er den Jungkriegern sagen, wie wir diesen Ort nutzen können."

Danach sah sie versonnen träumend in die Umgebung. „Es ist schön hier. Ich werde die Aussicht vermissen!" stellte sie bedauernd fest.

„Was hindert dich, ebenfalls hier zu sein?" Gerwin verstand dies nicht.

„Wenn die Jungkrieger hier Wache halten, werde ich nicht mehr kommen dürfen!"

„Gibt es bei euch Verbote?" fragte der Knabe zurück.

„Frauen sind nicht für die Jagd und den Krieg da, sondern für die Geburt der Kinder!"

„Unsinn!" begehrte er auf und fügte an: „Wenn es ums Überleben geht, werden Frauen genauso bedroht. Warum sollen sie sich nicht wehren können?"

„Unsere Männer denken so, deshalb versuchen sie uns zu verstecken!" erklärte Freia daraufhin.

„Das wird nicht immer erfolgreich sein ...." zweifelte der Knabe an der Richtigkeit dieser Ansicht. „Wenn ein Römer eine Frau niederwirft und es ihm nicht gelingt, wird er sich überlegen, ein zweites Mal Hand anzulegen. Was ist, wenn die Frau den Wüstling gar töten kann ...?" Gerwin sah Freia an und wartete auf deren Erwiderung. Als das Mädchen nicht mit der Wimper zuckte und ihn nur anstarrte, fügte er an: „Verstecken ist keine endgültige Lösung! Wenn die Frauen sich selbst schützen und wehren können, ist das weit wirkungsvoller."

Der Knabe machte eine Pause, bevor er ergänzte: „Ich kenne eine solche Frau!"

Freia schwieg erst und fragte dann: „Erzählst du mir von ihr?"

Nun war es am Knaben, sich zu bedenken. Was konnte er seiner neuen Freundin von Ragna erzählen? Gerwin war bei Weitem kein Schwätzer. Wenn er zu erzählen begann, dann überlegte er genau. Seine Zuhörerin war diesmal aber ein Mädchen. Ungewohnt offen, darauf bedacht, der neuen Freundin zu gefallen, erzählte er von der Tochter des Rotbarts.

„Ragna ist die Tochter des Ältesten der Bergesippe. Sie trägt immer und überall einen Bogen und ist Meister in seiner Handhabung. Mir wurde erzählt, dass ihre Fertigkeiten den Zorn des Vaters hervorriefen. Als die jungen Jäger zur ersten Jagd ausrückten, verbot er, trotz inständiger Bitte, ihre Teilnahme. Die Jäger gerieten in einen Hinterhalt der Chatten." Gerwin unterbrach seine Schilderung.

„Kennst du die Chatten?" fragte er. Sie schüttelte den Kopf.

„Das ist ein anderes Volk. Die Chatten und unser Volk führten vor einigen Jahren einen Krieg, den wir gewannen. Alle Kämpfer der Unterlegenen wurden danach getötet." Gerwin zögerte mit der Fortsetzung. Freia sah ihn erwartungsvoll an und so setzte der Knabe die Geschichte fort.

„Die Gelegenheit für eine Rache der Chatten war günstig. Unsere Jäger achteten nicht auf die Bedrohung und als sie ihr Wild in einer Schlucht erlegten, surrten Pfeile. Die Lage in der Schlucht war hoffnungslos. Der Feind hatte die Übersicht und sah jeden Jäger von oben. Aber nur die ersten Pfeile schossen die Chatten. Danach kamen Ragnas Pfeile!"

„Oh...!" stieß Freia überrascht hervor.

„Ragna hatte sich, ungeachtet des väterlichen Befehls, im Umfeld der Jäger bewegt, ohne von denen bemerkt worden zu sein. Als die Jäger so leichtsinnig waren und von den Chatten angegriffen wurden, konnte sie die Standorte der Chattenkrieger ausmachen und schoss sehr schnell und treffsicher. Sie schoss die Angreifer ab, als wären sie nur Wild. Diese flohen, zumal sie nicht wussten, dass dieser Pfeilhagel nur von einem Mädchen kam. Unsere Jäger besannen sich und waren schnell über den fliehenden Chatten. Die Chatten wurden besiegt!"

Der Knabe schwieg in der Absicht, seine Worte wirken zu lassen. Als das Mädchen auch darauf nicht reagierte und offensichtlich nicht Glauben wollte, dass die Erzählung des Knaben ein Ende gefunden hätte, stupste sie ihn an und forderte damit den Rest der Geschichte.

„Seither darf Ragna tun, was ihr beliebt! Keine Mutter macht ihr Vorwürfe, denn Mütter lieben ihre Söhne. Auch ihr Vater hat ihr den

Ungehorsam verziehen! Nur die eigene Mutter hält sie für unnütz. Und wenn du ihren Vater und die Mutter kennen würdest, würden dir die Knie schlottern. Ragna aber lässt sich davon nicht einschüchtern!"

Gerwin betrachtete seine neue Freundin versonnen und stellte sich diese als Ragna vor. Der Gedanke gefiel ihm, auch die weibliche Erscheinung Freias beeindruckte ihn. Wohl wusste er, dass das Mädchen sicher noch zur Frau reifen musste, aber wenn er dann doch mal auf Brautschau gehen sollte, warum nicht in das Dorf der **Bibersippe**, um sich Freia zu holen. Gerwin fand, dass dies ein guter Gedanke wäre. Er unterließ es jedoch, darüber zu Sprechen.

„Das ist eine schöne Geschichte. Ist sie auch wahr?" blieb die Freia misstrauisch.

„Frag Gaidemar, er gehörte zu den Jägern!" lautete die lakonische Antwort.

Freia sinnierte über die Geschichte nach und wurde sehr still. Auf dem Heimweg fragte sie Gerwin „Meinst du, dass mit dem Bogen könnte ich auch erlernen?"

„Ja, natürlich. Gertrud erlernt es doch auch!" stellte der Knabe sachlich fest. Wohl wusste er nicht, zu welcher Meisterschaft Gertrud in der Handhabung eines Bogens inzwischen gelangt ist...

„Die Gertrud, die dich zur Bergesippe begleitete?" fragte Freia zögerlich.

„Gertrud floh vor den Römern aus unserem Dorf. Einige Männer verfolgten sie auf ihrer Flucht. Ich konnte es von meinem Versteck sehen. Gertrud lockte den letzten der Römer in eine Schlucht und stieß ihn in den Abgrund. Deshalb nur konnte sie entkommen. Ich fand den Toten auf meinem Weg zur Bergesippe und dabei auch Gertrud. Erst zögerte sie, ob sie mich begleiten sollte oder zum Dorf zurückkehren? Dann lief sie mir nach. Auch ihre Eltern waren tot und ihr Bruder gefangen worden, als er ihr die Flucht ermöglichte. Sie hat, so wie ich auch, ihre Familie verloren. Gertrud ist älter als ich!" verkündete er zum Schluss und das sollte wohl heißen, dass sie sich nicht für ihn interessieren würde. Freia nahm diese Mitteilung zur Kenntnis.

„Du hast schon Einiges erlebt..." stellte das Mädchen fest „...und dabei prahlst du nicht mit deinen Taten, wie es unsere Jungkrieger tun." stellte Freia nüchtern fest.

Gerwin nahm diese Einschätzung in sich auf, als könnte er daraus das Interesse des Mädchens für sich herauslesen. Lag er so weit ab vom wahren Hintergrund? Wahrscheinlich nicht, hatte Freia ihm doch ihren Lieblingsplatz zum Träumen gezeigt ... Was sollte denn noch dafür erforderlich sein, gegenseitige Zuneigung zu bekunden?

„Gertrud ist Ragnas Zögling, wie ich Gaidemars Zögling bin! Sie lernt das Jagen und kämpfen von Ragna und ich weiß, dass aus der großen Sippe des Rotbarts sich keiner mit Ragna anlegt, nicht mal Brandolf, der Jüngere von Rotbarts Söhnen. Warum also solltest du es nicht lernen können?" fragte er an seine Freundin gewandt.

„Ich habe keinen, der es mir bei bringt..." verkündete sie traurig.

„Den hatte Ragna auch nicht. Der älteste Bruder hat sich um die jüngere Schwester nie gekümmert und Brandolf hatte andere Aufgaben ... Er war es auch nicht. Ob aber Gaidemar damit zu tun hatte, weiß ich nicht. Es wäre möglich..." überlegte der Knabe laut.

„Kannst du nicht bleiben?" kam es zögerlich von ihr und Gerwin sah sie überrascht an.

„Hast du denn gar keine Freunde im Dorf? Gibt es niemand, dem du vertraust?" fragte er, dem Mädchen in die Augen schauend.

„Na ja, meinen Bruder, aber der ist jetzt Jungkrieger und damit für mich nicht mehr zu erreichen."

Mit einem Mal begriff Gerwin, was Freia suchte. Sie hatte keine Freunde und ihr Bruder hatte sich von ihr zurückgezogen. Sie war allein mit ihren Träumen und Wünschen. Diese aber schienen sich von den Interessen gleichaltriger Mädchen zu unterscheiden. Gleichzeitig wurde ihm klar, dass auch Ragna das Gleiche erlebt haben musste und sich anders entwickelte, weil sie die gleiche Sehnsucht verspürte. Leise und vorsichtig sagte er: „Jetzt weiß ich, warum Ragna so anders ist. Du gleichst ihr, zumindest im Denken und Fühlen. Nur bist du nicht rothaarig wie Ragna."

„Rothaarig, sagst du?"

„Na sicher, sie ist doch Rotbarts Tochter..." lachte er.

„Gerwin, wenn ihr morgen weiter zieht, wirst du irgendwann hierher zurückkehren?" Ihre Frage kam zögerlich, leise, so als ob die Antwort zu fürchten wäre.

„Ich weiß nicht, vielleicht ..." er sah die Trauer in ihren Augen und ergänzte „Ich werde irgendwann kommen, aber wann, weiß ich nicht! Wirst du auf mein Kommen warten?" wollte er von ihr wissen. Sie nickte und er spürte ihren Klos im Hals, so wie es ihm ging.

„Ja!" bekräftigte er seine Überlegungen. „Irgendwann werde ich kommen!"

Leise, fast unhörbar wisperte sie: „Bitte ihr Götter, macht das er bald kommt!"

Gemeinsam hatten sie das Dorf erreicht und am Eingang stand Gaidemar und fauchte ihn an

„Wo kommst du her?"

„Ich war mit Freia unterwegs." Er zeigte auf seine neue Freundin. „Wir haben uns was angesehen. Warum regst du dich so auf?" begehrte der Knabe auf.

„Ich will wissen, wo du dich herum treibst. Wenn ich dich nicht mit zurückbringe, zieht mir erst Degenar, dann Brandolf und dann Rotbart das Fell über die Ohren. Meinst du, das wäre mir recht?"

Freia, von dem Donnerwetter beeindruckt, vermeldete zaghaft „Ich bin schuld. Ich musste ihm was zeigen."

„Was, versteckst du dich jetzt hinter einem Mädchen...?" war der spöttische Kommentar des Kriegers.

„Er versteckt sich nicht! Das hat er nicht nötig! Und das weißt du!" Dabei baute sie sich drohend vor Gaidemar auf, der sich das Lachen verkneifen musste.

„Ist ja ziemlich mutig, deine Freundin! Lass gut sein, Mädchen." Er drehte sich ab, aber Gerwin ergriff seinen Arm.

„Warte, was hat euer Gespräch mit dem Eldermann ergeben?" wollte der Knabe unbedingt wissen.

„Wir bleiben morgen und noch ein paar Tage, bis alle Hinterhalte gelegt sind. Reingard hat dem Ältesten überzeugt. Also werde ich der Sippe helfen!" verkündete Gerwins Pate.

„Gaidemar, wir wollen dir morgen in der Frühe etwas zeigen! Ich halte das für sehr wichtig! Wirst du mit uns kommen?"

Gaidemar war an die Umsicht und Klugheit seines Zöglings gewöhnt. Er wusste auch, dass sich dieser nicht einschüchtern lies. Mit dem Wunsch nach Begleitung war eine Bitte ausgesprochen, der er nachzukommen sich verpflichtet fühlte.

„Ja!" bekundete er sein Einverständnis.

„Danke, es gibt noch was..." fügte Gerwin an.

„Nun sprich schon!" forderte ihn Gaidemar auf.

„Die Mädchen und Frauen können sich nicht wehren, wenn die Sklavenjäger kommen!"

„Und, was ist daran Besonderes?" fragte der Krieger zurück.

„Ragna kann sich wehren, die greift keiner an!" wies der Knabe auf Rotbarts Tochter hin.

„Das möchte ich auch Keinem empfehlen!" und nach dem er sich beruhigt hatte, fügte Gaidemar hinzu: „Was willst du mir damit sagen?"

„Warum sollen Frauen sich nicht verteidigen dürfen? Ragna hat die Chatten bekämpft und Gertrud lernt bei ihr, wie ich bei dir!" blieb Gerwin hartnäckig.

„Das sind Ausnahmen!" verkündete der Krieger seinen Standpunkt, der damit dicht bei der Ansicht der Männer dieser Sippe lag.

Gebannt verfolgte Freia das Gespräch. Beeindruckt von den Worten des Knaben, der so gar nicht auf den Älteren zu hören schien und ständig neue Überlegungen einbrachte, erkannte sie, dass auch Gaidemar sich wie die Jungkrieger und Ältesten gegen den Gedanken der ‚kämpfenden Frau' wehrte.

„Was für euch damals gut war, kann morgen auch für die Frauen dieser Sippe gut sein! Die Sippe ist klein und hat wenig Krieger. Warum sollen Frauen nicht kämpfen können?" ließ der Knabe nicht locker.

„Du bist heute aber zäh, Gerwin!" stellte Gaidemar mit aufflackerndem Zorn in den Augen fest.

„Und du bockst, obwohl du längst verstanden hast!" lautete die Antwort des Knaben und damit schien sich ein gänzlicher Rollentausch zu vollziehen. Der Knabe forderte, der Krieger saß fest und konnte nicht ausweichen. Den Gnadenstoß erhielt der Krieger aber von dem Mädchen.

Feinfühlig wie Frauen und Mädchen so manchmal sein können, hatte sie die Schwachstelle in der vorgespielten Begriffsstutzigkeit des Kriegers erkannt.

„Gaidemar, stimmt es, dass du Ragna nicht nur bewunderst, sondern auch liebst?" fragte Freia und beobachtete die Reaktion des Mannes.

„Wer sagt das?" fuhr der Krieger hoch und wollte nach Gerwin greifen. Dem war gar nicht bewusst, was jetzt geschah.

„Ich!" lautete des Mädchens Antwort. Gaidemars Hand blieb in der Luft hängen.

Im Brustton vollkommener Überzeugung fügte sie, auf Gerwin zeigend, hinzu: „Der konnte das nicht merken! Frauen fühlen das oder willst du es abstreiten?" ergänzte das Mädchen mit einem merkwürdigen, fragenden Lächeln.

Es war wohl für Gaidemar einer der wenigen Augenblicke seines bisherigen Lebens, wo er überrascht und bildlich geknebelt am Boden lag. Als ihm diese Situation bewusst wurde, reagierte er mit äußerster Distanz und Gelassenheit:

„Vielleicht hast du Recht, vielleicht nicht! Spricht aber einer von euch beiden darüber, werde ich ihn zu strafen wissen. Es steht der Frau zu, den Mann zu wählen! Selbst wenn es stimmt, kann ich nur einen Antrag machen und wenn die Frau nicht zustimmt, habe ich mich blamiert. Nicht nur in Rotbarts Augen, auch in meinem Herzen würde ich eine Ablehnung niemals überwinden können." verkündete der Krieger und forderte das Schweigen Beider.

Dieses eigentliche Geständnis verblüffte nun wieder die beiden Jüngeren. Freia würde kaum Gelegenheit haben, darüber mit Anderen, die das interessieren könnte, zu sprechen.

Für Gerwin war es ab jetzt ein Geheimnis, dass er zu schützen hatte. Damit war er in einem Maße, wie es kaum zu vermuten gewesen wäre, vom Zögling zum Vertrauten gewachsen.

Der Knabe erkannte die darin bestehende Gefahr. Freia hatte ihm Macht über Gaidemar verschafft, die er niemals nutzen durfte, denn die Verletzung dieses Geheimnisses bedeutete den Tod!

Am nächsten Morgen brach eine kleine Gruppe unter Führung von Freia auf. Gaidemar, Gerwin, Freias Bruder und Reingard begleiteten das Mädchen. Durch die Furt, über den Pfad am Fluss entlang, ging es zur Eiche auf dem Hügel. Freia und Gerwin kletterten hinauf und die Übrigen starrten verdutzt nach oben, als sie von Freia aufgefordert wurden, den Baum zu erklettern. Als Gaidemar sich neben Freia auf den Ast geschwungen hatte, nahm er die vom Baum aus wirkende Geländeübersicht wahr. Dem Flusslauf von der Morgensonne bis zum Abendlicht folgend, erkannte er sofort den Vorteil der Lage und wies Reingard darauf hin.

„Wenn ihr hier einen Beobachter einsetzt, könnt ihr jeden Feind frühzeitig ausmachen!" und fügte danach noch an: „Findet einen kürzeren Weg zum Dorf!" Gaidemar beschrieb, wie er den Baum zukünftig nutzen würde und schloss am Ende: „Achtet darauf, dass euer Beobachter nicht der ist, der seinen Standort verrät!" Reingard schaute ihn erstaunt fragend an.

„Jeder Beobachterpunkt, der so gute Aussicht ermöglicht, kann auch zum ersten Verräter werden!"

Noch immer starrte der Jungmann den Krieger verständnislos an.

„Wenn Wege und Pfade zum Ziel führen, werden Späher den Pfaden folgen. Oder glaubst du, die Römer kommen ohne Späher? Wenn eure Beobachter mit blinkenden Waffen auf dem Posten hantieren, kann euch die Sonne verraten!" ergänzte der erfahrene Krieger seine Erklärungen.

Reingard führte die Gruppe auf einem kürzeren Weg zurück zum Dorf. Der Anführer der Jungkrieger erkannte den Vorteil der Aussicht auch und beschloss, den Aussichtspunkt zu nutzen. Würde der Eldermann nicht zustimmen, ihm hörige Jungmannen gab es genügend und über diese Burschen herrschte nun einmal nur er.

Freia wusste, dass sie ihren Ort zum Träumen verlor, würde sie diese Aussicht offenbaren. So war es dann auch. Reingard und ihr Bruder vereinnahmten den Ort und vergaßen gänzlich, wem sie diesen Aussichtspunkt verdankten.

Die Gruppe kehrte zum Dorf zurück. Freia verließ die Männer und Reingard übernahm die Führung in eine andere Richtung.

Der nun folgende Weg verlief am Bach entlang in Richtung zum Nachtstern. Sie gelangten in einen Bereich von sumpfigen Wiesen, den sie umgingen. Danach folgten sie einem Bach zur Morgensonne hin. Der Bach führte sie in einen dichten Mischwald. Bald verließen sie den Bachverlauf und folgten weiter einem Tierpfad. Der Boden stieg langsam an. In einer kleinen Lichtung sah Gerwin einige kleinere Hütten, die sich aus Zweigen und Ästen geformt, mit Grassoden belegt, am Rande der Lichtung hinzogen. Dies war das Versteck der Frauen des Dorfes. Nach dem Gaidemar diese Lichtung in Augenschein genommen hatte, führte er sie den Pfad zurück, bis zum kleinen Bach und weiter bis zu den Sumpfwiesen. Gaidemar besah sich den Umgehungspfad um die Sumpfwiesen und beschrieb Reingard den Aufbau eines Hinterhaltes.

„An dieser Stelle verbreitert den Weg, so dass jeder deutlich das Ausweichen um die Sumpfwiesen erkennt. Am Waldrand versteckt eure Krieger und bekämpft jeden Gegner mit einem Pfeilhagel, dann zieht euch zurück. Ihr dürft nicht in den Nahkampf übergehen!" Nach einer Pause fügte er hinzu: „Zieht euch in Richtung des Nachtsterns zurück. Der Feind wird versuchen, euch zu folgen!"

Gaidemar wählte den Rückweg bis zur Einmündung des kleinen Baches. „Die breite Spur zieht ihr im gesamten Tal von den Sumpfwiesen bis hierher und weiter in Richtung des Nachtsterns. Folgt dem Bachverlauf des großen Baches."

Indem Gaidemar den gleichen Weg wählte, gelangte er an eine Bachbiegung. Auch hier ging der Wald bis dicht an den Bach heran.

„Hier legt einen zweiten Hinterhalt. Wieder dürft ihr nur mit Pfeilen angreifen und müsst euch zurückziehen, wenn die Römer vorrücken. Die Römer kommen zumeist in einer Marschordnung, mit ihrer Ausrüstung auf dem Buckel. Helm und Schild sind nicht in Kampfbereitschaft und ein Pfeilhagel zeigt verheerende Wirkung … Kommen Pfeile geflogen, dann bilden Römer eine Formation und schützen sich mit ihren Schilden. Wenn diese Formation besteht, zieht euch zurück! Ein weiterer Pfeilhagel bringt keine Wirkung und ein Angriff auf diese Kampfordnung bringt euch nur den Tod. Weicht dann in Richtung Sonnenuntergang aus. Der Gegner muss erkennen können, wohin ihr flieht. Er muss euch folgen!" Gaidemar nutzte einen Tierpfad in das dichte Unterholz, um nach einem kurzen Stück wieder umzukehren.

„Bis zum Beginn des Pfades muss euer breiter Weg führen. Dann muss der Weg einfach enden! Erst weiter vorn darf er sich wieder breiter und deutlich sichtbar fortzusetzen. Dieses Stück soll den Verfolgern nicht gänzlich verborgen bleiben. Aber sie dürfen den Verlauf nicht sofort erkennen!"

Indem Gaidemar dem weiteren Pfad folgte, zeigte er Reingard wo die Spur wieder deutlich sichtbar werden sollte.

„Wenn die Römer diese Stelle erreicht haben, werden sie sich wieder in Kolonne formieren. Kurz darauf greift ihr wieder an, wieder nur mit Pfeilen. Sind es Legionäre, werden sie sich in ihrer Formation langsam vorwärts bewegen. Lasst sie dabei in Ruhe. Erst wenn sie sich wieder zur Kolonne auflösen und Marschformation einnehmen, fallt über sie her. Diesmal ohne Pfeilankündigung! Nach dieser Überfallstelle muss der breite Pfad noch weiter in den Wald hinein führen und sich dann einfach auflösen! An dieser Stelle müsst ihr sie vernichten oder in einzelnen Gruppen fliehen. Verschwindet so schnell, wie ihr gekommen seid. Wenn ihr den Pfeilhagel von Hinterhalt zu Hinterhalt anwachsen lasst, glauben sich die Römer in der richtigen Richtung. Sie werden dann im Umfeld des letzten Hinterhaltes suchen. Habt ihr sie dort nicht vernichten können, bekämpft sie mit Pfeilen, während sie suchen. Sind es noch immer zu viele, verschwindet in den Wäldern und merkt euch, kein Krieger darf zum Frauenlager laufen!"

Wie sollen wir den Pfad so breit werden lassen?" fragte Freias Bruder.

„Treibt eure Ochsen und Kühe mehrfach den Weg entlang. Legt Wagenspuren an! Das wichtigste ist es, den Teil zu schützen, wo es in Richtung des Frauenlagers geht. Diese Abbiegung darf nicht erkannt werden!"

Gaidemar überlegte eine Weile und setzte dann fort: „Wenn es Sklavenjäger sind, müsst ihr sie alle töten! Die Jäger suchen weiter, bis sie gefunden haben, was sie suchen."

Als sich die Gruppe auf den Rückweg machte, wies Gaidemar noch mal auf die einzelnen Stellen der Hinterhalte hin und erklärte Reingard dann, dass alle Kampfspuren zu beseitigen sind, Tote, Waffen, Rüstungen, Speere, Pfeile, einfach alles.

Seine Erklärung beendete er mit dem Hinweis: „Römer kommen immer wieder und suchen von Neuem!"

27. Die Framensippe

65 nach Christus - Frühjahr (9. Aprilis
Barbaricum - Im Land der Hermunduren zwischen dem Fluss Moenus und dem Herzynischen Wald

Unter Irvins Führung trafen die Übersiedler noch am gleichen Tag in der Siedlung ein. Einer der Knaben, die als Wächter am See im Einsatz waren, brachte die Kunde zu Brandolf. Wie ein Lauffeuer war die Botschaft von Mund zu Mund und weiter bis zu Degenar gesprungen.

„Irvin kommt mit einer Kolonne!"

Als Irvin das Zeichen zum Halt gab, erwarteten alle Anwohner die Ankömmlinge. Ein zweites Langhaus war errichtet, ein Drittes stand kurz vor der Fertigstellung und ein Viertes erkannte Irvin im Bau.

Degenar begrüßte, gestützt auf seinen Eichenstab, die neuen Siedler.

Der Alte schien sichtlich erfreut. Eine so hohe Zahl Fremder, in Irvins Begleitung, schien auf neue Hilfe hinzudeuten. Er musterte die Krieger, Frauen und Mädchen. Beruhigt stellte er für sich fest, dass wenn alle blieben, eine ausreichende Zahl neuer Anwohner zum Überleben der Sippe vorhanden wäre.

Doch musste sofort gehandelt werden. Der Platz im neuen Dorf reichte nicht. Bewohnbare Hütten fehlten und einige Tage würde der Neubau dauern, auch wenn jetzt mehr Hände zur Verfügung standen. Alle wehrfähigen Männer folgten dem Ältesten in das fast fertige Langhaus, während die Weiber sich im alten Haus zusammenfanden. Degenar betrachtete die Männer und Krieger. Er sah Junge und Ältere, erkannte vier erfahrene Krieger und drei Jungmänner und musste in Erfahrung bringen, wie die neuen Siedler zueinander standen. Diese Erkenntnis war für ihn als Ältesten schon zu Beginn des Zusammenlebens wichtig.

„Wer spricht für euch?" fragte der Älteste. „Ich bin Degenar!"

Irvin erhob sich. „Du hast uns gesendet und hier sind wir. Ich habe Zuwachs für unsere Sippe gebracht. Alle wollen bei uns bleiben!"

„Das ist gut so!" betonte Degenar als Antwort. „Nur wo sind Gaidemar und Gerwin?"

„Das ist eine längere Geschichte. Beide werden vielleicht erst zum Ende des Sommers zurück sein! Ich werde dir berichten!" erwiderte Irvin.

„Dafür haben wir später Zeit!" warf Brandolf ein und wandte sich Degenar zu.

„Wir müssen zuerst neue Hütten errichten und unsere Vorratslage prüfen. Noch ist der Winter nicht vorbei. Deshalb lasst uns später reden und jetzt die Tageszeit nutzen. Jeder Arm, ob eines Mannes oder Knaben wird benötigt. Das Dach dieses Hauses muss fertig gestellt werden und die andere Hütte ausgebaut werden. Die Weiber sollen die Wagen entladen und unsere Vorräte prüfen. Wir werden eine Sippe sein! Lasst uns danach handeln!" erklärte er entschieden.

„Wie viele Häuser werden wir brauchen?" wollte er nach einer kurzen Pause vom Wegeführer wissen. „Es sind über zwei mal zehn Menschen mit zwei Familien darunter." folgte Irvins Antwort.

„Also brauchen wir noch mindestens zwei Häuser! Stellen wir die beiden im Bau befindlichen Häuser fertig und übergeben diese den neuen Siedlern. Wir können, so wie bisher, noch eine Weile zusammenleben. Wenn diese beiden Häuser bezogen sind, bauen wir noch zwei Weitere! Brandolf, du kümmerst dich darum!" bestimmte der Älteste, der sofort die Initiative ergriff.

„Malte, rufe Bertrun zu mir! Los Bursche!" Der Knabe flitzte aus der Hütte und kam kurz darauf mit der Frau zurück. Degenar teilte ihr mit, dass sie sich um die Weiber kümmern möge und alle Vorräte, auch die der Ankommenden, in den Erdgruben sammeln soll. Dann erklärte er ihr, wie mit den Vorräten umzugehen sei. Die Oberhäupter der beiden ankommenden Familien nickten zustimmend mit ihren Köpfen und als Bertrun gehen wollte, bestimmte der Älteste noch: „Schick mir Ragna!"

Während sich Degenar mit beiden Familienvätern noch verständigte und die neuen Krieger die Hütte verlassen wollten, ergab sich an der Tür plötzlich ein Stau.

Ragna schob sich durch die Männer, die ihr und der in ihrem Windschatten hindurch schlüpfenden Gertrud, Platz machten.

Ragna musterte kurz Irvin. „Warst lange weg." stellte sie fest und fügte mit äußerlich unbeteiligter Miene an „Wo ist Gaidemar?"

Genau so kurz angebunden reagierte Irvin. „Scheinst mich nicht vermisst zu haben..." und grinste.

Ragna nahm keine weitere Notiz von ihm und fragte: „Ältester, was soll ich tun?"

„Jagen! Wir brauchen Fleisch! Wie viel Männer brauchst du?" fragte der Eldermann die junge Frau. „Gib mir Holger und Günther mit, und Malte, den Schlingel! Der riecht die Schweine!" verlangte die junge Frau von ihm und der Älteste erklärte sein Einverständnis mit dem Nicken des Kopfes.

„Ich bin einverstanden. Wann seid ihr zurück?" fragte er noch nach.

„Zwei Tage!" erklärte die junge Frau und verschwand aus der Hütte.

Die beiden noch fremden Familienoberhäupter sahen erst sich und dann Degenar an.

„Eine Frau jagt?" stellte einer der Neuen fest.

„Was verwundert euch daran? Bei uns muss jeder das tun, was er am Besten kann! Brandolf und Ulf bauen, Arnold hat die Pferde, Bertrun leitet die Weiber und gebraucht wird jede Hand! Auch eure! Was wollt ihr übernehmen?" ließ sich der Älteste durch deren Verwunderung nicht beirren.

„Ich gehe zum Hausbau!" verkündete der erste Familienvater. „Wo können wir Felder anlegen und wo bringen wir unsere Tiere unter?" fragte der Andere.

Degenar stutzte: „Daran habe ich noch gar nicht gedacht. Im Wald finden sie jetzt nur wenig Futter. Also müssen wir sie zusammenhalten. Errichten wir einen Zaun und einen Wetterschutz, bis die Häuser fertig sind ..." und fügte an: „Komm, suchen wir uns ein paar Hände!"

Als sie außerhalb der Hütte auf Brandolf stießen, fragte ihn Degenar: „Wer ist als Posten am See und am Hochstand?"

„Am Hochstand sind Frauke und Helmar, am See *Astrid* und Goswin!" lautete die Antwort.

„Brandolf, wir müssen noch ein Gatter und einen Wetterschutz für das neue Vieh bauen. Ich brauche noch einige von den Burschen!" bestimmte der Älteste.

„Kannst du nicht ein paar Frauen nehmen?"

Der Älteste drehte sich zu dem Oberhaupt um und sah ihn fragend an: „Geht's auch mit Frauen? Wie ist eigentlich dein Name?"

„Geht auch! *Eduard*!" lautete die Antwort und so waren eine kurze Zeit später alle im Dorf mit Aufgaben unterwegs.

Erst mit Einbruch der Dunkelheit fanden sich alle Bewohner an einem großen Feuer vor der ersten errichteten Hütte ein. Die Frauen hatten auf einem Gestell über dem Feuer einen großen Kessel aufgehängt und seit längerer Zeit brodelte mit Fleisch versetzter Gerstenbrei darin und verbreitete einen angenehmen Duft. Bertrun überwachte die Speiseverteilung und achtete darauf, dass jeder genügend in seiner Schale fand. So lange Fleisch und Gerste reichten, sollte keiner in der neuen Sippe Hunger leiden. Zumal auch die Neuankömmlinge reichliche Vorräte mitgebracht hatten.

Das Wetterdach für die Tiere stand, die Koppeln für Pferde und Kühe waren umfriedet und Schweine, Hühner und Gänse befanden sich hinter Zäunen aus Weidengeflecht. Eduard und die Frauen hatten ganze Arbeit geleistet. Während Eduard mit den Jungmännern und Knaben die Koppeln errichtete, stellten Frauen unter Sigrids Anleitung die Zäune her. Auch das Dach der zweiten Hütte war aufgelegt. Viele Hände trugen durch ihren Fleiß und gemeinsames Handeln dazu bei, dass zumindest Mensch und Vieh vor den Unbilden der Nacht geschützt waren.

Degenar besah sich, von seiner Sitzposition am Feuer, die Schar seiner neuen Sippenmitglieder. Er zählte fast fünfzig Menschen, Kinder eingeschlossen, und bedachte für sich die zur Jagd abwesenden, sowie Gerwin und Gaidemar. Unmittelbar neben ihm hatten Irvin und Brandolf Platz genommen. Neben Brandolf saßen die Älteren, die sich als Familienoberhäupter zu erkennen gegeben hatten. Da lagerte *Leopold* aus der Bergesippe, der schon einige Tage länger zur neuen Sippe gehörte. Neben ihm hatten sich Eduard und *Rüdiger* hingehockt und löffelten ihre Schalen leer. Immerhin zählten sie jetzt drei richtige Familien als Mitglieder der neuen Vereinigung. Das war dem Ältesten noch immer zu wenig und so blieb ihm nur die Hoffnung, dass bald mehr Familien zueinander fanden.

Degenar setzte auf die Jugend und erwartete, dass sich die Jungmänner ein Weib erwählten. Indem er jeden Krieger und jede Frau musterte, versuchte er für sich zu erkennen, wie viele junge Paare zueinander finden könnten ... Natürlich war sich der Alte bewusst, dass seine Wünsche und Hoffnungen das Eine waren, ihre jetzige Lebenslage aber zu ganz anderen Ergebnissen führen könnte.

Er war nun einmal der, der die Dinge richten musste. Die Umsiedler kamen zu ihm und hegten die Hoffnung auf eine glückliche Zukunft. Dazu gehörten gutes Wohnen, reichlich Essen und eine friedvolle Zeit. Wollten sie alle dies erreichen, brauchten sie rührige Hände. Zuerst war Arbeit nötig und diese musste verteilt werden. Was konnte er sonst tun? Also widmete er sich der Verteilung der Handlungen und achtete auf deren Erfüllung.

Zwei Bedingungen schienen ihm jedoch besonders wichtig. Einmal war er auf Einigkeit untereinander bedacht, die es trotz unterschiedlicher Herkunft, auszuprägen galt. Das Zweite bestand darin, starke

Familienverbände zu fördern. Aber gerade da erkannte er die Zusammengehörigkeiten noch nicht und es erschien ihm wichtig, dass sich neu entstehende Paare aus den unterschiedlichen Herkünften mischten. Trotz noch mancher Unsicherheit glaubte der Alte an eine gemeinsame Zukunft und nahm sich vor, aufmerksam darüber zu wachen.

Der erste Tag brachte große Hoffnungen mit sich. Schnell fanden sich fleißige Hände und der Alte hatte keinen Streit und Zank wahrnehmen können. Jeder übernahm willig ihm gestellte Aufträge und im gemeinsamen Mühen gelangen erste Erfolge. Das Dach der Hütte sicherte vor kaltem Regen und das Vieh stand eingezäunt unter einem Wetterschutz.

Es war dem Fleiß aller zu danken und Arbeit gab es auch an den weiteren Tagen. Dieser Zustand des gemeinsamen Handelns sollte, über viele Tage hinweg, nie wieder abreißen. Degenar teilte ein und alle Bewohner folgten den Anweisungen. Es ist nicht so leicht, zu einer neuen Gemeinschaft zusammenzuwachsen.

Nicht immer ging alles friedlich ab, Streit und auch mal etwas Rauflust unter den Burschen, schuf immer wieder neue Brennpunkte. Der Alte beobachtete die Vorgänge, erkannte, wer welche Arbeit am Besten verrichtete, wer mit wem gut auskam und trennte oft Streitende voneinander.

Das Wetter konnte sie nicht hindern und die Tätigkeiten beim Hüttenbau, zur Vorbereitung der Aussaat, bei der Errichtung weiterer Vorratshütten, dem Viehgehege und Wetterschutz, der Tierpflege, dem Kochen, Waschen und Weben führten zur stetigen Auslastung und so auch zum gegenseitigen Kennenlernen.

Langsam wuchs die Gemeinschaft zusammen.

Merkwürdigerweise war das Verhalten der Männer aus den unterschiedlichen Sippen nicht durch Sippentreue geprägt, sondern durch die gemeinsam verrichtete tägliche Arbeit bestimmt. Gemeinsame Arbeit brachte einander näher. Auch im Kreis der Frauen gab es keine offenen Zwistigkeiten. Bertrun achtete sorgsam auf unter Frauen oft auftretendes Tuscheln und beugte Missstimmungen vor.

Nur einmal musste sie einen Streit zweier junger Frauen schlichten. Sie machte es mit nachdrücklichen Mitteln. Indem eine zu verrichtende unangenehme Arbeit von den Streitenden nur erfüllt werden konnte, wenn beide sich einig waren, verdonnerte sie die Streitenden zur gemeinsamen Verrichtung. Gut, es dauerte zwei Tage bis die Frauen verstanden, aber dann hatten es auch alle anderen begriffen.

Als weitere Langhäuser errichtet und bezogen waren, durch Anschluss an Familien jeder Jungkrieger und Knabe, sowie jede junge Frau und Mädchen Unterschlupf fanden, trat langsam Ruhe in ein bisher recht hektisches Leben ein.

Auch das Frühjahr kam mit zügigen Schritten. Der Schnee taute weg und die Arbeit veränderte sich. Die Vorbereitungen zur Aussaat beherrschten bald das Tätigkeitsfeld. Flächen wurden gerodet und vorbereitet, die Krume des Bodens aufgebrochen, Gras und Unkraut abgetragen.

Es war an der Zeit der neuen Gemeinsamkeit auch Handlungsfähigkeit für den Schutz des Dorfes zu verschaffen. Mit zwei Beobachtern am See und auf einem Hochstand allein war zwar das Warnen, aber noch keine Kampffähigkeit hergestellt.

Die Sippe war jung und noch im Zusammenwachsen begriffen. Auch gab es einen großen Anteil, gerade sehr junger Männer und Frauen. Diese mussten erst noch ihren Platz innerhalb der Sippe finden. Dazu gehörte auch mitunter ein Gerangel um die eigene Stellung in der Rangordnung. Bei der Erprobung der Möglichkeiten und zur Wahrung von Anrechten kamen sich junge Krieger auch mal in die Haare. Fäuste flogen und manches Gerangel bedurfte der klärenden Hand von Brandolf oder des wütenden Zorns des Eldermanns. Auch erste Kontakte zwischen den Ledigen bahnten sich an.

Degenar forderte alle wehrhaften Männer, also alle, die ihren Schild und Frame ins Dorf mitgebracht hatten, zu einem Thing auf.

Alle Männer versammelten sich auf einem entfernten Platz am kleineren See. Eine Lichtung mit einer einzeln stehenden, noch jungen Buche, nahe dem Seeufer, war von Degenar als Beratungsplatz ausgewählt worden und durch Stöckchen und zwischen ihnen gespannten Seilen abgetrennt worden.

Der Älteste begann die Beratung mit der Anrufung der Götter, dem Einholen der Zustimmung zu Ort und Zeit der Beratung.

„Hört alle Männer! Haben wir mit diesem Ort und zu diesem Zeitpunkt die richtige Wahl zur Beratung aller freien Männer unserer Ansiedlung getroffen?" lautete seine erste Frage an die Versammelten. Die Männer antworteten mit dem Schlagen der Framen gegen ihre Schilde.

„Fragen wir Gott Tyr um Zustimmung zur Beratung und um Rat?" Die einhellige Antwort bezeugte den Wunsch aller. Danach sprach Degenar die heilige Formel, die die Aufmerksamkeit des Gottes bewirkt. Mit der Anfrage zur göttlichen Zustimmung senkten sich die Köpfe der Anwesenden erwartungsvoll.

Bereit, eine zornige Ablehnung des Things zu erfahren, lauerten die Krieger auf den göttlichen Ratsschluss. Die Götter aber schwiegen und billigten die Beratung.

„Diese Beratung aller freien Männer soll Regeln unserer Ordnung festlegen." begann Degenar dieses Thing und setzte fort: „Schon einmal habe ich das Entstehen einer neuen Sippe erlebt. Damals trennten sich Männer und Frauen von der Bergesippe und wurden zur Buchensippe. Das war anders, als wir es heute erleben. Nur drei Familien mit eigenen Kindern gehören zu unserer Sippe. Dafür haben wir viele junge Männer, und Mädchen. Deshalb können auf das Entstehen neuer Familien hoffen. Eine junge Familie wartet auf das erste Kind und ein Paar hat sich bisher gefunden." Der Alte machte eine Pause.

„Ich habe schon erlebt, dass Streit um ein Mädchen die Existenz einer Sippe gefährdet. Deshalb müssen Brauch und Gesetz unser Zusammenleben bestimmen. Degenar musterte die älteren Familienväter.

In der Familie gelten das Wort und die Tat des Muntvaters. Das ist unser Brauch! Wollen wir unsere alten Bräuche achten?" Das Schlagen der Framen bestätigte das erste Gesetz der neuen Sippe.

„Streit und Hader werden aus dem Dorf verbannt! Das Recht der Klage hat jeder Freie! Die Entscheidungen werden von den Familienoberhäuptern getroffen!" Wieder erfolgte Zustimmung mit dem Schlagen der Waffen.

„Wie aber und wer regelt zwischen den ledigen Männern und Frauen ohne Familien?" Degenar machte eine Pause und sah in die Runde der Krieger.

„Alle freien Männer ohne Familien wählen einen Führer, dem sie sich unterordnen und der ihre Rechte wahrt! Gründet der Mann eine Familie, scheidet er aus und ein neuer Führer wird gewählt!"

Einer der Krieger erhob sich: „Ich bin *Ingo*! Warum vertritt nicht jeder sein eigenes Recht?" stellte er die ihn offensichtlich nicht zufriedenstellende Regelung in Frage.

Degenar antwortete: „Jeder Freie kann im Thing sein Recht selbst fordern. Zwischen dem Thing entscheidet der Gewählte an Stelle eines

Muntvaters über die Angehörigen der Gruppe. Ein Oberhaupt für alle Männer!"

Die Framen schlugen einhellig an die Schilde und Ingo stimmte dem zu, war er doch mit der Antwort einverstanden.

„Zu mir gehören die alte Eila, Bertrun und alle jüngeren Überlebenden der Buchensippe, das sind Gertrud, Frauke, Herline und Wunna. Weiter gehören zu mir die Knaben Malte, Goswin, Notker und Uwo. Wir sind eine Familie. Wird das anerkannt?" fragte Degenar die Anwesenden.

Ulf erhob sich „Goswin gehört zu mir!" forderte er und Degenar nickte zustimmend mit dem Kopf. Doch diesmal zögerten die Krieger, obwohl kein Murren zu hören war.

„Welchen anderen Weg seht ihr?" nahm der Älteste die Unzufriedenheit auf und forderte zur Stellungnahme.

„Dann hast Du vier Töchter und wirst reich!" vermeldete einer der Krieger.

Sogleich antwortete Degenar: „... und drei Söhne, welch Glück für dich mit deinen fünf noch kommenden Töchtern!" Alle Krieger mussten Lachen und so stellte Degenar die Frage erneut!

„Wird meine Familie anerkannt?"

Die Waffen sprachen diesmal ohne zögern und der Älteste setzte fort: „Um die ersten Häuser zu bauen, brachte jeder Mann sein Mühen ein und fand jeder von euch seinen Platz. Wollen wir dies auch in Zukunft achten, in dem der Bau des Hauses für eine neue Familie aller Tagwerk bestimmt?" Wieder schlugen die Framen und Schilde aneinander.

„Junge Frauen und Mädchen wachsen, wenn sie zu einer Familie gehören, in ihren Familien heran! Viele unserer jungen Frauen und Mädchen haben keine Familie. Ihre Arbeit ist unser Leben. Geben wir ihnen das Recht der Teilnahme!"

„Wie denkst du dir das?" brauste einer der Muntväter erbost auf.

„Eine der Frauen vertritt alle ledigen Weiber. Sie wird gewählt und die Ältesten hören deren Stimme im Rat. Die Entscheidung wird ohne ihre Beteiligung getroffen. Wird mit der Gewählten eine Familie gegründet, scheidet sie aus und es folgt eine Neuwahl."

„Warum sollten wir zustimmen?" murrte einer der Krieger.

Diesmal erhob sich Brandolf. „Die Frauen bauen mit, jagen mit und wenn es sein muss, kämpfen mit! Seht unsere geringe Zahl. Gerade wir, die den Angriff der Römer bereits erlebten, werden uns immer wieder wehren müssen. Wir brauchen jeden kampffähigen Arm. Gern bringe ich den Frauen und Mädchen das Kämpfen bei!"

Irvin schob sich nach vorn. „Wer hat uns mit erstem Wild versorgt, als wir hier eintrafen? Eine Frau, Ragna! Wollt ihr unseren besten Jäger ausschließen?"

Die Anwesenden schwiegen und da keiner das Wort ergriff, wiederholte Degenar seine Frage:

„Eine der Frauen vertritt alle Anderen?" Framen schlugen gegen Schilde.

„Jede Sippe hat einen Ältesten. Ich bin es nur deshalb, weil ich der einzige Mann unter den Überlebenden war! Jetzt haben wir andere gute Männer. So muss ich es nicht sein. Was denkt ihr?"

Wieder erhob sich Brandolf: „Degenar war bisher unser Ältester! Mit ihm haben wir den Winter überlebt. Degenar ist weise und klug. Er soll Ältester bleiben!"

Leopold, Familienvater der Übersiedler der Bergesippe, warf ein: „Warum wählen wir nicht zwischen den Familienvätern den Ältesten?"

Wieder antwortete Brandolf: „Das könnten wir. Warum aber, macht es doch wenig Sinn! Mit dir, Degenar, Ulf, Eduard und Rüdiger sind uns nur fünf Muntväter gegeben!" Brandolf reckte seine rechte Hand nach oben und spreizte alle Finger zur Verdeutlichung seiner Ansage.

„Was glaubst Du, welche Kriegerzahl für dich oder einen anderen Muntvater schlagen wird?" Er machte eine Pause und setzte seine begonnene Rede fort: „Ulf ist noch zu jung und er würde, wie ich es beurteile, für Degenar stimmen!" Der Angesprochene nickte mit dem Kopf. „Ich will keiner Entscheidung durch Abstimmung vorgreifen, doch bedenke, dass uns vor allem Weisheit und Erfahrung helfen wird, als Sippe zu wachsen!" erklärte Brandolf.

„Und wenn du selbst Ältester wirst…?" warf Leopold ein.

„Ändert sich nichts an meiner Meinung! Ich bin so jung wie Ulf und habe noch keine Familie! In meiner Munt befindet sich weder Weib noch Kind! Welches Recht zum Oberhaupt der Sippe hätte ich?" Brandolf sah in die Gesichter der Versammelten. „Keines!" schloss er selbst seine Fragestellung ab und entschied sich damit gegen eine Wahl.

Wieder ergriff Degenar das Wort:

„Wartet, denn ich halte Leopolds Vorschlag für richtig! Wir sind freie Männer und jeder hat das Recht, seine Stimme dem Führer zu geben, dem er am Meisten vertraut. Warum sollen wir unsere Bräuche verachten?

Möge jeder der Muntväter seine eigene Bereitschaft zur Führung der Sippe bekunden und lasst uns dann zur Wahl schreiten!"
Einstimmig trommelten die Männer ihre Framen gegen die Schilder.
Degenar setzte fort: „Es wäre Unrecht und nicht nach unserem Brauch, die Wahl zu umgehen. Wer also, stellt sich neben mir zur Wahl?" Nur Rüdiger hob seinen Frame und zeigte seinen Willen an.
„Dann lasst uns wählen!" bekundete Degenar „Wer für Rüdiger stimmt, schlage seinen Schild!"
Nur zwei der Jungkrieger wurden aktiv.
Brandolf erkannte die Situation als erster und fragte nun an Degenars Stelle:
„Wer stimmt für Degenar?"
Die Bekundung war eindeutig. Alle übrigen Männer schlugen für den vorherigen Ältesten.
Degenar sah in die Runde der Männer, sein Blick wanderte über die Köpfe aller und er fand die erhoffte Zustimmung im Blick, auch beim Konkurrenten Rüdiger.
„Ich kann im Krieg und Kampf nicht der Führer sein! Dafür brauchen wir einen besseren Mann! Bestimmt einen Hüter der Ordnung und Führer im Kampf." setzte er nach Feststellung der Zustimmung fort.
Die Krieger besprachen sich leise. Einer der Krieger aus der Talwassersippe erhob sich.
„Es gibt einen Mann, den ich Vorschlage, nur befindet er sich nicht unter uns, obwohl er hierher gehört. Seine Rückkehr wird sich weiter hinaus zögern. Ich meine Gaidemar!"
„Das geht nicht!" bestimmte Degenar. „Gaidemar ist mit einer Botschaft in unserem Volk unterwegs, um Einigkeit und Stärke zu erzeugen. Er wird erst im Sommer zurückkehren können! Nennt einen Anderen!"
Es herrschte keine Einigkeit und kein Name wurde so ausgesprochen, dass eine Wahl möglich wäre. Deshalb machte Degenar einen Vorschlag: „Gerwin hat in der Bergesippe erlebt, wie gut die Sippe auf die Römer vorbereitet war. Der Rotbart hat Hinterhalte und Fallen aufgestellt und die Krieger geführt. Brandolf ist sein Sohn, ist mutig, geduldig und klug und er kennt seines Vaters Vorgehen. Machen wir ihn zum Hüter der Ordnung und vorerst zum Führer im Kampf. Wenn Gaidemar kommt, können wir neu wählen!" Die Krieger schlugen wieder ihre Schilde und somit war Brandolf vorerst bestimmt.

Sven erhob sich. „Ich und mein jüngerer Bruder kommen aus der Sippe des Rotbarts. Wir gingen zu den Überlebenden der Buchensippe. Diese Sippe gibt es nicht mehr ... Wer lebt noch aus der Sippe, ein Mann und zwei Weiber! Kinder zählen nicht. Eine Buchensippe gibt es nicht mehr! Zählen wir die freien Männer nach der Herkunft, stammen die Meisten aus Rotbarts Sippe. Haben wir doch gerade unsere eigenen Gesetze beschlossen und damit eine eigene Sippe begründet, die auch einen Namen braucht!"

Schweigen breitete sich wie dicker Nebel über die Versammlung. Sven hatte ausgesprochen, woran keiner dachte und damit alle überrascht. Wieder nahm Leopold das Wort. „Sven hat recht! Die Buchensippe wurde von den Römern vernichtet. In unserer neuen Sippe sind die Männer aus drei Sippen vereint. Dem müssen wir Beachtung schenken. Aber auch ich weiß keinen neuen Namen..."

„Die Alten ..." hob Degenar an zu sprechen „erzählten von Mannus, einem Gott, der drei Söhne hatte. Aus einem der Söhne wuchs ein Volk mit zahlreichen Stämmen, auch unser Stamm der Hermunduren."

„Götter entstanden..." berichten die Alten in ihren Erzählungen „... und jeder Stamm traf seine Wahl, welchem Gott es huldigen wollte. In unserem Volk ist es Brauch Gott Tyr anzurufen, Donar, den Wettergott, und Freyja, die Fruchtbare. Damit ist unsere Herkunft belegt und wir danken unseren Göttern ob ihrer Weisheit. Wie unser Altvater drei Nachfahren sein Eigen nannte, sind wir aus drei Sippen entstanden. Was führt uns zur Einigkeit, wo liegt die Ursache unserer Pein? Sind es der Krieg, der Verrat? Nein, es ist ein Überfall! Mit Feuer und Schwert, mit Speer und Peitsche wurden wir unseres Dorfes beraubt und uns das Leben genommen. Die Brüderlichkeit bringt uns unsere Kraft zurück. Brüder sandten uns starke Männer und fruchtbare Weiber, dass wir daraus neu erwachsen. Wir nahmen uns neues Land, damit wir auf fruchtbaren Boden gedeihen, erwachsen und wehrhaft unser Leben und damit unsere Sippe erhalten. Was könnte uns aneinander binden, was unserer Herkunft gedenkt und uns verpflichtet?"

Degenar machte eine Pause, betrachtete versonnen jeden einzelnen Muntvater, jeden Krieger und jeden Jungkrieger und bedachte, was er sah. Es waren entschlossene Männer, die mit dem Frame, dem Schild und dem Sax, bereit zur Verteidigung der Sippe, zur Beratung und Anrufung der Götter erschienen waren.

„Ein Schwur muss es sein, der uns bindet! Ein Schwur der drei Elemente, so wie wir es unserer Herkunft aus drei Sippen schulden! Mit unserem Frame schützen wir das Heil unserer Sippe, im Feuer gehärtet und im kalten Wasser gestählt, werden wir als Krieger, Männer der *Framensippe*'!"

Degenar wartete auf Reaktionen. Zunächst verharrten alle im Schweigen, wusste doch noch keiner, diese Rede sofort einzuordnen, noch wie der Schwur abgelegt wird. Doch Vorstellungen bildeten sich, verklärten die Bedeutung der Worte des Ältesten und als der erste Krieger seinen Framen gegen seinen Schild schlug, brach der Bann und ein rhythmisches Schlagen aller Framen antwortete dem Ältesten. Die Framensippe entstand!

Degenar setzte seine unterbrochene Ansprache fort: „Lasst uns schwören jedes unserer Leben zum Schutze unserer Framensippe einzusetzen und diesen Schwur durch drei Taten bezeugen: Erhitzen wir unseren Framen im Feuer, bis seine Spitze glüht! Zeichnet sich jeder Krieger mit seiner Framenspitze auf seiner Brust! Kühlen wir den Schmerz im kalten Wasser des Sees! Alle die diesen Schwur leisten sind Framenkrieger!"

Diesmal brach der Lärm der Zustimmung sofort los. Gewöhnt an Schmerz als Beweis der Standhaftigkeit und des Mutes, fand diese Art des Schwures sofort die Zustimmung. Kein Krieger würde zögern, mit diesem Schwur seine Zugehörigkeit zur Sippe unter Beweis zu stellen.

Ein Feuer wurde errichtet und gezündet. Jeder legte seinen Framen mit der Spitze in die Glut, bis diese leuchtete. Der Erste der Sippe, der Eldermann, brannte sich die Brust mit der Spitze seines eigenen Framen, so dass die Haut in einem Dreieck verbrannte. Danach sprang er nackt ins kalte Wasser des Sees, tauchte einmal unter und verließ das kalte Nass. Nacheinander folgten zuerst die Muntväter, dann alle Krieger und Jungkrieger bis zum letzten Mann. Der Schwur wurde von allen Männern abgelegt. Die Framensippe zählte nach diesem Tag achtzehn eingeschworene Krieger.

Die Versammlung hat in freier Entscheidung Grundregeln der Sippe festgelegt, sich einen Namen erwählt und einen Ältesten bestimmt, der nun noch die Weiber vom Ergebnis der Beratung in Kenntnis setzen wollte.

28. Der Zweikampf

65 nach Christus - Frühjahr (9. Aprilis)
Mogontiacum (Mainz) - Linksrheinisches, von Römern beherrschtes Gebiet

Titus Suetonius traf im Aprilis wieder in Mogontiacum, im Standort seiner Legion, ein.

Die Heilung seines rechten Oberarms hatte ihm den halben Muskel gekostet. Eine breite, quer über den Muskel verlaufende Narbe, war das unschöne Ergebnis der Verletzung. Mit einer weiteren Narbe auf der rechten Wangenseite und Stirn, sowie der damit verbundenen Veränderung seines Aussehens, hatte sich Titus schnell abgefunden. Die Narbe unter und über dem Auge verblasste mit der Zeit.

Nicht so gut fand er sich mit der Unfähigkeit, das Schwert zu führen, ab. Den verletzten Arm konnte Titus nie mehr in seiner gesamten Länge strecken oder beugen. Die Hand vermochte wohl ein Schwert zu halten, aber nicht mehr zu führen. Hier hatte die Axt des Barbaren tiefe Spuren hinterlassen.

Es nützte nichts, weiter über Vergangenes nachzugrübeln. Seine Laufbahn als Tribun der Legion stand auf dem Spiel. Ein Auge zu verlieren, war schon schlimm genug. Der Verlust der eigenen Kampffähigkeit könnte jedoch seine Entlassung bewirken. Dem musste er begegnen und dass war nur über die Ertüchtigung seines gesunden Armes zu erreichen. Im Bestreben seinem Befehlshaber erst unter die Augen zu treten, wenn er in der Lage war, das Schwert mit der anderen Hand zu führen, verbrachte Titus einige Zeit in der Villa eines Freundes. Von dort kehrte Titus mit neuer Gewandtheit und Geschicklichkeit, sowie dem Erlebnis eines durchdringenden Liebesabenteuers zurück.

Sein Eintreffen in der ursprünglichen Unterkunft im *Castra Mogontiacum* führte zu einigem Aufsehen. Zuerst erkannte ihn kaum einer der Offiziere und Legionäre. Seiner inzwischen ausgeprägten Gewohnheit des Verdeckens seines Makels, war ein fast unmögliches Wiedererkennen auf den ersten Blick geschuldet. Ein vom rechten Ohr aus über die Narben und das Auge getragenes tiefblauen Tuches verhinderte ein frühzeitiges Erkennen und so erkannten ihn viele der früheren Mitkämpfer erst bei genauerem Hinsehen.

Nicht jedem der Tribune und Centurionen gelang es, seine Überraschung zu verschleiern. Oft führte mit dem Erkennen seiner Person auch ein geistiger Lichtblitz zur Erkenntnis, dass es gefährlich sein könnte, die erforderliche Gelassenheit im Umgang mit Tribun Titus, vermissen zu lassen.

Gelegentliches, entschuldigendes Gestammel nahm Titus dann einfach nicht zur Kenntnis. Weniger verständnisvoll reagierte er jedoch, wenn dann Fragen nach der Verletzung gestellt wurden. Diese Gespräche nahmen oft eine äußerst unangenehme Wendung für den Fragenden, wenn es sich nicht um einen Gleichrangigen oder Vorgesetzten handelte.

Als Tribun stand Titus vor seinem Einsatz am Fluss Moenus in ständiger Konkurrenz zu einem anderen, etwa gleichaltrigen Tribun. Beide galten als gute Offiziere und hatten den gleichen Aufstieg zum Ziel. Beide wurden durch Verwandte, in Titus Fall war es ein älterer Bruder, unterstützt und der Weg zum militärischen Aufstieg schien vorgezeichnet. Für beide war die Übernahme der Befehlsgewalt über die zum Moenus entsandte Vexillation das nahe Ziel.

Nach dem Titus das Kommando zugeordnet wurde, begegnete ihm sein Rivale mit offener Feindschaft. Ihr erstes Zusammentreffen nach der Rückkehr war, zumal es unter Anwesenheit weiterer Tribune stattfand, eine einzige Provokation.

„Titus Suetonius, du bist zurück? Welche Freude dich wieder unter uns weilen zu sehen. Doch sag mir, weshalb diese Schmuckbinde über dem Auge?"

Titus hatte nicht die Absicht, sich provozieren zu lassen und parierte lakonisch: „Publius Hortensius Lupinus, wusste ich doch, dass ich etwas vermisste? Im Land der Germanen hatte ich dich ganz und gar vergessen. Aber da ich dich jetzt sehe…"

Er fügte nach einer kurzen Pause an „…Das Tuch, ach ja, das Tuch, hat keine große Bedeutung, es schien in Mode zu kommen…"

„Man hörte, ein Barbar hätte dich gezeichnet?" kam darauf des Anderen neue Frage. In den Worten des Rivalen, in seiner abfälligen Gestik und auch im Inhalt der Frage schwang eine subtile Beleidigung mit. Die Mundwinkel zu Hohn und Spott verzogen, baute sich Lupinus vor Titus auf. Er stützte seine Arme in die Hüften und grinste den Tribun feindselig an.

„Hätte er dich, wie sagtest du gleich „gezeichnet", könnte dein unfehlbarer Kopf wohl vielleicht gänzlich fehlen!" reagierte Titus zwar gereizt auf die Provokation, blieb aber nach außen hin vollkommen ruhig. Seinen aufwallenden Zorn besänftigend, versuchte Titus den Rivalen mit Nichtachtung zu strafen. Doch diesem schien die Beleidigung noch nicht tief genug gegangen zu sein und so verlieh er seinem Angriff weiteren Nachdruck.

„Ist es nicht eher so gewesen, dass einige Legionäre den Barbaren im letzten Moment davon abhalten konnten, dir deinen Schädel zu spalten? Was ich dich noch fragen wollte, ist der Verlust einer Centurie vor deiner Verletzung oder erst danach eingetreten?" Lupinus grinste Titus an.

Dies war nicht nur eine Anspielung auf den Misserfolg von Aulus Licinius Metellus, sondern auch eine offene Provokation. Titus bewahrte äußerliche Gelassenheit und wandte seine Aufmerksamkeit einer Frage eines anderen Tribuns zu, als Lupinus ihn an seinem rechten Oberarm packte und mit Gewalt wieder in seine Richtung zu drehen versuchte.

Diese Tätlichkeit stellte eine zweite Provokation dar und reichte aus, einen Zweikampf zu fordern. „Oh", tönte Lupinus und zog den Mantel des Tribuns zur Seite.

Den Überraschten spielend, brachte er, in seinem markanten, von eckiger Kinnpartie und dicht zusammenstehenden, dunkelbraunen Augen beherrschten Gesicht, Verwunderung zum Ausdruck.

„Verzeih mir, falls ich dich versehentlich berührte..." grinste Lupinus zweideutig und legte den vernarbten Oberarm von Titus frei. „Sah das vor deinem Einsatz nicht noch anders aus...?" stellte er scheinheilig fest, als die Verletzung vor aller Augen offenbart wurde.

Offensichtlich hatte sich Lupinus ausführlich mit Legionären aus Titus Kommando unterhalten und genaue Kenntnis seiner Verletzungen erlangt. Die Provokationen waren ausgerichtet, Titus zu einem Zweikampf herauszufordern.

Unter Offizieren bestand der Brauch, sich in Übungskämpfen zu messen. Gewöhnlich kämpften Freunde oder Gefährten. Der Ausgang eines solchen Kampfes hatte keinerlei Konsequenzen für die militärische Karriere oder auch das Ansehen. Er diente einfach nur der Ertüchtigung.

Lupinus legte es darauf an, den Zweikampf zu provozieren, um Titus in dessen Ergebnis demütigen zu können. Im Wissen um die Behinderung des Tribuns war er sich seines Erfolges sicher. Ein Rückkehrer mit einer Verletzung des Kampfarmes und nur noch einem Auge, der die Hälfte seines Kommandos beim Feind gelassen hatte, konnte keine Bedrohung für ihn darstellen und schied nach einer Demütigung im Zweikampf als Rivale um die Beförderung endgültig aus. Lupinus war sich seiner Sache sehr sicher.

Titus schlug die Hand seines Widersachers von seinem Oberarm und zischte ihn an: „Lupinus, es ist genug! Du bekommst deinen Zweikampf!" Er zog seinen Mantel wieder über den Oberarm, drehte sich um und ging einfach weg. Ganz hatte er sich doch nicht in der Gewalt.

Es war tatsächlich so, dass Titus mit keiner Silbe mehr an seinen Kontrahenten im Stab der Legion gedacht hatte. Als er jedoch dessen Stimme vernahm, wusste er sofort, was folgen würde und wappnete sich mit dem Gedanken, sich nicht provozieren zu lassen. Diese Möglichkeit war so lange gegeben, wie die Provokation subtil und nicht offen vorgetragen wurde.

Der Griff zum Oberarm und der beißende Spott dabei, waren an Eindeutigkeit nicht zu übertreffen und Titus hatte keine Möglichkeit, dem ungewissen Zweikampf auszuweichen, wollte er sein Gesicht wahren. Dieser Zweikampf würde ohne Zweifel Folgen für seine Zukunft haben.

Die vorgetragene offene Feindschaft war darauf ausgerichtet, ihn als Militärtribun in Verruf zu bringen. Als *Tribunus Angusticlavius* beabsichtigte Titus, die Nachfolge seines Bruders als Tribunus Laticlavius in der Legio XXII Primigenia anzutreten. Genau die gleiche Absicht verfolgte sein Gegner.

Verliert er den Zweikampf, und hierin schien sich sein Kontrahent sicher zu sein, wäre dies das Ende für jedweden Aufstieg in der Hierarchie. Die Verachtung des Legaten würde Titus treffen. Er könnte niemals zur Bestätigung durch den Kaiser vorgeschlagen werden und schon gar nicht von Kaiser *Nero* die Bestätigung zur Ernennung erhalten.

Titus brauchte Gewissheit, welche Chancen ihm noch zur Verfügung standen und auch dringend Antworten zur Bewertung der abgeschlossenen Mission. Es schien zumindest aus jetziger Sicht schon nicht ausgeschlossen, dass seine Laufbahn bald beendet sein könnte ... Doch ohne Kampf würde er nicht aufgeben. Lupinus sollte seinen Spaß bekommen, glaubte dieser doch schon jetzt, als Sieger festzustehen.

Zunächst war für Titus ein Gespräch beim Befehlshaber der Legion und mit seinem Bruder erforderlich. Doch zuvor hatte er sich beim Praefectus Castrorum, zurückzumelden. Titus machte sich auf den Weg zum *Cornicularius Praefecti*, dem Verwalter des Lagerpräfekten, um seine Rückkehr anzuzeigen.

Als Tribun genoss Titus eine herausragende Stellung und seine Rückkehr war von Interesse, so dass der Schreiber gern zu einem Gespräch über den Verlauf und die Ergebnisse der Vexillation bereit war.

Des Schreibers Neugier, für Informationen aus erster Hand, war offensichtlich. Titus hatte jedoch weniger die Absicht Informationen preiszugeben, statt welche zu empfangen. Er verhielt sich zwar auskunftswillig, beschränkte sich aber nur auf unwesentliche Details und allgemeine Aussagen.

Aus den Worten des Schreibers erkannte er, dass das Ergebnis des Überfalls auf die Germanen und der Verlust von Legionären zwiespältig beurteilt wurden.

Ein Teil der Legion, vornehmlich aus dem Kreis der Offiziere, verurteilte den Verlust der Mannschaft. Die Mannschaften dagegen bedauerten zumeist zwar den Verlust so vieler guter Männer, gaben aber nicht dem Tribun die Schuld an deren Tod. Gerüchte bestätigten, dass Tribun Titus nicht am letzten Gefecht habe teilnehmen können und so bestand die Mehrheit der Legionäre darauf, dass wer nicht teilnimmt, nicht Schuld an der Niederlage tragen konnte.

Von den Sklavenhändlern war die Qualität und Menge errungener Sklaven hervorgehoben worden. Der Schreiber sprach von guten Preisen, die man auf dem Sklavenmarkt erringen konnte und deutete Titus an, dass sein Besitz wesentlich im Wert gestiegen wäre. Titus begriff, dass dies allgemeines Legionärsgeschwätz oder aber auch der Wahrheit entsprechen könnte.

Vor dem Besuch seines Bruders, stand die Rückmeldung beim Legatus Legionis, Lucius Verginius Rufus.

Ein Diener meldete ihn an und nach einiger Zeit wurde er aufgefordert, den Arbeitsraum zu betreten.

Rufus stand, über einen Tisch gebeugt, mit dem Rücken zu ihm und studierte eine vor ihm ausgerollte Karte. Er war nicht allein. Neben dem Legat stand Titus Bruder, Quintus Suetonius, Tribunus Angusticlavius, und der Praefectus Castrorum, **Flavius Axius**.

Titus wartete, bis sich die Aufmerksamkeit des Legaten ihm zuwandte.

„Tribun Titus Suetonius, bist du endlich zurückgekehrt!" Der Legat trat zu ihm und reichte ihm beide Hände zum Gruß. Titus griff mit seiner gesunden Hand zu, drückte diese ihm dargebotene Hand des Legaten kurz und löste sich schnell wieder. Er trat einen Schritt zurück und stellte damit einen respektvollen Abstand her.

„Wir haben lange auf deine Rückkehr warten müssen. Mir scheint, es hat sich gelohnt. Du bist wieder bei Kräften?"

„Legat, erlaube zu melden?"

Rufus forderte ihn mit einer gönnerhaften Handbewegung zum Sprechen auf. Während Titus in kurzen Sätzen den Verlauf der militärischen Aktion, vom Verlassen des Castra bis zur Rückkehr nach Mogontiacum schilderte, sah er seinen Befehlshaber unverwandt an.

Er sah einen kräftigen mittelgroßen Mann mit breiten Schultern und durchtrainiertem Körper, der das Lebensalter von über 50 Jahren erreicht haben mochte. Sein Haar, einstmals gänzlich Schwarz, hatte sich zum Teil ins Graue gewandelt. Ruhig und Geduldig hörte dieser den Bericht des Tribuns. Schweigen breitete sich im Raum aus, als Titus endete.

„Warum habt ihr über den Auftrag hinaus das zweite Dorf der Barbaren angegriffen?"

„In unserem Zug befanden sich mehrere Sklavenhändler, die auf die Einbringung von weiteren Sklaven drängten. Es schien mir einfach, dem Wunsch nachzukommen. Die Barbaren waren nirgendwo besonders aufmerksam und vorsichtig. Durch einen schnell ausgeführten Angriff konnten wir auch erfolgreich sein." berichtete der Tribun.

„Wie kam es dann zu den Toten und deiner Verletzung? Zeig mir deine Wunden!" bestimmte Rufus. Der Tribun entblößte seinen rechten Oberarm und nahm seine Augenbinde ab.

Rufus betrachtete die Narben nur flüchtig. „Damit scheinst du hinreichend bestraft!" äußerte der Legat und setzte fort: „Centurio Ovinus meldete, dass nur ein Barbar für die Verluste dieses ersten Angriffs und deine Verletzung verantwortlich war?" Der Legat wollte es doch etwas genauer wissen.

„Das ist richtig, Herr! Dieser Germane war der Einzige unter Waffen. Er trat aus dem Wald, als wir alles unter Kontrolle hatten. Die Barbaren waren zusammengetrieben und wir begannen sie mit Fesseln zu binden, als der Germane Angriff."

„Ovinus war nicht dabei, sagte er. Ist das richtig?" unterbrach Rufus.

„Ja, Herr! Der Barbar wurde von unseren Männern gestellt. Als ich zu unseren Kämpfern trat, griff er mich an"

Der Legat schwieg. „Er hat dich überrascht? Das ist kein gutes Zeichen für einen Tribun meiner Legion…" sinnierte Rufus.

„Das Dorf war genommen, Herr, und mit Widerstand mussten wir nicht mehr rechnen! Der Barbar überraschte uns!" meldete Titus in Erinnerung an seine Absprache mit seinem älteren Bruder.

„Wieso konnte der Germane dann dich verletzen?" kam Rufus Frage.

„Der Germane war ein tapferer Mann und im Kampf erfahren! Das zeigte die blutige Spur, die er hinterlassen hatte. Dies sehend und ihn von unseren Männern umzingeln lassen, hatte ich keine Veranlassung an eine Fortsetzung seiner Gegenwehr zu glauben. Ich sah ihn schon als Sklaven in der Arena kämpfen, Herr. Auch schien der Mann bereit zum Aufgeben..."

„Warum tat er es dann nicht?" forderte der Legat seinen Tribun zur Antwort auf.

Titus überlegte einen Augenblick, bevor er seinen Bericht fortsetzte.

„Daran könnte ein Weib schuld sein, das den Sklavenfängern entwischt war. Das Weib lief zu diesem Germanen. Es könnte sein Weib gewesen sein .... Unglücklicherweise warf einer der Legionäre sein Pilum und tötete die Barbarin. Der Angriff des Germanen kam dann überraschend!"

„Du sprichst deren Sprache?" wechselte der Befehlshaber das Thema.

„Ja, Herr!"

„Hast du mit dem Mann gesprochen?" fragend sah Rufus seinen Tribun an.

„Ja, Herr!"

„Was sagte der Mann?" wollte der Legat wissen.

„Er forderte, dass wir uns zurückziehen. Die Gefangenen sollten freigelassen werden. Dann bot er seine Axt und sich selbst zum Sklaven an!" meldete Titus.

„Warum habt ihr ihn nicht entwaffnet?" Der Legat der XXII. Primigenia blieb hartnäckig. So leicht sollte ihm der Tribun nicht davon kommen, hatte er doch fast drei Centurien zu beklagen.

„Das hatten wir versucht, Herr! Es hätte uns weitere Legionäre gefordert. Ich wartete also auf neue Männer, um den Germanen unverletzt in unsere Hände zu bekommen. Ein Netz sollte gebracht werden..." meldete Titus.

„So, so! Ich habe verstanden!" erklärte der Legat.

„Berichte weiter! Warum wurde das zweite Dorf der Germanen angegriffen?" nahm der Legat das Verhör wieder auf.

„Wir hatten beide Dörfer vorher mit unserem Auftauchen überraschen können. In beiden Dörfern trieben wir Tribut ein. Von Kampfbereitschaft und Ablehnung seitens der Barbaren war bei diesen Aktionen nichts zu erkennen. Deshalb fiel unsere Wahl auch auf diese Siedlung."

Tribun Titus Suetonius war von der intensiven Fragerei des Legaten beeindruckt und glaubte nicht mehr an ein für ihn günstiges Ergebnis.
„Du warst verletzt und somit nicht dabei! Wer gab den Befehl, der Centurio oder du?"
Titus fühlte, dass dies die entscheidende Frage sein konnte. Sagte er aus, dass der Centurio sich entschlossen habe, den Überfall auszuführen und Rufus war von den beteiligten Offizieren anders informiert, stand er als Lügner da! Gab er den Befehl zu, konnte dies sein Ende sein. Außerdem existierte da noch die Wachstafel mit dem Marschbefehl…. Der Verlust der Centurien erforderte Strafe. Diese Gedanken durchschossen seinen Kopf und er traf seine Entscheidung.
„Ich trage die Verantwortung!" lautete seine Antwort.
Lucius Verginius Rufus drehte sich von ihm weg und schritt hinter den Tisch: „Wenigstens bist du ehrlich…"
Erst geraume Zeit später setzte er dann seine Bemerkung fort „…und wie stellst du dir deine Zukunft vor, ohne Auge und Kampfarm?"
„Als Tribun in deinen Diensten, Herr!" schoss es förmlich aus Titus Mund.
„Mir scheint, dein Arm lässt keine Kämpfe mehr zu?" folgerte der Legat aus der Verletzung und sah den Jüngeren erwartungsvoll an.
„Wenn ich das Gegenteil beweise?" fragte Titus leise und der Legat horchte auf. Überrascht hob Verginius Rufus, der schon im Begriff stand, seine Aufmerksamkeit wieder der Karte zuzuwenden, den Kopf. Er betrachtete Titus noch mal, sah dessen fehlendes Auge und die tiefe und breite Narbe am Oberarm. „Mit nur noch einem Auge und ohne Kampfarm bist du kaum noch fähig zum Kampf! Du bist faktisch wehrlos." stellte er kopfschüttelnd fest.
„Trotzdem wurde ich vor kurzer Zeit zum Zweikampf herausgefordert …" gab der Tribun seinem Vorgesetzten leise zu verstehen.
„Wer hat das gewagt?" schimpfte Rufus und fügte hinzu: „Es ist ehrlos…"
So wie der Legat seine Entrüstung zum Ausdruck brachte, so dachte er auch. Im Dienst zeichnete Lucius Verginius Rufus Härte und Unerbittlichkeit gegenüber seinen Männern aus. Gleichzeitig war sich der Legat aber auch bewusst, dass er die Siege seiner Legion zuallererst seinen Offizieren und Mannschaften verdankte. So dachte er und verhielt

sich einerseits streng fordernd, andererseits aber achtungsvoll und dankbar.

Rufus betrachtete verwundert seinen Tribun, sah kurz dessen Bruder an und als dieser nicht mit einer Wimper zuckte, hörte er des Tribuns leise Worte: „Herr, ich bitte dich, stimme dem Zweikampf zu. Unterliege ich, ist es ein ehrenvoller Tod für mich. Siege ich, ist es der Beweis meiner Kampffähigkeit und Tauglichkeit ... Bedenke, nur wenn ich kämpfe und siege, kann ich meinen Wert beweisen. Bin ich tot, ist es ohne Bedeutung. Lässt du mich den Kampf nicht ausfechten, bin ich ohnehin tot, Herr."

Sein Bruder verfolgte das Gespräch mit Spannung und warf an dieser Stelle ein: „Du lebst doch weiter, wenn es nicht zum Kampf kommt!"

„Nein!" erwiderte Titus. „Dafür ist die Herausforderung zu beleidigend. Es wird zum Zweikampf kommen!" Titus schüttelte den Kopf. Nach Lupinus Beleidigung konnte es nur zwei Möglichkeiten geben, die aber in beiden Fällen ,Tod' hießen.

„Nenne den Herausforderer!" bestimmte Rufus.

Titus bedachte sich einen Augenaufschlag lang und verkündete danach: „Tribun Publius Hortensius Lupinus."

Legat und Bruder sahen sich an und begriffen die Zusammenhänge. Ist die Herausforderung ausgesprochen, die zu Grunde liegende Beleidigung ausreichend, könnte Rufus den Kampf zwar verbieten, aber niemals verhindern...

Scheidet Titus jedoch aus der Legion aus, ohne Nachweis seiner Tauglichkeit, war dies unvermeidbar. Dann konnte ihn kein Befehl mehr vom Zweikampf abhalten. Die Beleidigung ist ehrenrührig, scheint Titus doch zweifach benachteiligt.

Griffe Titus als Zivilist einen Militärtribun an und brächte ihn um, würde er zweifelsfrei ans Kreuz genagelt werden. Dies hätte Titus nicht verdient! Gibt es einen Kampf zwischen Ranggleichen, konnte der Sieger nicht bestraft werden, wenn die Beleidigung nachgewiesen war und Blut forderte.

Rufus überlegte und erwog alle Möglichkeiten.

Einen Offizier, der mit wenig Ehrgefühl die Benachteiligung des Gegners einbezog, wollte er nicht in seinem Umfeld dulden. Dann schon lieber einen scheinbar Benachteiligten, aber ehrlichen Mann. So traf er seine Wahl.

„Ich stimme dem Zweikampf zu! Geht! Beide!" fügte Verginius Rufus noch hinzu.

Die Männer verließen den Raum.

Sich einen Apfel vom Obstteller nehmend, überdachte Lucius Verginius Rufus seine getroffene Entscheidung. Den bisher absolut im Hintergrund verbliebenen Lagerkommandanten ansehend, stellte er dessen unbeteiligt scheinende Miene fest. Rufus musste, ob der Disziplin dieses alten Strategen lächeln. Legat und Lagerkommandant kannten sich lange genug, um einander ohne Worte zu verstehen.

„Wenn du wenigstens grinsen würdest, wüsste ich, dass du meine Entscheidung billigst!" Und der Lagerkommandant grinste.

Die Beleidigungen des Tribuns Lupinus schienen tief zu sitzen. Es sah aus, als sollte dieser einen leichten Sieg erringen können, kalkulierte dieser doch die Behinderungen des Titus schon mit ein.

Einen solchen Mann, zumal als baldigen Nachfolger für seinen jetzigen Tribunus Laticlavius, wollte Rufus nicht. Sich darüber klar werdend, dass ein ehrlicher und charaktervoller Stellvertreter besser sei als ein heuchlerischer Speichellecker und Streber, beschloss Rufus, diesen Mann loszuwerden.

Siegte aber Titus, hätte er seine eigene weitere Tauglichkeit bewiesen und gleichzeitig den Herausforderer aus dem Weg geräumt. Zumindest die Kampffähigkeit des Tribuns Titus Suetonius wäre nachgewiesen...

Ob dieser aus seinen Fehlern bei der durchgeführten Vexillation gelernt hätte? Dies könnte Rufus anschließend prüfen. Ihm stand dafür doch noch genug Zeit bis zur Ablösung seines Obertribuns zur Verfügung.

Der Legat war mit seiner Entscheidung vorerst zufrieden. Sollte Titus unterliegen..., wer zwang ihn dann, den Anderen zum Stellvertreter vorzuschlagen? Verginius Rufus hoffte, dass Titus seinem Gegenpart dessen Grenzen aufzeigte.

Im Vorraum legte Titus seine Augenbinde wieder an, bevor er den Bruder herzlich umarmte.

„Gehen wir in mein Quartier." schlug Quintus vor und ging voran.

„Du siehst zwar gut aus, ..." stellte Quintus nach Betreten des Raumes fest und füllte zwei Pokale mit bereitstehendem Wein „... wie aber willst du gegen Lupinus gewinnen?" fragte er seinen Bruder und fügte an: „Kannst du den Gladius halten und führen?"

„Bruder, ich bin zurück gekehrt, weil ich in der Legion bleiben will. Ich werde dein Nachfolger!" Titus Erklärung strotzte vor Optimismus und brachte dessen unerschütterliches Selbstvertrauen zum Ausdruck.

Nach einer Pause fuhr er fort. „Mit einer Herausforderung dieser Art hatte ich jedoch nicht gerechnet. Lupinus hatte ich ganz vergessen. Der Mann schien mir unwichtig. Ich bin nicht wehrunfähig, ob es für Lupinus genügt, werde ich herausfinden."

„Was wird, wenn du unterliegst?" fragte sein älterer Bruder.

„Das beunruhigt mich nicht!" stellte Titus unumwunden fest und fügte noch an: „…es wäre ein ehrenvoller Tod …"

Er nahm einen tiefen Zug des gehaltvollen Weines aus seinem Pokal und fragte den Älteren: „Bist du bereit, den Zweikampf zu organisieren? Mir wäre der morgige Tag gerade recht!"

„Ich werde mich darum kümmern!" versprach Quintus.

„Du sagtest mir bei meiner Entlassung aus dem Valetudinarium, das der Legat eine Züchtigung der Germanen überlegt. Beabsichtigt er dies immer noch?" wollte der jüngere Bruder wissen.

„Warum?" überrascht schaute Quintus seinen Bruder an.

„Ich will diese Vexillation anführen! Ich habe mit den Barbaren noch eine Rechnung offen … Außerdem muss ich dem Legat meine Fähigkeiten beweisen, nachdem ich die erste Bewährung nicht nutzen konnte."

Die Brüder unterhielten sich noch eine ganze Weile über Neuigkeiten der Legion, Nachrichten aus der Heimat und den Hergang der gesamten Expedition. Darüber verging die Zeit und der Tag. Nach ihrer Trennung schritt Titus in sein Quartier.

Quintus suchte Publius Hortensius Lupinus zur Absprache des Zweikampfes auf. Gewöhnlich wurde ein solches Kräftemessen mit stumpfen Waffen ausgeführt. Verletzungen sind nicht ausgeschlossen, aber Tote gab es selten.

Das Gespräch mit Lupinus verlief eher unerfreulich. Nach Abstimmung des Ortes, der Zeit und der Waffen, wobei Quintus von Übungswaffen ausging, betonte Lupinus, dass er keine Veranlassung sehe, stumpfe Waffen zu verwenden. Es machte keinen Sinn, Lupinus aufzufordern, davon Abstand zu nehmen.

Das Gespräch fand in Anwesenheit anderer Offiziere statt und Lupinus schuf mit seinem Auftreten den Eindruck, als wäre er der Beleidigte und fordere deshalb scharfe Waffen.

Von Quintus wurde er daraufhin zur Rede gestellt, so dass auf Fragen antwortend, ein ganz anderer Verlauf des Gesprächs zwischen Lupinus und Titus offenbart wurde.

Einwürfe anderer Offiziere, die bei dem Gespräch zwischen Titus und Lupinus zugegen waren, wurden von Lupinus als Unwahrheit bezeichnet und so entstand eine erregte Diskussion, die Quintus durch die Erteilung eines eindeutigen Kommandos abbrach.

Danach fragte er Lupinus, ob er auf scharfen Waffen bestehe und dieser bestätigte.

Quintus nahm die Bekundung ohne jede Regung zur Kenntnis. Er musste seinen Zorn besänftigen, denn fasst hätte er Lupinus als Lügner und ehrlosen Hund bezeichnet. So drehte er sich wortlos ab, um die Versammlung der Offiziere zu verlassen.

Quintus beabsichtigte, seinem Bruder Titus das Ergebnis der Herausforderung umgehend bekannt zu geben. Für ihn war klar, dass sein Bruder diesen Kampf nicht bestehen konnte! Doch dieser Zweikampf sollte nicht ohne Folgen für diesen ehrlosen Hund sein. Quintus war entschlossen, seinen jüngeren Bruder zu rächen. Er traf Titus in seinem Quartier.

„Ich habe damit gerechnet!" stellte sein Bruder nur lakonisch fest. „Warum sollte Lupinus sonst so viele Mühe auf seine Provokationen verwenden. Er will mich aus dem Weg haben. Das Beste dabei wäre, mich umzubringen!"

„Wenn er das macht, werde ich den Hund fordern!" erregte sich Titus Bruder.

„Aber Bruder, du wirst keine Gelegenheit dazu erhalten. Lupinus überschätzt sich. Er hat mich beleidigt. Er glaubt leichtes Spiel zu haben und das macht ihn blind und leichtsinnig. Du wirst es sehen."

Die Brüder trennten sich und trafen sich am nächsten Vormittag vor dem Zweikampf auf dem Exerziergelände.

Natürlich war die Kunde von der Auseinandersetzung wie ein Lauffeuer durch das Legionslager gesprungen und so säumte eine große Anzahl an Offizieren und Legionären den Platz.

Wetten wurden geschlossen und nicht viele zu Gunsten von Titus. Frotzeleien zwischen Legionären und herbe Witze wechselten zwischen den interessierten Beobachtern. Die Offiziere hielten sich abseits der Mannschaft. Auch da wurden Wetten geschlossen, doch das ging weit ruhiger und dezenter über die Bühne.

Lupinus grinste in Richtung der einfachen Legionäre, gab sich leutselig, freundlich und wenn er in die Richtung seines Gegners blickte, lächelte er nachsichtig. Es war offensichtlich ausgetragenes Bedauern, das mordlüsterne Absichten verschleierte. Er wähnte sich schon im Voraus als Sieger. Nach seinen Erkundigungen war Titus, nach seiner Entlassung aus dem Lazarett, förmlich vom Erdboden verschwunden. Er fand keine Spur seines Kontrahenten und so wähnte er ihn auf einer Reise in die Heimat.

Lupinus war von Titus neuerlichem Auftauchen überrascht. Dem keine Bedeutung zumessend, war er weit davon entfernt, Titus Zweikampffähigkeit zuzubilligen. Im Gegenteil, Lupinus glaubte nicht daran, dass es möglich sei, nach Verlust eines Auges und des Kampfarmes ein gleichwertiger Kämpfer zu sein. Darauf stützte sich seine Überzeugung.

Die Zweikämpfer standen sich in voller Rüstung, mit Schild und Gladius kampfbereit gegenüber. Ein nach kurzer Verhandlung gewählter Offizier gab die Regeln bekannt, die es nicht gab, und forderte zum Kampf auf.

Die Römer bewegten sich langsam tänzelnd aufeinander zu. Titus hatte seine rechte Hand mit dem Schild in Brusthöhe an seinen Körper binden lassen. Damit war zumindest seine rechte Körperhälfte etwas gegen Schläge des gegnerischen Gladius geschützt.

Nach den ersten Schlägen bemerkten die Zuschauer, dass es für Lupinus ungewöhnlich war, einen Linkshänder zu bekämpfen.

Titus wich seinen Schlägen geschickt aus, band dessen Gladius mit seiner eigenen Waffe und konnte seinen Gegner immer wieder zurück treiben. Fintieren, Ausweichen, mit den Schilden Zusammenprallen und Schlagen nahmen immer schnellere Folge an, bis beide Kämpfer einige Schritte zurück wichen und zu Atem kommen wollten.

Diesen Moment nutzte Titus zum Ziehen der Schlaufe, die seinen Schild hielt. Dieser glitt ihm von Arm, weil die Hand die Last des Schildes nicht halten konnte.

Lupinus nahm diese Handlung mit einem Grinsen zur Kenntnis.

Titus entferne auch seine Augenbinde. War es der leeren Augenhöhle geschuldet, die Lupinus Blick band, oder eine einfache Unaufmerksamkeit.

Lupinus bemerkte nicht, wie sich die Hand des verletzten Armes seines Kontrahenten von unten unter dessen Brustpanzer schob und dort verharrte.

Glaubte Lupinus, dass die Hand seines Gegners dort lediglich Halt suchte oder entging ihm die Bewegung gänzlich?

Beide Kämpfer näherten sich wieder einander.

Lupinus versuchte einen wuchtigen Schlag auf die ungeschützte rechte Körperseite seines Gegners, dem Titus geschickt auswich. Als Titus Gladius den Schlag aufgefangen hatte, entglitt diesem seine Waffe. Ohne Scutum und Gladius stand er seinem Gegner gegenüber

Lupinus, davon irritiert, zögerte. Statt zurückzuspringen und sich aus der Reichweite seines Feindes zu bringen, machte er nur einen kleinen Schritt rückwärts. Er suchte die richtige Entfernung für seinen nächsten Hieb. Mit einem siegessicheren Lächeln in seinen Gesichtszügen hob er seinen Gladius, um diesen von rechts oben über den Hals seines Feindes zu ziehen und dessen Halsschlagader zu treffen. Der nun Unbewaffnete schien ihm vollkommen ausgeliefert. Seine weite Ausholbewegung öffnete seine Deckung.

Titus bückte sich weder nach seinem gefallenen Gladius, wie es sein Gegner vermutete, noch ließ er zu, dass Lupinus den benötigten Abstand für den nächsten Schwerthieb erlangte.

Dem Gegner den einen Schritt folgend, zog Titus blitzschnell mit der Hand des verletzten Armes seinen Dolch unter dem Brustpanzer hervor, streckte die Messerhand so weit er konnte und rammte Lupinus den Pugio in den Unterleib. Mit seiner neuen Kampfhand umfasste er des Gegners Schulter und zog diesen mit Schwung auf seinen Dolch.

So dicht an dicht sah Lupinus in seines Feindes leere Augenhöhle. Mit diesem Blick starb er.

Lupinus sackte zu Boden. Seine gebrochenen Augen starrten zum blauen Himmel.

Titus wandte sich ab, nahm seinen Gladius und den Schild auf und verließ den Kampfplatz.

Fast alle hatten mit einem Sieg des Publius Hortensius Lupinus gerechnet.

Nur zwei Legionäre nicht. Deren Wetten brachten ihnen einen satten Gewinn.

So konnten die beiden Legionäre frühere, in Übungskämpfen mit Titus bezogene Prügel und Schmerzen, aus der Gewissheit der Wehrfähigkeit des Titus Suetonius, in klingende Münze umwandeln.

PERSONENREGISTER

Name	Seite	Personenerklärung (64 n. Chr.)
Suetonius, Titus	18	Römer, 26 Jahre, Tribun Legio XXII Primigenia, Neffe des Paulinus, jüngerer Bruder des Quintus Suetonius;
Metellus, Aulus Licinius	19	Römer, etwa 35 Jahre, Centurio, Pilus Prior 9. Kohorte Legio XXII Primigenia;
Flavius	21	Grieche, Medicus der Legio XXII Primigenia, etwa 50 Jahre;
Mallius, Servius	22	Römer, etwa 35 Jahre, Präfekt Cohors VIII Raetorum Equitata;
Ovinus, Marco Canuleius	22	Römer, etwa 30 Jahre, Centurio Pilus Posterior 9. Kohorte Legio XXII Primigenia;
Paulinus, Gaius Suetonius	26	HBP, Römer, Feldherr, gelebt etwa von 10 n. Chr. bis nach 69 n. Chr., Feldherr in Britannien, Statthalter Britannien 58 n. Chr., Konsul unter Nero 62 n. Chr., Tod unbekannt, im Roman Onkel der Suetonius-Brüder;
Suetonius, Quintus	26	Römer, 29 Jahre alt, Tribunus Laticlavius Legio XXII Primigenia, Neffe des Paulinus, älterer Bruder des Titus Suetonius;
Degenar	33	Germane, Hermundure, Buchensippe, Überlebender, Eldermann Framensippe, über 50 Winter erlebt, linker Fuss verletzt, hinkt seit vielen Jahren;
Gerwin	34	Germane, Hermundure, Buchensippe, Überlebender, 14 Winter erlebt, Knabe, Zögling Gaidemars;
Eila	34	Germane, Hermundure, Buchensippe, Überlebende, Framensippe, älter als Degenar, Seherin & Kräuterweib,;
Bertrun	34	Germane, Hermundure, Buchensippe, Überlebende, Framensippe, etwa 35 Winter erlebt, Weib;
Notker	34	Germane, Hermundure, Buchensippe, Überlebender, Framensippe, 14 Winter erlebt, Knabe, Gerwins Freund, Irvins Zögling;
Gerald	34	Germane, Hermundure, Buchensippe, Gerwins Vater;
Baldur Rotbart	41	Germane, Hermundure, Bergesippe, über 50 Winter erlebt, Eldermann;
Gertrud	42	Germane, Hermundure, Buchensippe, Überlebende, Framensippe, 16 Winter erlebt, Mädchen, Ragnas Zögling;
Kunrada	60	Germane, Hermundure, Bergesippe, über 50 Winter erlebt, Baldur Rotbarts Weib;
Brandolf	62	Germane, Hermundure, Bergesippe, 23 Winter erlebt,

Ragna	75	Übersiedler Framensippe, Sohn des Baldur Rotbart, Krieger; Germane, Hermundure, Bergesippe, 20 Winter erlebt, Übersiedler Framensippe, Tochter von Baldur Rotbart, Schwester von Brandolf, Jägerin und Kriegerin;
Arnold	78	Germane, Hermundure, Bergesippe, 25 Winter erlebt, Übersiedler Framensippe, Maltes Pate, Jäger, Krieger;
Gaidemar	79	Germane, Hermundure, Bergesippe, Übersiedler zur Framensippe, 26 Winter erlebt, Krieger, Brandolf's Freund, Gerwins Pate;
Ratmar	79	Germane, Hermundure, Bergesippe, etwa 30 Winter erlebt, Unterführer, ältester Sohn Rotbarts;
Norman	80	Germane, Hermundure, Bergesippe, über 50 Winter erlebt, Unterführer;
Kunolf	80	Germane, Hermundure, Bergesippe, etwa 40 Winter erlebt, Unterführer;
Ottokar	80	Germane, Hermundure, Bergesippe, etwa 35 Winter erlebt, Unterführer;
Elmar	81	Germane, Hermundure, Bergesippe, etwa 40 Winter erlebt, Unterführer;
Volkwin	81	Germane, Hermundure, Bergesippe, etwa 35 Winter erlebt, Unterführer;
Ulf	82	Germane, Hermundure, Bergesippe, 26 Winter erlebt, Übersiedler Framensippe, Schmied, Krieger, Ehemann von Sigrid, Goswins Pate;
Sigrid	82	Germane, Hermundure, Bergesippe, 23 Winter erlebt; Übersiedler Framensippe, Ulf's Weib;
Sven	84	Germane, Hermundure, Bergesippe, 24 Winter erlebt, Übersiedler Framensippe, Irvins Bruder, Jäger, Krieger;
Irvin	84	Germane, Hermundure, Bergesippe, 19 Winter erlebt, Übersiedler Framensippe, Svens Bruder, Notkers Pate, Jäger, Jungkrieger;
Finia	84	Germane, Hermundure, Bergesippe, 22 Winter erlebt, Übersiedler Framensippe, Frau;
Rufus, Lucius Verginius	94	HBP, Römer, Feldherr, gelebt von 14 bis 97 n. Chr., Konsul 63 n. Chr., danach Legat Legio XXII Primigenia, 67 bis Sommer 68 n. Chr. Statthalter Militärterritorium der Germania Superior (Provinz Obergermanien), Tod nach Sturz und Erkrankung;
Malte	98	Germane, Hermundure, Buchensippe, Überlebender, Framensippe, 13 Winter erlebt, Knabe, Gerwins Freund, Arnolds Zögling;

Uwo	99	Germane, Hermundure, Buchensippe, Überlebender, Framensippe, 5 Winter erlebt, Kind;
Frauke	100	Germane, Hermundure, Buchensippe, Überlebende, Framensippe, 16 Winter erlebt, Mädchen;
Goswin	103	Germane, Hermundure, Buchensippe, Überlebender, Framensippe, 13 Winter erlebt, Knabe, Ulfs Zögling;
Herline	103	Germane, Hermundure, Buchensippe, Überlebende, danach Framensippe, 4 Winter erlebt, Kind;
Wunna	103	Germane, Hermundure, Buchensippe, Überlebende, danach Framensippe, 3 Winter erlebt, Kind;
Viator	124	Römer, etwa 40 Jahre, Legionär 1. Centurie 1. Kohorte Legio XXII Primigenia, Legionär, Immunis des Tribuns T. Suetonius;
Paratus	124	Römer, Sizilianer, etwa 40 Jahre, Legionär 1. Centurie 1. Kohorte Legio XXII Primigenia, Legionär, Immunis des Tribuns T. Suetonius;
Lupinus, Publius Hortensius	125	Römer, 27 Jahre, Tribun Legio XXII Primigenia, Rivale Titus Suetonius;
Amantius, Julius Versatius	126	Römer, etwa 45 Jahre, Händler in Mogontiacum, Besitzer römischer Villa Nähe Fluss Nahe;
Versatius, Lucretia	133	Römer, etwa 40 Jahre, Ehefrau von Julius Versatius Amantius;
Versatius, Julia	134	Römer, 18 Jahre alt, Tochter von Julius Versatius Amantius & Lucretia;
Norbert	161	Germane, Hermundure, Talwassersippe, etwa 45 Winter erlebt, Jäger, Krieger;
Siegbald	170	Germane, Hermundure, Talwassersippe, Alter über 50 Jahre, Händler, Eldermann;
Richwin	171	Germane, Hermundure, Talwassersippe, 21 Winter erlebt, Krieger, Sohn Norberts;
Richard	171	Germane, Hermundure, Talwassersippe, 24 Winter erlebt, Krieger, Sohn Norberts;
Olaf	200	Germane, Hermundure, Talwassersippe, etwa 40 Winter erlebt, Krieger;
Dankward	266	Germane, Hermundure, Talwassersippe, 22 Winter erlebt, Übersiedler Framensippe, Krieger;
Ulbert	269	Germane, Hermundure, Mardersippe, etwa 40 Winter erlebt, Eldermann;
Alfred	271	Germane, Hermundure, Mardersippe, etwa 30 Winter erlebt, Wegekundiger;
Rigmor	274	Germane, Hermundure, Bibersippe, etwa 40 Winter erlebt, Hunno Sippe;

Werner	278	Germane, Hermundure, Bibersippe, 23 Winter erlebt, Krieger, Narbenmann;
Freia	284	Germane, Hermundure, Bibersippe, Mädchen in Gerwins Alter;
Reingard	295	Germane, Hermundure, Bibersippe, 20 Winter erlebt, Sprecher der Jungkrieger;
Astrid	314	Germane, Hermundure, Bergesippe, 18 Winter erlebt, Übersiedler Framensippe, Mädchen;
Eduard	314	Germane, Hermundure, Talwassersippe, etwa 40 Winter erlebt, Krieger, Übersiedler Framensippe, Familienoberhaupt, Krieger;
Leopold	315	Germane, Hermundure, Bergesippe, etwa 40 Winter erlebt, Übersiedler Framensippe, Familienoberhaupt, Krieger;
Rüdiger	315	Germane, Hermundure, Talwassersippe, 40 Winter erlebt, Übersiedler Framensippe, Familienoberhaupt, Krieger;
Ingo	318	Germane, Hermundure, Talwassersippe, 24 Winter erlebt, Übersiedler Framensippe, Krieger;
Nero Claudius Caesar Augustus Germanicus	327	HBP, Römer, Kaiser, gelebt von 15. Dez. 37 bis 9. oder 11. Juni 68 n. Chr., Kaiser Roms von 54 bis 68 n. Chr., Selbsttötung auf der Flucht vor dem Senat;
Axius, Flavius	328	Römer, etwa 45 Jahre, Präfektus Castrorum Mogontiacum, Legio XXII Primigenia;

WORTERKLÄRUNGEN

Begriff	Seite	Begriffserklärung
64 nach Christus, 65 n. Chr.	11	Die Römer zählen die Jahre ab der Gründung Roms seit 753 v. Chr., Jahr 64 n. Chr. entspricht Jahr 817 nach Gründung Roms, im Roman wird die Christliche Zeitrechnung verwendet;
Barbaricum	11	von Barbaren bewohntes Territorium der Germania Magna, an römisches Imperium angrenzendes Territorium;
Hermunduren	11	germanischer Volksstamm, zugehörig zu Elbgermanen (Hermionen), Stammesgruppe der Sueben, Siedlung am Oberlauf der Elbe, angeblich Freund der Römer;
Herzynischer (Herkynischer) Wald	11	antike Sammelbezeichnung der nördlich der Donau & östlich des Rheins gelegenen Mittelgebirge;
Moenus, Maa	11	Main, römische Bezeichnung des Main, keltische Bezeichnung Moin, Mogin, in germanischer Sprache 'Maa', Nebenfluss des Rhenus (Rhein);
Sommer, Mittsommer	11	in der Zeitbestimmung der Barbaren Halbjahresteilung, praktisch ist der jahreszeitliche Beginn mit einer Folge von Tagen für zu erwartendes jahreszeitliches Wetter verbunden, Beginn mit Sommersonnenwende & längster Nacht des Jahres den Germanen unbekannt;
Berserker	12	Synonym verwendet für 'rasend', ohne Schmerz kämpfender Krieger (Bezeichnung stammt aus späterer Zeit & skandinavischen Quellen);
Germanen	14	Bezeichnung ehemaliger Stämme in Mitteleuropa, Sprachzuordnung nach 'erster Lautverschiebung';
Parierstange	14	Querstück als Handschutz zwischen Griff & Klinge bei Gladius, Spatha oder Pugio;
Römer	14	Bürger der Stadt Rom, später des gesamten Römischen Imperiums (sofern Bürgerrechte im Besitz), sonst synonyme Bezeichnung aller Einwohner des Römischen Imperiums;
Barbar(en)	17	ursprünglich 'die die nicht oder schlecht griechisch sprechen'; Synonyme Bedeutung für 'roh-unzivilisierte, ungebildete Menschen', im römischen Imperium Schimpfwort für alle Nichtrömer;

Charon, der Fährmann	18	Seelen der Toten werden von Charon über den Styx gebracht, Lohn ist eine Münze (Obolus) unter der Zunge oder auf den Augen;
Legionär, Miles Legionarius	18	Soldat einer römischen Legion, Legionssoldat;
Miles	18	von 'Miles Legionarius' 'Legionssoldat', oder auch nur 'Miles (Soldat) oder Legionarius (Legionär);
Styx	18	nach griechischer Mythologie Fluss der Unterwelt zwischen Lebenden & dem Totenreich, 'Wasser des Grauens';
Tribun, Tribunus	18	Bezeichnung für verschiedene politische & militärische Funktionsträger, 'Militärtribun' - hoher Offizier der römischen Legion, von 'tribus' abgeleitet - entspricht der Unterteilungen des römischen Volkes;
Kohorte	20	im Römischen Reich eine militärische Einheit der römischen Legion, ca. 500 Mann, Ranghöchster unter den sechs Centurionen kommandiert die Kohorte;
Legio XXII Primigenia	20	Römische Legion, Ausgehoben 39 n. Chr., ab 43 n. Chr. stationiert in Mogontiacum (Mainz/Germanien), Legatus Legionis von vermutlich 63 bis Sommer 68 Lucius Verginius Rufus, vermutlicher Bestand: Legionäre 62% italischer, 33% gallischer & 5 % norischer Herkunft;
Medicus, Medici	20	alte Berufsbezeichnung für einen Arzt;
Pilus Prior	20	Dienstrang eines Centurio in der Kohortenstruktur römischer Legionen, Centurio 1. 3. oder 5. Centurie (Prior Centurie/Triarii-, Principes- oder Hastati-Centurie), 2. bis 10. Kohorte, lat. prior - ‚früherer'/‚vorderer'/‚vorheriger';
Griechen	21	indoeuropäisches, griechisch sprechendes Volk, Existenz seit Antike, Siedlungsgebiet Mittelmeerraum und Schwarzes Meer;
Marschlager	21	Feldlager der römischer Legionen;
Pilum, Pili	21	ein Wurfspieß, die typische Fernwaffe des Legionärs der römischen Armee;
Praetorium	21	ursprünglich Zelt des Befehlshabers im Legionslager, Bezeichnung für Sitz Oberbefehlshabers/Statthalter in Provinz;

Auxiliar	22	bewaffneter Kämpfer der römischen Hilfstruppe einer Legion, rekrutiert aus Einwohnern der Provinzen ohne römisches Bürgerrecht, ehrenvoller Abschied erbringt 'Militädiplom' & römisches Bürgerrecht;
Auxiliaren, Auxilia, Auxiliarkohorte, Auxiliartruppen,		Hilfstruppen der römischen Legionen, rekrutiert aus verbündeten Stämmen & Völkern der Provinzen, kommandiert durch Präfekte oder Tribunen;
Centurio, Centurionen	22	Centurio, auch Zenturio 'Hundertschaftsführer''', von lat. centum=hundert, Offizier des Römischen Reiches mit Befehl über eine Centurie bzw. Auxiliareinheit, zumeist aus dem Mannschaftsbestand aufgestiegener erfahrener Legionär;
Legion	22	selbständig operierender militärischer Großverband der römischen Armee, ca. 5.500 Legionäre, zumeist schwere Infanterie, zahlenmäßig geringe Kavallerie (ca. 120 Mann);
Pilus Posterior	22	Dienstrang eines Centurio in der Kohortenstruktur der römischen Legion, Centurio der 2. 4. oder 6. Centurie (Posterior Centurie/ Triarii-, Principes- oder Hastati-Centurie), 2. bis 10. Kohorte, lat. 'post' - hinter dem 'Prior' stehend;
Praefectus, Präfekt	22	eine Person mit der Wahrnehmung einer bestimmten Aufgabe in Verwaltung oder Militär, Praefectus Cohortis & Praefectus Alae - Kommandant einer Hilfstruppeneinheit (Kohorte oder Ala);
ROM	22	Stadt im Zentrum des Römischen Imperiums, Gründung 21. April 753 v. Chr. von Romulus, sieben Hügel Roms als Siedlungsgebiet, erst Königreich, dann Republik (509 v. Chr.), Römische Kaiserzeit (Prinzipat) ab 27 v. Chr., Römisches Reich beherrschte Territorien in drei Kontinenten;
Vexillation	22	Abteilung des römischen Heeres, Abordnung für einen bestimmten Zweck & auf unbestimmte Zeit;
Dignitas	23	Würde, im römischen Imperium Stellung in der Wertehierarchie einer Persönlichkeit, Vorrangstellung einer Person;
Mogontiacum	23	Mainz, Gründung 13/12 v. Chr. von Drusus am Rhenus (Rhein), Errichtung Legionslager in strategisch günstiger Lage gegenüber der Mainmündung;

Tribunus Laticlavius, Obertribun	24	Ranghöchster Militärtribun mit 'breitem Purpursaum'; formal zweithöchster Offizier der kaiserzeitlichen Legion, Stellvertreter des Legatus, junger Aristokrat aus Senatorenstand (Ordo Senatorius);
Britannia, Britannien	25	Großbritannien, antike Bezeichnung für von Kelten besiedelte Inseln im Nordatlantik, Provinzen der Römer, 43 n. Chr. von Claudius erobert;
Legat, Legatus Legionis	26	Kurzbezeichnung/Bezeichnung für Befehlshaber einer einzelnen Legion in einer Provinz (Legatus Legionis), einem General vergleichbar, entstammt dem Senatorenstand (Ordo Senatorius);
Primigenia	26	die Erstgeborene', hier synonyme Bezeichnung für die in Mogontiacum stationierte Legio XXII Primigenia;
Statthalter	26	Verwalter für eine bestimmte Region mit Verwaltungsaufgaben & weitreichenden Regierungsvollmachten, auch der Führung von Legionen;
Imperium Romanum	27	Römisches Imperium, 'Senatus Populusque Romanus' (S.P.Q.R.) - antike staatsrechtliche lat. Bezeichnung ('Der Senat & das Volk von Rom'), bezeichnet das von den Römern beherrschte Gebiet zwischen dem 8. Jahrhundert v. Chr. & dem 7. Jahrhundert n. Chr.;
Konsul (n)	27	höchstes ziviles & militärisches Amt der Ämterlaufbahn (Cursus Honorum) der Römischen Republik, verlor zu Beginn der Kaiserzeit Großteil politischer Bedeutung, diesen Teil der Macht beanspruchte der Kaiser;
Mondstein	35	Felsen im Bereich des Dorfes der Buchensippe;
Bergesippe	36	Sippe der Hermunduren des Baldur Rotbart, Nachbarsippe zur Buchensippe, Lage in südlicher Hoher Rhön (Schwarze Berge);
Maa, Moenus	36	Main, germanische Bezeichnung des Main, keltische Bezeichnung Moin oder Mogin, in römischer Sprache 'Moenus', Nebenfluss des Rhenus (Rhein);
Salu	43	Fränkische Saale, nordöstlicher Nebenfluss des Mains, Ersterwähnung 'Salu' als fließendes Gewässer;
Sunna	51	die Sonne;
Frame (n)	55	ein germanischer Wurf- & Nahkampfspieß, hauptsächliche germanische Angriffswaffe;
Eldermann	56	Eldermann, Ältermann, Altermann, Oldermann, Aldermann, Thunginus, hier 'Ältester der Sippe' im Sinne von 'Anführer';

Donar, Donars Donner	57	in nordischer Mythologie Thor, Donar für germanische kontinentale Völker, 'der Donnerer', Gewitter-, Wetter- & Vegetationsgott, Beschützer von 'Mitgard' (Welt der Menschen);
Met	57	Honigwein, alkoholisches Getränk aus Honig & Wasser;
Späher	63	Aufklärer, Kundschafter, leichtbewaffnete Krieger zur Suche des Feindes;
Thing	64	Beratung Freier Männer einer Sippe, eines Stammes, eines Volkes;
Tyr (Tiwaz, Tiu)	66	nordische Mythologie, Gott des Kampfes & des Sieges, Beschützer des Thing;
Buchensippe	67	Sippe der Überlebenden des römischen Überfalls, Siedlung zwischen Fränkischer Saale und Fluss Sinn;
Walhall	67	nordische Mythologie, 'Vallhöll - Wohnung der Gefallenen', der Ort zu dem tapfere, im Kampf Gefallene verbracht werden & bis zum Ende der Zeit verweilen;
Jungkrieger	70	wehrfähiger junger Mann;
Chatten	71	germanischer Volksstamm, lat. 'Chatti', Besiedlung der Täler an Eder, Fulda und Lahn vor 10 v. Chr.;
Mattiaker, Mattiaci	71	germanischer Teilstamm der Chatten, lat. 'Mattiaci', Siedlung in Umgebung von Wiesbaden (Aquae Mattiacorum), im Taunus und in der Wetterau;
Dunkelwald	73	Synonym verwendet für Herzynischen (Herkynischer) Wald, Bezeichnung der waldreichen Mittelgebirge nördlich des Main (Erzgebirge, Thüringer Wald, Rhön, Vogelsberg & Spessart);
Hunno	76	bei den Germanen gewählter Anführer einer Gemeinschaft, abgeleitet von einer Hundertschaft im Kriegsfall, Anführer einer Hundertschaft Krieger;
Albia, Albis	81	Fluss Elbe, Griechen, Kelten & Römer nannten den Strom Albis, die Germanen Albia;
Fürst	81	Sammelbezeichnung für die wichtigsten Herrschaftsträger wie Kaiser, Könige oder Herzöge, Bezeichnung für selbstständige Herrscher;
Gefolgschaft	84	freiwillige, durch Treueid gefestigte Gemeinschaft wehrfähiger Männer in germanischen Stämmen;

Munt, Muntwalt	84	Schirm, Schutz, Gewalt, Muntherr (Muntwalt) übernimmt Schutz & Haftung für das Mündel, im Muntverband sind Weib, Kind & Gesinde dem Hausherrn unterworfen, Mündigkeit eines Sohnes trat mit der Gründung der eigenen Familie ein;
Herzog, Kriegsherzog	86	ursprünglich 'Führer', Heerführer im Krieg, für Dauer eines Kriegszuges auf Thing von freien Männern gewählter germanische Heerführer, Krieger mit großer Erfahrung & hohem Ansehen, Einfluss resultiert aus der Größe & Kampfkraft der zugehörigen Gefolgschaft, später auch Adelstitel;
Valetudinarium	91	antikes Krankenhaus, Lazarette der römischen Armee;
Testudo, Testudoformation	92	Schildkrötenformation, militärisch-taktische Formation des römischen Heeres, geschütztes Vorrücken auf befestigte oder überhöhte Stellungen;
Classis Germanica	94	Teilstreitkraft der römischen Kriegsflotte mit Stationierung in Germanien, 13 v. Chr. aufgestellt, Überwachung des gesamten Rheins & dessen schiffbarer Nebenflüsse, Sicherung der Mündungen, Gewährleistung reibungslosen Transit- & Handelsverkehr auf dem Rhenus (Rhein);
Liburne, Kampfliburne, Flussliburne	94	leichtes, bewegliches Kriegsschiff, mit zwei Ruderreihen, Überwachung der Schifffahrtswege & Bekämpfung von Piraten, Transport des Landheeres, Begleitschutz für Handelsflotten, Flussliburne - vorrangig zur Sicherung der Nebenflüsse des Rheins eingesetzt;
Praefectus Castrorum, Lagerpräfekt	94	Lagerkommandant, dritthöchste Offizier der Legion, führte eine im Lager liegende Legion bei Abwesenheit Legatus & Tribunus Laticlavius, Verwaltungschef der Legion, aus Laufbahn der Centurionen aufgestiegen;
Prahm, Prahmboot, Prahmschiff;	94	Schiffe ohne eigenen Antrieb, zumeist flache kompakte kastenförmige Bauweise, mit geringem Tiefgang & seitlichen Rampen, Prahm der Römerzeit floßähnlich mit Mast & Segel;
Rhenus, Rhénos, Rhein	94	Rhein, Strom Mitteleuropas, wasserreichster Nordseezufluss, auch 'Rhenos' (kelt.) genannt;
Maital	109	ein Tal im Bereich des Dorfes der Talwassersippe;
Talwasser	110	Name eines Baches;
Capsari	117	Sanitäter, Assistent besser ausgebildeter Militärärzte, Arbeitsplatz war das Valetudinarium (Lazarett);

Cohors Equitata	117	gemischte Einheit aus Infanterie & Kavallerie mit ca. 3/4 Infanterie & 1/4 Kavallerie;
Gubernator	117	Steuermann des Schiffes;
Legionslager, Standlager, Garnision	117	römische Militärlager, Ausgangspunkt militärischer Operationen, langfristig militärisch gesicherte Standorte, Unterbringung einer oder mehrerer Legionen, zumeist Holz-Erde-Kastelle, steinerner Ausbau je nach Grad der Wichtigkeit, spätere Kaiserzeit fester Ausbau Legionsstandorte in Steinbauweise, repräsentative Torbauten & Stabsgebäude (Principia);
Wachstafel mit Griffel	117	hochrechteckige Schreibtafel aus Holz, Elfenbein oder Metall, mit Wachs beschichteter Schriftträger, Gebrauch seit der Antike, Versiegelbar, Schreibgriffel (Stilus) aus Knochen, Elfenbein, Metall oder hartem Holz;
Gladius, Gladi	118	römisches Kurzschwert, Standardwaffe der Infanterie der römischen Legion;
Spatha	120	zweischneidiges, einhändig geführtes Schwert mit gerader Klinge, Hiebwaffe, auch Reiterwaffe;
Arena	122	Kampfbahn, Kampfplatz;
Hastatii	122	Truppenteil der schweren Infanterie, am schlechtesten ausgestattete Soldaten des Hauptaufgebotes der Legion, Hastata - 4 m lange Lanze, seit Marius Reform jüngste & unerfahrenste Soldaten in den ersten Gliedern der Schlachtaufstellung (Manipularaufstellung);
Provinz	124	ein unter römischer Oberherrschaft & Verwaltung stehendes, erobertes Gebiet außerhalb Italiens;
Triarii	124	Elite der römischen Legion, mit Speeren (Pilum), „Turmschild" (Scutum), Kurzschwert & Dolch (Gladius, später Spatha, Pugio) bewaffnet, bessere Waffenqualität, hohe Kampferfahrung;
Bonna	125	Bonn, germanische Siedlung im Rang eines Vicus gegenüber der Mündung der Sieg in den Rhein, an der römischen Rheintalstraße gelegen, nach Varusniederlage 9 n. Chr. Standort Römisches Legionslager 'Castra Bonnensia';
Legio XXI Rapax	126	Römische Legion, Ausgehoben 31 v. Chr., ab 68 n. Chr. stationiert in Vindonissa (Windisch/Raetien), Legatus Aulus Caecina Alienus;
Nava	126	Nahe, linker Nebenfluss des Rhein;

Centurie, Centuria	127	ursprünglich eine Abteilung der Legion von 100 Mann (später 80 Mann), Zenturie (lat. centuria, von centum, 'hundert');
Immunis, Immunes	127	vom normalen Dienst (Munera) befreite, privilegierte Soldaten, daür spezielles, weitläufiges Aufgabenfeld;
Legio I Germanica	128	Römische Legion, Ausgehoben 48 v. Chr., ab 68 n. Chr. stationiert in Bonna (Bonn/Germanien), Legatus Fabius Valens;
Pridie K Octobre	128	29. September des römischen Kalenders;
Silberdenar	129	Münze Roms, 27 n. Chr. Aureus-Denar-As-Währung auf Gold- & Silberbasis, As-Münze (Größe etwa 25mm, Gewicht ca. 12g) galt als Scheidemünze (geringwertiges Wechselgeld), 1 Denar gleich 4 Sesterze;
Castra Bonnensia	131	Römisches Legionslager; in der Nähe von Bonna (Bonn);
Mosella	131	Mosel, linker Nebenfluss des Rheins, Quelle in den Vogesen;
Turma (e)	131	lateinisch "Schwarm", kleinste taktische Einheit der römischen Reiterei, 30 später 33 Reiter unter dem Kommando eines Decurio;
Atrium	133	Zentraler Raum im Eingangsbereich einer Villa zum Empfang der Gäste;
Principes	135	seit der Manipulartaktik standen die Principes im zweiten Treffen, mit Wurfspeeren (Pilum), Schwert (Gladius oder später Spatha) & großen römischen Schild (Scutum) ausgerüstet, ältere & erfahrenere Legionäre;
Pugio	136	römischer Dolch, Zweitwaffe der Legionäre;
Scutum	136	großer ovaler, später rechteckiger, stets gewölbter Holzschild (Turmschild), Teil der Schutzbewaffnung der Legionäre;
Scherge (n), Häscher	139	dienstbarer Gehilfe eines Schurken;
Subura	139	Stadtviertel Roms, Lage zwischen den Hügeln Quirinal, Cispius, Viminal & Esquilin;
Signifer	140	Träger des 'Signum' (Feldzeichen) einer Centurie in der römischer Legion, erfahrene Soldaten mit erwiesener Tapferkeit, Signum war Orientierungspunkt für die Legionäre im Gefecht & durfte nicht fallen;

Kline	143	Liege mit aufgebogenem Kopfende, wichtigstes Möbelstück für Privathäuser & öffentliche Speiseorte im Römischen Reich;
Mensa	143	römische Tafel zur Bereitstellung von Speisen;
Triclinium	143	Speisesaal, der antike Speisesaal oder auch steinernes bzw. hölzernes dreiliegiges Speisesofa, Triclinium beherbergt drei einzelne Klinen (Triclinia);
Piscina	144	Schwimmbecken in der römischen Villa;
Aresaken	145	Angehörige des keltischen Volksstamm der Treverer, Lebensraum Rheinhessen und Mainz;
Talwassersippe	161	Sippe der Hermunduren, Lage an der Quelle eines Baches (Talwasser), benannt nach Besonderheiten der örtlichen Lage, Nachbarsippe zur Framensippe (ehemals Buchensippe);
Aprilis	163	im römischen Kalender der Monat April;
Schattenreich	165	Todesreich des 'Hades', als Schatten vegetieren die Toten ohne Bewußtsein dahin, 'Reich der Schatten' oder 'Dunkles Reich';
Wüterich, Wut	195	Wut als heftige Emotion mit aggressiver Reaktion, der in Wut befindliche gilt als 'Wüterich';
Hüter des Rechts (der Gesetze, der Bräuche, der Ordnung)	197	ein im Auftrag zum Schutz von Personen oder Dingen Handelnder, Auftrag eines Übergeordneten, im Sinne der Sippenführung handelnder Beauftragter;
Verkünder des Götterwillens	197	Glaubensdiener einer Sippe/eines Stammes, der die Zeichen eigener Götter zu lesen versteht;
Schalk	214	germanischer Sklave, ursprünglich 'Scalk', 'Knecht', 'Unfreier', 'Sklave';
Einherier (Einherjer)	218	tapfere, im Kampf gefallene Kämpfer;
Götterdämmerung	218	in nordischer Mythologie Untergang der Götter (Weltuntergang);
Jungmann, Jungmänner	218	vom Alter unabhängiger wehrfähiger unverheirateter junger Mann;
Walküren	218	weibliches Geisterwesen aus Odins Gefolge, des Kriegers Todesengel, Walküren geleiten den Einherjer an des Göttervater Tafel nach Walhall;
Merkurius	220	römischer Gott der Händler & Diebe, Götterbote;
Oecus	220	Repräsentativer Raum, Empfang von Gästen im Privatbereich des Hausherrn, innerhalb der römischen Villa;

Peristylium	220	Vorhof, rechteckiger Hof, von Säulen (Kolonnaden) umgeben, häufig eine gepflasterte oder gartenähnliche Hoffläche, mitunter mit Wasserbecken & Zierbrunnen;
Lectus Imus	221	Platz sonstiger Gäste auf einem Triclinium;
Lectus Medius	221	dem Hausherrn vorbehaltener Platz auf einem Triclinium (Speisesofa);
Lectus Summus	221	Ehrenplatz des Gastes auf einem Triclinium (Speisesofa);
Equester Ordo	226	Ritterstand, Mitglied eines mit besonderen Vorrechten ausgestatteten Standes der gesellschaftlichen Rangfolge, eingeordnet nach dem Senatorenstand (Ordo Senatorius), militärische Rolle verschwand, politische Bedeutung blieb;
Feldlager	227	Feldlager der römischer Legionen oder anderer militärischer Formationen (Kohorte);
Kaufehe (Coemptio)	229	Form römischer Ehen, Ehemann entrichtet in Anwesenheit von fünf Zeugen einen symbolischen Kaufpreis von 1 As an den Vater, Frau hat im Prinzip die Rechte einer Magd;
Equites	237	römischer Reiter;
Cubiculum	248	Schlafraum, privates Zimmer der römischen Villa;
Exedra	249	Nebenraum, Sprechzimmer, Gesellschaftsraum in römischer Villa;
Kelten	249	griech. Bezeichnung 'keltoi' (Herodot), Siedlungsraum zwischen Quelle der Donau bis zur Rhone, nie ein geschlossenes Volk;
Toga	250	Kleidungsstück römischer Bürger, in der Regel weiße Wolle, Toga trugen nur römische Bürger;
Menarche	251	ersters Auftreten der Regelblutung in der Pubertät befindlicher Mädchen;
Villa Rustica	252	Landhaus oder Landgut im Römischen Reich; frühere Bezeichnung 'Fundus' oder 'Praedium', Mittelpunkt eines landwirtschaftzlichen Betriebes mit Wirtschafts- und Nebengebäuden;
Wodan, Wodanaz	265	nordischer Mythologie, Odin als Hauptgott, Kriegs- & Totengott, südgermanische Form ist Wodan, Götter der nordischen Mythologie gingen möglicherweise aus den Göttern der Germanen hervor;
Mardersippe	271	Sippe der Hermunduren zwischen Südrhön und Main, Lage im Wald am Bach;

Dagr	285	in nordischer Mythologie der 'Tag', fährt tagsüber mit vergoldetem Wagen über das Himmelsgewölbe;
Nott	285	in nordischer Mythologie die 'Nacht', reitet als dunkle, schwarze Riesin;
Bibersippe	304	Sippe der Hermunduren an einer Furt des Main, Lage zwischen Main und zufließendem Fluss auf einem Landeck;
Framensippe	323	Reste der Buchensippe verstärkt durch Umsiedler, Lage im Waldtal nördlich der Fränkischen Saale am Eiswasser;
Castra Mogontiacum	324	Legionslager Mainz; 13/12 v. Chr. von Drusus auf Anhöhe über dem Rhein, gegenüber der Mündung des Moenus (Main) erbaut;
Cornicularius Praefecti	327	Unterstellter des Lagerpräfekten, Verwalter des Lagers;
Tribunus Angusticlavius	327	Militärtribun, mit 'schmalem Purpursaum' an der Tunika, junge Aristokraten aus dem Ritterstand (Ordo Equester);

www.tredition.de

Über tredition

Der tredition Verlag wurde 2006 in Hamburg gegründet. Seitdem hat tredition Hunderte von Büchern veröffentlicht. Autoren können in wenigen leichten Schritten print-Books, e-Books und audio-Books publizieren. Der Verlag hat das Ziel, die beste und fairste Veröffentlichungsmöglichkeit für Autoren zu bieten.

tredition wurde mit der Erkenntnis gegründet, dass nur etwa jedes 200. bei Verlagen eingereichte Manuskript veröffentlicht wird. Dabei hat jedes Buch seinen Markt, also seine Leser. tredition sorgt dafür, dass für jedes Buch die Leserschaft auch erreicht wird

Autoren können das einzigartige Literatur-Netzwerk von tredition nutzen. Hier bieten zahlreiche Literatur-Partner (das sind Lektoren, Übersetzer, Hörbuchsprecher und Illustratoren) ihre Dienstleistung an, um Manuskripte zu verbessern oder die Vielfalt zu erhöhen. Autoren vereinbaren unabhängig von tredition mit Literatur-Partnern die Konditionen ihrer Zusammenarbeit und können gemeinsam am Erfolg des Buches partizipieren.

Das gesamte Verlagsprogramm von tredition ist bei allen stationären Buchhandlungen und Online-Buchhändlern wie z. B. Amazon erhältlich. e-Books stehen bei den führenden Online-Portalen (z. B. iBook-Store von Apple) zum Verkauf.

Seit 2009 bietet tredition sein Verlagskonzept auch als sogenanntes "White-Label" an. Das bedeutet, dass andere Personen oder Institutionen risikofrei und unkompliziert selbst zum Herausgeber von Büchern und Buchreihen unter eigener Marke werden können.

Mittlerweile zählen zahlreiche renommierte Unternehmen, Zeitschriften-, Zeitungs- und Buchverlage, Universitäten, Forschungseinrichtungen, Unternehmensberatungen zu den Kunden von tredition. Unter www.tredition-corporate.de bietet tredition vielfältige weitere Verlagsleistungen speziell für Geschäftskunden an.

tredition wurde mit mehreren Innovationspreisen ausgezeichnet, u. a. Webfuture Award und Innovationspreis der Buch-Digitale.

tredition ist Mitglied im Börsenverein des Deutschen Buchhandels.

Printed in Poland
by Amazon Fulfillment
Poland Sp. z o.o., Wrocław